DAS BUCH DER

Schattenwesen und Dämonen

Aubrey Vincent Beardsley (1872–1898):
Merlin, Illustration zu ›Thomas Malory: Le Morte d'Arthur‹ (1894)

Eines Tages sagte Merlin zu ihm:
»Höre meinen Rat, Blaise. Fertige ein großes und
schönes Buch an. Sobald du diese Arbeit vollendet hast,
will ich dir sagen, was du hineinschreiben sollst.«
Da machte der Einsiedler ein großes und schönes Buch.
Und als er damit fertig war, rief er Merlin zu sich,
und der erzählte ihm wundersame Geschichten.
Einige davon schrieb der Einsiedler
in dieses große und schöne Buch.
Maria Christiane Benning (1823–1957)

DAS BUCH DER

Schattenwesen und Dämonen

Herausgegeben
von Bertram Kircher und
Leah Levine

Anaconda

Die Deutsche Nationalbibliothek verzeichnet diese Publikation
in der Deutschen Nationalbibliografie; detaillierte bibliografische Daten
sind im Internet unter http://dnb.d-nb.de abrufbar.

Umschlagmotiv: Johann Heinrich Füssli (1741–1825), »The Nightmare«
(1781), The Detroit Institute of Arts/bridgemanart.com
Umschlaggestaltung: Druckfrei. Dagmar Herrmann, Köln
Layout und Satz: Roland Poferl Print-Design, Köln
Printed in Czech Republic 2008
ISBN 978-3-86647-221-1
info@anaconda-verlag.de

Inhalt

Die mit Asterikus (*) gekennzeichneten Überschriften
stammen vom Herausgeber Bertram Kircher.

KAPITEL I

Dämonengetümmel oder Die Fürsten der Finsternis

Die mittelalterliche Dämonenwelt

KAPITEL 2

Phantome der Nacht

Von Alpträumen und nächtlichen Heimsuchungen

KAPITEL 3

Dämonische Mahlzeiten

Von Blutsaugern, Leichenschmatzern und Nachzehrern

KAPITEL 4

Schreckliche Naturwelten

Die Unholde in Moor und Heide, in Wald und Wasser

KAPITEL 5

Höllische Heerscharen oder Die schwarzen Engel

Schattenwesen in dunklen Himmeln und in tiefen Höllen

KAPITEL 6

Die Schatten Gottes

Dämonische Menschen

In der Mitte zwischen der Gottheit und der Menschheit
ist das Dämonische als die Ergänzung, damit das Ganze in sich selbst
verbunden sei. Und dieses Dämonische ist der Kern aller Weissagung
und Offenbarung und jeglichen Zaubers.
Platon (427–347 v. Chr.)

Horrorgeschichten und -spiele sind nicht umsonst so beliebt.
Nicht die harmlosen Spielchen und die schaurig-schönen Grusel-
geschichten, die wir als Kinder abends am Lagerfeuer genossen haben.
Nein, die Horrorgeschichten im wirklichen Leben, die uns heutzutage
auf Schritt und Tritt begegnen. Jetzt erlebe ich selbst eine.
*James Patterson (*1949)*

Bertram Kircher

Poesie der Dunkelheit

Eine dämonische Spurensuche durch die Weltliteratur

Seit Jahrtausenden wähnten die Menschen die Dunkelheit bevölkert von unheimlichen und angsteinflößenden Wesen. Bis heute befällt viele Beklemmung beim Hinabsteigen in einen düsteren Keller. Doch der Kitzel der Furcht kann auch Lust bedeuten – wer erinnert sich nicht mit leisem Schaudern an seine Kindheit und an die Leseabenteuer unter der Bettdecke, wenn Gespenster und Schattenwesen zwischen den Buchseiten ihr Wesen oder Unwesen trieben.

Da ist es kaum verwunderlich, daß das wohlig Gruselige immer wieder Gegenstand der Literatur ist. Alles fängt an mit den Dämonengeschichten der Antike, führt weiter durch die Märchen und sagenhaften Berichte des Mittelalters; reicht von den Schauerromanen der Romantik über die Wahnsinnsvisionen der Symbolisten und Phantasten bis hin zu modernen Mysterythrillern.

Nahezu alle Meister des Wortes und viele bekannte – aber auch unbekannte – Vertreter der schreibenden Zunft haben im Laufe der Jahrhunderte über die Dämonen und Schattenwesen berichtet. Für sie kein Widerspruch, denn für die Dichter und Literaten waren diese Wesen immer real und Teil unseres Lebens. So finden sich in diesem Buch Märchen und Sagen, Gedichte und Balladen, Berichte und Aussagen, Geschichten und Romanauszüge u. a. von Platon, Rabelais, Lesage, Milton, Bulgakov, May, Coleridge, Freiligrath, Morgenstern, Hölty, Bechstein, Byron, Droste-Hülshoff, Stifter, Lovecraft, den Brüdern Grimm, Fontane, Goethe, Heine, Raabe, Ibsen, Wagner, Baudelaire, Storm, Löns, Stoker, Voltaire, Cervantes, Keats, Kopisch, Fielding, Marlowe, Tucholsky, Hesiod, Chaucer, Artmann und vielen anderen mehr. Ein gewaltiges Pantheon der Poesie der Dunkelheit.

Sie alle erzählen und berichten von Dämonen und Fürsten der Finsternis, von Phantomen der Nacht und Geistern, die Druck machen, von Blutsaugern, Leichenschmatzern und Nachzehrern, von Unholden der Natur und Höllischen Heerscharen. Und *last not least* von den Kindern des Bösen: exemplarischen dämonischen Menschen. Und damit schließt sich dann der Kreis mit den Worten des amerikanischen Bestseller-Autors James Patterson:

»Ich werde an dem Grauen teilhaben. Wie einfach es doch ist. Wie schrecklich, wie erschreckend leicht tritt man über die Schwelle hinein in die Finsternis!«

Das Wesen der Dämonen und ihre Kraft zu erfassen,
ist für den Menschen so schwierig, wie für eine Ameise
die Philosophie des Doktors der gesamten Wissenschaften
Thomas von Aquino.
Waleri Jakowlewitsch Brjussow (1873–1924)

*Leah Levine (*1961)*

Die schwarzen Engel

»Die Dämonen der einen sind die Götter der anderen«

Oft zitiert, häufig mißverstanden und selten geliebt müssen sich die Bewohner der Schattenwelt immer wieder etwas Neues ausdenken, um den Menschen, von denen sie oft zehren, nahe zu bleiben und nicht in Vergessenheit zu geraten. Ihr Verhalten ist selten freundlich, aber spiegelt in den meisten Fällen die Ängste, eigenen Unzulänglichkeiten und persönlichen (oft verborgen gehaltenen) Vorlieben derer wieder, die sie heimsuchen. Wo Licht ist, bedarf es auch des Schattens, damit das Gleichgewicht der Welt nicht verlorengeht. Oft dienen die Dämonen, Geister oder dunklen Gestalten der Erziehung, sollen moralisch richtungsweisend sein oder den Menschen einfach nur Angst machen. Sie selbst leben in ihrer Welt und ernähren sich von den Emotionen, die sie auslösen. Doch was sind denn nun Dämonen?

Der Begriff des Dämons hat sich im Laufe der Zeit verändert.

Ursprünglich bedeutete die griechische Bezeichnung »daimon« so etwas wie Hausgeist oder Schutzengel und war nahe verwandt mit dem Begriff »genius«, der wiederum auf die Seele hinwies. Eine Seele konnte nach dem Tod in den Himmel aufsteigen und zu einem Gott werden.

Mit dem wachsenden Einfluß des Christentums war es vorbei mit jeder bis dahin positiven Besetzung des Wortes Dämon. Plötzlich waren alle Dämonen böse, niederträchtig und wollten dem Menschen nur noch Schaden zufügen. Man gestand ihnen zu, einst eine wichtige Position innegehabt zu haben, aber nun sei ihre Aufgabe erfüllt und die heidnischen Götter und Naturgeister hätten ausgedient. Wenn ein Dämon nicht einfach verschwinden wollte, dann verlagerte sich sein Tätigkeitsfeld nun in die Tiefen der Hölle. Dort konnte er den Teufeln dienen oder selbst als Teufel regieren. Eine wirkliche Unterscheidung zwischen diesen Benennungen wurde seitens der Kirche gar nicht mehr getroffen. Anders als man vermuten könnte, geht es z. B. in der Hölle nicht chaotisch, sondern strikt reglementiert zu, und man findet dort ähnliche Karriere-Beschaffenheit wie in der diesseitigen Welt, was ein Zeichen dafür sein kann, daß hier menschliche Vorstellungen der möglichen »Wirklichkeit« ihren Stempel aufdrücken wollen. Bannrituale, Exorzismen und Warnungen vor dem »üblen Pack« quollen aus allen priesterlichen Mündern, schafften es aber doch nicht, die Dämonen von den Menschen fernzuhalten. Oder war es umgekehrt? Die Menschen hatten immer einen Drang zum Grotesken, zum Unheimlichen, und sie liebten es, sich zu gruseln. Für die Dämonen ein leichtes Einfallstor in die Welt der Menschen. Und da sie nun einmal da waren, sich nicht einfach vertreiben ließen, wurden sie zu Sündenböcken für alles und jedes. Sehr bekannt geworden ist die Unterstellung des Thomas von Aquin, Dämonen seien für jedes Unwetter und für jede Naturkatastrophe verantwortlich. Sicher, Dämonen waren oft Naturgeister und konnten »bestochen« werden, um Ernten zu schützen, aber ihr Wesen war eigentlich nie zerstörerisch oder existenzbedrohend.

Die Kirche sah das natürlich anders, und so fühlte sich Papst Eugen IV. genötigt, eine eigene Bulle zu erlassen, in der der Umgang mit den Zauberern und ihren »Agenten des Satans« erläutert wurde. Papst Johannes XXII. sah sich sogar persönlich bedroht, unterstellte, es wären Dämonen ausgeschickt, ihn zu töten. Aber in den Reihen der Päpste gab es sogar einen Papst – Honorius –, der selbst verdächtigt wurde, sich die Arbeit der Dämonen zunutze zu machen. So schnell es ging, wurde ihm seine Macht entzogen.

Woher kamen die Dämonen? Die Kirche hat da ganz eigene Theorien. Zum einen bieten sich die gefallenen Engel an, die seinerzeit mit Luzifer gegen Gott rebellierten und des Himmels verwiesen wurden, später unterstellte man eben diesen gefallenen Engeln, daß sie sich mit Menschenfrauen vergnügten und aus diesen Verbindungen die Dämonen hervorgingen. Andere Quellen halten Dämonen für eine eigene Spezies, besonders die, die in Tiergestalt auftreten. Die beliebtesten Tiere, die man für Dämonen hielt, waren Ziegen, Katzen, Hunde und Schlangen, besonders wenn sie auch noch schwarz waren. Im Mittelalter kam es nicht selten vor, daß im Zuge der Inquisition Tiere, wie ihre Besitzer, zum Tode verurteilt und hingerichtet wurden, wenn man Hexenwerk vermutete.

Dämonen wurden von Dämonologen in Kategorien eingeteilt; so gab es die Liga der Spukdämonen, zu denen Gespenster, Vampire und Werwölfe zählten und die oft Schabernack trieben, die Fruchtbarkeits- und Vegetationsdämonen, mit denen die Menschen oft »Verträge« schlossen, sowie die Krankheits- und Todesdämonen, die man zu besänftigen suchte. Dämonen unterscheiden sich von Göttern eigentlich nur durch die Art der Verehrung, denn viele heidnische Götter waren ja einfach nur »entthront« worden. Einem Gott bringt man Opfergaben dar, und um ihn herum entsteht ein regelrechter Kult. Dämonen sind zwar personifiziert, haben oft sogar einen persönlichen Namen, gelten aber doch als körperlos. Oft hat man den Begriff »Dämon« nicht für ein spezielles Wesen, sondern für eine Horde Geister benutzt, und der Umgang mit ihnen beschränkte sich auf Zwang oder Verhandlungen. Dämonen finden sich in vielen Kulturen, doch nicht alles, was nach europäischer Anschauung bizarr aussieht, ist auch gleich dämonisch. Besonders in Asien finden sich Götterdarstellungen, die Tiergestalt haben, Waffen tragen und doch weit entfernt davon sind, Dämonen zu sein. Für einen Magier ist die Welt der Schattenwesen so real wie das Diesseits, und er ist lediglich gehalten, sich im Umgang mit den dunklen Kräften entsprechend zu schützen, doch z. B. Psychologen würden Dämonen als Schattenbereiche der menschlichen Seele bezeichnen, die sich abspalten und manchmal als extern wahrgenommen werden.

Manche Menschen streiten ihre Existenz sogar gänzlich ab, andere versuchen, sie wegzurationalisieren, aber Tatsache ist und bleibt, daß, solange es Menschen gibt, diese Wesen ein Teil ihres Lebens bleiben werden. Künstler, Literaten und Filmemacher werden nicht müde, diesen faszinierenden Wesen der Dunkelheit immer aufs neue ein Denkmal zu setzen und den Menschen ein wenig dunkle Romantik, sanfte Schauer oder blankes Entsetzen zu übermitteln.

Welcher Vorstellung man auch immer den Vorzug gibt, es ist ein äußerst interessanter Bereich, sich auf die Welt der Schattenwesen und Dämonen einzulassen.

KAPITEL I

Dämonengetümmel
oder Die Fürsten der Finsternis

Die mittelalterliche Dämonenwelt

Martin Schongauer (1450–1491):
Die Versuchung des Hl. Antonius

Überall und zu allen Zeiten haben die Dämonen im Dunkeln gelauert
auf die Stunde, daß der Mensch schwach wird, da er seine ihm von Gott
auf Freiheit gegründete Stellung in ordo eigenmächtig verläßt,
da er dem Druck des Bösen nachgibt.«
Sophie (1921–1943) und *Hans (1918–1943) Scholl*

Da deine Seele in Aufruhr ist, mußt du noch wachsamer sein,
denn der Dämon hat viele Gesichter. Um dich zu täuschen, kann
sein Donnerschlag dich in siebenerlei Gestalt treffen …
Sei vorsichtig!
*Laurence Haloche (*1966)*

Asmodeus,
der Dämon der Zerstörung

Louis Pascal Breton: Asmodeus (Holzstich 1863)

Der eigentliche Dämon der Hurerei und der Fürst
jeder Unfläterei heißt Asmodeus.
Hexenhammer (1487)

Der Teufel Asmodeus fand
viel Macht jetzt in der Ehe Stand.
Sebastian Brant (1457–1521)

So fangen sie von vorne wieder an; und keiner merkt:
er ist doch nur geneckt vom Asmodeus, der dahinter steckt.
Johann Wolfgang von Goethe (1749–1832)

Plagt Sie der Teufel? Der Liebesteufel!
der Dings da – der Asmodeus.
Eduard von Bauernfeld (1802–1890)

*Leah Levine (*1961)*

Asmodeus, der Dämon der Zerstörung

In altjüdischen Schriften nennt man ihn Aschmedai, den Verderber oder auch den Fürst der Dämonen. Seine Elemente sind die Raserei, die Begierde, die Verschwendungssucht und der Zorn. Manche Legenden berichten, er sei die Schlange gewesen, die Eva im Paradies verführt habe, andere sagen, er sei der Gefährte der Lilith gewesen und habe diese Tat auf ihr Geheiß begangen. Das Schlangenmotiv findet sich auch in seinem Tempel in der Wüste von Ryanneh, wo man ihn in dieser Form anbetete. Manche Rabbiner setzen ihn mit Samael gleich, und man unterstellt ihm die Oberaufsicht über Spielbanken und sagt, er säe den Irrtum. Im Buch Tobias (Tobit 3,8) heißt es, er habe die sieben Männer der Sara getötet, bevor sie Gelegenheit hatten, mit ihr die Ehe zu vollziehen. Tobias habe ihn zwar von sich fernhalten können, aber erst sein Schutzgeist Raphael habe ihn in die Wüste verbannt. In der altiranischen Religion taucht er als Aeshma Daeva auf und wird dort zum Gott des Zorns, der die Rachegelüste in den Menschen schürt. Ihm direkt übergeordnet ist der mächtige Ahriman, der Gott des Bösen.

Im späten Mittelalter, besonders unter dem Einfluß der Inquisition, schreibt der Hexenhammer (Malleus malleficarum, Institoris u. Sprenger), daß Asmodi der Dämon der Hurerei und der Wollust sei. Er stifte Zank und Zwietracht zwischen Eheleuten, indem er den Beischlaf blockiere und somit zum Ehebruch verleite. Von diesem Punkt an ist es nur noch ein Schritt zur Todsünde der Unzucht, Wollust und völligen Verderbtheit.

Viele Legenden berichten über die Verbindung zwischen Asmodeus und Salomo. Der Dämon soll Salomo eine Frau geraubt haben, und dieser hat ihn dann mit Hilfe eines magischen Rings gelähmt und gezwungen, ihn beim Bau des Tempels zu unterstützen. Eine günstige Gelegenheit nutzend, brachte Asmodeus den Ring in seine Gewalt und warf ihn ins Meer, um Salomos Macht zu brechen. Schon damals tendierten die Geschichtsschreiber zu einem unbedingten Sieg des Guten, und so heißt es, Salomo habe den Ring im Magen eines Fisches zurückbekommen. Die Geschichten um Salomo warnen aber auch ganz konkret vor dem Dämon. Asmodeus zog aus dem Buch der Hexerei seine Lehren und gab sie an Salomo weiter. Dort stand geschrieben, man müsse den Geist der Unreinheit bezwingen, wolle man nicht seinen Verlockungen erliegen und sich damit für immer an ihn verlieren.

Asmodeus werden viele Sünden zugeschrieben, so soll er auch verantwortlich für die maßlose Trunksucht Noahs gewesen sein. Immer dann, wenn der Mensch jedes Maß verliert, seien seine Schatten auszumachen. Die Macht, die er hat, haben viele beschrieben: So liest man bei dem Jesuitenbischof und Dämonologen Peter Binsfeld (1540–1603), er sei einer der sieben Hauptteufel; beim Dämonologen Johannes Wierus (1515–1588) gilt er als starker und mächtiger König der Unterwelt, der auf einem Drachen reitet, über drei Köpfe – Stier, Mensch, Widder – und einen Schlangenschwanz verfügt und über 72 Legionen Dämonen herrscht.

Doch Asmodeus hat nicht nur ängstliche Feinde unter den Menschen, die Magier wußten seine Kräfte für ihre Interessen zu nutzen. Wer ihm barhäuptig und respektvoll entgegentritt, kann von ihm den Ort geheimer Schätze erfahren, sternenbesetzte Ringe geschenkt bekommen oder Wissen um Geomantie, Arithmetik, Astronomie und mechanische Künste erlangen. Besonderen Günstlingen gewährt er die Gabe der Unsichtbarkeit. Man setzt ihn mit der Intelligenz des Mondes gleich und erwies ihm zuweilen die Ehre, ihn Satan zu nennen.

Andere Namen bzw. Schreibweisen: Ashmodai (hebr.: Verderber), Aschmedai, Asmodi, Asmodai, Asmodee, Asmodaios, Aeshma Daeva, Chammadai, Sydonai.

François Rabelais (1494–1553)

Asmodeus oder Krellhinz*

Das Schlimmst war aber, wie wir in Verwahrsam kamen; denn wir wurden wegen unsers Passirscheins und Laufzeddels vor ein Unthier gestellt, das scheußlichste so je erhöret. Man hieß es Krellhinz, und ich kanns euch nicht füglicher vergleichen als einer Chimära oder Sphinx und Cerberus, oder auch dem Bild des Osiris, wie ihn die alten Aegyptier malten, mit drey zusamengewachsenen Köpfen, nämlich eines brüllenden Leuen, eines wedelnden Hunds, und eines lechzenden Wolfs, von einem Drachen umschlungen, der sich in den Schwanz beißt, und feurige Strahlen rings herum.

Seine Tatzen waren voll Blut, die Krallen wie Harpyenkrallen, die Schnautz in Form eines Rabenschnabels, das Gebiß wie die Hauer eines vierjährigen Eberschweins, die Augen flammten wie Höllenschlünd; und um und um war es mit Mörseln und Stempeln dazwischen ganz bedeckt, nur daß die Krallen zu Tage stunden.

Alain-René Lesage (1668–1747)

Asmodeus stellt sich vor*

Eine Oktobernacht hüllte die berühmte Stadt Madrid in dichte Finsterniß; schon hatte die Bevölkerung sich an den häuslichen Herd zurückgezogen und die Straßen den Verliebten freigelassen, die unter die Balkone ihrer Schönen von ihrem Glück oder ihren Schmerzen zu singen kamen; schon beunruhigte der Klang der Guitarren sorgliche Väter und erschreckte eifersüchtige Gatten; mit einem Wort, es war fast Mitternacht, als Don Cleophas Leandro Perez Zambullo, ein Student der hohen Schule von Alcala, zum Dachfenster eines Hauses hinausfloh, in das der ruchlose Sohn der Göttin von Cythere ihn gelockt hatte. Er suchte Ehre und Leben zu retten, indem er drei oder vier Raufbolden zu entwischen strebte, die ihm dicht auf den Fersen waren und ihn tödten oder ihn zwingen wollten, eine Donna zu heirathen, bei der sie ihn eben überrascht hatten. Wenn auch allein gegen sie, hatte er sich doch herzhaft zur Wehre gesetzt und nur die Flucht ergriffen, weil sie ihm im Kampfe seinen Degen entrissen hatten. Eine Zeit lang verfolgten sie ihn auf den Dächern, aber im Schutz der Dunkelheit entkam er ihnen. Er nahm nun seine Richtung auf ein Licht zu, welches er in der Ferne erblickte und das, so schwach es war, ihm als ein Leuchtthurm auf seinem gefährlichen Wege diente. Nachdem er mehr als einmal Gefahr gelaufen, sich den Hals zu brechen, gelangte er an eine Dachkammer, aus der die Strahlen dieses Lichtes fielen, und er stieg durch das Fenster hinein, so froh wie ein Schiffer, der sein vom Schiffbruch bedrohtes Fahrzeug glücklich im Hafen sieht.

Zuerst blickte er nach allen Seiten um sich; er war erstaunt, Niemanden in dieser Bodenstube zu finden, die ihm ziemlich wunderbar vorkam, und begann sie sehr genau zu betrachten. Von der Dekke hing eine kupferne Lampe nieder, Bücher und Papiere lagen wirr durcheinander auf dem Tische; hier waren ein Globus und Compässe, dort Phiolen und mathematische Instrumente zu sehn – offenbar mußte im unteren Stockwerk irgend ein Astrolog hausen, der in diesem ungemüthlichen Raume seine Beobachtungen machte. Der Student dachte an die Gefahr, der sein guter Stern ihn hatte entkommen lassen, und überlegte sich, ob er bis zum Morgen hier verweilen oder einen andern Entschluß fassen solle – als er einen tiefen Seufzer neben sich ausstoßen hörte. Er glaubte im ersten Augenblick, daß es irgend eine Vorspiegelung seiner aufgeregten Sinne sei, eine Täuschung, wie sie die Nacht hervorruft; deshalb gab er sich bald, ohne weiter Gewicht darauf zu legen, wieder seinen Gedanken hin.

Da aber hörte er zum zweitenmale seufzen und zweifelte nun nicht länger, daß er es mit etwas Wirklichem zu thun habe; und obwohl er Niemand in der Kammer sah, rief er laut aus: Wer zum Teufel seufzt hier? – Ich, Herr Student, antwortete im selben Augenblick eine höchst merkwürdige Stimme. Ich stecke seit sechs Monaten in einer dieser zugestöpselten Phiolen. Es wohnt in diesem Haus ein gelehrter Astrolog, der ein Zauberer ist, und er ist es, der durch die Macht seiner Künste mich in diesem engen Gefängniß eingeschlossen hält. – Seid Ihr denn ein Geist? fragte Cleophas ziemlich betroffen über die Seltsamkeit dieses Abenteuers. – Ich bin ein Dämon, antwortete die Stimme; und Ihr kommt just zur rechten Stunde, um mich aus der Sklaverei zu befreien. Ich gehe in der Unthätigkeit zu Grunde, denn ich bin der regsamste und emsigste Teufel der Hölle. Diese Worte setzten den Herrn Zambullo einigermaßen in Schrecken; aber da er ein verwegener Geselle war, so beruhigte er sich und sagte dem Geist mit fester Stimme: Erst, Herr Teufel, muß ich Euch bitten, mir zu sagen, welchen Rang Ihr unter euren Mitbrüdern einnehmt, ob Ihr ein adliger oder bürgerlicher Teufel seid? – Ich bin ein Teufel von Wichtigkeit, antwortete die Stimme, und der, welcher von allen in dieser und in jener Welt den größten Ruf hat. – Wärt Ihr vielleicht, entgegnete Don Cleophas, der Dämon, den man Lucifer nennt? – Nein, versetzte der Geist, das ist der Teufel der Marktschreier und Windbeutel. – Seid Ihr Uriel? fuhr der Student fort. – O pfui, unterbrach ihn barsch die Stimme, das ist der Patron der Kaufleute, Schneider, Schlächter, Bäcker und der andern Spitzbuben aus dem Pöbel. – Ihr seid vielleicht Belzebub? sagte Leandro. – Wollt Ihr spotten? antwortete der Geist – das ist der Teufel der Duegnen und Stallmeister.

Das wundert mich, sagte Zambullo; ich glaubte, Belzebub sei eine der vornehmsten Persönlichkeiten in eurer Gesellschaft. – Eine der untersten, entgegnete der Teufel; Ihr macht Euch verkehrte Vorstellungen von unsrer Hölle. So müßt Ihr wohl, fuhr Don Cleophas fort, Leviathan, Belphegor oder Astaroth sein! – Oh, was diese drei betrifft, sagte die Stimme, so sind sie allerdings Teufel vom ersten Rang; sie sind Hofteufel, sie kommen in die Berathungen der Fürsten, sie blasen den Ministern ein, sie bilden Verschwörungen, schüren Empörungen in den Staaten an und entzünden die Fackeln des Krieges. Das sind keine Duckmäuser wie die, welche Ihr zuerst nanntet. – Ach, seid so gut und sagt mir, versetzte der Student, was sind die Obliegenheiten Flagels? – Der ist die Seele der Chikane und der Geist der Rechtsgelehrten, entgegnete der Dämon. Er macht den Gerichtsvollziehern und Notaren die Protokolle. Er ist der Einbläser der Anwälte, reitet die Advokaten, und sitzt den Richtern im Nacken.

Was mich angeht, ich habe andre Beschäftigungen; ich stifte lächerliche Heirathen; ich bringe Graubärte mit Backfischen zusammen, Herrn mit ihren Mägden; Mädchen ohne Ausstattung mit zärtlichen Liebhabern, die kein Vermögen haben. Ich bin es, der in die Welt den Luxus, die Ausschweifungen, die Glücksspiele und die Alchimie eingeführt hat. Ich bin der Erfinder der Carroussels, des Tanzes, der Musik, der Theater und aller neuen französischen Moden: mit einem Wort, ich bin Asmodeus, zubenannt der hinkende Teufel.

Wie, rief Don Cleophas aus, wärt Ihr der berufene Asmodeus, dessen so rühmlich im Agrippa und im Schlüssel Salomonis erwähnt wird? Ihr habt mir dann aber wahrhaftig nicht Alles, womit Ihr Euch ergötzt, aufgezählt, das Beste habt Ihr verschwiegen. Ich weiß, daß Ihr Euch zuweilen damit unterhaltet, den unglücklichen Liebenden beizustehen; zum Beweise erinnere ich Euch daran, daß im vorigen Jahre einer meiner Freunde in Alcala, ein Baccalaureus, mit eurer Hülfe die Gunst der Frau eines Universitätslehrers gewann. – Das ist wahr, sagte der Geist; ich bewahrte mir das für den Schluß auf. Ich bin der Teufel der Wollust oder, um es sittsamer auszudrücken, der Gott Cupido; denn die Poeten haben mir diesen hübschen Namen gegeben und schildern mich mit sehr vortheilhaften Farben. Sie sagen, ich hätte vergoldete Schwingen, eine Binde um die Augen, einen Bogen in der Hand, einen Köcher voll Pfeile auf dem Rücken und dazu eine hinreißende Schönheit. Ihr werdet selbst sehen, was daran wahr ist, wenn Ihr mich in Freiheit setzen wollt!

Senhor Asmodeus, entgegnete Leandro Perez, ich stehe schon lange, wie Ihr wißt, vollständig in euren Diensten; der beste Beweis ist die Gefahr, der ich soeben entronnen bin. Ich bin sehr erfreut, die Gelegenheit zu finden, Euch zu verpflichten; aber das Gefäß, in welchem Ihr eingeschlossen seid, ist ohne Zweifel ein verzaubertes Gefäß; ich würde umsonst versuchen, es zu öffnen oder zu zerbrechen und deshalb ist mir nicht recht klar, auf welche Weise ich Euch aus dem Gefängniß werde befreien können. Ich habe nicht viel Uebung in dieser Art von Befreiungen; und unter uns, wenn Ihr, der Ihr ein so durchtriebener Teufel seid, Euch nicht aus der Sache zu ziehen wißt, wie könnte ich armseliger Sterblicher damit zu Stande kommen? – Die Menschen haben diese Macht, antwortete der Dämon. Die Phiole, in welche ich eingesperrt bin, ist nichts als eine einfache, leicht zu zerbrechende Glasflasche. Ihr braucht sie nur zu nehmen und sie auf die Erde zu werfen – und sofort werdet Ihr mich in menschlicher Gestalt dastehen sehen. – Auf diese Art, sagte der Student, ist die Sache leichter als ich dachte. Erklärt mir, in welcher Phiole Ihr steckt; ich sehe eine ziemlich große Anzahl von ähnlichen und kann sie nicht unterscheiden. – Es ist die vierte in der Reihe vom Fenster her, versetzte der Geist. Obwohl der Abdruck eines magischen Siegels auf dem Stöpsel ist, wird die Flasche nichts desto weniger zerbrechen.

Das reicht hin, fiel Don Cleophas ein. Ich bin bereit euren Wunsch zu erfüllen; nur ein kleines Bedenken hält mich noch zurück; ich fürchte, wenn ich Euch den verlangten Dienst erwiesen habe, werde ich für den Schaden zu Buche stehn müssen. – Es wird Euch nicht das geringste Unheil zustoßen, erwiderte der Teufel; im Gegentheil, Ihr werdet mit meiner Dankbarkeit zufrieden sein. Ich werde Euch über Alles belehren, was Ihr zu wissen verlangt; ich werde Euch Alles, was in der Welt vorgeht, enthüllen; ich werde die Schwächen der Menschen vor Euch aufdecken; ich werde euer Schutzgeist sein; und, erleuchteter als der Genius des Sokrates, werde ich Euch noch weiser machen als dieser große Philosoph war. Mit einem Wort, ich ergebe mich Euch mit meinen guten und schlimmen Eigenschaften, von denen die einen Euch nicht weniger nützlich sein werden als die andern.

Das sind schöne Versprechungen, entgegnete der Student; aber Ihr Herrn Teufel steht ein wenig in dem Ruf, nicht sehr gewissenhaft im Halten dessen zu sein, was Ihr uns versprecht. – Diese Beschuldigung ist nicht ohne Grund, erwiderte Asmodeus. Die meisten von meinen Mitbrüdern machen sich kein Gewissen daraus, Euch ihr Wort zu brechen. Aber was mich angeht, so bin ich, abgesehen davon, daß ich den Dienst, den ich von Euch erwarte, nicht theuer genug bezahlen kann, der Sklave meiner Schwüre; und ich schwöre Euch bei Allem, was sie unverbrüchlich machen kann, daß ich Euch nicht täuschen werde. Zählt auf die Versicherung, die ich Euch gebe, und, was Euch sehr angenehm sein wird, ich bin bereit, Euch noch in dieser Nacht an Donna Thomasa zu rächen, der treulosen Dame, welche vier Raufbolde bei sich verborgen hatte, um Euch zu überraschen und Euch zur Heirath zu zwingen.

Johann Wolfgang von Goethe (1749–1832)

Und führe her Asmodi, den Getreuen*

Der Mensch ist ungleich, ungleich sind die Stunden.
Und niemand hat Erwünschtes fest in Armen,
Der sich nicht nach Erwünschterem törig sehnte,
Vom höchsten Glück, woran er sich gewöhnte;
Die Sonne flieht er, will den Frost erwarmen.

Mit diesem allen weiß ich zu gebaren
Und führe her Asmodi, den Getreuen,
Zu rechter Zeit Unseliges auszustreuen,
Verderbe so das Menschenvolk in Paaren.

Collin de Plancy (1794–1881)

Asmodee, der Dämon der Zerstörung

Manche Rabbinern denken, er ist derselbe wie Samael. Er gilt als Oberaufseher der Spielbanken und sät Verschwendung und Irrtum. Die Rabbiner berichten, daß er einmal Salomon entthronte, Salomon ihn aber bald in Ketten legen ließ und zwang, ihm zu helfen, den Tempel von Jerusalem zu bauen. Nachdem – denselben Rabbinern zufolge –Tobias ihn mit dem Rauch der Galle eines Fisches aus dem Körper der jungen Sarah, die von ihm besessen war, vertrieben hatte, hielt er ihn am äußersten Ende Ägyptens gefangen. Paul Lucas behauptet, ihn auf einer seiner Reisen gesehen zu haben. Man hat sich deswegen über ihn lustig gemacht, jedoch im *Courrier de l'Egypte* nachlesen können, daß die Bevölkerung dieses Landes noch immer die Schlange Asmodee anbetet, welche einen Tempel in der Wüste von Ryanneh hat. Es heißt auch, diese Schlange zerfalle in Stücke und scheine einen Moment später nicht mehr vorhanden zu sein.

Diese Schlange ist nach dem Urteil einiger Leute dieselbe, die Eva verführte. Die Juden, die ihn Asmodai nennen, machten aus ihm den Fürsten der Dämonen, wie man ihn in der chaldäischen Umschreibung sieht. Bei Wierus ist er ein starker und mächtiger König in der Unterwelt. Er hat drei Köpfe – der erste ähnelt dem eines Stiers, der zweite dem eines Menschen, der dritte dem eines Widders –, einen Schlangenschwanz, Gänsefüße und einen lodernden Haß. Er zeigt sich auf einem Drachen reitend und trägt eine Standarte und eine Lanze in der Hand. Durch die Höllenhierarchie ist er jedoch dem König Amoymon – laut Wierus einer der vier Könige der Hölle – untergeordnet.

Wenn man ihn exorziert, muß man fest auf den Füßen stehen und ihn bei seinem Namen rufen. Er schenkt mit Sternen besetzte Ringe, lehrt die Menschen, sich unsichtbar zu machen und unterrichtet sie in Geometrie, Arithmetik, Astronomie und in den mechanischen Künsten. Er hat auch Kenntnis von Schätzen, die zu entdecken man ihn zwingen kann; zweiundsiebzig Legionen gehorchen ihm. Man nennt ihn auch noch Chammadai und Sydonai. Asmodee war einer der Dämonen, die Magdelaine Bavent besessen haben.

Karl Simrock (1802–1876)

Asmodi, der langweilige alte Gesell*

Casperle tritt ein und stolpert über den Gürtel des Faust, der noch am Boden liegt. Pardauz! Nun weiß ich auch wie lang dieß Zimmer ist. Unglück über Unglück begegnet mir hier im Hause. Das ist kein guter Angang. Kaum hab ich den Speisezettel von oben bis unten durchgegeßen, so ists als wärens lauter Windeier gewest und ich kann von vorne wieder anfangen. Und ein Rattennest wie das ist mir halt noch nit vorkommen. Sie beißen einem das Brot vom Munde weg. Und was für Ratten? Ellenlang mit solchen Bärten! Hier bin ich gewiss wieder über einen Rattenschwanz gestolpert. Laß doch schauen. Was ist denn das? Ein Schneidermaß? Hat sich mein Herr einen neuen Rock anmeßen laßen, oder ist er gar selbst ein Schneider? Das Maß will ich einstecken, wenn mir wieder so ein Rattenkönig begegnet, daß ich meßen kann, wie lang er ist. Kann aber doch nit denken, daß mein Herr ein Schneider ist. Was sollt ein Schneider mit all den Büchern machen? Es können doch nit lauter Modejournale sein. Da liegt gleich eins auf dem Tisch. Ich will doch zuschauen. *Näher tretend und im Buche blätternd.* Das ist gewiss ein Brevier, wo der Herr draus betet. Es ist doch kein Schneider: die sind nit so fromm, sie laßen zu viel in die Hölle fallen. *Liest:* K-k-katz-Pudel oder wie das heißen mag. Das ist doch curios, wenn Eins lesen will und kann nit buchstabieren. Ich hätts gewiss gelernt; aber meine Großmutter starb so früh, denn wie sie starb, da war ich noch ein Kind von zwanzig Jahren. Ich muß aber doch sehen, ob ichs nit herausbring. Katz-Pudel heißt es nit, das seh ich schon. Erstes Kapitel. Ah, das will sagen Schnapitel, erstes Schnapitel. Nu kommen wir an die Sach. *Liest:* »Wenn – man – will – die – Geister – kommen – laßen – so sagt man – Perlippe.«

Eine Menge Geister erscheint.

Ihr Rattenschwänz, seid ihr Geister? Was wollt ihr?

Geister: Dir dienen.

Casperle: Mich bedienen? Was habt ihr denn Gutes gekocht?

Geister: Eisen und Stahl, Pech und Schwefel.

Casperle: Da mag der Daus mit euch eßen. Liest weiter. Wenn man will – daß die Geister – verschwinden – so sagt man Perlappe.

Die Geister verschwinden.

Richtig, alle Rattenschwänz fort. Da kann man ja leicht ein Teufelsbanner werden. Perlippe.

Die Geister erscheinen.

Perlappe.

Die Geister verschwinden.

Das geht ja wie geschmiert. Perlippe.

Die Geister erscheinen.

Jetzt bin ich schon ein ganzer Hexenmeister. Sind doch wunderliche Geschöpfe! Was unser Herrgott nit vor Zeugs gemacht hat! Muß doch hören was sie treiben. Rattenschwanz, wie heißt du?

Erster Geist: Asmodi.

Casperle: Allamodi? Wie alt ist er denn?

Asmodeus: Dreitausend Jahr.

Casperle: Dann ist er schon bald wieder aus der Modi. Was hat er denn zu schaffen?

Asmodeus: Ich kann nichts schaffen, kann nur zunichte machen was ein Anderer geschaffen hat.

Casperle: Kann er das? Das ist schon Was; aber ich glaubs halt nit. Da hab ich einen Leuchtthurm am großen Zehen, den mach er einmal zunichte.

Asmodeus: Wenn du mir deine Seele verschreibst.

Casperle: Ah, ist er so ein Held? Er thut auch nix umsonst, merk ich. Aber ein dummer Teufel ist er doch, sonst wüst er beßer Bescheid. Aber den langweiligen alten Gesellen bin ich satt.

Astaroth,
der Großfürst in den Höllen

Louis Pascal Breton: Astaroth (Holzstich 1863)

So müßt Ihr wohl Leviathan, Belphegor oder Astaroth sein! –
Oh, was diese drei betrifft, so sind sie allerdings Teufel vom ersten Rang;
sie sind Hofteufel, sie kommen in die Berathungen der Fürsten, sie blasen
den Ministern ein, sie bilden Verschwörungen, schüren Empörungen
in den Staaten an und entzünden die Fackeln des Krieges.
Das sind keine Duckmäuser wie die, welche Ihr zuerst nanntet.
Alain-René Lesage (1668–1747)

Gott bewahre uns alle vor dem Abgrunde, darin Astaroth heult,
und Beelzebub einen feurigen Reif schlägt!
Karl Immermann (1796–1840)

Der Dämon, welcher erschien, nannte sich nicht Mephistopheles,
sondern Astaroth, ein Name, welcher ursprünglich vielleicht identisch ist
mit dem Namen der Astarte, obgleich letztere in den Geheimschriften
der Magiker für die Gattin des Astaroths gehalten wird.
Heinrich Heine (1797–1856)

*Leah Levine (*1961)*

Astaroth, Großfürst in den Höllen

Nach Angaben des berühmten Agrippa von Nettesheim handelt es sich bei Astaroth um einen Dämonenfürsten der »achten« Ordnung. Er gehört zu den Heerscharen des Satans, wie uns die Zauberbücher der Renaissance wissen lassen, und sein Name läßt sich mit »der Kundschafter« übersetzen; in seiner griechischen Form Diabolos wird er dagegen, wie in der Offenbarung des Johannes, zum Ankläger. Das »Dictionnaire Infernal« des Collin de Plancy (Paris 1863) beschreibt Astaroth als einen verstörten, höhnisch blickenden Engel, der auf einem Wolf reitet, eine Schlange in der Hand trägt und Fledermausflügel auf seinem Rücken und eine Krone auf dem Kopf hat. Sein Antlitz sei von Trauer und Melancholie verzerrt, was auf seine Reue über die Revolte gegen Gott zurückgeht. Astaroth selbst erzählt gern und ausführlich, daß er eigentlich von Satan zur Teilnahme gezwungen worden sei und er selbst niemals freiwillig riskiert hätte, seine Seligkeit zu verspielen. Einige Quellen berichten, er habe zu den Thron-Engeln gehört, wäre also ein Seraphin gewesen. Eine andere Quelle macht ihn dagegen zu einem schönen Engel, der einen Drachen reitet, Informationen über Vergangenheit und Zukunft geben kann und über 40 Legionen Dämonen herrscht. Den meisten Berichten gemeinsam ist die Aussage über den Gestank seines Atems; ein magischer Silberring, dicht an die Nase gehalten, könne diese Unannehmlichkeit aber beheben. Schon Faust beschreibt Astaroth – er wurde von den sieben Höllenfürsten heimgesucht – und betont die Farbenvielfalt dieses Dämons. Seine Gestalt sei die einer Schlange, deren Schwanz zweifach gefärbt gewesen sei. Seine kurzen, kleinen Füße seien gelb und sein Hals fuchsrot gewesen. Astaroth macht es dem Forschenden nicht leicht, vermischt sich sein Wesen doch häufig mit Astarte, wie sein ursprünglicher Name geheißen haben soll. Selbst mit dem Namen einer Liebes- und Fruchtbarkeitsgöttin, die erst zum Dämon wurde, nachdem sie gegen Gott rebelliert hatte, taucht er als halb weißer, halb schwarzer Mann auf. Unter dem Namen Asthoreth, dessen Pluralform Astharoth ist, verehrte schon Salomo diese Wesenheit und errichtete ihr nahe Jerusalem sogar einen Tempel. Das Alte Testament sparte nicht mit Kritik und machte seine Vielweiberei für seine »Irrung« verantwortlich. Die weibliche Version dieses Dämons sorgte bei vielen Kulturen für Chaos, denn man brachte Astaroth nicht nur mit Astarte, Aphrodite, sondern auch mit Aschirat (eine altorientalische Göttin der Sexualität und Liebe, von der die Tell-Amara-Texte berichten), Ischtar (babylonische Göttin) und der Aschtart der Kanaaniten in Zusammenhang. Bei den Israeliten gar vermischten sich die Meeresgöttin Ashera und die göttliche Kurtisane Ashtaroth zu einer abstoßenden Einheit, die es zu bekämpfen galt, war sie doch auch verantwortlich für die Ausschweifung und Prostitution im Tempel der Göttin. Ob nun in männlicher oder weiblicher Form, es gilt als sehr wahrscheinlich, daß Madame Françoise Athénais de Montespan (1641–1707), die berüchtigte Mätresse Ludwig XIV., Astaroth mit Menschenopfern gehuldigt habe, um ihren Einfluß auf den König zu festigen. Die potentiellen magischen Beschwörer erhielten den Tip, daß die Zeichen an einem Mittwoch, in der zehnten und elften Nachtstunde besonders günstig stünden, um Gehör beim Höllenfürsten zu finden.

Abraham von Worms (1362–1460)

Die Berufung von Astaroth und seinen Unterfürsten*

Dies ist das Begehren des dritten Tages: Wenn die acht Unterfürsten sich am Morgen wieder zeigen, verlange zuerst von Astaroth, er solle sich zusammen mit allen seinen Gesellen in der Gestalt erzeigen, die dir dein Engel angeraten hat. Dies wird sogleich geschehen. Du wirst ein großes Heer vor dir erscheinen sehen – so zahlreich wie die Namen, die du auf den Zettel geschrieben hast. Alle Wesen werden in derselben Gestalt erscheinen. Trage ihnen allen dasselbe Begehren vor wie tags zuvor den Fürsten und laß sie schwören, dieses zu halten. Jeder von ihnen soll sogleich erscheinen, sobald du ihn beim Namen rufst – wann und wo und in welcher Gestalt auch immer – um zu erfüllen, was du von ihm verlangst.

Wenn sie dies alles geschworen haben, lege ihnen auf der Türschwelle diejenigen Zeichen vor, die allein Astaroths Amt zugehörig sind. Lasse sie schwören und ihren Vasallen befehlen, daß, falls du eines dieser Symbole zur Hand nimmst oder es sonstwie andeutest, der hierauf verzeichnete Geist tun und vollbringen soll, was das Symbol verspricht – du mögest es wörtlich, in Gedanken oder durch ein Zeichen befehlen. Ebenso verfahre mit den weiteren Symbolen. Sie sollen aber auch versprechen, ebenso die Befehle anderer Zeichen, die später von dir gemacht werden können, zu vollstrecken. Nach dem sie es nun geschworen haben, hebe die Zeichen auf und berufe Magoth, danach Asmodi, schließlich Beelzebub. Sie alle halte und traktiere wie zuvor Astaroth. Die Zeichen aber, auf die sie geschworen haben, lege so zusammen, daß du sie unterscheiden kannst und daß du weißt, in welches Kapitel sie gehören und wozu sie dienen. Danach berufe Astaroth und Asmodi zugleich, samt ihren Geistern. Lege ihnen dieselben Zeichen vor und lasse sie gehörigermaßen darauf schwören. Desgleichen rufe Asmodi und Magoth zusammen – wiederum mit ihren Geistern – und lasse sie auf ihre Zeichen schwören. Ebenso verfahre mit allen, die gemeinsame Zeichen haben.

Schließlich verfahre ebenso mit den vier anderen Unterfürsten. Berufe sie aber zunächst alle zugleich samt ihren gemeinsamen Dienern und lasse sie auf die gemeinsamen Zeichen schwören. Danach Amaymon und Ariton zugleich; endlich jeden einzeln wie die vorherigen. Nachdem du nun die Zeichen alle aufgehoben hast, verlange von jedem Unterfürst deinen Dienstgeist. Lasse dir deren Namen nennen und schreibe diese sofort auf, dazu die Zeit, wann der dir dienen soll. Lege danach die Zeichen des fünften Kapitels des vierten Buches vor und lass sie schwören, nicht allein auf die Zeichen zu hören, sondern fortan je sechs Stunden täglich anzustehen und dir treu und fleißig in allem zu dienen, was du ihnen ihrer Ämter halber befehlen wirst. Sie sollen sich dir weder lügenhaft noch trügerisch zeigen. Sie sollen jedem anderen, dem du die Operation übergibst, ebenso gehorsam und dienstbar sein wie dir – kurz: Sie sollen dir willig das alles leisten, wozu sie von Gott zu ihrer Strafe verurteilt sind. Diesen Prozeß halte mit allen Unterfürsten, bis sie dir alle auf deine Zeichen geschworen und dir deine Dienstgeister zugestanden haben.

John Milton (1608–1674)

Astaroth – Astarte*

Dann kamen jene, die einst von der Flut
Des alten Euphrat bis zu jenem Bach,
Der Syriens Boden von Egypten scheidet,
Baalim und Astaroth als Namen führten,
Die männlichen, die weiblichen Geschlechts,
Denn Geister können, wenn sie irgend wollen,
Ein jegliches Geschlecht, ja beide führen,
So zart und einfach ist ihr reiner Stoff:
Durch Glieder und Gelenke nicht gezwängt,
Noch auf der Knochen spröde Kraft gestützt,
Wie plumpes Fleisch; nein, was auch für Gestalt
Sie wählen, ob verdichtet, ob gedehnt,
Licht oder dunkel, sie vermögen doch
Die luftigen Geschäfte zu vollziehn
Sowohl des Hasses Werke, wie der Liebe.
Für sie verließ der Stamm von Israel
Oft die lebendge Kraft, und ließ verödet
Den heiligen Altar, sich tiefer beugend
Vor thierischen Götzen; dafür wurden tief
Auch ihre Häupter in der Schlacht gebeugt
Und sanken vor den Speeren schnöder Feinde.
Mit dieser Schaar kam Astaroth heran,
Astarte von Phöniciern genannt,
Die Himmelskönigin mit Mondeshörnern,
Vor deren Bild nächtlich bei Mondenschein
Sidoniens Jungfrau'n beteten und sangen.

Collin de Plancy (1794–1881)

Astaroth, mächtiger Großfürst in den Höllen

Er hat die Gestalt eines ziemlich häßlichen Engels und zeigt sich rittlings auf einem Höllendrachen; in der linken Hand hält er eine Viper. Manche Magier sagen, er präsidiere im Westen, verschaffe einem die Freundschaft großer Herrschaften, und beschwören müsse man ihn an einem Mittwoch. Die Sidonier und Philister sollen ihn anbeten. Andere behaupten, er sei der Großkämmerer in den Höllen. Wierus berichtet, Astaroth kenne die Vergangenheit und die Zukunft, beantworte gern Fragen, die man ihm über die geheimsten Dinge stellt, und daß es besonders leicht sei, ihn dazu zu bringen, über die Schöpfung zu reden, zum Thema Sünden Stellung zu beziehen und zu dem »Fall der Engel«, über dessen Verlauf er bestens informiert ist. In seinen Gesprüchen bleibt er allerdings dabei, daß er, was ihn beträfe, zu Unrecht bestraft worden sei.

Er lehrt sehr ausgiebig die Freien Künste, und ihm unterstehen vierzig Legionen. Wer ihn herbeizitiert, muß sich hüten, ihn allzu nahe an sich herankommen zu lassen: sein Gestank ist unerträglich! Besser hält man sich deshalb vorsichtig einen magischen Ring aus Silber unter die Nasenlöcher – ganz allgemein ein Schutz gegen die widerlichen Gerüche der Dämonen.*

Astaroth ist in mehreren Besessenheitsfällen in Erscheinung getreten. Er wird als einer der sieben Höllenfürsten erwähnt, die Faust, der englischen Überlieferung nach, besuchten: Er erschien als Schlange, sein Schwanz war wie wechselnd gesetzte Ziegelsteine gefärbt; er hatte zwei kleine, sehr kurze und völlig gelbe Füße, den Bauch weiß und gelblich, den Hals fuchsrot und einen igelähnlichen Stachel in Form eines Pfeils, in Fingerlänge vorstehend.

Eliphas Levi (1810–1875)

Die Anrufung Astatroths*

Der Zauberer erzählte ihm eine Reihe seltsamer Tatsachen, bei denen zwei Familien Zeugen gewesen, und diese Tatsachen waren mit denen von Horne ganz übereinstimmend: Aus Mauern hervorkommende Hände, Bewegungen der Möbel, phosphoreszierende Erscheinungen. Eines Tages hatte der verwegene Anfänger in der Magie Astaroth zu rufen gewagt und hatte ein gigantisches Ungeheuer mit dem Leib eines Schweines und einem kolossalem Stierkopfskelett erscheinen sehen. Aber all das war mit einem solch wahrhaftigen Ton, mit einer solchen Gewißheit des Gesehenhabens erzählt, die jeden Zweifel an der Ehrlichkeit und der festen Überzeugung des Erzählers ausschloß. Eliphas, der ein Künstler in der Magie ist, war über diesen Fund aufs höchste verwundert. Im XIX. Jahrhundert ein wirklicher Zauberer des Mittelalters, dazu naiv und überzeugt! Ein Zauberer, der Satan unter dem Namen Adonai, als Spießbürger verkleidet, und Astaroth in ihrer wahren teuflischen Gestalt gesehen hätte! Welch ein Kunstobjekt! Welch archäologischer Schatz!

Mein Freund, sagte er zu seinem neuen Schüler, ich will Ihnen wieder finden helfen, was Sie verloren zu haben angeben. Nehmen Sie mein Buch, beachten Sie genau die Vorschriften des Rituals und kommen Sie in acht Tagen wieder.

Nach acht Tagen eine neue Unterhaltung, in der der Arbeiter erklärt, er sei der Erfinder einer für die Marine höchst bedeutsamen Rettungsmaschine. Die Maschine ist vollständig zusammengestellt; es fehlt nur an einem … sie geht nicht: ein unauffindbarer Fehler liegt in der Bewegung. Welches ist der Fehler? Nur der Geist des Bösen könnte es sagen! Man muß ihn anrufen! …

Hüten Sie sich wohl, sagt Eliphas; sprechen Sie vielmehr während neun Tagen diese kabbalistische Anrufung (und er gibt ihm ein Manuskriptblatt). Fangen Sie heute abend an und sagen Sie mir morgen, was Sie gesehen haben, denn heute Nacht werden Sie eine Manifestation haben.

Am nächsten Tag kam er.

Plötzlich gegen ein Uhr nachts bin ich aufgewacht. Vor meinem Bett sah ich ein großes Licht und in demselben einen Schattenarm, der vor mir hin und her ging, als wollte er mich magnetisieren. Dann bin ich wieder eingeschlafen und einige Augenblicke später wieder aufgewacht, ich sah dasselbe Licht, doch hatte es den Platz geändert. Es war von links nach rechts gegangen und auf dem leuchtenden Boden unterschied ich die Silhouette eines Menschen, der die Arme kreuzte und mich ansah. Wie sah der Mann aus?

Er war ungefähr von Ihrer Größe und Ihrem Körperumfang.

Gut! Gehen Sie und fahren Sie in den Übungen fort, die ich Ihnen gegeben habe. Die neun Tage vergingen; dann ein neuer Besuch des jetzt aber strahlenden und geschäftigen Adepten. Als er Eliphas sah, rief er schon von weitem:

Dank! Meister, die Maschine funktioniert, Leute, die ich nicht kannte, haben mir das Kapital zur Vollendung meines Unternehmens zur Verfügung gestellt, den Frieden des Schlafes habe ich wieder gefunden, und das alles dank Ihrer Macht.

Einige Wochen später wurde der Professor der hohen Magie gegen zwei Uhr morgens durch einen stechenden Schmerz im Kopf geweckt. Einige Augenblicke fürchtet er einen Blutandrang im Gehirn, er stand auf, zündete seine Lampe an, öffnete das Fenster und ging in seinem Studierzimmer auf und ab, dann legte er sich, von der frischen Morgenluft beruhigt, wieder hin, schlief tief und hatte dann einen grauenvollen Traum. Er sah mit erschreckender Deutlichkeit das Ungeheuer mit dem Stierkopfskelett, von dem der Arbeiter gesprochen hatte. Dieses Ungeheuer verfolgte ihn kämpfend. Als er erwachte war es früh am Morgen, und irgend jemand klopfte an die Tür. Eliphas erhob sich, warf sich ein Kleid um und öffnete; es war der Arbeiter.

Meister, sagte er eintretend und mit besorgter Miene, wie geht es Ihnen?

Sehr gut, antwortete Eliphas.

Aber hatten Sie diese Nacht um zwei Uhr keine Gefahr zu bestehen?

Eliphas war nicht bei der Sache und erinnerte sich des Unwohlseins in der Nacht schon nicht mehr.

Eine Gefahr? sagte er, nein, nicht daß ich wüßte.

Wurden Sie nicht von einem ungeheuren Phantom angegriffen, das Sie zu erdrosseln suchte? Haben Sie nicht gelitten?

Eliphas erinnerte sich.

Gewiß, sagte er, ich hatte einen leichten Schlaganfall und einen schrecklichen Traum. Doch, wie wissen Sie das?

Zur selben Stunde schlug mich eine unsichtbare Hand hart auf die Schulter und weckte mich plötzlich. Ich träumte dann, ich sehe Sie im Streit mit Astaroth. Ich richtete mich auf, und eine Stimme sagte mir ins Ohr: Steh auf und hilf deinem Meister, er ist in Gefahr. Ich stand sofort auf. Doch wo sollte ich zuerst hingehen? Welche Gefahr drohte Ihnen? Die Stimme hatte nichts gesagt. Ich überlegte also, bis zum Sonnenaufgang zu warten, und als der Tag graute, bin ich hergeeilt.

Dank, mein Freund, sagte der Magier und gab ihm die Hand, Astaroth ist ein schlechter Witzbold, es war mir diese Nacht nur ein wenig Blut zu Kopf gestiegen. Jetzt fühle ich mich ganz wohl. Seien Sie dessen versichert und gehen Sie an Ihre Arbeit.

Felix Dörmann (1819–1895)

Astaroth

Wie flüssiges Silber
Bricht es hervor
Aus eisengrauen Wolken,
Weiße Dämpfe schlagen auf,
Es duftet wie Blut
Und es duftet wie Weihrauch –

Astaroth naht.

Elfenbeinfarben
Erschillern die Glieder
Aus bauschenden Floren,

Zackensterne,
Riesengroße,
Leuchten grünlich
Aus wehendem Haar …

Düsterrasende Liebe,
Grollende Qual
Glüh'n ihre Blicke.
Wie zürnender Tuba Schrei
Klingt es zu mir:
Niedersteigen willst Du
Zu friedlichen Thälern,
Hausen willst Du
Wo andere hausen,
Einer willst Du werden,
Einer von vielen.

Nimmer willst Du
Weltgeschieden,
Nachtfürstlich und einsam thronen,
Von der Menschheit
Qualendämonen
Dienend umwoben,
Höllenseligkeiten
Ausgenießend –
Feig bist Du geworden,
Feig und klein.

Deine Krone gib' der Nacht zum Raube,
Felsen splitterte an Dich mein Glaube,
Und nun lächelt meine Seele Hohn,
Wenn ich denke, dass ich *Dich* erkoren,
Dir erhöht den Thron!
Kehr' zurück zum Staub, der Dich geboren,
Menschensohn.

Behemoth

Louis Pascal Breton: Behemoth (Holzstich 1863)

Siehe da den Behemoth, den ich neben dir gemacht habe.
Er frißt Gras wie ein Ochse. Siehe seine Kraft ist in seinen Lenden
und sein Vermögen in den Sehnen seines Bauchs.
Johann Weyer lat. Wierus (1515–1588)

Ich, der ich bebte hörte stöhnend von weither
die Brunst des Behemoth, den Mahlstrom und das Meer.
Arthur Rimbaud (1854–1891)

… ein Chaos, eine Herrschaft der Gesetzlosigkeit und Anarchie,
welche die Rechte wie die Würde des Menschen verschlungen hat …
scheint uns dies der richtige Name: der Behemoth!
Franz Neumann (1900–1954)

*Leah Levine (*1961)*

Behemoth

Kein anderer Dämon taucht in so vielen unterschiedlichen Tierformen auf wie Behemoth. Davon ausgehend, daß das Wort *bahemoth* der Plural von *bahemah,* hebr. Tier ist, scheint es erlaubt, daß man den Dämon sowohl als Nilpferd, Elefant, Walfisch, Wasserbüffel, Hund, Fuchs, Wolf und als das »Tier der Endzeit« beschreibt. Seine bekannteste Gestalt ist die eines Menschenkörpers, mit einem Elefantenkopf, dickem Bauch und vorstehendem Nabel. Als solcher bezeichnet sein Name die hebräische Form des Elefantengottes Ganesha bzw. einer Unterart desselben, den die Israeliten in Elefantine verehrt haben sollen. Übersetzt man den hinduistischen Namen, so ergibt sich die Bezeichnung »Herr der Heerscharen«, und im Buch Hiob heißt er »Anfang der Wege Gottes« (Hiob 40,19), womit darauf hingedeutet wird, daß Behemoth eines der ersten Wesen war, die Gott erschaffen hatte. In der Quelle heißt es weiter, er habe sogar »sein Schwert« bekommen, und somit wird klar, warum man Behemoth unterstellt, seine Kraft sei in seinen Lenden und seine Stärke liege im Nabel seines Bauches (Hiob 40,16). Es gibt Quellen, in denen Behemoth als Stier bezeichnet wird, der täglich einhundert Berge abweidete, die über Nacht wieder neu bewuchsen. Es heißt, es habe ein Paar von ihm gegeben, unfruchtbar allerdings, damit sie nicht die Welt zerstörten. Eine andere Quelle, die Apokryphen, machten Behemoth zum männlichen Gefährten (Fabeltier) von Leviathan, die beide von Gott zur Züchtigung der Menschen auf die Erde geschickt worden seien. Während sich aber Leviathan auf dem Meeresgrund wälzte, beherrschte Behemoth die Wüste. Im Christentum verwandelt sich Behemoth, unabhängig von allen Zuordnungen, dann in ein böses Wesen der Finsternis, und es ergeht ihm wie allen Kreaturen, die nicht auf Anhieb in das »Gut-Schema« der neuen Religion passen. Als schwergewichtiges, dummes Monster, das die Gefräßigkeit und die Freuden des Bauches hochhält, wird es stigmatisiert und gilt fortan als verdammenswert. Er sei der Kellermeister und Obermundschenk der Hölle gewesen, weiß Collin de Plancy zu berichten, und um sich nicht mit Detailfragen aufzuhalten, gab es schnell die pauschale Bezeichnung, Behemoth sei der Satan selbst. In den Prozeßakten um Urbain Grandier (1590–1634) taucht der Dämon ebenfalls in schrecklicher Gestalt auf. Da dem ägyptischen Gott Seth das Nilpferd, eine der Gestalten des Behemoth, als Symboltier zugeordnet wurde, wird Behemoths Ursprung oft nach Ägypten verlagert. Bodin glaubte, in ihm sei der Pharao verkörpert, der die Hebräer verfolgte.

Johann Jacob Bräuner (1647–1737)

Von unterschiedenen Wunder-Thieren

Unter so vielen Geschöpffen, welche Gott der Herr gebildet, gibt uns Anlaß insonderheit zu betrachten ein Thier, welches in der Heil. Schrifft Hiob 40,10 und folgenden also beschrieben wird: Siehe, der Behemoth, den ich neben dir gemachet habe, frisset Heu wie ein Ochse. Seine Krafft ist in seinen Lenden, und sein Vermögen in dem Nabel seines Bauchs. Sein Schwantz strecket sich wie eine Cedern, die Adern seiner Schaam starren wie ein Ast. Seine Knochen sind wie fest Ertz, seine Gebeine sind wie eiserne Stäbe. Er ist der Anfang der Wege Gottes; der ihn gemachet hat, der greifft ihn an mit seinem Schwerd. Die Berge tragen ihre Kräuter, und alle wilde Thier spielen daselbst. Er liegt gern im Schatten, im Rohr und Schlamm verborgen. Das Gebüsch bedeckt ihn mit seinem Schatten, und die Bach-Weiden bedecken ihn. Siehe, er schluckt in sich den Strohm, und achtets nicht groß, läßt sich düncken, er wolle den Jordan mit seinem Mund ausschöpffen; noch sähet man ihn mit seinen eigenen Augen, und durch Fallstricke durchbohret man ihm seine Nasen.

Joseph Freiherr von Hammer-Purgstall (1774–1856)

Sein Name ist Behemoth

Da schuf Gott unter den Füßen des Engels, daß er fest stehen möge, eine Felsenmasse aus grünem Edelstein. Aber die Erde schwankte noch immer. Nun bürdete der Herr die Felsenmasse dem Rükken und den Hörnern eines ungeheuren Stieres auf, der vierzigtausend Augen hat, und eben so viele Ohren und Nasen, und Mäuler und Zungen und Füße, von deren einem zum andern fünfhundert Jahre Wegs sind. Ciwan ist der Name des Stieres; aber die Erde bewegte sich noch immer. Da unterlegte der Herr den Füßen des Stieres, den Rücken eines Fisches, dessen Größe alle Beschreibung übersteigt. Ein einziges seiner Nasenlöcher fasset alle Meere der Erde; sein Name ist Behemoth.

Behemoth ruht in dem Gewässer, das Gewässer auf der Luft, die Luft auf dem finstern noch unentworrenen Chaos.

So waren zwey Tagewerke der Schöpfung vollbracht, und der Herr dachte, daß es gut sey; allein da regte sich Behemoth in dem Gewässer, der Stier, und der Fels, und der Engel erzitterten, die Erde drohte zu zerbeben. Als Gott sah, daß sie noch keinen Bestand hatte, so schuf er am dritten Tage die Berge als Schließen und Pfeiler, welche dieselbe zusammenhalten und stützen, wenn sich Behemoth regt in den Tiefen des Gewässers. Nun sah Er, daß es gut war. Am vierten schuf er die Thiere und Pflanzen. Am fünften und sechsten schmückte er die Himmel mit Sonnen und Mond und Sternen und mit ihren Bewohnern, den Engeln und Dschinnen.

Collin de Plancy (1794–1881)

Behemoth, Kellermeister und Obermundschenk der Unterwelt*

Behemoth, schwergewichtiger und trotz seiner Würden dummer Dämon. Seine Kraft liegt mehr in der Hüftgegend; seine Herrschaftsbereiche sind die Gefräßigkeit und die Freuden des Bauches. Manche Dämonomanen halten ihn für den Kellermeister und Obermundschenk der Unterwelt.

Jean Bodin (1529/30–1596) glaubt, Behemoth sei niemand anderes als der ägyptische Pharao, der die Hebräer verfolgte. Hiob spricht von Behemoth als einer gräßlichen Kreatur. Manche Kommentatoren behaupten, damit sei der Walfisch gemeint, andere, der Elefant, doch es gab auch Ungeheuer, deren Arten untergegangen sind. Im Prozeß Urbain Grandiers (1590–1634) sieht man, daß Behemoth sehr wohl ein Dämon ist. Delaure meint, daß man ihn für ein riesiges Tier gehalten hat, weil er sich die Gestalt aller großen Tiere gibt. Er fügt hinzu, Behemoth könne sich auch perfekt in einem Hund, einem Elefanten, einem Fuchs und einem Wolf verbergen.

Michail Bulgakov (1891–1940)

»Komm, Behemoth, gib den Roman mal her«

»Sagt mir, warum Margarita Euch Meister nennt?« fragte Voland.

Der Meister lächelte.

»Eine verzeihliche Schwäche. Sie hat eine zu hohe Meinung von dem Roman, den ich geschrieben habe.«

»Wovon handelt der Roman?«

»Von Pontius Pilatus.«

Wieder schwankten und hüpften die Flammenzungen, und das Geschirr auf dem Tisch klirrte, denn Voland stieß ein donnerndes Gelächter aus, das jedoch niemand erschreckte noch verwunderte. Behemoth applaudierte sogar.

»Von wem, von wem?« sagte Voland und hörte auf zu lachen. »Und das jetzt? Das ist erschütternd! Konntet Ihr kein anderes Thema finden? Laßt sehen.« Voland streckte die geöffnete Hand aus.

»Das ist leider unmöglich«, antwortete der Meister, »ich habe das Manuskript im Ofen verbrannt.«

»Verzeiht, das glaube ich nicht«, entgegnete Voland, »das kann nicht sein, denn Manuskripte brennen nicht.« Er wandte sich Behemoth zu und sagte:

»Komm, Behemoth, gib den Roman mal her.«

Sofort sprang der Kater von seinem Sitz, und alle sahen, daß er auf einem dicken Stoß Manuskripte gehockt hatte. Das oberste Exemplar überreichte er mit einer Verbeugung Voland. Margarita zuckte zusammen und schrie, abermals zu Tränen erregt:

»Da ist es ja, das Manuskript! Da ist es!«

Sie stürzte auf Voland zu und rief begeistert: »Er ist allmächtig! Er ist allmächtig!«

Voland nahm das Exemplar, drehte es um, legte es beiseite und starrte den Meister ernst und schweigend an. Dieser aber fiel aus unbekannten Gründen in Schwermut und Unrast.

Leah Levine (1961)*

Ode an Behemoth

Vom Himmel gestürzt, die Menschen zu strafen,
hast du die freie Wahl der Gestalt.
Zeig den Lebenden deine Kraft,
und schenk den Engeln den fruchtbaren Saft.

Speise und trinke, die Erde sei dein,
such dir ein Land, das du liebst.
Für alle Zeiten wirst du geehrt,
kein Zugang zum Tempel sei dir verwehrt.

Oh Behemoth, du stolzer Geist,
du stärkstes Tier, so dick und feist.
Die Erde sei dein Jagdrevier,
die größten Herrscher ergeben sich dir.

Bevor die Erde untergeht,
kennt jeder deinen Namen.
Dort wo du deine Zeichen hast,
machen Tugend und auch Sünde Rast.

Azazel,

der Hüter des Bockes

Louis Pascal Breton: Azazel (Holzstich 1863)

Was die Herren Ebræer / von der Schlangen Azazel / fabuliren /
daß dieselbe den Menschen-Körper / in der Erden / nage / und verzehre;
Erasmus Francisci (1627–1694)

Diese Zeichnung stellt Azazel dar«, sagte er. »Es ist ein Symbol der Wächter.«
»Azazel war der Anführer der Se´irim«, erklärte Oliver Stark.
»Das waren Dämonen in Bocksgestalt, die in der Wüste hausten,
lange vor Moses, vor den Pharaonen. In der Zeit von Lilith.«
*Tess Gerritsen (*1953)*

*Leah Levine (*1961)*

Azazel

»Azaz« bedeutet stark und hochmütig, und so ist die hebräische Übersetzung des Namens dieses Anführers der rebellischen Engel »der, den Gott stärkt«. Er reitet auf einer Schlange und gilt als das ultimative Symbol der Verführung zum Bösen. Auch im Buch Henoch werden die aufständischen Engel erwähnt, die sich gegen Gott erheben und ihren Platz an seiner Seite für die Freiheit ihres eigenen Willens aufgeben. Doch die Strafe ließ nicht lange auf sich warten. Azazel wurde in die Wüste verbannt, dort auf spitze, scharfe Steine gelegt und an einen Felsen gekettet. Verschärfend bedeckte man seine Augen, damit er kein Licht mehr erblicken konnte, und so sollte er ausharren, bis zum Tage des Jüngsten Gerichts. Dann endlich würde das Leiden enden, er würde in einen Feuerpfuhl geworfen, und das alles nur, weil man meinte, seine gelehrten Werke hätten die Welt verdorben.

Eine andere Quelle berichtet, Azazel sei ein alter Gott aus der Zeit des Polytheismus und neben Jahwe, Sedim und Lilith verehrt worden. Er sei kein Vorfahre Satans, sondern unterscheide sich von Jahwe nur durch den Grad der Reinheit. Damit kommen wir zu einem Ritual, daß sehr eng mit Azazel verwoben ist. Am Jom Kippur, dem Versöhnungstag, wurden zwei Ziegenböcke bereitgehalten. Der eine wurde geschlachtet, dem anderen wurden durch Handauflegen des Hohepriesters sämtliche Sünden des Volkes übertragen. Damit beladen wurde er in die Wüste geführt und dort von einem Felsen gestoßen. Dieses »Sündenbockritual« hatte nun symbolisch das Volk gereinigt. (Altes Testament Lev. 16)

Die alten Dämonologen ordnen Azazel oder Azael als Dämon zweiten Ranges ein, er sei der Hüter des Bockes (auf das AT zurückgehend). John Milton (1608–1674) erklärt in »Das verlorene Paradies« (1667), Azazel sei der »Erste Bannerträger« der Höllenarmeen. Eine wirkliche Übereinstimmung aller Quellen ist nicht erkennbar, und Azazel wird auch weiterhin einige Geheimnisse über sein Wesen für sich behalten.

Buch Henoch (3.–2. Jh. vor Chr.)

Asasel lehrte die Menschen

Brustpanzer verfertigen und zeigte ihnen die Metalle samt ihrer Bearbeitung und die Armspangen und Schmucksachen, den Gebrauch der Augenschminke und das Verschönern der Augenlider, die kostbarsten und auserlesensten Steine und allerlei Färbemittel. So herrschte viel Gottlosigkeit, und sie trieben Unzucht, gerieten auf Abwege und alle ihre Pfade wurden verderbt. Semjasa lehrte die Beschwörungen und das Schneiden der Wurzeln, Annaros die Lösung der Beschwörungen, Baraqel das Sterneschauen, Kokabeel die Astrologie, Ezeqeel die Wolkenkunde, Arakiel die Zeichen der Erde, Samsaveel die Zeichen der Sonne, Seriel die Zeichen des Mondes. Als nun die Menschen umkamen, schrieen sie, und ihre Stimme drang zum Himmel.

Heinrich Agrippa von Nettesheim (1486–1535)

Azazel, welcher ist der Herr des Fleisch und Blutes*

Denn, wie die Lehrer der Hebräer sagen, so wird unser ganzer Leib und was daran fleischlich ist, das wird den Schlangen zur Speise hinterlassen, und zwar, wie sie reden, dem Azazel, welcher ist der Herr des Fleisch und Blutes und der Fürst dieser Welt, und wird genennet im dritten Buch Mosis der Fürst der Wüsten, dessen auch gedacht wird im ersten Buch Mosis: Terrain comedes omnibus diebus vitae tuae. Du sollst Erde essen dein Leben lang, und beim Isaia: dein Brod ist Staub, das ist: unser Leib ist erschaffen aus dem Staube der Erde, so lange er nicht geheiliget und in was Bessers ist verwandelt worden, also, dass er nicht mehr der Schlangen, sondern Gott zuteil werde, nämlich aus dem geistlichen Fleisch, nach den Worten Pauli: Seminatur, quod animale est, et resurget, quod spirituale est. Es wird gesät, was fleischlich ist, und wird auferstehen, was geistlich ist. Und anderswo: Omnes quidem resurgent, sed non omnes immutabuntur, quia multi remansuri sunt in perpetuum cibum serpentis; das ist: alle werden zwar auferstehen, es werden aber nicht alle verwandelt werden, denn viel werden bleiben zur ewigen Speise der Schlangen. Also sehet, so legen wir mit dem Tode ab diese garstige und scheussliche Materie des Fleisches, dieses Schlangenfutter, damit wir dermaleins eine andere und bessere Gestalt annehmen möchten, welches wird geschehen bei Auferstehung der Toten.

John Milton (1608–1674)

Der »Erste Bannerträger« der Höllenarmeen*

Sogleich befahl er dann,
Daß unter lautem, kriegerischen Klang
Der Zinken und Trompeten sein Panier
Erhoben werde; dieser Ehre werth
Hielt Azazel, ein stolzer Cherub, sich,
Der unverweilt am glanz'gen Stabesschaft
Die königliche Fahn' entrollt, die frei
Ein Meteor im Windeszuge blitzte,
Mit goldnem Prunk und Gemmen reich besetzt,
Den Waffen und Trophän der Seraphim.
Nun schallt aus lauterklingendem Metall
Der kriegerische Ton, drin allgemein
Der Krieger Schrei sich mischt, daß die Gewölbe
Der Hölle dröhnen, und das Reich des Chaos,
Die alte Nacht von außen selbst erschüttert.
Im Nu sah man zehntausend Banner wehn,
Durch's Dunkel in den hellsten Farben flatternd.

Nikolaus von Zinzendorf (1700–1760)

Das Vater Unser

Wir sind bey dir in schuld, immer hast du geduld; wir wollen uns auch freun, wenn wir dem nechsten fein gelinde können seyn. Der Gottes-marter-bund läßt der versuchungs-stund nicht einen fußbreit Grund. Sprich du nur leib und seel frey vom Azazel. Amen Abiel.

Glare Raven Saunter (1941)*

Die Lehrmeister der Zauberkunst

Auch Aza und Azazel gehörten zu den Engeln, die neidisch auf die Menschen waren und sie vor Gott verleumdeten. »Herr aller Welten«, sagten sie zu Gott, »warum nur hängst du so an den Menschen?«

Gott antwortete: »Sie machen die Welt fruchtbar. Was sollte aus der Erde werden ohne sie?« Die Engel entgegneten: »Sind wir nicht genug für die Welt?« Gott erwiderte: »Wenn ihr auf der Erde leben würdet, wäret ihr noch verstockter als die Menschen. Der Satan hätte leichtes Spiel mit euch.« Die Engel wollten das nicht wahrhaben. »Gib uns die Freiheit, Herr«, baten sie. »Wir wollen mit den Menschen wohnen; du wirst sehen, daß wir deinen Namen heilig halten und nicht gegen deine Gebote verstoßen.« Da erlaubte ihnen Gott, auf die Erde zu gehen und dort zu wohnen. Aber bald schon vergaßen sie ihre guten Vorsätze. Sie sahen die Frauen der Menschen, die ihnen in ihren schönen bunten Kleidern gefielen. Sie heirateten Menschenfrauen, was ihnen verboten war. Dadurch verloren sie ihr überirdisches Wesen und erhielten Körper wie die Menschen. Jedoch kannten sie den geheimen heiligen Namen Gottes, und wer ihn aussprach, konnte zum Himmel emporsteigen.

Als Aza und Azazel Gottes Namen aussprachen, um in den Himmel zurückzukehren, stießen die Diener Gottes sie zurück. Eisensplitter verwundeten ihre Köpfe, und sie stürzten auf die Erde zurück, wo sie in den Bergen niederfielen. Hier kettete sie Gott an die Felsen.

Aza war einäugig. Nur sein linkes Auge konnte sehen. Er durfte nach Gottes Willen niemals Ruhe finden. Er hängt an der Kette, aber er muß unablässig auf- und niedersteigen. Drei Handbreit über der Erde bleibt er in der Luft hängen. Gott wollte Aza ursprünglich dadurch bestrafen, daß er ihm das Licht beider Augen nahm. Doch wenn Aza sieht, daß er dicht über der Erde bleibt, ist sein Schmerz größer, als wenn er vollständig blind wäre. Das ist die Strafe für Azas Ungehorsam. Aza und Azazel aber sind große Lehrmeister der Zauberei. Manchmal unternehmen Männer, die die Zauberkunst erlernen wollen, eine Wallfahrt zu den finsteren Bergen, in denen die gefallenen Engel hausen. Azazel, der Sehende, bemerkt die Wallfahrer zuerst.

»Pilger kommen!« ruft er Aza, dem Einäugigen, zu. Sofort schließt sich um die beiden Verbannten ein Kreis feuriger Schlangen. Ein Geist empfängt die Wallfahrer an der Tür zu den finsteren Bergen. Dieser Geist hat Ähnlichkeit mit einer kleinen Katze, trägt jedoch einen Schlangenkopf und hat zwei Schwänze. Der Pilger muß sein Gesicht bedecken. In der Hand trägt er ein Rauchfaß, das die Asche eines weißen Hahns enthält, den der Bittsteller zuvor selbst verbrennen mußte. Der Geist führt ihn zu Aza und Azazel. Der Wallfahrer muß dreimal auf die Kette treten, mit denen die gefallenen Engel an die Berge gefesselt sind. »Komm näher!« befehlen Aza und Azazel Der Pilger fällt auf die Knie und rutscht mit geschlossenen Augen näher. Gierig saugen Aza und Azazel den Weihrauch ein, nach dessen Geruch sie eine unaussprechliche Sehnsucht haben.

Sobald der Wallfahrer die Augen öffnet, sieht er die beiden Mächtigen vor sich. Angst überfällt ihn, aber er muß den Weihrauch streuen. Zum Dank dafür lehren sie den, der sich vor ihnen verneigt, die Zauberkunst.

Der Zauberlehrling muß fünfzig Tage in der Finsternis der Berge zubringen, ehe seine Ausbildung beendet ist. Dann führt ihn die kleine Geisterkatze wieder hinaus. Er ist jetzt ein Zauberer, der nach Wunsch Gutes und Böses bewirken kann.

*Tess Gerritsen (*1953)*

Azazel und die Wächter

»Nein«, antwortete Oliver. »Azazel wird häufig als Symbol für die Wächter verwendet.«

»Wer sind denn diese *Wächter*, von denen Sie die ganze Zeit reden?«, fragte Frost.

Edwina sah Maura an. »Haben Sie eine Bibel, Dr. Isles?« Maura runzelte die Stirn. »Ja.«

»Wären Sie so freundlich, sie uns zu bringen?«

Maura trat ans Bücherregal und suchte das oberste Bord nach dem vertrauten, abgegriffenen Einband ab. Die Bibel hatte ihrem Vater gehört, und Maura hatte sie seit Jahren nicht mehr aufgeschlagen. Jetzt nahm sie das Buch aus dem Regal und reichte es Edwina. Staubwölkchen wirbelten auf, als sie darin zu blättern begann.

»Da haben wir's – Genesis, Kapitel 6, Vers 1 und 2: Da sich aber die Menschen begannen zu mehren auf Erden und ihnen Töchter geboren wurden, da sahen die Kinder Gottes nach den Töchtern der Menschen, wie sie schön waren, und nahmen zu Weibern, welche sie wollten.«

»Die Kinder Gottes?«, fragte Frost.

»Diese Stelle bezieht sich mit ziemlicher Sicherheit auf Engel«, erklärte Edwina. »Es heißt hier, daß Engel die Menschenfrauen begehrten und sie deswegen heirateten. Eine Verbindung zwischen dem Göttlichen und dem Sterblichen. Und hier haben wir Vers 4: Es waren auch zu den Zeiten Riesen auf Erden; denn da die Kinder Gottes zu den Töchtern der Menschen eingingen und sie ihnen Kinder gebaren, wurden daraus Gewaltige in der Welt und berühmte Männer.« Edwina klappte das Buch zu.

»Was hat das alles zu bedeuten?«

»Es heißt, daß sie Kinder bekamen«, erklärte Edwina. »Das ist die einzige Stelle in der Bibel, wo diese Kinder erwähnt werden. Sie waren aus der Verbindung zwischen Menschen und Engeln hervorgegangen; eine Mischrasse von Dämonen, genannt Nephilim.«

»Auch bekannt unter dem Namen Wächter«, ergänzte Sansone.

»Sie werden Hinweise auf sie in anderen Quellen finden, die älter sind als die Bibel. Im Buch Henoch etwa, und im Buch der Jubiläen. Sie werden als Ungeheuer beschrieben, die Brut gefallener Engel, die Verkehr mit Menschenfrauen hatten. Das Ergebnis war eine geheime Rasse von Mischwesen, die angeblich immer noch unter uns lebt. Diese Wesen sollen außerordentlich charmant und talentiert sein, dazu ungewöhnlich schön. Oft sind sie sehr groß gewachsen und charismatisch. Aber dennoch sind sie Dämonen, und sie dienen der Finsternis.«

»Und Sie glauben das tatsächlich?«, fragte Jane.

»Ich sage Ihnen nur, was in den heiligen Schriften steht, Detective. Die Alten glaubten, daß die Menschen nicht allein auf Erden seien, daß andere vor uns da gewesen seien. Demnach gäbe es auch heute noch Menschen, in deren Adern das Blut dieser Ungeheuer fließt.«

»Aber Sie nannten sie die Kinder von Engeln.«

»Von gefallenen Engeln. Unrein und böse.«

»Diese Kreaturen, diese Wächter, sind also so was wie Mutanten«, sagte Frost. »Zwitterwesen.«

Edwina sah ihn an. »Eine Subspezies. Brutal und raubtierhaft. Wir normalen Menschen sind für sie nur Beute.«

»Es steht geschrieben«, sagte Oliver »daß am Jüngsten Tag, wenn die Welt, wie wir sie kennen, untergeht, der Antichrist selbst einer der Nephilim sein wird. Ein Wächter.«

Und ihr Zeichen ist an meiner Tür. Maura starrte die Skizze des Ziegenkopfes an. War das Symbol als Warnung gedacht?

Oder als Einladung?

Ahriman,
der König der Finsternis und Quell des Bösen

Ahriman (Relief aus Persepolis)

Ahriman, bei den alten Persern Fürst der Unterwelt, Quell des Bösen, schwarzer Dämon, gezeugt in der Finsternis. Gegenspieler von Ormuzd. Als Ormuzd einst vierundzwanzig Götter schuf und sie alle in ein Ei steckte, wollte sein Feind Ahriman nicht nachstehen und schuf die gleiche Anzahl von Göttern. Letztere zerbrachen dieses Ei, und seitdem ist das Böse mit dem Guten vermischt.

Collin de Plancy (1794–1881)

Ormuzd, das gute Lichtwesen,
hat mit dem Fürsten der Finsternis, Ahriman, unaufhörlich zu kämpfen.

Johann Gottfried Herder (1744–1803)

»Das ist Ahriman.«, »Was ist denn Ahriman?«, fragte Paolo. »Nicht was, sondern wer. Im alten Persien war Ahriman ein Dämon. Der Geist der Zerstörung.« Sie legte die Lupe auf den Tisch und atmete tief durch. »Für sie war er die Verkörperung des Bösen.«

*Tess Gerritsen (*1953)*

Leah Levine (1961)*

Ahriman, der König der Finsternis und Quell des Bösen

Ahriman ist der Herr des Todes, seine Macht erlangte er durch den Sündenfall. Besonders die Perser haben eine lange Erfahrung mit dem Fürsten der Finsternis. Er ist ihr Quell des Bösen, »Angru Mainyu« (böser Geist), der schwarze Dämon, der in Finsternis gezeugt wurde und eines Tages in die Finsternis zurückgeworfen werden wird. Bis dahin gilt er als Widersacher von Ahura Mazda, der jeder Schöpfung eine vermeintliche Antischöpfung entgegensetzt. So wird berichtet, Ahura Mazda erschuf 24 Götter und verfrachtete sie in ein Ei. Ahriman wollte es ihm gleichtun, doch seine Götter zerbrachen das empfindliche Ei, und so kam es, daß sich das Gute mit dem Bösen eng vermischte.

Ahriman lebt in der Unterwelt, in der die Finsternis sich niemals lichtet. Rauch, Schwärze, Krankheit und Tod wabern in allen Bereichen und steigen in die Welt der Menschen auf. Die Lüge und Täuschung ist ihm ebenso zugeschrieben wie dem Satan der Christen im Mittelalter, allerdings nicht in seiner Funktion als Werkzeug Gottes, sondern als dessen ernstzunehmender Gegenspieler. Sein Symbol ist die Schlange und er herrscht über viele Kräfte. Die Texte der Mithrasreligion und des Zervanismus geben Hinweise darauf, daß Ahriman als Gott verehrt wurde und man ihm Tieropfer darbrachte. Bevorzugt wurden die Tiere, die in sich die Macht des Bösen trugen. Trotz allem wird er nach 9000jähriger Herrschaft über die Welt seine Macht an Ahura Madzda abgeben und fortan kraftlos sein.

Für die Anthroposophen ist Ahriman ein Begriff, der eine Widersachermacht bezeichnet. Sowohl global in der Welt und in der Geschichte der Menschheit, aber auch im kleineren Kontext, z. B. in der okkulten Entwicklung eines Adepten oder in der Lebensführung eines Individuums, greift dieser Begriff. In personifizierter Form verblendet Ahriman den Ätherkörper des Menschen und gibt vor, daß die Welt der Sinne geistlos sei. Erst wenn man diese Macht besiegt, gelangt man zu geistiger Erkenntnis der Natur.

Einem »Lexikon der dunklen Engel« ist zu entnehmen, daß niemand zum jetzigen Zeitpunkt ein Abbild des Finsteren erstellen darf, und so finden sich keine Beschreibungen dieses schwarzen Dämons.

Anastasius Grün (1808–1876)

Ahriman und Ormusd*

Aug' in Auge lächelnd schlangen
Arm in Arm einst West und Ost,
Zwillingspaar, das liebumfangen
Noch in Einer Wiege kos't!

Ahriman ersah's, der Schlimme,
Ihn erbaut der Anblick nicht,
Schwingt den Zauberstab im Grimme,
Draus manch rother Blitzstrahl bricht.

Wirft als Riesenschlang' ins Bette,
Ringelnd, bäumend, zwischen sie
Jener Berg' urew'ge Kette,
Die nie bricht und endet nie.

Läßt der Lüfte Vorhang rollend
Undurchdringlich niederziehn,
Spannt des Meers Sahara grollend
Endlos zwischen Beiden hin.

Doch Ormusd, der Milde, Gute,
Lächelnd ob dem schlechten Schwank,
Winkt mit seiner Zauberruthe,
Sternefunkelnd, goldesblank.

Sieh, auf Taubenfitt'gen fächelnd,
Von der fernsten Luft geküßt,

Schifft die Liebe, kundig lächelnd;
Wie sich Ost und Westen grüßt!

Blüthenduft und Thau und Segen
Saugt im Osten Menschengeist,
Steigt als Wolke, die als Regen
Mild auf Westens Flur dann fleußt!

Und die Brücke hat gezogen,
Die vom Ost zum West sich schwingt
Phantasie als Regenbogen,
Der die Berge überspringt!

Durch die weiten Meereswüsten,
Steuernd, wie ein Silberschwan,
Zwischen Osts und Westens Küsten
Wogt des Lieds melod'scher Kahn.

August von Platen (1796–1835)

Ahriman sogar, der dunkle*

Licht, vom Himmel flammt es nieder,
Licht, empor zum Himmel flammt es;
Licht, es ist der große Mittler
Zwischen Gott und zwischen Menschen.
Als die Welt geboren wurde,
Ward das Licht vorangeboren,
Und so ward des Schöpfers Klarheit,
Das Mysterium der Schöpfung;
Licht verschießt die heil'gen Pfeile
Weiter immer, lichter immer,
Ahriman sogar, der dunkle,
Wird zuletzt vergehn im Lichte.

Karl May (1842–1912)

Ahriman Mirza

Er trat einige Schritte vor, bis fast an den Ring, den die Ältesten bildeten. Die halb geballte Faust emporgehoben, schaute er den Ustad mit einem so herausfordernden Blicke an, als ob er wirklich über eine Hölle mit allen ihren Teufeln zu gebieten habe. Was hatte ich über diesen Mann zu denken? War er ein Besessener? Oder litt er an einer Monomanie, die ihn um die Kenntnis seiner selbst gebracht hatte? Ahriman Mirza! Hieß er wirklich so, oder wurde er nur so genannt? Welcher Vater gibt seinem Sohne den Namen Ahriman! Wie hatte ich ihn zu nehmen? Ernst oder lächerlich? Ich sah die Dschamikun einen nach dem andern an. Auf ihren Gesichtern war nichts zu lesen. Aber der Ustad?

Dieser wendete sich dem Perser zu. Sein Gesicht zeigte die mildstrahlende Güte, in welcher er vorhin zu mir an den Tisch gekommen war. Er sprach zu ihm, und zwar ganz so herzlich, wie dort zu mir. Und wie erstaunte ich, als er mit Worten begann, die ich als einen augenblicklichen Einfall von mir, also als mein geistiges Eigentum betrachten mußte! Er sagte:

»In den Märchen von ›Tausend und ein Tag‹ wird folgendes erzählt: Es war am Tag, an welchem die Erlösung suchen ging. Sie klopfte an an allen, allen Erdenpforten. Doch als sie sagte, wer sie ausgesandt, da fand sie keine Thür, die ihr geöffnet wurde. Da ging sie trauernd weiter, bis zum tiefsten Schlund, in welchem die verdammten Geister wohnen. Sie setzte sich an seinem Rande hin und weinte über Chodehs Menschenkinder. Es floß der Thränen still vergoss'ne Flut. Wohin? Der Schmerz weint bei geschloss'nen Augen. Sie sah es nicht! Doch als sie dann die nassen Lider hob, da kam es aus dem Dunkel hell emporgestiegen. Wer waren sie, die engelslicht und rein an ihr, der Trauernden, vorüberschwebten und, leuchtend wie der letzte Sonnenstrahl, der Abschied nahm, im Abendrot verschwanden? Da kam er selbst, von Chodeh einst verbannt, der sich erkühnt, dem Himmelsherrn zu gleichen! Er stand vor ihr, sah lange stumm sie an und breitete dann seine starken Schwingen. ›Gieb mir die Hand!‹ sprach er. ›Ich trage dich im Abendrot zurück zur Morgenröte. Was keiner Himmelsliebe möglich war, hast du erreicht durch deine Erdenthränen. Wenn die Erlösung um die Menschen weint, so muß sogar das Herz der Hölle brechen. Ich war der erste aller Kreatur. Ich war der erste, der den Herrn betrübte. Nun will ich auch der Allererste sein, der reuig wiederkehrt mit der Erlösung!‹ Er schaute ätherwärts. Da kam der Abendstern. Süß dufteten ringsum die Nachtviolen. Da schloß der Abgrund sich. Der Himmel that sich auf. Und mit dem Duft der Blumen schwanden Beide.«

Ahriman Mirza war Wort für Wort dem Märchen mit immer wachsender Spannung gefolgt. Jetzt zischte er in sich überstürzender Weise dem Ustad zornig zu:

»Was soll das sein? Was willst du mir mit diesem Märchen sagen? Wo hast du es her? Sind es deine eigenen Gedanken? Von diesen ›Tausend und ein Tag‹ hörte man noch nichts! Du willst mir entgehen, indem du dich hinter alte, mythenhafte oder neue, selbstersonnene Lügen versteckst. Gieb mir Antwort auf das, was du von mir hörtest! Ich sagte: Zeige mir einen solchen Unmöglichen, Undenkbaren, so bin ich dein. Wo nicht, so bist du aber mir mit allen deinen Dschamikun verfallen! Du weißt nicht, was euch droht. Ich bin gekommen, euch zu vernichten!«

Da kam der Ustad langsamen Schrittes herbei, trat in den Kreis, sah mitleidig auf ihn hernieder und antwortete:

»Du armer, armer Mann! Deine Macht mag noch so groß sein; die Allmacht aber, gegen welche du dich aufbäumst, ist doch noch größer! Hast du nicht zugestanden, daß du alles, alles geben würdest, selbst dein Herz mit seinem ganzen Hasse, wenn du einen einzigen wahrhaft Liebenden fändest? Du hast am falschen Ort gesucht. Suche an der rechten Stelle! Denn daß du überhaupt suchst, das hast du mit diesen deinen Worten zugegeben. Und man sucht doch nichts, ohne daß man es begehrt und es zu haben wünscht. Du willst uns vernichten? Wohl durch deinen Haß? Ich aber sage dir, daß ich es bin, der dich vernichten wird! Und zwar durch meine Liebe, indem ich dich segne! Du wirst von diesem meinem Segen aufgezehrt werden, so aufgezehrt, daß nichts mehr von dir übrig bleibt. Und doch zu gleicher Zeit wirst du in diesem meinem Segen erstehen und wachsen zu einem neuen, wunderbaren Leben. Ich gebe ihn dir, den Segen, der dich ganz und voll erneuern wird!«

Bei diesen Worten legte er ihm die beiden Hände auf die Schultern. Der Perser aber fuhr vor ihm wie vor einer Natter zurück und rief aus:

»Ich mag ihn nicht! Ich schüttele ihn ab! Dein Segen ist ein Fluch für mich!«

»Ich habe ihn dir gegeben, und er bleibt! Du bist ihm verfallen und der Liebe, die dich verfolgen wird, bis du vor ihr zusammenbrichst!«

Da lachte Ahriman Mirza in schallendem Hohne auf und antwortete:

»Du sprichst so kindisch und zugleich so altersschwach, wie eure sogenannte Frömmigkeit ja stets zu reden pflegt! Sie ist die alt und schwach gewordene, lächerliche Tante aller der augenverdrehenden Seelen, welche so gern die Hände auflegen, um ihre Bettlerarmut und Begehrlichkeit hinter dem nur allzu durchsichtigen Schleier des sogenannten Segens zu verbergen. Hast du schon einmal einen Menschen gesehen, der dir seinen Segen umsonst gegeben hat? Was hast du bezahlen müssen, bevor oder nachdem du ihn bekamst? Wer sind die von Himmelsgaben strotzenden Millionäre, welche zu segnen wagen? Untersuche ihre Taschen, um darin noch weniger als nichts zu finden. So stehst auch du vor mir in deiner ganzen, armseligen Bettelhaftigkeit! Was giebst du mir? Ein leeres Wort, welches dich nichts kostet! Und was forderst du dafür? Mich selbst mit allem, was ich bin und was ich habe. Ja, nicht nur das! Du verlangst auch gar noch das, was ich durch diesen Segen zu werden habe! Du siehst es jetzt an dir: euer Himmel giebt nur Worte und läßt sie sich mit dem vollen Inhalte einer ganzen Zeit und Ewigkeit bezahlen. Die Hölle aber giebt, giebt und giebt ohne Unterlaß. Sie teilt die ganze Fülle der Glückseligkeit an den durch euch verarmten Menschen aus und will nichts, nichts von ihm dafür, als daß er sie genieße! Sag, bist du vielleicht schon so tief in eure Lügenhaftigkeit versunken, daß du es wagen kannst, dies leugnen zu wollen?«

Da wich die bisherige Milde aus dem Gesichte des Ustad. Sein Gesicht wurde tiefernst, und sein Auge richtete sich auf den Perser, als ob der Blick desselben alle Bestandteile seines Leibes und seiner Seele aufzulösen vermöge.

»Du stehst weit, weit jenseits jener Grenze, an welcher das Geschöpf zum Teufel wird!« sagte er. »Deine Gedanken besitzen die betrügerische Geschmeidigkeit der Hölle. Wollte ich dich mit Worten schlagen, so müßte ich mit ihnen zu dir hinab in die Dschehenna steigen. Aber ich verzichte auf das Wort, denn ich weiß, daß dich deine eigene That zerschmettern wird! Im heiligsten der Bücher steht geschrieben, daß die Menschen sich von der Weisheit Chodehs nicht überzeugen und von seiner Gerechtigkeit nicht strafen lassen. Und in den Büchern der Geschichte ist zu lesen, daß sie seine Güte verachten und keine Nächstenliebe haben. Sie sind hartnäckiger als die Teufel, welche sich vom Geiste Chodehs strafen ließen und sich selbst in der Hölle die gegenseitige Hilfe nicht versagen. Was die nicht thun, die ihr Menschen nennt, das thaten die, welchen ihr den Namen Teufel gebt: Sie nahmen das Kreuz auf sich, welches die Folge ihres Sündenfalles war. Nun sollen sie auch die Ersten vor allen Andern sein, die sich der göttlichen Macht der Gnade fügen. Wenn der Himmel über die Hartherzigkeit seiner Erdenkinder weint, werden die Thränen der Erlösung an ihnen vorüber in die Hölle träufeln. Dann wird aus dieser Thränenflut ein Jubel sich erheben. Die Tiefe wird zur Höhe, die Dunkelheit zum Lichte, der Fluch zum Segen aufwärtssteigen. Und wer ist der, der dann sich aus dem Abgrund heben wird, um der Erlösung stumm ins Auge zu schauen? Der ihr dann sagt, daß er in Reue wiederkehren wolle? Das wirst du sein, Ahriman Mirza, du selbst, der hier vor meinen Augen steht! Und wenn sich hinter dir die Hölle schließt und vor und über dir der ganze Himmel öffnet, so wirst du selbst, du selbst die Antwort sein, die er dir giebt auf das, was heut die Hölle hier durch deinen Mund gefragt! – Nun habe ich dir weiter nichts zu sagen. Was du noch vorzubringen hast, das ist der Andern Sache. Ich überlasse dich dem Scheik der Dschamikun!«

Arno Holz (1863–1929)

Und Nacht und Licht, Ormudz und Ahriman*

Hin und her wie ein Windlicht,
Flackerte entseelt der Polarstern
Und durch den wehenden Schweif der Kometen
Blitzten farbig die Meteore
Sündfluth und Weltbrand brachen zugleich herein
Und Nacht und Licht, Ormudz und Ahriman,
Kämpften noch einmal
Mit alter Kraft den alten Kampf
Um die endliche, ewige Herrschaft.

KAPITEL 2

Phantome der Nacht

Von Alpträumen und nächtlichen Heimsuchungen

Francisco de Goya (1746–1828):
Der Schlaf der Vernunft gebiert Ungeheuer (Radierung 1797/98)

Jedermann weiß, wo wir uns in der Politik befinden,
in der Dichtung sind wir beim Alp.
Charles Nodier (1780–1844)

Nachtdüstre Dämonen umklammerten kalt,
wie der Alp in die Brust des Schläfers sich krallt,
der Menschen geängstete Seelen.
Adolf Friedrich von Schack (1815–1894)

Doch was unausgesprochen / im Herzen fort muß pochen,
was stumm und unreif wühlt, / das ängstigt mich als Kummer,
das hab' ich stets im Schlummer / als einen schweren Alp gefühlt.
Emanuel Geibel (1815–1884)

Nachtmahr und Alp

Geister, die Druck machen

Johann Heinrich Füssli (1741–1825): Der Nachtmahr

Die Nachtmahr ist's, die Totenbraut,
Macht Menschenblut so kalt!
Samuel Taylor Coleridge (1772–1834)

Ich bin der allgemeine Alp; mein Amt ist, daß ich drücke!
So vieles ist anjetzo halb – ich bin aus ganzem Stücke!
Ferdinand Freiligrath (1810–1876)

Hingegen tief im finstern Wald
ein Nachtmahr seine Fäuste ballt:
Christian Morgenstern (1871–1914)

*Leah Levine (*1961)*

Druckgeister: Alp und Nachtmahre

Unter einem Alp versteht man die Personifikation eines Angstzustandes während des Schlafes. Häufig hält man diese Gestalt für einen Dämon, der sich mit hohem Gewicht auf die Brust des Schlafenden setzt und ihm so den Atem nimmt und ihn mit starrem, tödlichem Blick mustert. Schweißausbrüche, Angstzustände und Herzklopfen sind die Folge. Erst mit einer ruckartigen Bewegung und/oder einem markerschütternden Schrei schnellt der Betroffene aus dem Schlaf hoch und braucht einige Zeit, bis er sich wieder sicher fühlt. Gelingt es ihm, dann wieder einzuschlafen, ist der Schlaf tief und traumlos. Doch der Alp-Traum zuvor war angefüllt mit grausamen, gruseligen oder sogar erotischen Elementen, die, wenn solch ein Erlebnis häufig vorkommt, dem Opfer auf Dauer die Kräfte rauben. Die Dämonen, die für die erotischen Vorstellungen verantwortlich waren, nannte man Succubus und Incubus und unterstellte ihnen, tatsächlich mit den Menschen während des Schlafs geschlechtlich zu verkehren.

In der Zeit zwischen 1627 und 1740 erschienen über sechzehn Abhandlungen zum Thema Zwangsvorstellungen über solche Nachtdämonen, was zeigt, wie ausgedehnt die Menschen unter ihnen zu leiden hatten. Hinter dem bösen Treiben sollen die Hexen und der Teufel selbst gestanden haben, die Dämonen beauftragten, die Nachtmahre zu den Menschen zu bringen, damit diese dann ihre Opfer heftig quälen.

Mahre/Nachtmahre konnten solch schreckliche Träume ebenfalls verursachen, sie griffen sogar auf die Pferde im Stall über oder nahmen die Gestalt von Geisterpferden an. Pferde scheinen für die Spezies der Druckgeister von besonderem Interesse zu sein. Man erzählt, daß der Schrat, eigentlich ein wüster, haariger Wald- und Feldgeist, des Nachts in den Stall eindringe und die Pferde heftig in Schweiß reite. Dazu würde er ihre Mähnen »schräteln«, in filzige kleine Zöpfe flechten, die sich nur mühsam wieder entwirren ließen. Der Schrat oder das Schrätlein widmete sich aber nicht nur den Pferden. Hatte der Mensch zu gut gespeist und getrunken, so wurde er von ihm heimgesucht und des Nachts im Schlaf gewürgt.

Wer sind diese Druckgeister, von denen in allen Ländern und Kulturen die Rede ist? Laut der germanischen Mythen waren sie überirdische, halb göttliche, halb zwergenhafte Wesen, man erinnere sich an König Alberich. Sie tauchen mit den unterschiedlichsten Namen – Mahr, Mora, Trud, Drücker u. a. – auf, und häufig wird erwähnt, daß sie unglaublich häßliche Gestalten hatten, die sie aber in Sekundenschnelle auch verändern konnten. Tiergestalt, besonders der Nachtfalter, war eine bevorzugte Erscheinungsform, doch auch menschliche Züge mit Tierextremitäten waren ebenso häufig anzutreffen wie Hund, Pferd, Fuchs oder Katze. Die Druckgeister zählen zu den Elfen/Elben und Zwergen, so ist aus angelsächsischen und altnordischen Quellen überliefert, seien Mischformen der beiden oder reine Elementargeister aus der Welt des Feuers, der Luft oder der Erde. Man nennt sie auch Kobolde, Geister und Dämonen und ihr Wirkungskreis ist in der freien Natur, besonders auf verunreinigten Plätzen, ebenso wie in den Häusern der Menschen. Obwohl die meisten Forscher darin übereinstimmen, die Druckgeister als eigenständige Spezies zu betrachten, sagen die tschechischen und serbokroatischen Legenden, ein Druckgeist sei die unerlöste Seele eines Toten, der sich von seinen Mitmenschen nicht lösen kann/will oder einfach auf Rache aus ist. Des Nachts verlasse der arme Teufel in Gestalt eines Nachtschmetterlings seinen eigenen Körper und sauge anderen Menschen das Blut aus.

Das Handeln, die Suche der menschlichen Nähe, der Wunsch, Angst und Schrecken zu verbreiten, und das Streben, gerade in die Träume einzudringen, um diese mit Horror zu vergiften, zeigt, daß hier nichts Freundliches, Mitfühlendes aus der Anderswelt Fuß gefaßt hat. Selbst Kinder werden nicht verschont, auch sie werden durch Geräusche, als würden schwere Dinge über den Boden geschleift, oder leise Schritte und Getrappel, Gestank und kalte Luftzüge in panische Angst versetzt. Manchmal machen sich die Geister ganz klein, so daß sie durch ein Schlüsselloch kriechen können, ein andermal vermögen sie sich immens auszudehnen. Solange der Druckgeist, den es nach Erlösung drängt, nicht befreit wurde, bleibt er am Ort seines Wirkens. Man sagt ihm nach, er würde den Traum des Opfers benutzen, um die Schattenseiten und unerlösten Seelenanteile des Schläfers zu aktivieren, damit dieser sich ihnen stellt. Darin läge dann die Erlösung für beide Seelen. In späteren Zeiten wurden die Alpe reine Dämonen, die Krankheiten verursachten.

Schutz vor den Druckgeistern konnte man finden, wenn man bestimmte Abwehrrituale praktizierte oder Hilfe in der Natur suchte. So soll die Alprute (ein flechtenartiges Gewächs auf Bäumen) unter dem Kopfkissen Druckgeister vertreiben. Strümpfe, die man in Kreuzform am Bettende aufhängt, sollen dieselbe Wirkung haben, ebenso wie ein Messer oder ein anderer metallischer Gegenstand, der mit der Spitze nach Außen zeigen muß. Hilfreich kann es auch sein, mit gekreuzten Händen zu schlafen; besonders wenn man häufig von erotisch motivierten Alben heimgesucht wird, soll eine Eheschließung wahre Wunder der Heilung bewirken.

Erasmus Francisci (1627–1694)

Von dem Alp / oder von der Nachtmähr*

Aus dieser Ursach pflegt Mancher / nachdem er eingeschlaffen / meynen / er wache / und erblicke gewisse wüste Bilder / die auf ihn anfallen. Und dahin gehört auch / was man insgemein von dem Alp / oder von der Nachtmähr / schwätzet / so auf den Schlaffenden fallen soll / wie eine schwere Last / und ihn dermassen hart beladen / daß ihm darüber gar bange werde / und er darunter schier ersticken müsse: da doch solches / von einem dicken / groben Dunst / herrührt / welcher theils den Gang der Sinngeister *(Spirituum animalium)* sperret / theils / durch seine gröbliche Substantz / die Kräffte beschwert / und so hart bedruckt / daß Einer gar beschwerlich dafür Odem ziehen und Lufft schöpffen kann.

Johann Jacob Bräuner (1647–1737)

Vom Alp-Drücken

Das Alp-Drücken ist eine gantz gemeine und bekannte Sache, wovon Gelehrte und Ungelehrte zu sagen wissen, ja es wird offtmahl mehr davon geredet, als geglaubet werden kan: Es ist an und für sich selbst etwas, so die Leute des Nachts im Schlaff befället, und dergestalt drucket, daß sie sich weder bewegen noch ruffen können; aber alles dieses ist eine gantz natürliche Sache. Die *Physici* nennen diese Kranckheit *Incubus, Ephialtes,* ist eine Kranckheit, da bisweilen in einem harten Schlaff dem Menschen der Athem also gehindert wird, daß man nicht reden oder um Hülffe ruffen kan. Auch haben solche Leute im Traum die Einbildung, daß ihnen was auf der Brust liege; ja viele wollen närrischer Weise behaupten, sie haben ein Männlein, oder dergleichen was, über das Bett hinauf kriechen, und daß es sich ihnen auf die Brust geleget, verspühret: solches aber wiederfahret sowohl Alten, als Jungen, und dauret zu Zeiten auf eine halbe und gantze Stunde, meistentheils aber auch vergehet es bald wieder. Sie reden auch im Schlaff, allein sie sind nicht zu verstehen. Wenn sie wieder erwachen und alle Zufälle fürbey seyn, so verspühren sie annoch ein Zittern und Mattigkeit der Glieder, gleich ob sie geprügelt wären.

Johann Georg Schmidt (1660–1722)

Ein Weib / das Abends zu Bette gehet / die soll ihren Stuhl / darauf sie gesessen / von der Stelle rücken / sonst drückt sie der Alp oder Nacht-Mar

Der Alp muß ein poßirlicher Kerl seyn, daß er dem löblichen Frauenzimmer so nachschleichet; iedoch scheinets / daß er keinen guten Spür-Hund abgeben mag / weil er, durch das wenige Fortrücken des Stuhls, nicht nachspüren kan, wohin die Frau gekommen sey, die darauf gesessen hat. Denn ich kan aus diesem Glaubens-Puncte nichts anders abnehmen, als daß der Alp erst in die Stube kommen und die Weiber auf ihren gewöhnlichen Stühlen suchen müsse, und wenn er sie nicht findet, alsbald vom Stuhle an nachspüren müsse, wo das liebe Geschlecht hinkommen sey, und wenn er sie alsdenn im Bette findet, leget er sich alsbald oben auf sie und drücket sie vor Liebe, daß ihnen der Odem möchte aussen bleiben; wenn aber der Stuhl fortgerucket wird, so kan er nicht auf die rechte Spur kommen, wohin diejenige sey kommen / die darauf gesessen hat, und lässet sie also ungedruckt. Das mag wohl heissen: Es ist keine List über Weiber-List. Denn welcher Mann wäre wohl so klug gewesen / und hätte besonnen, daß, wenn man den Stuhl fortrückte / der Alp alsdenn einen nicht finden könne? Drum lasset uns die lieben Weibergen, um ihrer Philosophie und Klugheit willen, ehren! Wiewohl ich auch nicht verhalten kan, daß mir noch ein Scrupel in meinen Gedancken stecket / und dieses vorhabenden Puncts halber einigen Zweifel erwecket. Denn da der Alp zuerst die Weiber in der Stuben auf ihren Stühlen suchet, welches aus vorgegebenen Umständen nicht anders zu vermuthen, so scheinets, daß er nur zu sie komme, eine Courtesie bey sie abzulegen. Denn man hat noch nicht erfahren, daß er eine in der Stube sitzend gedruckt hätte / und wundert mich dahero, daß er sie nicht alsobald erst in ihren Betten suchet? Denn ich vermeynte, wenn er den Weg einmahl in die Schlaff-Kammer hätte gefunden, so würde er solchen ein andermahl mehr finden, wenn gleich der Stuhl verruckt worden wäre. Ferner scheinet es, daß diese Weiber viel übler müssen daran seyn, welche nur auf fest angemachten Bäncken, die sich nicht fortrücken lassen / als diese, welche auf Stühlen gesessen, und selbige verrückt haben. Und darum mögen auch vielleicht die armen Bauer-Weiber mehr Beschwerung vom Alp-drücken haben, als andere, die auf ihren beweglichen Polster-Stühlen sitzen. Weil aber von diesen Zweifels-Knoten noch keinerseits einer aufgelöset ist, so wird man mich auch nicht verdencken, wenn ich nicht glaube, daß die Fortruckung des Stuhls verhindern könne, daß einen der Alp nicht drücke. Das Alp-drucken aber an sich selbst will ich eben nicht anfechten, denn ich wohl glaube, daß nicht alleine bey manchem das Geblüte eine Angst, Drücke und Phantasie erregen kan, sondern auch zu weilen der Teufel sein Spücknis und Anfechtung bey dem Menschen anrichtet. Ich meines

Orts habe zwar, Gott Lob, mein Lebtage nichts davon erfahren; weil aber der Alp in unterschiedlicher Gestalt will gesehen worden seyn, und zwar mehrmahls als eine Katze, Iltiß oder Fuchß etc. so erachte ich nicht vor undienlich hierbey zu melden, daß nur im verwichenen Jahre einst in der Nacht, als ich, wegen unterschiedlicher Sorgen Schlaff-loß in meinem Bette lag, und das Gesichte nach dem Fenster zukehrete, da fühlete und hörete ich etwas hinter mir auf mein Bette springen, als ob es eine Katze wäre, es schliche alsbald oben über das Haupt-Küssen hinüber, und schnoberte mir mit der Schnautze an mein Maul / und weil es nicht eben gar zu finster war, erkennete ich, daß es einen spitzigen Kopff hatte, als ein Iltis, dahero schlug ichs alsbald mit der Hand wider den Kopff, daß es zum Bette hinaus fiel / und darauf alsbald am Fenster in die Höhe kletterte, daß ichs wohl betrachten kunte, und sahe einem Marder oder Iltis gantz ähnlich; ich bliebe also, ohne Schlaffen liegen biß zu Tage, da ich denn die Thür und Fenster alles wohl verwahret fand, aber, ob ich gleich alles aufs genaueste durchsuchte, war doch nichts zu finden; was es demnach gewesen sey, mag Gott wissen. Drum

Sag mir nur einer erst was denn der Alp wohl sey?
Alsdenn will ich auch selbst der Meynung fallen bey,
Als ob der Alp das Bett könnt eher stöbern aus.
So man nicht hätt verrückt die Stühle in dem Hauß.

Michael Denis (1729–1800)

Im Gasthof' ist der Alp zu scheuen*

Im Gasthof' ist der Alp zu scheuen.
Er schleicht daher.
Und liegt er nun, man kann nicht schreien.
Er drückt so sehr.
Wirf, wenn er kömmt, geschwind ein Kissen
Vom Bett' ihm zu!
Er wird darauf sich setzen müssen,
Dann hast du Ruh.

Ludwig Christoph Heinrich Hölty (1748–1776)

Verbannten manchen bösen Alp*

Zween fromme Wunderthäter,
Vom Ost bis West bekannt,
Durchwanderten, mit Ablaß
Bepackt, das Schwabenland.
Verbannten manchen Kobold
Und manchen bösen Alp,
Und heilten manchen Junker
Und manches kranke Kalb.

Ludwig Bechstein (1801–1860)

Das Alp als Flaumfeder

In dem Stadtflecken Ruhla, in dessen Nähe vor alters der eiserne Thüringer Landgraf hart geschmiedet wurde, gibt es Sagen von Bergschätzen und allerlei Geistern, guten und bösen, vollauf. Jäger spuken, Pfarrer spuken, Jungfern spuken, Hexen, Mönche, Kroaten spuken, es spukt eine Gans und endlich sogar ein Esel, der Bieresel genannt, der sich den spät vom Biere heimkehrenden Männern aufhockt, sie auch wohl umhalst, wie das römische Gespenst Empusa in Eselgestalt die Reisenden. Da ist denn bei so vielerlei Geister- und Hexenspuk auch das Alp zu Hause, das die Schlummernden nächtlich quält, ähnlich dem oder der Mahr in den Sagen des Niederlands. Dagegen gibt es aber ein probates Mittel. Der Gequälte muß nämlich, sofern er es vermag, rasch aufstehen und das Schlüsselloch zustopfen, denn durch dieses geht das Alp aus und ein. Solches Kunststück wußte einmal einer und probierte es, und siehe, da ward das Alp sichtbar und saß auf seinem Bette, hatte einen weißen Schleier und war ein wohlgetanes Frauenbild. Das war dem Rühler gar nicht uneben, er behielt die Schöne bei sich und lebte mit ihr als einer Frau. Sie war auch still und gefügig, aber sie lachte nie und bat ihn stets, das Schlüsselloch zu öffnen, denn nur durch dieses und nicht durch offne Türen und Fenster kann das Alp wieder entweichen, daher auch Goethe im »Faust« den Mephistopheles 59 sagen läßt:

> »s' ist ein Gesetz der Geister und Gespenster:
> Wo sie hereingeschlüpft, da müssen sie hinaus.«

Einstmals aber, da die stille Frau ihre Bitten wiederholte, dachte er: »Hm, du willst doch sehen, wo das hinaus will; sie geht ja doch nicht durch das Schlüsselloch, und wenn sie fort will, kannst du sie ja halten« – ließ sich aber gegen sie nichts merken und räumte unversehens die Verstopfung des Schlüssellochs hinweg. Da wurde das Frauchen kleiner und immer kleiner und endlich gar zu einer Flaumfeder, und da haschte er nach ihr, aber das Wehen seiner Hand trieb sie hinweg, und husch flog und zog sie durch das Schlüsselloch und war dagewesen.

Irrwisch/Irrlicht

Odilon Redon (1840–1916):
Die Sumpfblume oder das Irrlicht

Ein Irrlicht später Nacht verführt den Wandersmann,
der nicht die Straße kennt. Wer ihn nur warnen kann,
der thut es freylich gern.
Johann Christoph Gottsched (1700–1766)

Vielleicht auch wie im Moor ein Irrwisch, der die Leut' in Sümpfe lockt
zum Schabernack, ein tanzend Licht, das hin und wider springt
und Alle, die es sehn, zu folgen zwingt.
George Gordon Byron (1788–1824)

Wer heut draußen wandelt, braucht keine Gespenster;
Irrlicht ist ihm die Nebelsäul', führt ihn schwankend dem Abgrund zu.
Annette von Droste-Hülshoff (1797–1848)

Tiefe Nacht und lange Schatten, ueber Land und über Meer,
auf Europa's sumpf'gen Matten tanzt das Irrlicht hin und her.
Friederike Kempner (1836–1904)

*Leah Levine (*1961)*

Irrwisch/Irrlicht

Ignis Fatuus, das Narrenlicht, wird von den Geistern oder wandernden Seelen Verstorbener verursacht. Selbstmörder, im Moor Versunkene oder Verbrecher können sich nicht von der Erde lösen und sind gezwungen, so lange zu leuchten, bis sie von einer reinen Seele erlöst werden. Martin Luther (1483–1546) dagegen behauptet, die Irrlichter seien kleine Dämonen, die in der Dunkelheit darauf lauern, unbescholtene Menschen vom Wege abzubringen und in ihr Unheil zu stürzen. Die Christen halten die kleinen funkelnden Lichter für die Seelen ungetaufter Kinder, denen der Zugang zum Himmel versperrt ist. Betet man bei ihrer Entdeckung, kommen sie immer näher, flucht man, so suchen sie das Weite. Wer es schafft, das Licht eines Irrlichts zum Verlöschen zu bringen, der kann einen Schatz finden, so behaupten einige Legenden, und mancher hat sich schon aufgemacht, ein Irrlicht ganz bewußt zu suchen.

Anderen Quellen zufolge verbergen sich hinter den blau flakkernden Lichtern Dämonen oder heimtückische Elfen, die den Menschen ihr göttliches Licht rauben wollen. Manche Feuerkobolde sind dagegen nicht bösartig, sondern wollen nur Streiche treiben, die »Leuchtmännlein« (Zwerge) dagegen tragen ihr Licht durch die Nacht, um Menschen bewußt in die Irre zu führen, woher auch der Name des Irrlichts kommt. Der Wanderer wähnt sich schon nah am Ziel und plötzlich muß er erkennen, daß er völlig die Orientierung verloren hat. Wenn es ganz schlimm ausgeht und so ein Licht im Moor sein Unwesen treibt, kann das auch den Tod des Betroffenen bedeuten.

Naturwissenschaftler haben allerdings ganz mythenlose Erklärungen: für sie sind es Faulgase, die sich von Zeit zu Zeit entzünden. Da viele Irrlichter über Mooren und Sümpfen zu sehen sind, mag diese Erklärung nicht ganz von der Hand zu weisen sein, aber sie tauchen ja auch auf Friedhöfen, in Bergwerken und an Stadträndern auf, und somit ist diese rationale Erklärung vielleicht schon wieder etwas fraglicher.

Erasmus Francisci (1627–1694)

Das verführische Irr-Licht

Durch solche Irr-Lichter nun / kann man gar wol / natürlicher Weise / in Wasser und Morast / verleitet / und drüber seines Lebens verkürtzt werden; wenn man denselben nachfolgt: weil sie sich gern / nach und nach / dahin ziehen. Gleich wie aber Scherertzius / von den Meer-Lichtlein / die sich / bey Stürmen / auff die Schiff-Bäume / oder Segel / setzen / oder auch ob dem Schiffe schweben / gantz willig gesteht / daß sie aus natürlichen Ursachen sich entzünden / und den Schiffenden erscheinen / nichts destoweniger aber doch der Satan / als ein Feind menschliches Geschlechts / seine Gauckeley mit drein menge: damit er den Schiffleuten die Furcht und Angst vergrössere; daher dann solche Meer-Lichtlein bißweilen gleichsam / als wie eine menschliche Stimme / ein Geheul und Gewinsel von sich geben. Also lässt sich solches viel gewisser noch / von den Irrlichtern / urtheilen; nemlich daß bißweilen die Gespenster ihr Spiel damit treiben / um die Leute in Unglück zu bringen / indem sie dieselbe dadurch auff Irrwege / in morastige Oerter / und Wasser-Pfühle / verführen.

Es erzehlte mir / vor vielen Jahren / ein erbarer Mann / der mein Reise-Gefährt war / daß er vor kurtzer Zeit / in Gesellschafft eines fürnehmen Manns / zwischen Nürnberg und Nördling / bey Nacht / weil die Eilfertigkeit solche zur Gehülffinn erheischete / geritten / und ehe dann sie / hinter Kuntzenhausen / an die Brucke gekommen / eine Fackel aus selbigem Städtlein / mit sich genommen. Worauff / unweit von dem Wasser / etliche Irrlichter neben ihnen her zu flackern angefangen: Weßwegen sie / um so viel mehr / die Fackeln angezündt / um der Brucken / weil / von dem hohen Wasser derselhen ein guter Theil überschwemmt und verdeckt war / destoweniger zu verfehlen / noch von derselben herab / in den Strom / zu verfallen. Welches ihnen auch / bey einem Haar / schier wäre widerfahren; wann nicht der Mann / welcher mir solches erzehlte / aus offtmaliger Bereisung selbiges Weges / deß rechten Strichs wäre kündig gewest. Denn die Irrlichter / welche / eine Weile / hinter /

oder neben ihnen her / geflattert / begunnten sich zu mehren / und sie fast irr zu machen: indem etliche derselben vor ihnen her fliegend / sich auf die Brucke stelleten / etliche über dem Wasser / zur Seiten der Brucken; etliche auff das Stuck der Brucken / welches unterm Wasser stund. Und wie diese zween Reitende eben an den Ort gelangten / da der beflossene Anfang der Brucken seyn musste; wollte dem fürnehmen Mann schier bang werden / und ihm / sein Pferd / abwerts zur Seiten / weichen: Welches ihn denn gewißlich in die Tieffe geführt hette / daferrn nicht sein voranreitender / und dieser Brucken wol erfahrner Reise-Gefährt / ihm zugeruffen / er sollte still halten / auch etliche Schritte zurück geritten / und ihn wieder auff den rechten Pfad gebracht hette. Hernach ermahnte er ihn / ihm nur stets hertzhafft zu folgen. Also ritten sie / mit grössester Behutsamkeit / durch das über die Brucken hinlauffende Gewässer / biß sie den trucknen Theil derselben erreichten / als unterdessen besagte Nacht-Lichter / unweit von ihnen hin und wieder hüpfften / und hernach wiederum voraus fliegend / an- und neben dem End-Stuck der Brucken / welches gleichfalls unter dem Wasser verborgen lag / ihre Gauckeley oder Flatter-Wesen anfingen. Daraus sie dann nicht unfüglich geschlossen / daß ein Gespenst mit im Spiel wäre; und daß / woferrn sie nicht ein brennendes Windlicht mit genommen hetten / Einem von ihnen besorglich / im Strom / seine zwey Stirn-Lichter würden erloschen seyn. Wie dann Unfall gemeinlich darauf folgt / wo vorher die Fürsichtigkeit gefallen / und auch leicht das leibliche Auge denen zugeht / welchen das Gemüts-Auge / die Behutsamkeit / ausgerissen ist.

Ein gantz unfehlbarer und unleugbarer Beweis aber / daß / unter den nächtlichen Irr-Flammen / manches Mal der Betrug und Tuck deß Satans verborgen stecke / wird / aus nachfolgender Geschicht / erhellen:

Es hat / vor nicht vielen Jahren / ein verheirahtetes gemeines Weib gelebt / wiewol / dem gemeinem üblen Gerücht nach / also / daß sie / für lebendig todt / geachtet worden. Man wollte sagen / ihr Leib wäre ein solcher Heerd / darauf heimlich viel fremdes Feuer brennete / die eheliche Treu hingegen äscherte; und ein solcher

Schlott oder Schörstein / der von mehr / als nur einer / unreinen Laster-Brunst / sonderlich aber von Unzucht / rauchte. Ihr funfftzigjähriges Alter / und Asch-graues Haar / hetten ihr eine stumme Predigt / und Erinnerung thun sollen / solchen wühsten Ruß vom Hertzen abzukehren / und dasselbe in Buß-Threnen zu waschen: aber daran gedachte sie noch lange nicht: unter der Haar-Aschen ihres Alters / glühete doch noch eine solche Brunst / die einen stinckenden Rauch dem Gerücht pflegt unter die Nasen zu treiben: und hielt sie mehr / von der Wäsche / wodurch die Gurgel / als von einer andren / womit das Auge / genetzet wird. Uberall / wo etwas zum Besten war / und es eine Fröligkeit setzte / musste sie mit dabey / und weiter vorn- als hind-an seyn. Den Kirchweihen / auch dabey angestellten Reigen / und Mahlzeiten / war sie gantz geweihet; versäumte lieber zehen Mal die Kirche / als ein Mal die Kirchmeß. Sie wusste aber nicht / daß ihr die Grube so nahe / und die Todes-Kammer ihrer / mit auffgesperrter Thür / wartete.

Es begab sich endlich / daß / an einem nahgelegenem Ort / die Hebræer einen sonderbaren Feyer- Tag hatten: demselben / gedachte sie / mit zu feyren / auf ihre Weise / das ist / mit essen / trincken / und Wolleben / im Wirthshause: sprach derhalben ihren Mann mit aufs / und ging / in Begleitung andrer Befreunden / dahin; nicht so sehr / die Jüden / als gute ausgeschwängte Glässer / zu sehen / und guter Dinge zu seyn. Nachdem sie nun der Gesellschafft / mit einem guten Trunck / treulich beygestanden / und sich ziemlich beweint; wird sie / von den Ihrigen / ermahnt / aufzubrechen / und in Begleitung andrer Weiber / heimzugehen. Darein sie auch endlich willigt / in Meynung / ihr Mann sey schon / mit Andren / voraus. Indem diese nun / mitten auff dem Heim-Wege / begriffen seynd / und diß Weib spührt / ihr Mann sey noch zurück; kommt ihr die Lust an / dem noch hinterbliebenem Zech-Gelage wieder zuzusprechen / mit dem Vorwenden / sie müsse ihren Mann holen: Will sich auch / von den Ihrigen / durchaus nicht auffhalten lassen / sondern stosst ihren nechsten Freund / der ihr nacheilt / und grosse Bitte / samt ihm wieder umzukehren / anlegt / mit Gewalt von sich: also / daß er sie endlich muß erlassen / und seines Weges fortgehen.

Und weil von fernen sich gleichsam ein paar Fackeln sehen liessen; meynten ihre umschauende Gefreundte / es käme die noch hinterstellige Gesellschafft daher; derwegen sie nun bald zu ihrem Mann kommen könnte / als welcher zweiffels ohn / unter dem Hauffen / der sich die Fackeln vortragen liesse / seyn würde. Derhalben hörten sie auff / ihr nach zu eilen / und gingen allgemach / Schritt für Schritt / heimwerts fort. Uber kurtze Weil schauen sie zurück / und die erblickte Fackeln nicht mehr; vermuten also daraus / es sey selbige Gesellschafft / durch deß Weibs Zuruckkunfft bewogen worden / den Ruckweg vor zu nehmen / und die Zeche zu erneuren: Darum weil es nunmehr / selbiges vermeynten Hauffens zu erwarten / vergeblich scheinen wollte / marschirte der gantze Trupp / ohn weiteres Bedencken / nach Hause.

Ungefehr eine Stunde oder zwo hernach / kommt auch deß Weibes Mann heim / gäntzlichen Vertrauens / er werde sein / vor ihm hergegangenes / Weib daheim schon antreffen. Weil er sich aber / in solcher Meynung / betrogen findt / und von den Seinigen vernimt / es hetten zwo brennende Fackeln über Feld sich allgemählich berbey genahet / auff welche sie / die Fran / zugegangen: wird ihm nicht wol bey der Sache; sintemal er sich wol wusste zu erinnern / daß / um selbige Zeit / er / und seine gute Brüder / annoch auff der Zech-Banck / bey einem guten Trunck / gar fest gesessen: Eilt demnach / mit etlichen nechsten Nachbarn / zurück / und zwar um so viel mehr / weil er vernommen / sein Weib sey solchen Wind-Lichtern entgegen gegangen / welche Einer unter ihren verlassenen Gefährten für keine rechte Lichter / angesehn / sondern verdächtig gehalten hette / darum daß dieselbe bald wieder verschwunden. Er kehrt wieder an den Ort / da man getruncken / und findet Sie daselbst so wenig / als in den nechsten Dörffern. Ob man sie auch / etliche Tage / ja gar etliche Wochen gleich nach einander suchte / so wol im Wasser / als in Feldern / und Wäldern: kunnte man doch / ihres Auffenthalts und Bleibens / nirgends keine Nachricht erhalten: denn die finstre Nacht hatte alle Spuhr zur Erfahrung ausgelescht.

Daraus entstunden nun mancherley Reden und Meynungen. Denn weil man vermutete / so fernn sie etwan ins Wasser gefallen wäre / würde man sie / in so vielen Tagen / schon gefunden haben: urtheilten Etliche / sie wäre erschlagen / und in einen Pusch geworffen / oder geschwinde irgendswo eingescharrt; Etliche / sie wäre / mit einem bestimmten Soldaten / davon gezogen: Etliche / der Teufel hette Sie weggeführt; weil sie eben damals lustig geflucht / als ihr nechst-Verwandter sie nicht wollen gehn lassen.

Die Zeit gab endlich das Gewisseste; nemlich / daß / nachdem sie den beyden vermeynten Wind-Lichtern entgegen geeilt / sie / von selbigen Irrwischen / welche der böse Feind zu seinem Vorhaben gemißbraucht / in den nechsten Fluß geführt / und darinn ersoffen wäre. Denn / nach einem viertheil Jahr / hat man sie / im Wasser / an einem Pusch / darein sich ihr Rock verwickelt gehabt / verarrestirt gefunden.

Christian Fürchtegott Gellert (1715–1769)

Irrlicht oder Irrwisch?*

Zween Wandrer überfiel die Nacht,
»O Velten, nimm dich ja in acht«,
Sprach Kunz, von Schrecken eingenommen,
»Damit wir nicht vom Wege kommen.
Dort läßt sich schon ein Irrlicht sehn.
Nur daß wir uns nicht selber blenden
Und uns nach diesem Lichte wenden;
Sonst ist es um den Weg geschehn!«

»Schon gut!« rief Velten, »eile nur.
Doch, Bruder, wenn ich die Natur,
Und was ein Irrlicht sagen wollte,
Nur einmal recht verstehen sollte!
Studierte nennen es die Dunst,
Die aus den Sümpfen aufgestiegen.
Ich weiß nicht, ob die Leute lügen;
Denn oft ist Lügen ihre Kunst.«

»Sprich, Velten, ob du töricht bist;
Du weißt nicht, was ein Irrlicht ist?
O dürft' ich's nur bei Nachtzeit wagen!
Ich wollte dir's wohl anders sagen.
Ist's wahr, daß du kein Irrlicht kennst,
Und bist schon nah' an dreißig Jahre?
Ein Irrlicht, daß mich Gott bewahre!
Ein Irrlicht, das ist ein Gespenst.«

»Den Drachen hast du doch gesehn,
Der, wie zu Steffens Zeit geschehn,
Bei Kleindorf im Vorüberziehen
Getreid' und Kälber ausgespieen.
Das, was der Drach' im Großen heißt,
Nenn' ich das Irrlicht gern im Kleinen;
Denn da sie nur bei Nacht erscheinen,
So sind sie wohl kein guter Geist.«

»Nein, Kunz, nein! sag' ich! Nimmermehr!
Ein Irrwisch ist kein wütend Heer.
Ich, ohne, Kunz, dich dumm zu nennen,
Muß die Gespenster besser kennen.
Ein Rübezahl, ein solches Tier,
Als zu Gehofen ehedessen
Die Küch' im Edelhof besessen,
Dies sind Gespenster, glaube mir!

Ein Irrwisch muß was anders sein.«
K. »Wie, Velten, nennst du diesen Schein?«
V. »Ich nenn' ihn Irrwisch.« K. »Ist's erhöret?
Wer hat dich wieder das gelehret?
Ein Irrlicht heißt's, kein Irrwisch nicht;
So spricht man ja mein Lebetage.«
V. »So spräche man? Nein, Kunz, ich sage,
Daß alle Welt ein Irrwisch spricht.«

K. »Schweig, Velten, das klingt lügenhaft.
Ich hab' es auf der Wanderschaft
Und, Bruder, ohne viel zu schwören,
Von Meistern Irrlicht nennen hören.«
So stritten sie noch lange Zeit
Itzt um die Sach', itzt um den Namen,
Bis sie zuletzt vom Wege kamen;
Und schimpfend schlossen sie den Streit.

So streiten unstudierte Velten
Um Sachen, die sie nicht verstehn,
Und endigen den Streit mit Schelten.
Die Toren sollten erst zu den gelehrten Velten
Und Kunzen in die Schule gehn!
Die streiten dialektisch schön
Und ohne Wortkrieg, ohne Schelten
Um Dinge, die sie ganz verstehn,
Und fehlen ihres Weges selten,
Weil sie den Weg der Schulen gehn;
Denn da läßt sich kein Irrlicht sehn.

Heinrich Christian Boie (1744–1806)

Der Irrwisch

Spiele nur immer, gaukelnder Betrüger,
Spiele nur immer deine leichten Tänze
Flüchtiges Dunstkind, das des Wandrers Füße
Brünstig heranlockt,

Spröde dann fliehet, endlich ins Verderben
Führet. Ich kenne diese Mädchenränke!
Lernte sie all' aus Deinem blauen Auge,
Flatternde Nais!

Joseph von Eichendorff (1788–1857)

Und fragt ein Irrlicht, wer wir sind?

Und da nun alle schlafen gingen,
Der Wald steckt' seine Irrlicht' an,
Die Frösche tapfer Ständchen bringen,
Die Fledermaus schwirrt leis voran,
Und in dem Fluß auf feuchtem Steine
Gähnt laut der alte Wassermann,
Strählt sich den Bart im Mondenscheine,
Und fragt ein Irrlicht, wer wir sind?
Das aber duckt sich geschwind;
Denn über ihn weg im Wind
Durch die Wipfel der wilde Jäger geht.

Annette von Droste-Hülshoff (1797–1848)

Das Irrlicht zündet seinen Schein*

»Ihr Kinder, kommt, kommt schnell herein,
Das Irrlicht zündet seinen Schein,
Die Kröte schwillt, die Schlang' im Ried;
Jetzt ist's unheimlich draußen sein,
Der Heidemann zieht!« –

Nun sinkt die letzte Nadel, rauchend
Zergeht die Fichte, langsam tauchend
Steigt Nebelschemen aus dem Moore,
Mit Hünenschritten gleitet's fort;
Ein irres Leuchten zuckt im Rohre,
Der Krötenchor beginnt am Bord.

Adalbert Stifter (1805–1868)

Das Irrlicht

Ich kannte alles nicht. Als ich an die Stelle zurück gekommen war, wo sich das Geleise von dem Wege trennen und gegen den Sillerwald hinüber gehen solle, war das Geleise gar nicht da. Ich ging also noch weiter zurück, und zu meiner Verwunderung führte es aufwärts. Plötzlich stand ich ganz oben auf der Schneide des Abhanges, und plötzlich erkannte ich, daß ich mich ja noch gar nicht unterhalb des Eichenhages befinde, wo man auf das Haus des Obrists hinüber sehen könne, sondern daß ich noch weit oberhalb desselben war, und zwar auf der Schneide des Gehänges der Weidebrüche, ich erkannte auch, daß das Irrlicht in der Senkung gestanden war, und daß ich in das Sumpfwasser derselben hinein gegangen sei. Das Irrlicht war aber während meines ganzen Rückweges, auf dem ich mich öfter umgeschaut hatte, nicht mehr sichtbar gewesen, sondern überall lag die gleichförmige schwarze Finsternis. Als ich noch auf dem Abhange stand und herum schaute, erzeugte sich ein etwas lichter Streifen an dem Himmel, und ich sah, daß das nicht das Hag gewesen sei, was ich dafür gehalten habe, sondern daß eine Herbstwolke an dem entfernten Dürrwalde gehangen und ihn wie einen näheren Waldklumpen gezaubert hatte. Als ich noch immer schaute, stand plötzlich mein Irrlicht wieder weit von mir entfernt drüben – es stand in derselben Richtung, aber auf einem andern Grunde, nicht auf der Stelle, wo ich es früher gesehen hatte. Ich starrte recht deutlich in das Licht hinein. Und wie die lange, schlanke, weiße, ruhige Flamme drüben stand, oder auch wie ein feuriger Engel, der ein weißes Kleid an hat, und wie der hohe, finstere Wald dahinter stand, und wie die Nacht so leise fortregnete, und immer schwieg und finster war, und wie sich überall rings herum niemand befand als ich allein: war es fast schön anzusehen, wie es war. Weil ich nun das bekannte Ansehen der Gegend hatte, das mein Großvater und der Schwede verlangen, trat ich meinen gewünschten Weg wieder an. Ich ging den Pfad, der neben dem schwarzen Zaune lag, hinunter – jetzt kannte ich ihn recht wohl – die dunklen Büsche, die sich früher verstellt hatten, waren mir auch sehr bekannt, und ich hatte sie früher oft gesehen. Ich ging des Weges nach einander dahin. Und wie ich neben den Schlehenbüschen war, die wie ein schwarzer, kriechender Zug fort wanderten, und wie die Erlen, die von meinem Wege links standen, durch das Licht gingen, ich aber an das Fieber der Maria Hartens dachte, das mir stets in dem Sinne und in dem Herzen war: duckte das Lichtlein einmal ganz leicht nieder, und war verschwunden. Es kam auch gar nicht wieder zum Vorscheine.

August Freudenthal (1858–1896)

Irrlicht

Es schreitet der Wandrer zur Nacht übers Moor,
Da hört er es rauschen und rascheln im Rohr,
Und leise verhallender Geistergesang
Erfüllt ihm die Seele mit wonnigem Drang.

Da taucht aus dem Röhricht ein Wesen so schön,
So licht wie ein Traumbild aus himmlischen Höh'n.
Ein goldener Gürtel umschließt das Gewand,
Ein Goldreif blitzt an der schneeigen Hand.

Nie schaute sein Auge so hehre Gestalt;
Die Sehnsucht ergreift ihn mit wilder Gewalt,
Er hascht nach der Holden, doch kaum erreicht,
Sie lächelnd dem Arm des Verfolgers entweicht.

So geht es rastlos wohl über das Moor;
Rings kichert und flüstert und höhnt es im Rohr.
Ihm wallen die Pulse, ihm glüht das Gesicht,
Und dennoch erreicht er die Fliehende nicht.

Da, endlich, hat sie sich umgewandt,
Sie lächelt und winkt ihm mit schneeiger Hand.
Und höher schwillt in des Wanderers Brust
Der glühenden Sehnsucht verzehrende Lust.

Da strauchelt sein Fuß; er wankt – er fällt –
Ein schauriges Lachen ins Ohr ihm gellt;
Es schwindet das Trugbild, dem er vertraut, –
Ohnmächtig sinkt er ins Heidekraut. –

Die Sonne verscheuchte die Schatten der Nacht.
Mit fieberndem Hirn ist der Wandrer erwacht;
Er schaut die Gefahr, in der er geschwebt,
Und dankbar den Blick er zum Himmel erhebt.

Denn vor ihm auf schwellendem Rasengrün
In üppiger Fülle die Blumen blühn,
Doch unter der gleißenden Decke droht
Dem arglosen Fremdling Verderben und Tod!

Ein Schritt noch weiter, so wär' es geschehn,
Er hätte die Heimat nicht wieder gesehn;
Und strauchelte nicht sein Fuß in der Nacht:
Ihm hätte wohl nimmer die Sonne gelacht.

Incubus und Succubus

Links: *Pieter Brueghel d. Ä. (um 1525/30–1569):* Ein Incubus verführt eine Frau
Rechts: Succubus (Stahlstich 19. Jh.)

Sind daher lüsterne Wald- und Feldgeister, welche besonders gern
die Frauen im Bette beschlichen daher sie auch
Incubi (Beischläfer) genannt wurden.
Josef Virgil Grohmann (1831–1919)

Ein Incubus, oder der Teufel selbst, habe die schöne Henriette,
die Nichte von Madame, die im Walde gelegen, vergewaltigt,
oder zu vergewaltigen versucht.
Oskar Panizza (1853–1921)

Mariquita dämonisch bis zum Hexenhaften. Succubus.
Schläft einmal mit zwei Männern zugleich.
Hugo von Hofmannsthal (1874–1929)

*Leah Levine (*1961)*

Incubus und Succubus

Diese wollüstigen Elementargeister können verschiedene Formen annehmen, um dem Menschen erotische oder ängstigende Träume zu bescheren. Von der Kirche als gefallene Engel deklariert und besonders den Hexen als Teufelsbuhlschaft unterstellt, unterscheidet man zwischen weiblichen und männlichen Sexual-Dämonen. Der Succubus (Drunterliegende) ist eine verführerisch schöne Frau, die sich des Nachts Einlaß in die Kammer eines Mannes verschafft, bevorzugt eines Heiligen, der sich in die Einsamkeit zurückgezogen hat, und ihn im Schlaf zu verführen beginnt. Ihr Vorgehen beim Raub des männlichen Samens beschert dem »Glücklichen« eine unvergeßliche Nacht, wobei er am Morgen nicht weiß, ob er die Lust wirklich erlebt oder nur geträumt hat. Schon wenig später kann sich der Succubus in einen Incubus (Draufliegender) verwandeln und nun einer schlafenden Frau den gestohlenen Samen einpflanzen und auf diesem Wege Dämonen erschaffen, die sich in der Zukunft selbst fortpflanzen können. So vermehrt die Unschuldige, ohne ihr bewußtes Zutun, die Schar der dunklen Geister. Das Ziel der hochsexuellen Dämonen ist aber nicht nur der Wunsch nach Vermehrung, auch nicht die Befriedigung ihrer eigenen Lust – sie sind Geister und es ist fraglich, ob sie überhaupt welche empfinden –, sondern die Verderbnis des Menschen. Zum einen schwächt die nächtliche Eskapade den Körper, trocknet ihn vielleicht regelrecht aus, zum anderen hinterläßt sie eine sehnsüchtige Gier nach mehr Vergnügen, und so kommt es oft vor, daß heimgesuchte Menschen sich der Hurerei und Freizügigkeit ergeben.

Incubus-/Succubus-Gestalten treten in vielen Quellen schon seit Ewigkeiten auf, die antiken Schriftsteller Horaz und Petronius berichteten schon über ihre Zauber. Die bekannteste Erwähnung findet sich in der Geschichte, in der Apollonius von Tyana seinen Schüler vor der Vermählung mit einem Succubus, in diesem Fall in Form einer sogenannten Lamia (Verschlingerin) bewahrte. Im Gegensatz zu Menippus erkannte er, daß alles, was die schöne Frau aufbot, um ihren Zukünftigen an sich zu binden, nur Schein und Rauch war. Er stellte den Dämon, und dieser bekannte nun, er habe dies alles getan, um sich an dem Blut des jungen Mannes zu laben. Succubi/Incubi trifft man unter verschiedenen Namen an, so heißen sie auch Schretele, Aufhocker, Sylvani oder Waldmännlein. Bei den Griechen finden sich Satyre und Faune, die es auf die Vereinigung mit Menschen abgesehen haben und somit eindeutig zu den erotischen Nachtgeistern zählen.

Georg Philipp Harsdörffer (1607–1658)

Incubi und Succubi*

Diesem sey nun wie ihm wolle / so finden sich doch solche Gebürten / welche von dem bösen Geist erzeuget scheinen. Zu geschweigen von der Heyden Geschichten / die mit den Faunen und Satyren / welches nichts / als Waldteuffel gewesen / deren oberster Pan / von den Ebreern genannt Haza / (darvon unser teutsches Wort Hex herkommet) von den Lateinern werden die Teuffel in Mannsgestalt *Incubi,* in Weibsgestalt *Succubi* benennet / auff Hebreisch *Lilith.* Eine solche Teuffelsbrut soll gewesen seyn / der Engelländische Cantzler Merlin / ein grosser Zauberer und die Grafen von Boitiers / so von der Melusina hergekommen.

Johann Nikolaus Pfitzer (1634–1674?)

Diese verzauberte Helena*

Diese verzauberte Helena, auch hernachmals schwangere Beyschläfferin D. Fausti, gibt allhier Anlaß zu fragen, ob nemlich der böse Geist, unter der Gestalt eines Succubi (so sich den Männern als Weibsbilder unterlegen) oder eines Incubi, (so sich auf die Weiber legen) vermöge auf natürliche Weise sich zu vermischen, und einige Schwängerung hieraus auszuwürcken, oder nicht? Welches, weiln es von vielen zwar geglaubet, von vielen hergegen billich in Zweiffel gezogen wird, was davon eigentlich zu halten sey, wollen wir aus unserm ersten Buch, von der Weiber Natur entlehnen, und hierbey anfügen.

Franz Grillparzer (1791–1872)

Incubus

Fragst du mich, wie er heißt,
Jener finstere Geist,
Der meine Brust hat zum Reich,
Davon ich so düster und bleich?

Unfried ist er genennt,
Weil er den Frieden nicht kennt,
Weil er den Frieden nicht gönnt
Jemals der Brust, wo er brennt.

Der hat im Busen sein Reich,
Der macht mich düster und bleich,
Der läßt mir nimmermehr Rast,
Seit er mich einmal gefaßt.

Schau ich zum Himmel empor,
Lagert er brütend sich vor,
Zeiget mir Wolken zur Hand,
Wolken – und keinen Bestand.

Alles der Menschen Gewühl
Nennt er Getrieb ohne Ziel;
Ob ichs auch anders gewußt,
Schweigt er das Haupt durch die Brust.

Flücht ich zu ihr, die mein Glück,
Tadellos jeglichem Blick;

Er findet Tadel mir auf,
Wärs aus der Hölle herauf;

Und auf den Punkt, den er meint,
Hält er die Lichter vereint,
Daß es dem Aug nicht entging,
Wenn es auch Blindheit umfing:

Lacht sie – so nennt er sie leicht;
Weint sie – von Schuld wohl erweicht!
Spricht sie – in heuchelndem Mut,
Schweigt sie – voll anderer Glut.

Und wenns mir einmal gelang,
Durchzubrechen den Drang,
Frei, mit des Geistes Gewalt,
Durch, bis zu Licht und Gestalt:

Unter der Hand es sich bildet und hebt,
Lebendiges Leben das Tote belebt,
Und es nun dasteht, ein atmendes Bild,
Vom Geiste des All und des Bildners erfüllt;

Da stiehlt er hinein sich mit listgem Bemerk
Und grinset mich an aus dem eigenen Werk:
»Bins, Meister, nur ich, dem die Wohnung du wölbst,
Sieh, nichtig dein Werklein und nichtig du selbst!«

Und schaudernd seh ichs, entsetzenbetört,
Wie mein eigenes Selbst gen mich sich empört,
Verwünsche mein Werk und mich selber ins Grab;
Dann folgt er auch dahin wohl quälend hinab?

Wechselbalg

Johann Heinrich Füssli (1741–1825):
Der Wechselbalg (Kindervertauschung bei Mondschein), 1780

Wer ist ein Wechselbalg? Nu! das Fräulein ist ja verwechselt worden,
folgsam ist es ja ein Wechselbalg.
Philipp Hafner (1735–1764)

Es ist ein Wechselbalg, den die Hölle durch einen unzüchtigen Beischlaf
mit der Weisheit dieser Welt erzeugt hat.
Gotthold Ephraim Lessing (1729–1781)

Nun eilt sie zur Wiege, um den Wechselbalg ins kochende Wasser zu werfen.
Aber da haben die Elfen mittlerweile die Kinder wieder vertauscht,
und ihr eigenes Kind liegt im süssen Schlaf in der Wiege. –
Adeline Rittershaus (1867–1924)

*Leah Levine (*1961)*

Wechselbalg

Die Gefahr für eine junge Mutter, daß in den ersten sechs Wochen nach der Entbindung ihr Kind in der Wiege vertauscht wird, ist laut den Fabeln, Legenden und Mythen der Welt recht groß. Das »kleine Volk«, Elfen, Geister oder gar Dämonen neigen dazu, sich aus der Menschenwelt Nachwuchs zu besorgen, zum einen, weil selbst gebären häufig mißlingt, Menschenkinder in ihren Augen hübsch sind und sie damit den Bestand des eigenen Clans sichern. Sosehr Menschen auch versuchen, sich vor solch einem Treiben zu schützen, eine Garantie für das Gelingen gibt es nicht. So sollen Amulette (Abwehrzauber) ebenso helfen wie ein Schlüssel oder ein Kleidungsstück des Vaters oder auch ein Stück Stahl, welches man in die Wiege legt. Haben die Eltern kein Glück und hat ein Austausch des Kindes stattgefunden, so finden sie am Morgen ein oft mißgestaltetes, verformtes oder ansonsten erschreckendes Wesen vor, was ihnen in der Folgezeit förmlich die Haare vom Kopf fressen wird. Wechselbälger sind meist geistig schwerfällig, haben aber zuweilen eine besondere Begabung. Wenn diese musischer Art ist, so verursachen sie oft Erstaunen, klingt ihr Musizieren oder Singen doch wie nicht von dieser Welt. Die Wesen sind nur bedingt glücklich, bei den Menschen aufwachsen zu müssen, und zeigen ihre Verstimmung in einem bösartigen Verhalten. Häufig leben sie nur zwei bis zwölf Jahre und brechen ihren »Eltern« mit ihrem frühen Tod das Herz. Gelingt es einer Familie aber, den Betrug zu durchschauen, müssen sie versuchen, den Wechselbalg entweder zum Lachen zu bringen oder ihn zu verblüffen und dann erreichen, daß er sein wahres Alter verrät. Gelingt dies, wird der Wechselbalg auf der Stelle verschwinden und das eigene Kind kehrt ins Haus zurück.

Jahrhundertelang haben sich die Mythen über das kleine Volk und die Elfen als »Kinderräuber« gehalten, ab dem 13. Jh. allerdings schob man es dem Teufel in die Schuhe, wenn plötzlich das eigene Kind verschwunden und eine unansehnliche Alternative in der Wiege lag. Allerdings sollte ganz klar zu bedenken gegeben werden, daß nicht jedes häßliche, dumme Kind ein Wechselbalg sein muß und auch solche Kinder zum Sonnenschein ihrer Eltern werden können.

Christian Fürchtegott Gellert (1715–1769)

Die Mißgeburt

»Frau Orgon!« rief die Frau Gevatterin,
»Ach wüßten Sie, wo ich gewesen bin!
Ich will es Ihnen wohl entdecken;
Allein Sie müssen nicht erschrecken.
Ich komme gleich von einer Wöchnerin.
Lucinde, daß ich's kurz erzähle,
Lucinde, die so stolze Seele,
Die uns durch ihren Staat so oft beschämt gemacht,
Erschrecken Sie nur nicht, hat in vergangner Nacht
Ein Kind (verzeih' mir's Gott!) mit langen Hasenohren,
Ein recht abscheulich Kind geboren.
Die stolze Frau! ich richte nicht;
Allein ich weiß, daß nichts umsonst geschieht.
Lucinde wünscht, daß es verschwiegen bliebe!
Ich wünsch' es selbst aus Menschenliebe;
Allein die Stadt erfährt's, gedenken Sie an mich:
Indes behalten Sie die Heimlichkeit für sich.«

Frau Orgon eilt von ihr erschrocken zu Dorinden,
Sie fragt nach ihrem Wohlbefinden
Und schmäht mit ihr die Weiber, die gern schmähn.
Wie? sollte sie Dorinden nichts erzählen?
Nein, denn sie fängt schon an, sich bestens zu empfehlen.
Warum muß der Besuch so bald zu Ende gehn?
Vielleicht, weil beide sich von nichts zu reden schämen.
Deswegen? Nein, das glaub' ich nicht.
Wie sollten dies sich Weiber übel nehmen?

Da mancher große Mann, gelehrt von Angesicht,
Oft Tage lang von nichts mit großen Männern spricht.

So ist Frau Orgon schon gegangen?
Noch nicht. Nun aber geht sie fort.
Doch seht, sie kehrt sich um: »Frau Schwester, noch ein Wort,
Ein Wort! Es soll mich sehr verlangen,
Ob Sie –? Lucinde – Wie? Sie hätten nichts gehört?
Nichts, Gott vergieb mir meine Sünde!
Nichts von der Mißgeburt der kostbaren Lucinde,
Mit welcher sie die Welt beschwert?
Hier sieht man recht die göttlichen Gerichte!
Ein Kind mit härichtem Gesichte,
Das einem Hasen gleicht, und einem Pferdefuß,
Bedenken Sie, wie das erschrecklich lassen muß!
Allein Lucinde will's verhehlen;
Drum sagen Sie nur weiter nichts davon.
Das arme Kind! Es ist ein Sohn.«
Dorinde sagt's ihr zu. Und doch soll mir's nicht fehlen,
Sie wird die Neuigkeit, sobald sie kann, erzählen,
Weil jene sie zu schweigen bat.
Sie thut es so getreu, als es Frau Orgon that.
Erst hat das Kind nur Hasenohren,
Frau Orgon schenkt ihm drauf noch einen Pferdefuß:
Allein Dorinden ist's noch viel zu schön geboren.
Und weil sie was verbessern muß,
Thut sie dem Kinde den Gefallen
Und macht ihm noch an beide Hände Krallen.

Eh' noch der Nachmittag verstrich,
Ließ das Geheimnis sich auf allen Gassen hören.
Die alten Mütter kreuzten sich
Und suchten schon recht mütterlich
Durch dieses Zorngericht die Töchter zu bekehren.
Da war kein Mensch, der nicht mit einem Ach!

Von diesem Wechselbalge sprach.
Die Knaben stritten selbst mit blutigem Gesichte
Schon für die Wahrheit der Geschichte.

Sobald als dies der Magistrat erfuhr,
Schickt er den Physikus nach dieser Kreatur.
Er kam neugierig zu Lucinden;
Allein anstatt den Wechselbalg zu finden,
Fand er ein wohlgestaltes Kind,
An dem die Ohren größer waren,
Als sie bei andern Kindern sind.
Das war die Mißgeburt, der man so mitgefahren!

Der Dörfer und der Städte Plage,
erwünscht seist du, gemeine Sage!
Die schnell mit dem, was sie zu wissen kriegt,
Geheimnisvoll in alle Häuser fliegt
Und, wenn sie's dreimal sagt, vom neuen dreimal lügt.
Ein giftig Weib, was kann die nicht erzählen,
Zumal, wenn es der armen Freundin gilt?
Ein giftig Weib – Doch nein, ich mag nicht schmälen;
Mich schreckt die Redekunst, mit der sie andre schilt.

Ernst Theodor Amadeus Hoffmann (1776–1822)

Die Geburt eines Wechselbalges*

Es begab sich, daß zur selben Zeit des Ratsherrn Walter Lütkens Ehefrau zum erstenmal gesegneten Leibes war. Die alte Wehmutter Barbara Roloffin prophezeite, daß die hübsche gesunde Frau gewiß eines holden Knäbleins genesen würde, und so war Herr Walter Lütkens ganz Freude und Hoffnung.

Der Fremde, der auf Herrn Lütkens Hochzeit gewesen, pflegte dann und wann bei ihm einzusprechen, und so kam es denn, daß er einmal in der Abenddämmerung unvermutet eintrat, als eben die Barbara Roloffin zugegen.

Sowie die alte Barbara den Fremden erblickte, erhob sie ein lautes helles Freudengeschrei, und es war, als wenn plötzlich die tiefen Runzeln ihres Angesichts sich ausglätteten, als wenn die weißen Lippen und Wangen sich röteten, kurz, als wenn Jugend und Schönheit, der sie längst Valet gegeben, noch einmal wiederkehren wolle. »Ach, ach, Herr Junker, seh' ich Euch denn wirklich hier zur Stelle? Ei! – seid mir doch schönstens gegrüßt« – so rief die Barbara Roloffin und wäre beinahe dem Fremden zu Füßen gesunken. Der fuhr sie aber an mit zornigen Worten, indem Feuerflammen aus seinen Augen sprühten. Doch niemand verstand, was er mit der Alten sprach, die bleich und runzlicht wie vorher, sich leise wimmernd in ein Winkelchen zurückzog.

»Lieber Herr Lütkens«, sprach nun der Fremde zu dem Ratsherrn, »seht Euch wohl vor, daß in Eurem Hause nichts Böses geschehe, und daß zumal bei der Niederkunft Eurer lieben Hausfrau alles glücklich vonstatten gehe. Die alte Barbara Roloffin ist in ihrer Kunst gar nicht so geschickt, wie Ihr wohl vermeinen möget. Ich kenne sie schon lange und weiß es wohl, daß sie schon manchmal Wöchnerin und Kind verwahrloste.« Beiden, dem Herrn Lütkens und seiner Hausfrau, war bei dem ganzen Vorgange sehr ängstlich und unheimlich zumute geworden, und schöpften sie gegen die Barbara Roloffin, zumal wenn sie daran dachten, wie die Alte sich in Gegenwart des Fremden so seltsamlich verwandelt, nicht geringen Verdacht, daß sie wohl gar böse Künste treibe. Deshalb verboten sie ihr, wieder über die Schwelle des Hauses zu kommen, und sahen sich nach einer andern Wehmutter um.

Als dies geschah, wurde die alte Barbara Roloffin sehr zornig und rief, Herr Lütkens und seine Hausfrau sollten das Unrecht, das sie ihr antäten, noch schwer bereuen.

Alle Freude und Hoffnung des Herrn Lütkens wurde aber verwandelt in bittres Herzeleid und tiefen Gram, als seine Hausfrau statt des holden Knäbleins, das die Barbara Roloffin prophezeit, einen abscheulichen Wechselbalg zur Welt brachte. Das Ding war ganz kastanienbraun, hatte zwei Hörner, dicke große Augen, keine Nase, ein weites Maul, eine weiße verkehrte Zunge und keinen Hals. Der Kopf stand ihm zwischen den Schultern, der Leib war runzlicht und geschwollen, die Arme hingen an den Lenden, und es hatte lange dünne Schenkel.

Herr Lütkens klagte und lamentierte gar sehr. »O du gerechter Himmel«, rief er, »was soll denn daraus werden! Kann mein Kleines wohl jemals in des Vaters würdige Fußstapfen treten? Hat man jemals einen kastanienbraunen Ratsherrn gesehen mit zwei Hörnern auf dem Kopfe?«

Der Fremde tröstete den armen Herrn Lütkens, so gut es gehen wollte. Eine gute Erziehung, meinte er, vermöge viel. Unerachtet, was Form und Gestaltung beträfe, der neugeborne Knabe ein arger Schismatiker zu nennen, getraue er sich doch zu behaupten, daß er mit seinen dicken großen Augen gar verständig umherblicke, und auf der Stirn zwischen den Hörnern habe viel Weisheit geräumigen Platz. Wenn auch nicht Ratsherr, so könne doch der Junge ein großer Gelehrter werden, denen oft absonderliche Garstigkeit sehr wohl anstehe und ihnen tiefe Verehrung erwerbe.

Es konnte wohl nicht anders sein, Herr Lütkens mußte im Herzen sein Unglück der alten Barbara Roloffin zuschreiben, zumal als er vernahm, daß sie während der Niederkunft seiner Hausfrau vor der Türe auf der Schwelle gesessen, und Frau Lütkens unter vielen Tränen versicherte, daß sie während den Geburtsschmerzen das häßliche Gesicht der alten Barbara stets vor Augen gehabt und solches nicht los werden können.

Zur gerichtlichen Anklage wollte zwar der Verdacht des Herrn Lütkens nicht hinreichen, der Himmel fügte es jedoch, daß bald darauf alle Schandtaten der alten Barbara Roloffin an das helle Tageslicht kamen.

Es begab sich nämlich, daß nach einiger Zeit sich um die Mittagsstunde ein grausames Wetter und ungestümer Wind erhob. Und die Leute auf den Straßen sahen, wie die Barbara Roloffin, die eben zu einer Kindbetterin gehen wollen, brausend durch die Lüfte über die Hausdächer und Türme hinweggeführt und auf einer Wiese vor Berlin unversehrt niedergesetzt wurde.

Nun war an den bösen Höllenkünsten der alten Barbara Roloffin nicht mehr zu zweifeln, Herr Lütkens trat mit seiner Anklage hervor, und die Alte wurde zur gefänglichen Haft gebracht.

Jacob (1785–1863) und Wilhelm (1786–1859) Grimm

Das Märchen vom Wechselbalg*

Einer Mutter war ihr Kind von den Wichtelmännern aus der Wiege geholt, und ein Wechselbalg mit dickem Kopf und starren Augen hineingelegt, der nichts als essen und trinken wollte. In ihrer Not ging sie zu ihrer Nachbarin und fragte sie um Rat. Die Nachbarin sagte, sie sollte den Wechselbalg in die Küche tragen, auf den Herd setzen, Feuer anmachen und in zwei Eierschalen Wasser kochen: das bringe den Wechselbalg zum Lachen, und wenn er lache, dann sei es aus mit ihm. Die Frau tat alles, wie die Nachbarin gesagt hatte. Wie sie die Eierschalen mit Wasser über das Feuer setzte, sprach der Klotzkopf

»nun bin ich so alt
wie der Westerwald,
und hab nicht gesehen, daß jemand in Schalen kocht«.

Und fing an darüber zu lachen. Indem er lachte, kam auf einmal eine Menge von Wichtelmännerchen, die brachten das rechte Kind, setzten es auf den Herd und nahmen den Wechselbalg wieder mit fort.

Heinrich Heine (1797–1856)

Der Wechselbalg

Ein Kind mit großem Kürbiskopf,
Hellblondem Schnurrbart, greisem Zopf,
Mit spinnig langen, doch starken Ärmchen,
Mit Riesenmagen, doch kurzen Gedärmchen –
Ein Wechselbalg, den ein Korporal,
Anstatt des Säuglings, den er stahl,
Heimlich gelegt in unsre Wiege –
Die Mißgeburt, die mit der Lüge,
Mit seinem geliebten Windspiel vielleicht,
Der alte Sodomiter gezeugt –
Nicht brauch ich das Ungetüm zu nennen –
Ihr sollt es ersäufen oder verbrennen!

Thomas Crofton Croker (1798–1854)

Leprechan, der irische Wechselbalg*

Diese Verbindung der Menschen mit einem stillen, aber guten Geistervolk würde an sich nichts abschreckendes, eher etwas beglükkendes haben, aber die Elfen erscheinen in einem gewissen Zwielicht; beides das Böse wie das Gute hat zugleich Theil an ihnen und sie zeigen ebenso wohl eine schwarze als eine weiße Seite. Es sind *vom Himmel gestoßene Engel,* die nicht bis in die Hölle gesunken sind, die aber selbst in Angst und Ungewißheit über ihre Zukunft zweifeln, ob sie am jüngsten Tage Begnadigung erhalten werden. Dieses nächtliche, teuflische bricht sichtbar in ihren Neigungen und Handlungen hervor. Wenn sie in Erinnerung des ursprünglichen Lichtes wohlwollend und freundlich gegen die Menschen scheinen, so treibt sie das böse Element ihrer Natur zu heimtückischen und verderblichen Streichen an. Ihre Schönheit, die wunderbare Pracht ihrer Wohnungen, ihre Fröhlichkeit ist dann nichts, als ein falscher Schein, und ihre wahre Gestalt von abschreckender Häßlichkeit erregt Grausen. Erblickt man sie in seltnen Fällen bei Tag, so zeigen sie ein von Alter eingefallenes oder, wie man sich ausdrückt, welkem Blumenkohl ähnliches Gesicht, eine kleine Nase, rothe Augen und das weiße Haar eines steinalten Greises.

Eins ihrer boshaften Gelüste besteht darin, gesunde und schöne Kinder den Müttern zu stehlen und einen *Wechselbalg* dafür hinzulegen, der einige Aehnlichkeit mit dem gestohlenen hat, aber nichts als ein häßlicher, krankhafter Elfe ist. Er zeigt alle bösen Eigenschaften, ist heimtückisch, schadenfroh und obgleich unersättlich, will doch nichts an ihm gedeihen. Wird Gott erwähnt, so lacht er, sonst aber spricht er nicht, bis er auf eine besondere Weise genöthigt, die Stimme eines uralten Mannes ertönen läßt und sein Alter wohl selbst verräth. Die Neigung zur Musik offenbart sich auch hier, so wie ungewöhnliche Fertigkeit dazu, übernatürliche Kräfte äußern sich in der Macht, womit er alles, selbst unbelebte Dinge, zum Tanz zu nöthigen weiß. Wo er ist, bringt er Verderben: ein Unglück auf das andere erfolgt, das Vieh erkrankt, das Haus stürzt ein und jede

Unternehmung schlägt fehl. Wird er erkannt und bedroht, so macht er sich unsichtbar oder entflieht, er scheut das fließende Wasser und bringt man ihn über eine Brücke, so springt er hinab und, auf den Wellen sitzend, spielt er sein Instrument und kehrt zu den seinigen zurück. Er heißt irisch »Leprechan«.

Adelbert von Keller (1812–1883)

Der Müller und sein Wechselbalg

»Und, lieber Freund, hol rasch eine Hebamme. Ich leg mich derweil in der Kammer aufs Lager!«

»Selbstverständlich!« sagte der Schalk. »Es wird alles prompt erledigt!« Und er bat ein paar alte Hexen um Hilfe. Man brachte den Müller spätabends ins Bett, und dann schlurften die heilkundigen alten Weiber in die Kammer. Sie brauchten nicht lang, um zu erkennen, daß ihn das Mädchen tüchtig zum Narren gehalten hatte, und linderten seine Schmerzen. Voller Dankbarkeit gab er ihnen dreißig Schilling zum Lohne und fragte dann erleichtert, wo sein Kindlein hingekommen sei. Sie taten sehr verwundert: »Hast du's denn nicht selbst gemerkt? Du hast einen Wechselbalg zur Welt gebracht, der sich auch wie ein rechter Kobold gebärdete. Kaum war er dir aus dem Leib gefahren, sprang er fort und hockt unter dem Dachfirst.«

Der Müller barmte: »Eilt ihm nach und bringt mir's zurück. Ob Tochter oder Sohn, mir egal; ich möchte es wenigstens noch betrachten, bevor es wieder Reißaus nimmt.«

Nun machten sich auch die alten Weiblein ihren Spaß mit dem blöden Dummerjan. Sie stiegen auf den Dachboden, holten aus einem Schwalbennest am Dachsparren ein junges Schwälbchen, steckten es in einen Topf und legten einen Deckel darauf. Dann brachten sie es zum Müller und sagten: »So, Müller, nun halte dich wacker und gib deinem Kindlein, was ihm zukommt. Wir werden es wickeln und dann wieder in den Topf legen. Dort muß es erst einmal seine Ruhe haben; niemand darf es stören. Die geringste Unruhe genügt, ihm für sein Leben Schaden zu tun. Wenn die Sonne aufgeht, darfst du den Deckel hochheben und urteilen, wie dir deine Erstgeburt gefällt. Wir werden dir dabei zur Seite stehen.«

Mit größter Freude!« versicherte der Müller. Als der Morgen anbrach, verlangte er nach seinem zarten Kindlein. Er fieberte danach, endlich in den Topf sehen zu dürfen. Als ihm die alten Frauen das Gefäß reichten, riß er sofort den Deckel herunter, und – schwirr – war sein Kind fort! Es flog davon und ward nicht mehr gesehen.

Howard Phillips Lovecraft (1890-1937)

Die Lektion*

Ein Bild trug den Titel ›Die Lektion‹ – dem Himmel sei es geklagt, daß ich es jemals erblickte! Hör zu: kannst du dir vorstellen, wie es aussieht, wenn so ein Haufen unaussprechlich widerlicher, hundehafter Wesen rund um ein zartes Kind hockt, um ihm beizubringen, wie es sich nach ihrer eigenen schauderhaften Weise zu ernähren habe? Gegen einen Wechselbalg eingetauscht! Du kennst doch diese alten Geschichten, in denen die Unter- oder Unirdischen ihre höllische Brut in den Wiegen der Säuglinge, die sie gestohlen haben, zurücklassen? Und Pickman stellte hier in meisterhafter Art dar, was aus solchen unglücklichen Kindern wird, wie es ihnen ergeht, wie sie aufwachsen – und durch diese Darstellung wurde mir zum ersten Mal die abstoßende Ähnlichkeit zwischen jenen menschlichen und nicht-menschlichen Geschöpfen klar. Pickman zeigte in grausiger Eindringlichkeit den sukzessiven Übergang von der niedrigsten und verkommensten Stufe menschlichen Lebens zu diesen nicht mehr menschlichen Bestialwesen auf. Ich fragte mich gerade, was wohl aus diesen Wechselbälgern werden mochte, die man den Bestohlenen ins Nest gelegt hatte, als mein Auge auf ein anderes Gemälde fiel, das diesen Vorgang verkörperte. Es zeigte ein altertümliches puritanisches Interieur, die Familie war zu einer Andacht versammelt, der Vater las aus der Heiligen Schrift. Auf allen Gesichtern lag ein Ausdruck von edler Frömmigkeit und religiöser Hingebung – nur eines trug einen abgründigen Hohn. Es gehörte einem jungen Mann, offenbar dem ältesten Sohn des Vorlesenden, denn eine gewisse Ähnlichkeit mit diesem war keinesfalls zu verkennen; aber der innere Ausdruck seines Wesens war dennoch der, den eine dieser unreinen Kreaturen bei ähnlicher Gelegenheit empfunden haben würde. Es war der Wechselbalg – und Pickman hatte ihm in einer Stimmung von raffinierter Ironie seine eigenen Züge gegeben.

Die Weiße Frau

Moritz von Schwind (1804–1871):
Erscheinung im Wald

Die fliegende Todesbötin schau',
ein schlimmes Gespenst wie die weiße Frau;
wenn solche nachts flieget in ein Haus,
an das Fensterglas legt wie Glühwurms Schein
den Kopf, daß er leuchtet ins Zimmer hinein,
so trägt man da eines bald tot hinaus.
Justinus Kerner (1786–1862)

Auf die Klinke sah ich im Dämmergrau
eine bleiche Hand sich legen;
Sie kam – sie war es – die weiße Frau
trat durch die Thür mir entgegen.
Adolf Friedrich Graf von Schack (1815–1894)

*Leah Levine (*1961)*

Die Weiße Frau

Die Weiße Frau hat zwei verschiedene Geschichten. Einmal gehört sie zu den althergebrachten Spukphänomenen, die häufig an alte Burgen und Schlösser gebunden sind, oft auf einen Mord oder Selbstmord zurückgehen und von einem furchtlosen Menschen behoben werden können. Dieses Gespenst kann in ganz schrecklichen Formen erscheinen, um den Erlösungswilligen auf seine Tapferkeit und seinen Durchhaltewillen zu prüfen. Die bekannteste Sage ist die der Gräfin Kunigunde von Orlamünde-Plassenburg. Sie war verwitwet und wollte sich neu mit dem Burggrafen Albrecht dem Schönen vermählen, doch waren ihre Kinder diesem Unternehmen im Weg, und so griff sie zu einem radikalen Ausweg, indem sie diese tötete. Zum großen Kummer der Gräfin kam die Hochzeit nicht zustande, und so zog sie sich in ein Kloster zurück, wo sie Jahre später als Äbtissin starb. Auf ihrem Grabstein war sie in einem weißen Gewand, damals die Farbe der Trauer, abgebildet, und in dieser Erscheinung suchte sie in der Folge die Schlösser und Burgen des Nürnberger Adels, der Hohenzollern und der Orlamünder heim. Auch andere unglückliche Frauen des Adels verlegten sich nach ihrem Tod aufs Spuken, z. B. wurde im Berliner Schloß im Jahre 1628 eine Weiße Frau erstmals erwähnt.

Interessanterweise sind die Sagen um spukende Frauen nicht aus dem Volksglauben entstanden, sondern wurden von gelehrten Männern und Theologen im ausgehenden Mittelalter erschaffen.

Ganz anders die Weiße Frau, die ihren Ursprung in den Mythen um die Naturdämonen hat. Auch hier erscheint eine weißgewandete Frau, die mit dieser Farbe aber ihre Reinheit und ihr ätherisches Wesen unterstreicht. Ihre Haut ist blaß und ihre Gestalt zierlich und zart. Sie gilt als Mittlerin zwischen den Welten, gehört zur Familie der Feen und ist den Menschen oft sehr freundlich gesonnen. Da sie auch verborgene Schätze hütet, kann sie dem Menschen bei der Schatzsuche helfen, viel häufiger erweisen sich aber ihre Vorhersagen und Warnungen als nützlich. Sie sieht drohendes Unheil ebenso voraus wie unerwartetes Glück. Tod und Geburt kann sie erkennen, und es ist sinnvoll, sich ihren Offenbarungen zu öffnen. Häufig erlangt man sie während der Nacht im Traum oder in Visionen. Manchmal erscheint die Weiße Frau aber auch direkt und fordert einen Menschen auf, ihr zu folgen. Ist sie verärgert, kann sich ihr sonst freundliches, reines Wesen aber auch wandeln, und es heißt, sie neige dann dazu, Kinder zu rauben.

Christian Dietrich Grabbe (1801–1836)

Heinrich der Löwe und die Weiße Frau*

Die Tür des Saales öffnet sich von selbst, – die Weiße Frau kommt durch dieselbe, verweilt in der Mitte der Szene, und blickt den Herzog trüb an.
O, Sie ists – Grad
Wie sie im Bild dort hängt – Das seidne Schleppkleid
Wallt weithin hinter ihr, die Schlüssel hält
Sie in der Hand – Werd ich denn wieder Kind
Und zittre? – Herzog Sachsens und von Baiern,
Auch in dem Geisterreich erniedere
Dich nicht!
Zu der Weißen Frau.
Gegrüßt du Ahnin meines Stammes,
Du mir Verwandte, – und ich danke dir,
Daß du besorgt an mich in deiner Ruhe
Gedacht, und aus dem Sarge kommst, mir warnend
Den Tod zu künden! –
Ring nicht so die Hände, wahrlich
Ich fürcht ihn nicht – Wann
Schlägt meine letzte Stunde?
Die weiße Frau: Löwe, eben
Hört ich in meinem Grabgewölb die Domuhr
Zwölf schlagen, und die Räder rasseln noch –
Den Schlag von Ein Uhr hörst du nicht mehr.
Heinrich der Löwe: Wohl –
Sie schlug – Aus denn! – Das Blatt, der Leib fällt ab! –

Es sei, – und doch, ich könnte weinen –
Ists mir doch fast, als schied ich nun auf immer
Von einem alten Freunde – Diese Brust,
Mit der ich oft so freudig atmete,
Und dieser Arm, der oft für mich so stark
Gekämpft – Nun Asche wieder?

Die weiße Frau: Heinrich, seit
Jahrhunderten hab ich geschwiegen, nur
Durch still Erscheinen diesem Hause sein
Geschick verkündet – Heute muß ich reden,
Denn Du, der Größte des Geschlechtes, sinkst
Dahin nun wie die Andern – Weh der Mutter,
Die, mir gleich, ewig ihre Enkel blühen
Und welken sieht – Tief in das Grab
Dringt wie ein Wurm zu ihr der Schmerz, und peinigt
Sie an das Licht!

Heinrich der Löwe: Weswegen weilst du, Mutter,
Nicht mit den andern Geistern in den Höhn
Der Himmel, fern von allem Schmerz der Erde?

Die weiße Frau: Ach,
Die Erde lieb ich immer, immer, weil
Ich da zuerst geliebt – 'Ne andre Liebe
Begriff ich nie, und darum wandl ich nun,
Zu meiner Freude und zu meiner Strafe,
So lang auf ihr, bis sie zertrümmert.

Heinrich der Löwe: Arme!
Kein Schreckgespenst, wie mancher hat gewähnt –
Vielmehr so mitleidswert – Laß mich
An deinen Busen stürzen, denn ich kann
An keinem treueren verscheiden –!

Die weiße Frau: Halt –
– Noch eine Freude sollst du fühlen – Weither
Durch Nacht und Sturm vernehm ich Rosseshufen –
Ein Myrtenkranz umflicht die feindlichen
Geschlechter – Hohenstaufens holde Agnes,

Heinrich, dein Sohn, mit ihr vermählt, und zwischen ihnen
Der Kaiser, sprengen her, um deinen Segen
Zu ihrem Bündnis zu erflehn – O
Auch dieser Bund vergeht mit seinen Myrten,
Mit Braut und Bräutigam, wie alles Irdsche –
Ich werd es sehen müssen!

Heinrich der Löwe: Du Unselge!
Nur ewig, um das Ende jedes Anfangs
Zu schaun!

Die weiße Frau: Fast ward ich der Vergänglichkeit,
Des Glückes wie des Unglücks schon gewohnt –
Wenn du die Blume pflückst, ist sie gebrochen,
Wenn du das Glück genießt, ist es verschwunden,
Und ist das Unglück erst nur da, so ist
Es auch bald überstanden.

Heinrich der Löwe: Aber, aber
Sag mir, ists so auch in den Regionen,
Wo unser Heiland thront, der Welterlöser?
Du kennst sie doch?

Die weiße Frau: Ganz anders, anders droben,
Als du dir denkst – Ich kanns – ich mags – ich darfs
Nicht sagen – Weh mir!
Sie verschwindet.

Heinrich der Löwe: Bleib noch – Bleibe – Fort
Ist sie wie Nebelglanz – Sie mags nicht sagen? –

Ferdinand Freiligrath (1810–1876)

Die weiße Frau

Man sagt, es läßt die weiße Frau
Sich hier und dorten wieder sehen;
Durch mehr als einen Fürstenbau
Mit fahlem Antlitz soll sie gehen.
In weißer Robe, weiß verbrämt,

Tritt sie aus Wänden und aus Bildern;
Dastehn die Wachen wie gelähmt,
Die in den Korridoren schildern.

Wem gilt ihr abermalig Nahn
Rings in den Reichen und Provinzen?
Sagt sie, wie sonst, ein Sterben an?
Tod eines Fürsten oder Prinzen?
Es könnte sein – ich weiß es nicht!
Die Rede geht: ein tiefrer Jammer
Treibt sie hervor ans Tageslicht
Aus ihrer dunst'gen Totenkammer!

Sie schwebt durch Schlafgemach und Saal,
Sie beugt sich über goldne Wiegen,
Sie sieht den Herrn und sein Gemahl
Auf seidnen Pfühlen schlummernd liegen.
Sie haucht ihn an: »Was schlummerst du?
O, daß du sähest meinen Kummer!
Die Ohren taub, die Augen zu –
Ach, ewig find' ich dich im Schlummer!

Auf, mein Geschlecht! – Hör', wie weithin
Ein Schrei gellt, den du selbst beschworen!
Durch meiner Särge doppelt Zinn
Fühlt' ich ihn spitz mein Herz durchbohren!
Es ist der Schrei, den um sein Recht
Das Volk erhebt – annoch in Treuen!
Du schläfst sehr fest, o mein Geschlecht,
Zu überhören solch ein Schreien!

Die Toten weckt es in der Gruft –
Herr Gott, und die Lebend'gen schlafen!
Abschüttl' ich Staub und Moderduft:
Ich möchte wecken, warnen, strafen!

Ich hab' nicht Rast, ich hab' nicht Ruh' –
Eil', o mein Stamm, dich zu erheben!
Der Mund des Todes ruft dir zu:
Erfasse frisch und kühn das Leben!

Du tätest besser, in der Tat,
Frei das Panier ihm zu entfalten,
Als am verwitterten Brokat
Von meiner Bahre dich zu halten!
O, laß ihn fahren, eh' dich's reut!
Blick' aus nach Stützen, jüngern, festern!
Mehr wärmt ein Bauernwams von heut,
Als Hermelin und Samt von gestern!

O, schrecklich war, was ich beging
Auf meinem Schloß zu Orlamünde!
Daß ich als Schatten geh' und ging,
Es ist ja nur für jene Sünde!
Die eignen Kinder, lieb und lind,
Bracht' ich ums Leben dort, o Grauen!
Doch du auch würgst ein lächelnd Kind –
Du mordest deines Volks Vertrauen!
Laß ab, laß ab – o sieh nicht fort!
Laß ab – es fleht, es hebt die Hände!
Laß ab – daß neuer Kindermord
Des Hauses alten Ruhm nicht schände!
O glaub': entsetzlich ist ein Fluch!
Er lastet auf der Brust wie Berge!
Er sengt wie Wetterstrahl! – Genug!
Ich kehr' zurück in meine Särge!

Da seh' ich lustig über mir
Die Welt mit Blumen und mit Gräsern!
Sarg und Gewölbe, Schloß und Tür –
Ich starr' hindurch, als wär' es gläsern!

O, daß die Blumen je und je
Als Kranz um deine Schläfe lachten!
Daß ich sie nimmer blutig säh' –
Blutig durch dich und dein Mißachten!«

Sie senkt das Haupt, sie ringt die Hand,
Als ob ein Ahnen dumpf sie quäle.
Durch zwiefach Schloß und Teppichwand
Huscht sie davon, die arme Seele.
In weißer Robe, weiß verbrämt,
Schwebt sie vorbei den Ahnenbildern;
Dastehn die Wachen wie gelähmt,
Die in den Korridoren schildern!

Theodor Fontane (1819–1898)

Wangeline von Burgsdorf oder Die weiße Frau
(Fragment)

Das ist die Sage: Und will Gefahr
Die Hohenzollern umgarnen,
Da wird lebendig ein alter Fluch,
Die weiße Frau im Schleiertuch
Zeigt sich, um zu warnen.

Sie kommt dreimal, geht um dreimal,
Zögernder immer und trüber,
Die Wache ruft ihr Halt-Werda nicht mehr,
Sie weiß, *den* Gast schreckt kein Gewehr –
Der Schatten schreitet vorüber.

Die Lichter verglühn, im Schloß wird's still,
Nur Eine, die sich noch schmücken will,
Sie tritt an den Spiegel und löst ihr Haar,
Wangeline die schöne, wie schön sie war.

Sie schmückt sich; für wen? Für ihren Galan:
Kurt Jagow hat es ihr angetan;
Sie sahen sich viel, sie küßten sich oft,
heut er kommen? Sie harrt, sie hofft.

Sie hofft und wirft mit schimmernder Hand
Ihr schwarzes Haar übers weiße Gewand,
Sie flüstert: »Ich lieb' ihn mit Seel' und Leib –
Was soll mich kümmern sein gramblaß Weib.

Und ob ihr bräche das Herz in der Brust,
Je blasser die Tote, je röter die Lust,
Feigherzig Gewissen, fahr hin, fahr hin,
Es brennt mein Blut, und es schwindelt mein Sinn.«

Sie spricht es. Da sieh, hellblendender Schein
Fällt von der Tür in den Spiegel hinein;
Sie wendet sich um, auf schreit sie jäh –
Ein trat Kurfürstin *Dorothee.*

Die zittert selbst. In bebender Hand
Mit bebt die Kerze, halb niedergebrannt …

Dietrich Jecklin (1833–1891)

Die boshafte weiße Frau

Anweit des Dorfes Präz findet sich eine weite, schöne Halde, eine von der Dorfjugend zum »Schlittlen« im Winter bevorzugte Oertlichkeit.

Vor alten Zeiten geschah es einmal an einem schönen Winterabende, daß die liebe Jugend wie gewohnt hinausging, um im Schlittlen sich lustig zu machen, und es war mehr als eigenthümlich, daß an diesem Abende die Jungen wie Abschied nahmen von ihren Eltern. Sie wären gerne diesmal geblieben, und doch zog's sie nach der Schlittbahn hin.

So rutschten sie mehrmals in langem Zuge die Halde hinunter, waren seelenvergnügt und dachten an kein Heimgehen, und schon nahte Mitternacht.

Plötzlich erschien wie aus einer Wolke tretend, eine schneeweiß gekleidete Frau mit einem großen, breiten und langen Schlitten und ladete die Jungen ein, auf ihren Schlitten zu sitzen, auf diesem gehe es viel schöner. Die Kinder glaubten ihren schmeichelnden Worten und setzten sich Alle arglos auf den Schlitten der weißen Frau; die Fahrt begann.

Doch nur zu balde wurden die armen Kleinen in ihrem Vertrauen getäuscht; der Freudenzug sollte sich in einen Trauerzug verwandeln und Keines von ihnen seine Eltern wiedersehen. In rasender Eile lief der Schlitten, jämmerlich schrieen die armen Verlorenen und wollten vom Schlitten weg, aber sie waren gebannt; die böse Frau lachte gräßlich in ihrer Schadenfreude, als sie ihr Werk gelingen, ihre That gekrönt sah – jeden Schritt verlor eines der Kinder den Kopf, einen Arm oder ein Bein – unten am Ende der Schlittbahn war nichts mehr auf dem Schlitten zu finden; er stand allein am Saum des finstern Waldes. Die böse, weiße Frau war verschwunden und todtenstille Alles ringsum.

Wie nun die Kleinen so gar nicht heimkommen wollten, gingen die beängstigten Eltern nach der Schlittbahn hin und gewahrten nur zu balde zu ihrem Schrecken das Geschehene, konnten aber von dem Ereigniß keinen klaren Begriff sich machen, bis ein taubes Mädchen, das von den lieblichen Worten der bösen Frau nichts verstehen konnte und bei einer Staude stehend zurückgeblieben war, erzählte, wie sich Alle auf den Schlitten der weißen Frau gesetzt hätten, aber nicht mehr zurück gekommen seien. Die betrübten Eltern sammelten die Glieder ihrer geliebten Kinder, die zerstreut lagen der Bahnlänge nach. – Das war ein trauriges Begräbniß!

KAPITEL 3

Dämonische Mahlzeiten

Von Blutsaugern, Leichenschmatzern und Nachzehrern

Der Höllenschlund (Buchillustration, Spanien 14. Jh.)

Wenn die toten von uns zehren, sind es die toten in uns …

Charles Olson (1910–1970)

Im Zusammenhang mit dem Schwinden religiöser Überzeugungen ist der Vampirismus weiterhin die sinnlichste, am wenigsten vergeistigte aller überwirklichen Offenbarungen. Er stellt den Triumph des Geschlechtlichen über den Tod, des Fleisches über den Geist und der Materie über das Unsichtbare dar.

*David Pirie (*1963)*

Lilith,

die Nächtliche, die kindermordende Dämonin

Lucas Cranach (1472–1553):
Der Sündenfall mit Lilith als Schlange (Holzschnitt 1522)

Faust: Wer ist denn das? *Mephistopheles:* Betrachte sie genau!
Lilith ist das. *Faust:* Wer? *Mephistopheles:* Adams erste Frau.
Nimm dich in acht vor ihren schönen Haaren,
vor diesem Schmuck, mit dem sie einzig prangt.
Wenn sie damit den jungen Mann erlangt,
so läßt sie ihn so bald nicht wieder fahren.
Johann Wolfgang von Goethe (1749–1832)

Sündenmutter, glatte Schlange!
Lehr mich deine Grausamkeiten
Und die schöne Kunst der Lüge!
Heinrich Heine (1797–1856)

*Leah Levine (*1961)*

Lilith, die Nächtliche, die Nachteule

Lilith hat ihren Ursprung in der jüdischen Mythologie. Sie gilt als die erste Frau Adams und war wie er aus Erde erschaffen und ihm somit gleichgestellt. Stark und selbstbewußt verweigerte sie es, sich Adam zu unterwerfen. Besonders beim Liebesakt lehnte sie sein Ansinnen, sie unter sich zu haben, vehement ab. Adam war erzürnt, konnte seine Frau aber nicht bezwingen. Im Gegenteil, sie ließ ihn stehen und suchte sich andernorts lustvolle Freuden im Kreise von Männern und 1000 Dämonen. Gott, der Adams Zorn verstand und teilte, verfluchte das aufsässige Weib. Bis zum Jüngsten Tag solle sie unsterblich sein und als Dämonin der Nacht ihr Dasein fristen. Eigene Kinder würden ihr verwehrt, und ihr Leben sei ein finster-trauriges Schicksal. Lilith aber fürchtete sich nicht, sie begann von sich aus, den Kindern, besonders den Neugeborenen, ein Feind zu werden. Im Dunkeln der Nacht schlich sie sich an die Wiegen und raubte die jungen Wesen, um sie sogleich zu verschlingen. Die Menschen versuchten, sich mit einem Amulett zu schützen, in das sie die Namen von drei Schutzengeln und die Worte »Adam und Eva, außer Lilith« gravierten.

Lilith gab sich aber nicht damit zufrieden, den Kindern zu schaden. Frauen, besonders schwangere, plagte sie mit furchtbaren Alpträumen, und jungen Männern saugte sie das Blut und den Samen aus. Sie wußte um ihre bezaubernde Ausstrahlung und Wirkung, und es war leicht, sich zu schmücken und einen Mann zu bezirzen. Mit sanften Schmeicheleien hatte sie leichtes Spiel, und das Opfer war schnell in ihren Fängen. Sie reichte ihm vergifteten Wein und machte ihn damit völlig willenlos. Nach einer Nacht voller Genuß und Leidenschaft ließ sie den Ermatteten zurück und hielt Anklage im Himmel über des Mannes Sündenfall. Ausgestattet mit der Macht der Vergeltung durfte sie nun die Strafe an ihm vollziehen. Als er erwachte, gierig, der Lust erneut zu frönen, verwandelte sich die berauschende Frau in einen Racheengel im flammenden Gewand. Statt Freude und Lust schenkte sie nun den Tod mit kalter Klinge, und mit einem Lachen warf Lilith den Sünder in den Schlund der Hölle. So berichtet der Sohar[1].

Lilith verkörpert das Prinzip der wilden, starken, eigenständigen Frau und verweigert die Rolle der lebenspendenden Mutter. Sie tötet die Kinder und trinkt das Blut der Menschen und wurde somit zur Stammutter der Vampire. Die erste Frau Adams wird oft als schöne Frau mit dem Unterleib einer Schlange, dem Symbol des Bösen, aber auch der Sexualität, dargestellt. In dieser Erscheinung soll sie Eva im Paradies dazu verführt haben, Gottes Geboten zu trotzen. Man unterstellt ihr Eifersucht auf die zweite Gemahlin, aber dies hieße, das Wesen Liliths völlig zu verkennen. Eva war aus der Rippe Adams geschaffen, ihm völlig unterworfen und in Abhängigkeit zu ihm – Gott wollte seinen Fehler wohl korrigieren –, und es kann als gesichert gelten, daß Lilith auf diese Rolle ganz bestimmt nicht mit Eifersucht, sondern eher mit Mitleid reagiert hat. Liliths persönliches Symboltier ist die Eule.

1. Sohar (hebr. »Glanz«) = vollständige Bezeichnung *Sepher Ha-Sohar,* »Das Buch der Herrlichkeit«, in Anlehnung an den *Pentateuch* gestaltetes Hauptwerk der jüdischen Kabbala. Es ist vermutlich von dem spanischen Mystiker Moses de Leon verfaßt bzw. gesammelt worden und verbreitete sich zuerst zwischen 1280 und 1290 von seinem Haus in Guadalajara aus. Es enthält die Kommentare zur Thora, das *Buch der Verhüllung,* einen Bericht über die sieben himmlischen Säle und Gottes Thron-Wagen (Merkabah) sowie einen Kommentar über das *Lied der Lieder.*

Johann Gottfried Herder (1744–1803)

Lilis und Eva

Einsam ging Adam im Paradiese umher: er pflegte der Bäume, nannte die Thiere, freuete sich überall der fruchtbaren segenreichen Schöpfung, fand aber unter allen Lebendigen Nichts, was die Wünsche seines Herzens mit ihm theilte. Endlich bliebe sein Auge an einem der schönen Luftwesen hangen, die, wie die Sage sagt, längst vor den Menschen die Bewohner der Erde gewesen waren und die sein damals heiterer Blick zu schauen vermochte. Lilis hieß die schöne Gestalt, die wie ihre Schwestern auf Bäumen und Blumen wohnte und nur von den schönsten Gerüchen lebte. »Alle Geschöpfe«, sprach er bei sich selbst, »leben in Gemeinschaft untereinander, o daß mir diese schöne Gestalt zur Gattin würde!«

Der Vater der Menschen hörte seinen Wunsch und sprach zu ihm: »Du hast dein Auge auf eine Gestalt geworfen, die nicht für dich erschaffen ist; indessen, deinem Irrthum zur Belehrung, sei dir dein Verlangen gewähret.« Er sprach das Wort der Verwandlung, und Lilis stand da in menschlichen Gliedern. Freudig wallete Adam ihr entgegen; schnell aber sah er seinen Irrthum ein, denn die schöne Lilis war stolz und entzog sich seiner Umarmung. »Bin ich«, sprach sie, »deines Ursprunges? Aus Luft des Himmels ward ich gebildet und nicht aus niedriger Erde. Jahrtausende sind mein Leben, Stärke der Geister ist meine Kraft und Wohlgeruch meine himmlische Speise. Ich mag dein niedriges Geschlecht der Staubgebornen mit dir nicht vermehren.« Sie entflog und wollte nicht wieder zu ihrem Manne kehren.

Gott sprach: »Es ist nicht gut, daß der Mensch allein sei; ich will ihm eine Gattin geben, die sich zu ihm füge.« Da fiel ein tiefer Schlaf auf Adam, und ein weissagender Traum wies ihm das neue Gebilde. Aus seiner Seite stiegs empor, mit ihm von einerlei Wesen. Freudig erwachte er und sah sein zweites Selbst; und als Gott die Liebliche zu ihm führte, siehe, da bewegte sich die Stätte seines Herzens, denn sie war seinem Herzen nahe gewesen. »Mein bist du«, rief er aus, »du sollst Männin heißen, denn du bist vom Manne genommen.«

Felix Dörmann (1819–1895)

Tubal und Lilith

(Fragment)

Tubal.
Wie aufgescheuchte Rabenschwärme kreisen
Gedanken mir durch's schwüle Hirn, Gedanken
So dunkelschwer, so räthselhaft und süß,
Wie sie noch niemals, niemals mir gekeimt;
Vor meinen Augen wirbeln Feuergarben,
Gestalten wogen meinen Blicken auf,
Unirdisch, grauenhaft und doch verlockend,
Und meine Nerven streichelt seltsam-süß
Ein Duft von Weihrauch und verdampftem Blut,

Und eine Sehnsucht rieselt durch die Seele,
Die mich nach dunklen Zielen stürmisch jagt.
Verworrne Träume, die der Knabe träumte,
Sie steigen sonnenglitzernd mir empor
Und werden sinnvoll und lebendig-klar.
Und zwischendurch wie Meereswellen singt
Und schreit die Sehnsucht zügellose Lieder …
Nach Qualen dürstet die entflammte Seele,
Nach Qualen, die kein Mensch bis heute trug,
Nach Qualen, die kein Mensch in Worte zwang,
Nach jenen höchsten, letzten, tiefsten Qualen,
Aus deren Schoß das wilde Glück entsprungen
Und jene grausenvollen Seligkeiten,
Die nur die Geisterschaar des Abgrunds kennt,
Und die der Staubentstieg'ne schauernd flieht.

Was Menschen fühlen und empfinden können,
Ich hab's empfunden und gefühlt zur Neige.
Zur letzten Grenze bin ich fortgeschritten,
Durchmessen hab' ich ruhelos das Reich –,
In dem sich Lust und Qual die Herrschaft theilen,
Und müde ward ich menschlicher Gefühle.
Der reiche Reigen, den das Leben bietet,
Er ward mir leichenfahl und leichenekel,
Und meine Seele weint nach neuen Zielen.

Ein grünes Licht vor meinen Augen zittert,
Um meine Seele schwirren Seufzerchöre,
Aus dunklen Schleiern stiert ein fahles Haupt,
Und dort ein zweites … qualversteinte Züge
Und blutbetropfte Lippen tauchen auf,
Ein drittes Antlitz dort mit irrem Lächeln,
So naht Ihr Geister, die die Sehnsucht rief.

Chor der Dämonen.
Dem glühenden Vertrauen
Sei der Gewährung Heil;

Dein Auge soll uns schauen,
Doch ahnend nur, denn Grauen,
Vernichtung wär' Dein Theil;

Wenn uns Dein Blick erspähte,
Wie eine nur uns schaut,
Sie, die Dich oft umwehte,
Der stammelnd im Gebete
Dein Herz sich anvertraut.

Der Menschensohn, dem Lüge
Nur Kraft zum Leben lieh',
Der Menschensohn ertrüge
Die unverhüllten Züge
Der Qualdämonen nie.

Dämonenreigen:

Verzweiflung.
Mein fahler Fittig im Kreis Dich umzog,
Mein würgender Finger den Nacken Dir bog,

Es lähmte die Lungen mein pressender Arm,
Ich blies Dir in's Herz den verzehrenden Harm;

Ich habe Deine Seele gepeitscht und zerfleischt,
Bis dass sie vor Qualen zum Himmel gekreischt.
Ich höhle die Wangen, ich bleiche das Haar,
In Nacht und Verzweiflung mich Lilith gebar.

Wahnsinn.
Mein Scharlachfittig erbrauste –
Und – brennend ein Wüstensturm schnaubt –
Und rauchend ein Feuerstrom sauste
Das Blut Dir zum fiebernden Haupt.

Und wenn Deine Hände sich ballten,
Dein Körper sich stöhnend gedreht,
Wenn Flüche die Lippen jetzt lallten,
Und jetzt ein Erlösungsgebet –

Und wenn Du mit knirschenden Klagen,
Aufweinend – an Boden und Wand
Den ruchlosen Schädel geschlagen,
Ein Athmen des Glücks ich empfand.

Selbstmord.
Mein dunkler Fittig, feierlich und schwer,
Warf seine Schatten über Dich schon her,

Wenn Dich Dein wüstes Leben angegraut,
Hab ich in's Auge drängend Dir geschaut.
Ich jagte Dich der schroffsten Klippe zu
Und mahnte Dir in's Ohr, dort winkt die Ruh',

Die Waffe drückt' ich in die scheue Hand,
Die Todessehnsucht schürt' ich Dir zum Brand,

Und manche lange, qualenschwüle Nacht
Hab' Hand in Hand mit Dir ich zugebracht.

Chor der Dämonen.
Der Menschensohn, dem Lüge
Nur Kraft zum Leben lieh',
Der Menschensohn ertrüge
Die unverhüllten Züge
Der Qualdämonen nie.

Tubal.
Und wenn der Hölle Schrecknis hüllenlos
Und grausig-klar vor meinem Blick erstünde,
Wenn Abbadona oder Lilith selbst

In dunkler Pracht vor meinen Blicken schwebten,
Mit keiner Faser scheut' ich je zurück.
Die Menschenfurcht hab' ich zurückgelassen,
Seit ich vergessen, daß auch mich dereinst
Ein schwaches Weib als Menschensohn geboren.

Oskar Dähnhardt (1870–1915)

Und nannte es Lilith*

Als Gott den ersten Menschen erschaffen hatte, sprach er: Es ist nicht gut, daß der Mensch allein sei, schuf ihm ein Weib aus Erde und nannte es Lilith (oder Lilis). Aber bald fingen beide an, miteinander zu zanken; denn Lilith lehnte sich auf gegen das Gebot Gottes: er soll dein Herr sein und wollte dem Manne nicht gehorchen. Sie sagte: Wir sind beide einander gleich, denn wir sind beide aus der Erde erschaffen, sprach den Schem hammphorásch, d. i. eine geheimnisvolle Formel des Namens Gottes und entfloh in die Luft. Da trat Adam mit Gebet vor seinen Schöpfer und sprach: O du Herr der Welt! Das Weib, welches du mir gegeben hast, ist von mir geflohen. Gott schickte sogleich drei Engel nach ihr, sie zurückzubringen, und sagte: Gehet sie wieder zurück, so ist es gut; wo aber nicht, so soll ihre Strafe sein, daß alle Tage hundert von ihren Kindern sterben. Die Engel folgten ihr, trafen sie mitten im Meer, verkündigten ihr Gottes Befehl und droheten ihr, sie zu ersäufen. Aber sie wollte nicht wieder zurückgehen, sondern schwur bei dem Namen des lebendigen und ewigen Gottes und sagte: sie sei zu nichts anderem erschaffen, als die jungen Kinder zu schwächen, und nehme es an, daß alle Tage hundert von ihren Kindern sterben sollten. Darum sterben alle Tage hundert böse Geister. [Adam erhielt hierauf Eva als Frau.]

Der Kern dieser Sage ist der, daß Adams Weib sich dem Manne nicht unterordnen will und selbst auf die Gefahr hin, im Wasser umzukommen, sich weigert, zum Gehorsam zurückzukehren.

Yvan Goll (1891–1950)

Lilith, die Nächtliche, die kindermordende Dämonin*

Lilith, die Nächtliche, die kindermordende Dämonin, die Gott am vierten Tage schuf, die er in die Abgründe des Meeres warf, daraus er sie wieder hervorzog nach dem Fall des Menschen; Lilith, die Umschweifende, die feurige Wollust der Menschen, mit welcher Adam Geister und Dämonen zeugte, – Lilith, ihres schweren Ursprungs müde, vergebens um Vergessen bettelnd, entwich dem gemeinsamen Lager und sie erkannte sich als Androgyn.

Ah! Lust des reinen Frevels, wenn im Jagen auf ihrem schweißtriefenden Tier ihre einzige Brust, die keuchend sich hebt vor dem Halali, aufglüht und verascht.

Im Gestrüpp der Begier, ihre Zuflucht der Abgrund, peinigt die Glut sie und ihre Ungeduld erzwingt ein rasches Ende.

Grab des keuschen Kolibri, gebiert ihr wahnsinn-ächzendes Herz die Krankheit des Geistes.

*Tess Gerritsen (*1953)*

Wer ist denn Lilith?*

Edwina Felway sah ihn verblüfft an. »Sie kennen Lilith nicht?« Frost hob verlegen die Schultern. »Ich bin nicht besonders bibelfest, muß ich zugeben.«

»Oh, in der Bibel werden Sie Lilith nicht finden«, sagte Edwina. Aus der christlichen Lehre ist sie längst verbannt, allerdings hat sie ihren Platz in den hebräischen Legenden. Sie war Adams erste Frau.«

»Adam hatte noch eine Frau?«

»Ja, vor Eva.« Edwina lächelte, als sie sein erstauntes Gesicht sah. »Haben Sie etwa geglaubt, daß die Bibel die ganze Geschichte erzählt?«

»Ich habe noch nie gehört, daß Adam eine erste Frau hatte«, sagte er.

»Es gibt eine ganze Geschichte, die in der Bibel totgeschwiegen wird, Detective«, sagte Edwina, »eine geheime Geschichte, die sie nur in den kanaanitischen und hebräischen Legenden finden werden. Da ist von der Vermählung von Adam mit einer freigeistigen Frau die Rede, einer raffinierten Zauberin, die sich weigerte, ihrem Mann zu gehorchen oder unter ihm zu liegen, wie es von einer braven Ehefrau erwartet wurde. Statt dessen verlangte sie wilden Sex in allen möglichen Positionen und verhöhnte ihn, als es ihm nicht gelang, sie zu befriedigen. Sie war die erste wahrhaft befreite Frau der Welt, und sie hatte keine Scheu, ihre Sinnlichkeit auszuleben.«

»Klingt wesentlich interessanter als Eva«, meinte Frost.

»Aber in den Augen der Kirche, war Lilith ein Monstrum – eine Frau die sich der Kontrolle durch den Mann entzog, ein Wesen mit einem so unersättlichen sexuellen Appetit, daß sie schließlich ihren langweiligen alten Ehemann Adam verließ und sich davonmachte, um Orgien mit Dämonen zu feiern.« Edwina hielt inne. »Und die Folge davon war, daß sie den mächtigsten aller Dämonen zur Welt brachte, der die Menschheit seither plagt.«

»Sie meinen doch nicht etwa den Teufel?«

Sansone schaltete sich ein. »Im Mittelalter war dieser Glaube sehr verbreitet – daß Lilith die Mutter Luzifers war.«

Edwina schnaubte verächtlich. »Da sehen sie also, wie die Geschichte mit einer selbstbewußten Frau umspringt. Wenn sie sich weigert, sich zu unterwerfen, wenn sie ein bißchen zu viel Spaß am Sex hat, wird sie von der Kirche postwendend in ein Ungeheuer verwandelt. Und gilt fortan als die Mutter des Teufels.«

»Oder sie verschwindet ganz aus der Geschichte«, sagte Frost. »Ich hatte jedenfalls bis heute nie von dieser Lilith gehört. Oder von dieser Bocksfigur.«

»Azazel«, sagte Oliver. Er riß das Blatt mit seiner jüngsten Zeichnung heraus und legte es auf den Couchtisch, daß alle es sehen konnten. Es war eine detaillierte Version des Gesichts, das an Mauras Tür gezeichnet worden war: ein gehörnter Ziegenbock mit Schlitzaugen und einer Flamme, die über seinem Kopf brannte. »Die Bocksdämonen werden im dritten Buch Mose und in Jesaja erwähnt. Es waren behaarte Wesen, die sich mit wilden Kreaturen wie Lilith vergnügten. Der Name Azazel geht auf die Kanaaniter zurück, wahrscheinlich leitet er sich vom Namen eines ihrer alten Götter ab.«

Sphinx/Sphynx

Franz Stuck (1863–1928): Die Sphinx

Vor den Pyramiden liegt der Sphinx; ein Zauber des Schweigens
ruht auf ihm, denn man hält ihn für eine Gottheit.
Plinius der Ältere (23/24–79 n. Chr.)

Du bist recht appetitlich oben anzuschauen,
doch untenhin die Bestie macht mir Grauen!
Johann Wolfgang von Goethe (1749–1832)

O vieldeutiges Rätsel unsers Lebens! Wie steht die Sphinx
mit lauernden, lüsternen Augen vor uns und droht, uns zu verschlingen,
wenn wir uns keck an die Auflösung wagen.
Ludwig Tieck (1773–1853)

Dort vor dem Tor lag eine Sphinx, ein Zwitter von Schrecken und Lüsten,
der Leib und die Tatzen wie ein Löw', ein Weib an Haupt und Brüsten.
Wilhelm Raabe (1831–1910)

*Leah Levine (*1961)*

Der/Die Sphinx

Bei der Sphinx haben wir es mit zwei Varianten eines Wesens zu tun, dessen Gemeinsamkeit einzig in der Form, halb Löwe, halb Mensch, liegt. Bei den Ägyptern findet sich der Sphinx, männlich und mit dem Kopf des Pharao, als Symbol seiner Stärke und Macht. Er galt als Schutzwesen, das Feinde abwehrte und die Orte schützte. Häufig waren ganze Alleen mit Sphinxen/Sphingen gesäumt. Der bekannteste Sphinx ist ganz sicher der, der sich bei den Pyramiden in Gizeh befindet. Er ist fast zwanzig Meter hoch, und es heißt, Thutmosis IV. habe zwischen seinen Klauen einen Tempel errichtet. Der Name des Sphinx ist Harmachis, was soviel heißt wie »Horus am Morgen«, später war er ein Symbol des Sonnengottes Amun Re. Sphinxen gibt es in Ägypten seit dem Jahr 2600 v. Chr. und im südlichen Mesopotamien seit 2500 v. Chr.

Zuweilen vermischen sich in einer Sphinx nicht nur Löwe und Mensch, sondern das Wesen weist auch noch Teile von Adler, Stier, Widder, Schlange u. a. auf, selbst geflügelte Sphinxen sind nicht selten. Als Aleister Crowley den Sphinx als Symbol für die Gesamtnatur des Menschen bezeichnete, hatte er solch ein Wesen vor Augen. Er betonte den feurigen Mut des Löwen, den festen Willen des Stiers, die rasche Intelligenz des Menschen und die geheime Natur des Menschen, die sich für ihn durch den Adler darstellte. Die Flügel waren ein Symbol für die Göttlichkeit des Wesens und betonten das Zusammenspiel des göttlichen Geistes mit dem (tierischen) Leib. Crowleys Sicht betont ganz deutlich die Verbindung zwischen Urwissen und theologischer Adaption, die ihren Niederschlag in den vier Evangelien des Neuen Testaments findet. Jeder der Evangelisten verkörpert eines der alchemistischen Elemente, Matthäus hat als Symbol den Menschen (später Engel), Markus den Löwen, Lukas den Stier und Johannes den Adler.

Sphinxen finden sich von Nordafrika über Vorderasien bis nach Persien und Indien. Im islamischen Raum finden sich sogar oft Doppelsphinxen, zwei Leiber, die sich einen Kopf teilen.

Doch wirkliche Berühmtheit erlangte die griechische Sphinx, über die auch Herodot berichtete und ganz besonders auf die geschlechtliche Wandlung hinwies. Sie war Nachkomme von Echidna und Thyphon. Hier war die Sphinx weiblich, hatte einen Frauenkopf und oft schöne ausgeprägte Brüste. Nur ihr Wesen war so ganz anders als das ihres ägyptischen Pendants. Sie war keine liebevolle Schutzgottheit, sondern eine bösartige, menschenfressende Dämonin, die Menschen einfach dafür tötete und verspeiste, weil sie ihr Rätsel nicht lösen konnten. Die Legende erzählt, Hera habe dieses Monster als Strafe nach Theben geschickt, um damit eine Jugendsünde des König Laios zu ahnden. Die Sphinx, Phix, die Würgerin, wie man sie auch nannte, lag also auf einem Felsen und stellte jedem Vorbeikommenden ein Rätsel: Was hat eine Sprache, ist am Morgen vierfüßig, am Mittag zweifüßig und am Abend dreifüßig? Eines Tages kam Ödipus des Weges und löste das Rätsel auf der Stelle: Der Mensch! Die Sphinx war so erschüttert, daß sie sich gleich darauf – ein wenig überzogen – vom Felsen in den Tod stürzte. Doch auch ihrem Bezwinger war das Schicksal nicht gewogen. Wenig später verlor Ödipus sein Augenlicht (ebenfalls selbst verursacht) und wurde am Ende von den Furien erschlagen, die für den Tod der Sphinx Rache nehmen wollten. Gerade die griechische Sphinx ist das Symbol für die rätselhafte und bedrohliche Frau, die den Mann in Verzweiflung stürzt. Nun, zumindest die Frage, warum sie sich nicht einfach ein neues Rätsel ausgedacht und statt theatralischen Selbstmords einfach einen Tag in nachdenklicher, stiller Abgeschiedenheit gewählt hat, wird ewig ein Rätsel bleiben. Ein bißchen mehr Kraft im Umgang mit Niederlagen sollte eine so gefürchtete Dämonin schon vorweisen, wenn sie ihren Schrecken nicht verlieren will.

Novalis (1772–1801)

Ich mußte recht über eure Thürhüterin lachen*

Die kleine Fabel stieg geraume Zeit. Endlich kam sie auf einen freyen Platz hinaus, der rund herum mit einer prächtigen Colonnade geziert, und durch ein großes Thor geschlossen war. Alle Figuren waren hier dunkel. Die Luft war wie ein ungeheurer Schatten; am

Himmel stand ein schwarzer strahlender Körper. Man konnte alles auf das deutlichste unterscheiden, weil jede Figur einen andern Anstrich von Schwarz zeigte, und einen lichten Schein hinter sich, warf; Licht und Schatten schienen hier ihre Rollen vertauscht zu haben. Fabel freute sich in einer neuen Welt zu seyn. Sie besah alles mit kindlicher Neugierde. Endlich kam sie an das Thor, vor welchem auf einem massiven Postument eine schöne Sphinx lag.

Was suchst du? sagte die Sphinx; mein Eigenthum, erwiderte Fabel. – Wo kommst du her? – Aus alten Zeiten; – Du bist noch ein Kind – Und werde ewig ein Kind seyn. – Wer wird dir beystehn? – Ich stehe für mich. – Wo sind die Schwestern, fragte Fabel? – Überall und nirgends, gab die Sphinx zur Antwort. – Kennst du mich? – noch nicht. – Wo ist die Liebe? – In der Einbildung. – Und Sophie? – Die Sphinx murmelte unvernehmlich vor sich hin, und rauschte mit den Flügeln. Sophie und Liebe, rief triumphierend Fabel, und ging durch das Thor. Sie trat in die ungeheure Höhle, und ging fröhlich auf die alten Schwestern zu, die bey der kärglichen Nacht einer schwarzbrennenden Lampe ihr wunderliches Geschäft trieben. Sie thaten nicht, als ob sie den kleinen Gast bemerkten, der mit artigen Liebkosungen sich geschäftig um sie erzeigte. Endlich krächzte die eine mit rauhen Worten und scheelem Gesicht: Was willst du hier, Müßiggängerin? wer hat dich eingelassen? Dein kindisches Hüpfen bewegt die stille Flamme. Das Öl verbrennt unnützer Weise. Kannst du dich nicht hinsetzen und etwas vornehmen? – Schöne Base, sagte Fabel, am Müßiggehn ist mir nichts gelegen. Ich mußte recht über eure Thürhüterin lachen. Sie hätte mich gern an die Brust genommen, aber sie mußte zu viel gegessen haben, sie konnte nicht aufstehn. Laßt mich vor der Thür sitzen, und gebt mir etwas zu spinnen; denn hier kann ich nicht gut sehen, und wenn ich spinne, muß ich singen und plaudern dürfen, und das könnte euch in euren ernsthaften Gedanken stören. – Hinaus sollst du nicht, aber in der Nebenkammer bricht ein Strahl der Oberwelt durch die Felsritzen, da magst du spinnen, wenn du so geschickt bist; hier liegen ungeheure Haufen von alten Enden, die drehe zusammen; aber hüte dich: wenn du saumselig spinnst, oder der Faden reißt, so schlingen sich die Fäden um dich her und ersticken dich. – Die Alte lachte hämisch, und spann. Fabel raffte einen Arm voll Fäden zusammen, nahm Wocken und Spindel, und hüpfte singend in die Kammer. Sie sah durch die Öffnung hinaus, und erblickte das Sternbild des Phönixes. Froh über das glückliche Zeichen fing sie an lustig zu spinnen, ließ die Kammerthür ein wenig offen, und sang halbleise.

Heinrich Heine (1797–1856)

Die Nachtigall sang: »O schöne Sphinx!«*

Das ist der alte Märchenwald!
Es duftet die Lindenblüte!
Der wunderbare Morgenglanz
Bezaubert mein Gemüte.

Ich ging fürbaß, und wie ich ging,
Erklang es in der Höhe.
Das ist die Nachtigall, sie singt
Von Lieb' und Liebeswehe.

Sie singt von Lieb' und Liebesweh,
Von Tränen und von Lachen,
Sie jubelt so traurig, sie schluchzet so froh,
Vergessene Träume erwachen. –

Ich ging fürbaß, und wie ich ging,
Da sah ich vor mir liegen
Auf freiem Platz ein großes Schloß,
Die Giebel hoch aufstiegen.

Verschlossene Fenster, überall
Ein Schweigen und ein Trauern;
Es schien, als wohne der stille Tod
In diesen öden Mauern.

Dort vor dem Tor lag eine Sphinx,
Ein Zwitter von Schrecken und Lüsten,
Der Leib und die Tatzen wie ein Löw',
Ein Weib an Haupt und Brüsten.

Ein schönes Weib! Der weiße Blick,
Er sprach von wildem Begehren;
Die stummen Lippen wölbten sich
Und lächelten stilles Gewähren.

Die Nachtigall, sie sang so süß –
Ich konnt nicht widerstehen –
Und als ich küßte das holde Gesicht,
Da war's um mich geschehen.

Lebendig ward das Marmorbild,
Der Stein begann zu ächzen –
Sie trank meiner Küsse lodernde Glut
Mit Dürsten und mit Lechzen.

Sie trank mir fast den Odem aus –
Und endlich, wollustheischend,
Umschlang sie mich, meinen armen Leib
Mit den Löwentatzen zerfleischend.

Entzückende Marter und wonniges Weh!
Der Schmerz wie die Lust unermeßlich!
Derweilen des Mundes Kuß mich beglückt,
Verwunden die Tatzen mich gräßlich.

Die Nachtigall sang: »O schöne Sphinx!
O Liebe! was soll es bedeuten,
Daß du vermischest mit Todesqual
All deine Seligkeiten?

O schöne Sphinx! O löse mir
Das Rätsel, das wunderbare!
Ich hab darüber nachgedacht
Schon manche tausend Jahre.«

Edgar Allan Poe (1809–1849)

Die Sphinx
(gekürzt)

Nun geschah es, daß sich bald nach meiner Ankunft in dem Landhause ein seltsamer Vorfall ereignete, der so viel Unheilverkündendes an sich hatte, daß es nur zu erklärlich war, wenn ich ihn als eine Vorbedeutung ansah. Er erschreckte, verwirrte und verstörte mich so, daß mehrere Tage vergingen, ehe ich mich entschließen konnte, meinem Freunde eine Mitteilung von demselben zu machen.

Am Abend eines außerordentlich warmen Tages saß ich mit einem Buche in der Hand an einem offenen Fenster, das eine weite Aussicht längs der Ufer des Flusses auf einen entfernten Hügel gestattete, dessen mir zugekehrter Abhang größtenteils der Bäume entblößt worden war. Meine Gedanken waren schon lange von dem Buche in meiner Hand zu den Verwüstungen gewandert, die in der benachbarten Stadt herrschen mochten. Als ich einmal meine Blikke von den Blättern erhob, fielen sie auf das nackte Bild jenes Hügels und auf einen Gegenstand – auf ein lebendiges Ungeheuer von schaudererregender Gestalt, das sich mit großer Schnelligkeit vom Gipfel zum Grunde bewegte und endlich in dem dichten Walde am Fuße des Hügels verschwand. Als mein Auge dies Wesen zuerst wahrnahm, bezweifelte ich meinen gesunden Verstand oder wenigstens das Zeugnis meiner Augen; und es dauerte mehrere Minuten lang, ehe ich mich davon überzeugte, daß ich weder irre sei noch träume. Und dennoch fürchte ich, daß alle, denen ich das Ungeheuer beschreibe, das ich doch deutlich sah und auf seinem ganzen Wege unausgesetzt beobachtete, noch schwerer zu überzeugen sein werden, als ich es selbst war.

Ich schätzte die Größe des Untieres durch einen Vergleich mit dem Durchmesser der großen Bäume ab, der wenigen Waldriesen, die man bei der Abholzung übergangen hatte, und schloß, daß sie beträchtlicher sei als die eines der mittelgroßen Dampfboote, die auf dem Flusse verkehrten. Ich sagte, als die eines Bootes, weil die Gestalt des Ungeheuers den Vergleich mit dem Rumpfe eines solchen Fahrzeuges nahelegte. Der Mund des Tieres befand sich am Ende eines Rüssels, der sechzig oder siebzig Fuß lang und so dick wie der Körper eines gewöhnlichen Elefanten war. An der Wurzel des Rüssels wucherte eine ungeheuere Menge schwarzen Haares – es war mehr als die Haut von zwanzig Büffeln hätte liefern können; und aus diesem Haare wuchsen seitlich nach unten zwei leuchtende Hauer hervor, ähnlich wie bei dem wilden Eber, doch von unendlich größeren Dimensionen. parallel mit dem Rüssel, nach vorwärts gerichtet, befand sich auf jeder Seite von demselben etwas wie ein riesiger Stab, dreißig oder vierzig Fuß lang, anscheinend aus reinstem Kristall und von der Gestalt eines regelrechten Prismas, das die Strahlen der untergehenden Sonne auf das prächtigste widerspiegelte. Der Rumpf hatte die Form eines Keils, dessen Spitze zur Erde gerichtet ist. Von ihm spreiteten sich zwei Paar Flügel aus, und zwar lag ein Paar über dem anderen –; jeder einzelne Flügel mochte ungefähr hundert Ellen lang sein und war reichlich mit Metallschuppen bedeckt, von denen jede wohl zehn bis zwölf Fuß Durchmesser hatte. Ich bemerkte, daß das obere und untere Paar Flügel durch eine starke Kette miteinander in Verbindung standen. Das Sonderbarste an diesem schrecklichen Wesen war das Bild eines Totenkopfes, das fast die ganze Oberfläche der Brust bedeckte und sich nun im strahlendsten Weiß so deutlich von dem übrigen Schwarz des Körpers abhob, als habe es ein Künstler sorgfältig aufgezeichnet. Während ich dies fürchterliche Tier und besonders das Bild auf seiner Brust mit Furcht und Entsetzen betrachtete, mit einer Vorempfindung, die keine Verstandesgründe niederzuringen vermochten, bemerkte ich, daß sich die ungeheuren Kiefer am Ende des Rüssels teilten und ein so lauter, eindringlicher Wehelaut aus ihnen hervordrang, daß er meine Nerven zerriß, wie ein Totengeläute. Als das

Ungeheuer am Fuße des Berges verschwand, sank ich ohnmächtig zu Boden.

Ich kam jedoch bald wieder zu mir. Meine erste Empfindung war, meinem Wirte alles, was ich gesehen und gehört hatte, sofort mitzuteilen – und es ist mir selbst kaum erklärlich, welches Gefühl des Widerwillens mich zum Schluß dennoch daran verhinderte.

Eines Abends, drei oder vier Tage nach dem Vorfall, saßen wir zusammen in dem Zimmer, von dem aus ich die Erscheinung beobachtet hatte. Ich hatte denselben Sitz an demselben Fenster inne, er lag gemächlich auf dem Sofa an meiner Seite. Die Ähnlichkeit der Situation trieb mich, ihm von dem Phänomen doch noch zu reden. Er hörte mich bis zu Ende an – lachte erst herzlich – wurde aber dann plötzlich außerordentlich ernst, als zweifele er an meinem gesunden Verstande. In diesem Augenblicke jedoch erblickte ich das Ungeheuer wieder ganz deutlich und richtete mit einem Schrei des Entsetzens die Aufmerksamkeit meines Freundes auf dasselbe. Er blickte aufmerksam hin –, behauptete jedoch, nichts zu sehen, obwohl ich ihm bis ins kleinste den Weg des Tieres auf dem nackten Abhange des Hügels bezeichnete.

Ich war nun über die Maßen erschreckt, denn ich hielt die Erscheinung entweder für eine Vorbedeutung meines Todes oder, was noch schlimmer war, für den Vorläufer eines Wahnsinnsanfalles. In höchster Erregung warf ich mich in meinen Stuhl zurück und verbarg ein paar Augenblicke lang mein Gesicht in meinen Händen. Als ich wieder aufblickte, war die Erscheinung nicht mehr zu sehen.

Mein Gastgeber jedoch hatte seine Ruhe so ziemlich wiedererlangt und fragte mich nun auf das genaueste nach der Gestalt des geschauten Wesens. Als ich ihn vollständig befriedigt hatte, seufzte er auf, als sei er von einer schweren Last erlöst, und begann mit einer, wie mir schien, grausamen Ruhe von verschiedenen Punkten der spekulativen Philosophie zu sprechen, über die wir schon oft diskutiert hatten. Ich erinnere mich, daß er sich unter anderem ganz besonders über den Gedanken verbreitete, daß die hauptsächlichste Quelle des Irrtums aller menschlichen Erforschungen in der Neigung des Verstandes begründet läge, die Größe eines Gegenstandes zu über- oder zu unterschätzen, und zwar durch falsche Taxierung seiner Nähe. »So müßte«, sagte er, »wenn man den Einfluß abschätzen wollte, den einst die gänzliche Ausbreitung der Demokratie auf die Menschheit haben wird, die Entfernung jenes Zeitpunktes, an dem eine solche Ausbreitung möglich sein würde, ein beachtenswertes Moment bei dieser Abschätzung bilden. Und doch – kannst du mir einen Sozialpolitiker nennen, der jemals diesen Punkt der Diskussion wert erachtete?«

Hier unterbrach er sich, ging zum Bücherschrank und entnahm demselben einen der gewöhnlichen Leitfäden der Naturgeschichte. Dann bat er mich, den Platz mit ihm zu wechseln, damit er den kleinen Druck des Buches besser lesen könne, schob meinen Lehnstuhl ans Fenster und nahm seine Rede in dem gleichen Tone wie vorhin wieder auf.

»Wenn du mir das Ungeheuer nicht so außerordentlich genau beschrieben hättest«, sagte er, »hätte ich dir niemals zeigen können, was es wirklich ist. Zuerst will ich dir vorlesen, was die Schulknaben von der Gattung Sphinx, aus der Familie Crepuslularia, aus der Ordnung Lepidoptera der Klasse der Insekten, lernen müssen. Hier heißt es folgendermaßen:

Vier häutige Flügel, mit kleinen, farbigen Schuppen von metallischem Aussehen bedeckt. Mund bildet einen Rüssel, hervorgebracht durch eine Verlängerung der Kiefern. Das untere Flügelpaar ist mit dem oberen durch ein steifes Haar verbunden; antennae hat die Gestalt einer verlängerten Keule, prismatisch. Unterleib läuft spitz zu. Die Totenkopf-Sphinx hat zu gewissen Zeiten durch die Klagetöne, die sie ausstößt, und durch die Zeichnung des Totenkopfes, die sie auf der Brust trägt, großen Schrecken unter dem Volke hervorgerufen.

Hier schloß er das Buch und neigte sich in dem Stuhle ein wenig vor, bis er genau dieselbe Stellung einnahm, die ich in dem Augenblicke innehatte, als ich das Ungeheuer erblickte.

»Ah! da ist es!« rief er aus, »es steigt den Abhang des Hügels wieder hinauf, und ich muß gestehen, daß es wirklich ein höchst merkwürdig aussehendes Geschöpf ist.

Henrik Ibsen (1828–1906)

Peer Gynt begegnet der Sphinx*

Setzt seinen Weg fort.
In der Nähe des Dorfes Gizeh.
Die große aus dem Felsen gehauene Sphinx. In der Ferne Kairos Kirchtürme und Minarets.
Peer Gynt kommt des Weges; er betrachtet die Sphinx aufmerksam, bald durch die Lorgnette, bald durch die hohle Hand.

Peer Gynt:
Wo hab' ich in aller Welt nur schon
Ein diesem ähnlich Geschöpf gesehn?
Im Norden? Im Süden? War's eine Person?
Und wenn! An wen gemahnt's mich, an wen?
Held Memnon glich, wie mich's später durchfuhr,
Den sogenannten – Dovre-Alten,
So wie er dasaß, stotzig und stur,
Den Sitz von Säulenstumpfen gehalten. –
Doch dieser seltsame Kreuzungsversuch,
Dieser Wechselbalg, beides, so Löwe wie Weib, –
Hab' ich den auch aus 'nem Märchenbuch?
Oder sah ich schon einmal solch einen Leib?
Ein Märchenspuk? Ha, jetzt beginnt mir's zu tagen!
Das ist ja der Krumme, den ich einstens erschlagen, –
Das heißt, ich träumte, – ich lag im Fieber. –
Tritt näher.
Die Augen, die Lippen, dasselbe Kaliber; –
Nicht ganz so flau; mehr Falsch im Gesichte;
Doch sonst im ganzen dieselbe Geschichte.
So, so, Du gleichst einem Löwen, Krummer,
Wenn man von hinten Dich sieht und bei Lichte!
Macht Dir wohl Rätselraten noch Kummer?
Gibst wieder Antwort wie letzter Frist Du?

Ruft der Sphinx zu:
He, Krummer, wer bist Du?
Eine Stimme hinter der Sphinx:
Ach, Sphinx, wer bist Du?
Peer Gynt:
Das Echo antwortet deutsch! Untrüglich!
Die Stimme:
Wer bist Du?
Peer Gynt:
Es spricht die Sprache vorzüglich!
Da hab' ich etwas ganz Neues entdeckt.
Notiert in sein Buch.
»Echo spricht deutsch. Berliner Dialekt.«

Begriffenfeldt kommt hinter der Sphinx hervor.

Begriffenfeldt:
Ein Mensch!
Peer Gynt:
Ach so! Also falsch geraten.
Notiert wieder.
»Kam später zu anderen Resultaten.«
Begriffenfeldt unter allerhand unruhigen Gebärden:
Eine Lebensfrage –! Verzeihen Sie –!
Was führt Sie just heute durch diese Landschaft?
Peer Gynt:
Ein Besuch. Bei einem Jugendfreund.
Begriffenfeldt:
Wie?
Die Sphinx hier ist –?
Peer Gynt nickt.
Eine alte Bekanntschaft.
Begriffenfeldt:
Famos! Und das just nach dieser Nacht!
Mein armer Kopf ist nah dran, zu zerbrechen!

Wohlan! So tun Sie den Mund auf und sprechen!
Was ist sie?

Peer Gynt:

Wenn Sie das glücklich macht, –
Sie ist sie selbst.

Begriffenfeldt mit einem Sprung:

Ha; der Welt Lösung tagt! Sie
Sind dessen gewiß? Sie wär' in der Tat
Sie selbst?

Peer Gynt:

Jawohl; so wenigstens sagt sie.

Begriffenfeldt:

Sie selbst! Die Stunde der Umwälzung naht!

Oscar Wilde (1854–1900)

Jahrtausende voll müdem Leid*

Jahrtausende voll müdem Leid
Sind dir verrauscht …
Die Hieroglyphen zu verstehn
Am großen Sandstein-Obelisk,
Ich dir gewährt, den Basilisk,
Den Hippogryph hast du gesehn.
O sag mir, ob's vor dir geschah,
Daß Isis zu Osiris fand,
Und für Anton der Welt entschwand
Die Perle der Kleopatra …

Sag, ob auch dich zum Kuß noch riß
Adonis, weiß am Katafalk …

Gib dein Erinnern endlich preis!
Von jenem Judenmädchen sing,
Das mit dem heil'gen Kinde floh …

Sing mir die Nacht, von Düften schwer,
Dahingestreckt lagst. du am Fluß,
Das Lachen des Antinous
Klang aus der Kaiserbarke her …

Den Mund der wie Granaten rot,
Des jungen Sklaven, die Gestalt
Des einzigen, wie Elfenbein
So licht …

Wer liebte dich? …

Rainer Maria Rilke (1875–1926)

Der erhabene Sphinx

Abends führt sie ihn hin zu den Gräbern der Alten
aus dem Klage-Geschlecht, den Sibyllen und Warn-Herrn.
Naht aber Nacht, so wandeln sie leiser, und bald
mondets empor, das über Alles
wachende Grab-Mal. Brüderlich jenem am Nil,
der erhabene Sphinx – der verschwiegenen Kammer Antlitz.
Und sie staunen dem krönlichen Haupt, das für immer,
schweigend, der Menschen Gesicht
auf die Waage der Sterne gelegt.

Der Ghul (Ghoul)

Ghoul (Zeichnung 19. Jh.)

Sie sind feindselige Wesen, lüstern nach Fleisch und Blut
lebendiger Kreaturen und büßen ihre grausame Lust an Weibern
im Zustande des Schlafs, der Trunkenheit und des Wahnsinns.
August Wilhelm Schlegel (1763–1839)

»Ja«, sagte er, »ich bin es, der alte, dir und vielleicht nur dir, allein
wohlgesinnte Menschenfresser, einen kleinen Besuch will ich dir machen,
mich erholen an deinem Anblick.
Franz Kafka (1863–1924)

*Leah Levine (*1961)*

Ghoule

Ghoule tauchen in der Geschichte in sehr unterschiedlicher Form und Gestalt auf. Ihr Ursprung liegt im alten Orient, wo man sie der Gruppe der Dschinn (zauberbegabte Flaschengeister) zuordnet und ihnen enorme magische Fähigkeiten unterstellt. Der Begriff kommt aus dem Arabischen. In der vorislamischen Zeit berichtete man von ihnen als Naturgeistern, die Besessenheit beim Menschen verursachen konnten. Eine Legende erzählt, daß der Prophet Mohammed seinerzeit den brutalen, jemenitischen Herrscher Ras al Ghoul, von dem es hieß, er bete einen Götzen namens Faresh an und habe seinen eigenen Vater ermordet, töten ließ.

Weit geläufiger ist die Theorie, daß es sich beim Ghoul um einen weiblichen, menschenfeindlichen Wüstendämon handelt, der Wanderern auflauert, sie überfällt und sich dann an ihren Körpern labt. Das männliche Gegenstück zu dieser Variante ist der Qutrub. Wichtig für sie ist dabei, nicht von Männern beobachtet zu werden. Diese Darstellung ist eng verwoben mit dem Glauben, daß es die Mütter sind, die für Geburt und Wiedergeburt verantwortlich sind. Ihr Motiv, Leichen zu fressen, hat seine Ursache im Wunsch, von ihrem Geist schwanger zu werden und ihm durch die Geburt neue Gestalt zu verleihen. Das Bild der Mutterfigur als Ghoul, die ihren Geliebten verschlingt, um ihm fortwährend neues Leben zu schenken, hat den gleichen Ursprung. Nicht ganz zufällig wird auch Kali, die tantrische Göttin des Todes, häufig als Leichenfresserin dargestellt, die sich die Eingeweide ihres Gefährten Shiva einverleibt. Ebenso wie Kali werden den Ghoulen die Friedhöfe als bevorzugte Aufenthaltsorte unterstellt. Hier ist der Nachschub an frischem und verwesendem Fleisch gewährleistet, und es heißt, die Ghoule hätten ihr schreckliches, morbides Aussehen der Nahrung zu verdanken, die sie zu sich nehmen. Das, was ihnen an Intelligenz fehlt, machen sie an Kraft wett und sind damit bevorzugte Gestalten der modernen Horrorfilmindustrie und der entsprechenden Literatur.

Nicht immer hat der Ghoul eine rein menschliche Gestalt, in manchen Quellen taucht er fast ausschließlich als Halbwesen (halb Mensch, halb Tier), in anderen als Gestaltwandler auf. So kann er die Gestalt von Aasfressern, z. B. des Hundes, des Geiers, der Krähe und des Schweins, annehmen. In der Novelle »Pickmans Modell« von Howard Phillips Lovecraft (1890–1937) erscheint der Ghoul als wahrhaftiges Unterweltmonster, dessen »madenhaft blasse« Gestalt, mit Hundeschnauze, blutunterlaufenen Augen und schuppigen Krallen, die die Leichen zerfleddern, alle Register des Grauens zieht.

Erzählungen aus 1001 Nacht (Alf laila wa-laila)

König Ghul*

Wir gingen darauf zu und machten nicht eher Halt, als bis wir seine Tür erreichten; und siehe, eine Schar nackter Männer kam heraus, und ohne uns zu begrüßen oder ein Wort zu sagen, legten sie gewaltsam Hand an uns und schleppten uns vor ihren König, der uns ein Zeichen gab, uns zu setzen. Wir setzten uns, und sie stellten Speisen vor uns hin, wie wir sie nicht kannten und derengleichen wir unser Leben lang noch nicht gesehen hatten. Meine Gefährten aßen im Übermaß ihres Hungers davon, mir aber ekelte davor, und ich konnte nicht essen; und daß ich mich dieser Speise enthielt, das wurde durch Allahs Huld zum Mittel meiner Rettung; denn kaum hatten meine Gefährten davon gekostet, so entfloh ihr Verstand, und sie wandelten sich und begannen es wie Irre zu verschlingen, die von einem bösen Geist besessen sind. Dann gaben die Wilden ihnen Kokosöl zu trinken und salbten sie damit; und kaum hatten sie davon getrunken, so drehten sich ihnen die Augen in den Kopf hinein, und sie begannen, ganz gegen ihre Gewohnheit, gierig zu schlingen. Als ich aber das sah, da geriet ich in Sorge und Not um sie, und aus Furcht vor den Nackten war ich nicht minder um mich selbst besorgt. Ich sah sie mir aufmerksam an, und es dauerte nicht lange, so erkannte ich, daß sie ein Stamm kannibalischer Magier waren, ihr König aber ein Ghul. Alle, die in ihr Land kamen oder die sie in ihren Tälern oder auf ihren Straßen fingen, führten sie vor diesen König, und sie gaben ihnen jene Speise zu essen und salbten sie mit jenem Öl, worauf ihr Magen sich erweiterte, so daß sie übermäßig aßen, während ihnen der Verstand entfloh und sie die Kraft des Denkens verloren und zu Idioten wurden. Dann mästeten sie sie mit Kokosöl und vorbenannten Speisen, bis sie dick und fett genug wurden, um sie zu schlachten, indem sie ihnen die Kehle durchschnitten und sie brieten, damit der König sie verzehre; die Wilden selber aber aßen das Menschenfleisch roh. Als ich nun das sah, da graute mir um meinetwillen und um meiner Gefährten willen, die jetzt so stumpf geworden waren, daß sie nicht mehr wußten, was mit ihnen geschah; und die Nackten übergaben sie einem, der sie jeden Tag hinauszuführen hatte, wo sie wie das Vieh auf den Weiden der Insel weideten. Und sie wanderten unter den Bäumen dahin und ruhten sich aus, sooft sie wollten, und wurden auf diese Weise sehr fett. Ich aber verzehrte mich und wurde krank vor Furcht und Hunger, und mein Fleisch schrumpfte mir auf den Knochen zusammen; als jedoch die Wilden das sahen, da überließen sie mich mir selber und achteten meiner nicht mehr, ja, sie vergaßen mich so vollständig, daß ich ihnen eines Tages entschlüpfen konnte.

Ernst Theodor Amadeus Hoffmann (1766–1822)

Die Ghoul*

Gerade um diese Zeit nahm ein alter treuer Diener die Gelegenheit wahr, dem Grafen, als er ihn gerade allein fand, zu entdecken, daß die Gräfin jede Nacht das Schloß verlasse, und erst beim Anbruch des Tages wiederkehre. Eiskalt erfaßte es den Grafen. Nun erst dachte er daran, wie ihn seit einiger Zeit jedesmal zur Mitternacht ein ganz unnatürlicher Schlaf überfallen, den er jetzt irgendeinem narkotischen Mittel zuschrieb, das die Gräfin ihm beibringe, um das Schlafzimmer, das sie vornehmer Sitte entgegen, mit dem Gemahl teilte, unbemerkt verlassen zu können. Die schwärzesten Ahnungen kamen in seine Seele; er dachte an die teuflische Mutter, deren Sinn vielleicht erst jetzt in der Tochter erwacht, an irgendein abscheuliches ehebrecherisches Verhältnis, an den verruchten Scharfrichterknecht. Die nächste Nacht sollte ihm das entsetzliche Geheimnis erschließen, das allein die Ursache des unerklärlichen Zustandes der Gattin sein konnte. Die Gräfin pflegte jeden Abend selbst den Tee zu bereiten, den der Graf genoß, und sich dann zu entfernen. Heute nahm er keinen Tropfen, und als er seiner Gewohnheit nach im Bette las, fühlte er keineswegs um Mitternacht die Schlafsucht, die ihn sonst überfallen. Demungeachtet sank er zurück in die Kissen, und stellte sich bald, als sei er fest eingeschlafen. Leise, leise verließ nun die Gräfin ihr Lager, trat an das Bett des Grafen, leuchtete ihm ins Gesicht, und schlüpfte hinaus aus dem Schlafzimmer. Das Herz bebte dem Grafen, er stand auf, warf einen Mantel um, und schlich der Gattin nach. Es war eine ganz mondhelle Nacht, so daß der Graf Aureliens, in ein weißes Schlafgewand gehüllte Gestalt, unerachtet sie einen beträchtlichen Vorsprung gewonnen, auf das deutlichste wahrnehmen konnte. Durch den Park nach dem Kirchhofe zu, nahm die Gräfin ihren Weg, dort verschwand sie an der Mauer. Schnell rannte der Graf hinter ihr her, durch die Pforte der Kirchhofsmauer, die er offen fand. Da gewahrte er im hellsten Mondesschimmer dicht vor sich einen Kreis furchtbar gespenstischer Gestalten. Alte halbnackte Weiber mit fliegendem Haar hatten sich niedergekauert auf den Boden, und mitten in dem Kreise lag der Leichnam eines Menschen, an dem sie zehrten mit Wolfesgier. – Aurelie war unter ihnen! – Fort stürzte der Graf in wildem Grausen, und rannte besinnungslos, gehetzt von der Todesangst, von dem Entsetzen der Hölle, durch die Gänge des Parks, bis er sich am hellen Morgen im Schweiß gebadet, vor dem Tor des Schlosses wiederfand. Unwillkürlich, ohne einen deutlichen Gedanken fassen zu können, sprang er die Treppe herauf, stürzte durch die Zimmer, hinein in das Schlafgemach. Da lag die Gräfin, wie es schien, in sanftem, süßem Schlummer, und der Graf wollte sich überzeugen, daß nur ein abscheuliches Traumbild, oder, da er sich der nächtlichen Wanderung bewußt, für die auch der von dem Morgentau durchnäßte Mantel zeugte, vielmehr eine sinnetäuschende Erscheinung ihn zum Tode geängstigt. Ohne der Gräfin Erwachen abzuwarten, verließ er das Zimmer, kleidete sich an, und warf sich aufs Pferd. Der Spazierritt an dem schönen Morgen durch duftendes Gesträuch, aus dem heraus muntrer Gesang der erwachten Vögel ihn begrüßte, verscheuchte die furchtbaren Bilder der Nacht; getröstet und erheitert kehrte er zurück nach dem Schlosse. Als nun aber beide, der Graf und die Gräfin, sich allein zu Tische gesetzt, und diese, da das gekochte Fleisch aufgetragen, mit den Zeichen des tiefsten Abscheus aus dem Zimmer wollte, da trat die Wahrheit dessen, was er in der Nacht geschaut, gräßlich vor die Seele des Grafen. In wildem Grimm sprang er auf, und rief mit fürchterlicher Stimme: »Verfluchte Ausgeburt der Hölle, ich kenne deinen Abscheu vor des Menschen Speise, aus den Gräbern zerrst du deine Atzung, teuflisches Weib!« Doch sowie der Graf diese Worte ausstieß, stürzte die Gräfin laut heulend auf ihn zu, und biß ihn mit der Wut der Hyäne in die Brust. Der Graf schleuderte die Rasende von sich zur Erde nieder, und sie gab den Geist auf unter grauenhaften Verzuckungen. – Der Graf verfiel in Wahnsinn.

Howard Phillips Lovecraft (1890–1937)

Der Ghoul*

Allmächtiger Gott, Eliot, ich weiß wahrhaftig nicht mehr, was daran Wirklichkeit und was Fiebertraum war, aber noch heute erscheint es mir undenkbar, daß unsere Erde eine solch höllische Vision beherbergen könnte!

Es war eine kolossale und grauenhaft Blasphemie, ein unsäglich verbotenes Ungeheuer mit infernalisch glühenden roten Augen, das in seinen skeletthaften Krallen einen lebenden Menschen umklammert hielt, dessen Kopf es, wie ein Kind, das sich an einer Zuckerstange gütlich tut, abknabberte. Es schien sprungbereit niedergekauert zu sein, so daß man den Eindruck gewann, es könne jeden Augenblick seine grausige Beute fallen lassen, um nach einer saftigeren Beute zu fassen. Aber, verdammt noch mal, es war ja nicht einmal gar so sehr dieses höllische Hundewesen, das mir diesen panischen Schock versetzte, es waren nicht diese Hundeschnauze, die zottigen Fledermausohren, die blutunterlaufenen Augen, die breitgedrückte Nase, die zurückgezogenen Lefzen, aber auch nicht die schuppigen Krallen, der lehmüberkrustete Rumpf oder die halbhufigen Satansfüße – obgleich schon allein dieser Anblick genügt hätte, einen weniger stabilen Menschen in den ausweglosesten Wahnsinn zu treiben.

Es war diese ausgeklügelte Technik, Eliot – diese verdammte, unheilige, gottlose, perverse Technik! So wahr ich hier vor dir stehe, ich habe noch nie ein Bild gesehen, das wie dieses von Leben erfüllt zu sein schien. Das Monster existierte – es starrte und nagte und nagte und nagte – und ich erkannte in diesem schrecklichen Augenblick, daß es nicht aus dieser Welt stammen konnte, sondern aus einer anderen, die nur denen offensteht, die ihre Seele verkauft haben. Dieses Bild konnte nur einer gemalt haben, für den die Gesetze der Natur nicht mehr gültig waren.

In einer Ecke der riesigen Leinwand hing ein zerknautschtes Stück Papier, vermutlich das Foto, dachte ich, nach dem Pickman den Hintergrund malen wollte. Ich griff danach, um es zu glätten, doch in diesem Augenblick zuckte Pickman wie von einer Natter gestochen zusammen. Seit mein Entsetzensschrei die Stille dieser Gewölbe zerbrochen hatte, lauschte er mit einer eigentümlichen Intensität, und es war, als empfände er jetzt irgendwie Angst, eine Angst, die man zwar nicht mit der meinen vergleichen konnte, und die mehr körperlich als geistig zu sein schien. Er zog einen Revolver aus der Tasche, bedeutete mir durch eine Geste zu schweigen, schlich in den Hauptkeller hinaus und zog hinter sich die Türe zu. Ich glaube, ich war in diesem Augenblicke wie gelähmt. Dann lauschte ich aufmerksam, wie Pickman zuvor, und bildete mir kurz darauf ein, aus einer nicht näher zu bestimmenden Richtung Quieken und undeutliches Gescharre zu hören. Ich dachte an riesenhafte Ratten und schauderte bei dieser Vorstellung. Bald darauf drang aus dem andern Raum ein eigenartiges Geklapper herüber, das mich noch mehr in Schrecken versetzte. Es klang wie Holz, das auf Stein oder Ziegel aufschlägt. Holz auf Ziegel – woran mußte ich dabei denken? Dann kam dieses Geräusch abermals, nur war es jetzt lauter, als sei das Holz aus größerer Höhe auf die Ziegel gefallen, dann erklang ein Knirschen, dem ein unverständlicher Wortschwall aus Pickmans Mund folgte, und gleich darauf hörte ich, wie er alle sechs Schüsse aus seinem Revolver abfeuerte – wahrscheinlich in die Luft wie ein Dompteur, der seine Löwen einzuschüchtern sucht. Es folgte ein ersticktes Quieken und ein dumpfer Knall. Nach einem kurzen Schweigen öffnete Pickman, wodurch ich heftig zusammenfuhr, wieder die Türe. Er hielt die noch rauchende Waffe in der Hand und fluchte über aufgedunsene Ratten, die hier den ganzen Brunnen heimsuchten! »Weiß der Teufel, von was die da drunten leben Thurber«, sagte er seltsam grinsend, »diese alten Gänge führten früher einmal nach den Friedhöfen, Hexenhöhlen und ans Meer. Ist ja auch gleich, es wird ihnen wahrscheinlich der Proviant ausgegangen sein, denn anders hätten sie sicher nicht so verzweifelt nach einem Ausweg gesucht. Mag sein, daß sie Ihr Geschrei aufgescheucht hat. In diesen alten Gebäuden muß man etwas vorsichtig sein – unsere knabbernden Freunde sind hier der einzige Nachteil, obgleich ich manchmal glaube, daß sie für Atmosphäre und Kolorit im Grunde genommen unerläßlich sind.« Und damit, Eliot, ging dieses nokturne Abenteuer zu Ende …

Ja, dieses Stückchen Papier war tatsächlich der Grund, daß ich mit Pickman brach – mit Richard Upton Pickman, dem genialsten Maler, den ich je zu Gesicht bekommen habe und der zur gleichen Zeit das widerwärtigste Subjekt war, das je seinen Fuß über jene ungewisse Grenzlinie zwischen unserem diesseitigen Leben und dem Höllenpfuhl aus Mythos und Wahnsinn gesetzt hat. Eliot, der gute alte Reid hatte recht! Pickman hatte aufgehört, ein Mensch in unserem Sinne zu sein. War er unter dem Schatten eines seltsamen Sternes geboren worden, oder hatte er Mittel und Wege gefunden, mit deren Hilfe er die Verbotene Pforte zu öffnen vermochte? – Aber wie es auch sei, er ist in die fürchterliche Dunkelheit zurückgekehrt, mit der er so leichtfertig gespielt hatte.

Frage mich nicht, was ich an diesem Morgen nach dem Besuch bei Pickman verbrannt habe. Frage mich auch nicht nach jenen seltsamen Geräuschen, die, nach seiner Erklärung, von den Ratten herrühren sollten. Wie du weißt, gibt es Geheimnisse, die uns seit den Tagen von Salem überliefert sind – und Cotton Mather erzählt noch weitaus merkwürdigere Dinge. Du weißt doch, wie verdammt lebensecht Pickmans Bilder waren, wie wir uns alle wunderten, von woher er nur diese Gesichter haben mochte. Nun, dieses Stückchen Papier zeigte eben nicht die Fotografie eines x-beliebigen Hintergrundes, sondern schlicht und einfach das grauenvolle Wesen, das auf jenem entsetzlichen Bild zu sehen gewesen war. Es war sein Modell – und als Hintergrund war nur eine der Wände seines Kellerateliers zu erkennen. Aber bei Gott, Eliot, *es war eine Blitzlichtaufnahme nach dem Leben.*

*Rayog Hollo Kolczas (*1921)*

Der Erbe

Brian Carter war nicht ganz wohl dabei, sich mitten in der Nacht in dieses Viertel der Stadt zu begeben. »Punkt Mitternacht!«, hatte Hel Casis gesagt und sein Ton hatte verraten, daß er keinerlei Verspätung dulden würde. Brian sah in den Hauseingängen junge Männer herum lungern, die sehr wahrscheinlich Drogen konsumierten und eine Gefahr für jeden »normalen« Bürger waren. Zu gern hätte er sich der Sicherheit einer Waffe bedient, aber auch das war eine der Auflagen des Magiers, keine Drogen, keine Waffen, keine hinterlassenen Telefonnummern oder Absicherungen jedweder Art. Brian sollte ganz auf sich gestellt sein, auf seine Kraft, seine Überzeugungsfähigkeit und seinen Mut. Noch zwei Straßen, dann hätte er das große villenartige Haus, das so gar nicht in diese Gegend passen wollte, erreicht. Der Magier, hieß es, wohne schon seit Ewigkeiten hier; keiner konnte sich mehr erinnern, wann er eingezogen war, doch als die Häuser vor zwanzig Jahren wegen neuer Bauten geräumt worden waren, hatte er sich geweigert und seltsamerweise auch Erfolg gehabt. Als einziger im gesamten Viertel. Brian stieg die wenigen Stufen zur Haustür hinauf.

Die Glocke der nahegelegenen Kirche begann zu schlagen. Brian wartete. Genau mit dem letzten Glockenschlag bediente er den Türklopfer. Wie von Geisterhand öffnete sich die Tür, Brian trat ein und mit einem lauten Schlag fiel die Tür hinter ihm ins Schloß. Er zuckte zusammen und als er sich in der Halle umsah, wuchs seine Furcht. Überall hingen und standen Gegenstände herum, die aussahen, als wären sie aus Gräbern entwendet. Mumifizierte Köpfe und Hände, Knochen und Tierpräparate, mit seltsamen Zeichen versehene Trommeln und mannshohe Stäbe, auf denen Affenschädel prangten. Die Luft war stickig und hatte einen leicht süßlichen Geruch. Brian ging vorsichtig auf die ausladende Treppe zu. Warum war er bloß hierher gekommen? Sein Herz schlug so laut, daß er meinte, jeder in der Nähe müsse es hören können. Er erinnerte sich, wie er den alten Magier im Museum kennengelernt hatte. Er hatte ihn für einen hilfsbedürftigen Alten gehalten, dem er beim Aufstehen von einer Bank helfen wollte. Hel Casis hatte die Hilfe abgelehnt, ihn mit kleinen, schwarzen Augen gemustert und ihn dann in ein Gespräch verwickelt. Schnell stellte sich heraus, daß sie beide Interesse an Magie, dunklen Ritualen und verbotenen Lehren hatten. Casis war lange in Persien gewesen und hatte sich dort von einem Meister in Techniken einweihen lassen, über die er erst bei einem der nächsten Treffen sprechen wollte. Brian war fasziniert von dem Alten, konnte nicht genug von seinen Geschichten hören und hatte sich sogar mit seiner Freundin zerstritten, weil ihr seine ständige Abwesenheit auf die Nerven ging. Selbst sein Job litt, denn Casis rief manchmal mitten am Tag an und forderte ihn auf, sofort an einen von ihm benannten Ort zu kommen. Brians Chef hatte ihn schon mehrfach verwarnt, aber Brian änderte nichts an seinem Verhalten. Er schien wie unter Zwang. Sein Wille, den mysteriösen Alten wann immer es ging zu treffen, war schon zur Sucht geworden. In den wenigen Wochen hatte er mehr gelernt, als in jahrelanger Mitgliedschaft in einem magischen Orden und die Übungen, die Casis ihm aufgegeben hatte, zeigten langsam grausame Wirkung. Anfangs wunderte er sich noch, aber inzwischen nahm er es einfach hin, daß nur die Zauber anschlugen, die anderen massiv schadeten. Menschen aus seiner Umgebung waren verunglückt, überfallen worden und hatten mit Gewalt aller Art zu tun.

Wenn er Casis um einen Schutzzauber für seine Freunde bat, lachte der Alte nur und meinte, er solle sein Mitgefühl mal etwas abbauen, das wäre der finsteren Macht nur abträglich.

Und nun war er im Haus seines Meisters, wie er ihn heimlich nannte. Er stieg die Treppe hinauf und betrat einen weiten Raum, dessen Licht einen rötlichen, diffusen Schimmer hatte. Es roch sehr seltsam, faulig und süß, aber als er den Blick seines Gastgebers sah, wagte er nicht, diesen darauf anzusprechen. Er nahm nach Aufforderung Platz und hielt sich in der nächsten Stunde an dem ihm dargebotenen Glas Cognac fest. Hel Casis stellte Brian viele Fragen, das Ganze kam ihm eher wie ein Verhör, denn als eine Unterhaltung vor. »Nun«, Casis stand auf und ging bedächtig auf und ab »Du meinst also, du könntest mein Erbe antreten? Fühlst du dich dem wirklich gewachsen und bist du auch bereit, dich ganz auf den Pakt einzulassen?« Brian nickte. Casis hatte vor, ihm sein gesamtes Equipment zu überlassen, da er vorhatte, dem Land für lange Zeit den Rücken zu kehren. Brian war sofort begeistert gewesen, aber als Casis ihm sagte, er müsse dann auch dieses Haus bewohnen und seinem bisherigen Leben gänzlich abschwören, hatte er anfangs gezögert, dann aber auch dazu »Ja« gesagt. »Es gibt da nur noch eine Kleinigkeit. Wenn du dazu auch bereit bist, dann soll deiner grandiosen magischen Zukunft nichts im Wege stehen. Du müßtest meinen »Dschin« aufnehmen. Das ist nichts Großes, wirkt vielleicht etwas befremdlich, aber ist schnell vorbei und stattet dich mit ungeheurer Macht aus. Du wirst nicht nur im Dunkeln wie bei Tageslicht sehen können, sondern deine ganzen Sinne werden sich schärfen. Bist Du bereit?« Brian zögerte inzwischen nicht mehr. Er war stolz auf das ihm entgegengebrachte Vertrauen und zu allem bereit. Hel Casis entzündete ein seltsam streng riechendes Kraut, umrundete Brian dreimal und preßte dann, völlig unerwartet, seine Lippen auf die seines Nachfolgers. Brian erschrak, die Lippen brannten wie Feuer, aber das war noch nicht das Schlimmste. Casis hielt ihn fest und ihm war, als würde eine Schlange aus dem Mund des Alten in ihn hineinkriechen. Er mußte würgen, die Schmerzen waren überirdisch, aber er konnte sich aus dem erstaunlich starken Griff des Magiers nicht befreien. Nach wenigen Minuten, die Brian wie Stunden vorkamen, war alles vorbei. Brian hustete, schüttelte er sich einmal kräftig und grinste dann über das ganze Gesicht. Das erste was ihm bewußt wurde, war der herrliche Duft im Raum. Das Wasser lief ihm im Mund zusammen und er leckte sich über die Lippen. Casis der das sah, griff nach einer großen Schale und hob den Deckel an. Der liebliche Duft fauligen Fleisches quoll heraus und Brian versicherte sich mit einem Blick, daß er zugreifen dürfe. Casis nickte und sah mit Wohlwollen, wie sein Erbe sich über das Fleisch des Wanderpredigers hermachte, der vor zwei Tagen das Pech hatte, an Casis Tür zu klopfen. »Ich hatte es nicht gesondert erwähnt, aber es wird dir ja nicht viel ausmachen, daß sich deine Ernährung auch ein wenig geändert hat. Einer der Gründe, warum du in diesem Haus wohnen bleiben sollst, ist die Garantie, daß du in dieser Gegend ungestört jagen kannst, ohne daß sich die Polizei übermäßig für dich interessieren wird. Die jungen Junkies schmecken zwar oft etwas bitter, aber mit dem nötigen Glück ziehen sie wohlschmekkende Weiber in die Gegend und du hast ja ab sofort auch genügend Fähigkeiten, dein Jagdrevier entsprechend auszudehnen.«

Brian sah von seiner Mahlzeit auf, Fett lief ihm am Kinn herunter, und obwohl er noch kaute, lächelte er zufrieden. Das neue Leben würde ihm gefallen, besonders da er spürte, daß er kein Gewissen mehr hatte.

*Peter O. Chotjewitz (*1934)*

Ich begehre mich selbst, einen Toten*

Doch nun, wie ich meine tägliche Ansprache führe, mich wieder dem zuwende, was einst das Gift im Tee, der Stoff in der Zigarette, das Zeug in der Spritze gewesen ist, für die ich mit flippernden Fingern immer wieder noch einmal einen Fetzen der Vene in meiner Armbeuge finde, mich wieder in die Träume und Halluzinationen der Hungrigen flüchte, geschieht es: ich höre sie wühlen.

Mit heißen Fingern und weichem Geschlecht sucht mich die hungrige junge Frau, die mir kürzlich in einem meiner Wachträume in der alten Via del'Oca an einer Haustür begegnet ist und sucht mich mit fahrigen Fingern, um mich zu lieben und meinen Hunger zu stillen. Ich spüre mit jeder Fiber, mit jedem Nerv, wie sie tiefer und tiefer dringt, sie atmet schwer, sie stöhnt, sie schreit auf, sie winselt, sie stachelt mich auf, JAJA ruft sie, JA, TIEFER, und dann: JA, JA, JA, JA, JA, JAJ, AJAJA, JAJAJAJ, AJAJAJAJA, wenn sie meinen Sargdeckel unter ihren brennenden Fingern fühlt, o, die Lust, mit der sie über mein faulendes Fleisch herfällt, verbrennt sie und mich, es war nur ein Traum, daß mich alle jene ekelhaften Ghoule vor der Friedhofskapelle zerrissen, mein Fleisch hängt sicher noch fett und saftig voll schwerem Leichenwasser von mir herab und wartet, daß sie sich daran befriedigt und meinen krankhaften Hunger stillt, der unstillbar ist.

So wird sie jetzt auch zurückgerissen von rohen Händen, die vorgeben, die Tat der Leichenfledderin zu verhindern. Man wird meine schon so nahe herbei gekommene Geliebte mit grauenhafter Brutalität in Handschellen und Zwangsjacke zwingen und sie den unmenschlichen, menschlichen Gesetzen unterwerfen. Sie greifen selber zum kalten Spaten, statt die mich umgebende Erde mit liebevollen Gebärden nach mir zu durchwühlen und ihre Münder in meinen verfallenden Leib zu pressen, wenn sie mich finden. Sie lieben mich nicht, sie können nicht ahnen, was ich empfinde und es wäre ein unerträgliches Gefühl für mich, ihre faden, nichtssagenden, normalen Lippen auf meiner großen Begierde zu fühlen.

Sie lieben die Erde nicht, in der wir voll Sehnsucht und Hunger die Jahrzehntausende verbringen, bis auch die letzte Erinnerung an Fleisch und Lust und Begierde und Schmatzen und Lutschen aus unserem Staub verschwunden ist. Sie werfen die Erde unachtsam hinter sich, obwohl in ihr schon so viele von uns gierig, hungrig und bis zur Unsichtbarkeit unkenntlich geworden und deformiert noch enthalten sind, so daß man nicht weiß, wieviel Begierde von uns in einem Mund voll Erde enthalten ist, sie graben mit der Dummheit von Archäologen bis mein Sargdeckel freiliegt. Sie lockern mühsam den schweren Deckel und finden mich schon halb verzehrt: Blut, frisches Blut rinnt mir aus den Augen, der Nase und den Mundwinkeln, meine Hände, mein Hals, mein Gesicht sind blutig. Ich habe mein Leichentuch beinahe ganz verzehrt und halte große Fetzen Fleisch aus meinem Gesäß, meinem Bauch und meinen Hüften in beiden Händen, um sie in mich hineinzuschlingen, sobald das entsetzliche Gefühl des unstillbaren, immerwährenden Hungers abermals untragbar wird.

Sie pressen sich die Finger in die Ohren, um mein entsetzlich lautes Schmatzen nicht hören zu müssen und hören es doch. Sie drücken sich die Handballen in die Augen um nicht zusehen zu müssen, wie ich mir ein blutiges Stück Fleisch von meinem eigenen Körper in den Mund schiebe und schlucke und schlinge und sehen es doch und müssen doch den Handteller gegen ihre Lippen drükken, um nicht der Begierde nachzugeben, sich auf mein fauliges Fleisch zu stürzen, denn ich bin nicht einer von jenen Menschen, die das verwesende Fleisch anderer, toter Menschen begehren, ich begehre mich selbst, einen Toten und fresse mich. Ich begehre mich selbst und ich fresse mich. Ich fresse mich. Ich fresse mich. Ich fresse mich.

Vampire

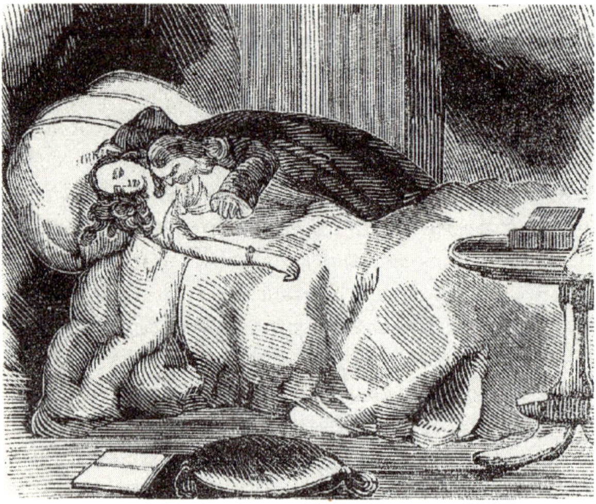

Vampir beugt sich über sein Opfer (Zeichnung 19. Jh.)

Mit seiner grausigen Liebe wird der Vampir alle Frauen in ihren Träumen in Angst versetzen. Und es wird gewiß nicht lange dauern, bis das exhumierte Ungeheuer seine unbewegliche Maske, seine Grabesstimme, sein fahlgraues Auge …, all seine melodramatischen Eigenschaften der Melpomene des Boulevards leihen wird. Was für ein Erfolg wird ihm alsdann beschert sein!«

Charles Nodier (1780–1844)

Der Vampir verkörpert vieles: Sexualität, Machtgier, Schmarotzertum, Sucht, Verbrechertum, Dämonie, aber auch den Traum vom ewigen Leben.

*Norbert Borrmann (*1953)*

*Leah Levine (*1961)*

Vampire

Ein Großteil der Legenden von Blutsaugern hat seinen Ursprung in Südosteuropa. Ungarn, Polen, Albanien und vor allem Rumänien – das mit dem Grafen Dracula den prominentesten Vampir vorzuweisen hat – sind alles Länder, die ihre eigenen Geschichten zu berichten haben. Besonders die Serben erzählen sich Berichte von Untoten, die nach ihrer Beisetzung die Gräber verlassen, herumirren und sich vom Duft des Blutes der Lebenden angezogen fühlen. Sobald die Gelegenheit günstig ist, laben sie sich an ihnen und entziehen ihren Opfern den notwendigen roten Lebenssaft, in dem die Kraft und die Information der Seele gebündelt ist. Nicht immer töten sie dabei sofort, oft schwächen sie die Armen nur, doch am Ende überlebt den steten Blutverlust niemand. Wer in den Bann solch eines Vampirs gerät, verfällt immer mehr, die Gesichtsfarbe wird fahl, die Bewegungen werden langsam, müde und schwerfällig. Doch nicht genug damit, daß den Menschen das Leben geraubt wird, sie werden selbst zu Vampiren und müssen fortan auf die Jagd gehen. Öffnet man die Gräber der Verstorbenen, so stellt man fest, daß die Leichen nicht die üblichen Verwesungsspuren aufweisen, sondern noch frisch wirken und häufig Spuren von Blut zu finden sind. Um der Nachstellung von Vampiren zu entgehen, hat sich die Bevölkerung viel einfallen lassen. Die Gräber der Verdächtigen wurden geöffnet, den Leichen wurde der Kopf abgetrennt, ein Pfahl durchs Herz getrieben und das Fleisch verbrannt. Häufig kamen all diese Methoden zur Anwendung. In Rumänien pflanzte man gewaltsam Verstorbenen ein Kreuz auf das Grab, um die Seele dort zu fesseln. Für Joseph von Görres war der Vampirismus der slawischen Völker eine Krankheit, eine Seuche, der nur beizukommen sei, wenn alle Leichen verbrannt würden.

Legenden erzählen, daß Untote und Gespenster scharfe Gerüche verabscheuen, und so entstand der Volksglaube, Knoblauch und Teufelsdreck (Asafoetida) könnten die bösen Geister verscheuchen. Vampire waren aber nicht nur gebissene Opfer, sondern häufig Geister, die ein irdisches Dasein gelebt und ihre Macht mißbraucht hatten. Diese Seelen waren gefangen in einer Art Astralhülle und damit an die Erde gebunden. Einem Zwang folgend, stellten sie den Lebenden nach, um sich von deren Energie zu »ernähren«.

Aber Vampire wurden nicht immer nur als Böse dargestellt. Der Franzose Charles Nodier und auch Leo Tolstoi stellen sie als wichtige, beratende »Vorbilder« für die Lebenden dar. Sie würden ihren nächsten Verwandten und Freunden nur deshalb nach ihrem Tode nachstellen, weil sie den Kontakt zu ihren Liebsten nicht verlieren wollten, und nicht weil der Blutdurst sie antrieb.

Vampiren wird unterstellt, daß sie sich in allerlei Gestalten verwandeln können. Am bekanntesten ist die enge Verbindung zur Fledermaus, aber auch Ratten, Wölfe, Vögel und sogar Wolken konnten die Seele eines Vampirs beherbergen. Interessant in diesem Zusammenhang ist der sehr verbreitete Glaube, daß Fledermäuse reine Glücksbringer sind. Erst die Inquisition verdammte sie und setzte sie fast mit Dämonen gleich. Ähnlich den Vampiren wurden sie in der belletristischen Literatur des 19./20. Jh.s immer mehr dämonisiert. Älter, aber nicht weniger grausam berichteten die Griechen über die Lamien, Blutsauger, die Kinder und Erwachsene töteten.

Die klassische Darstellung des Vampirs zeigt ihn als geflügeltes Wesen, als dunklen Engel oder Geist. Man sagt, neugeborene Kinder, die schon mit Zähnen zur Welt kommen, oder Menschen, die eine dritte Brustwarze aufweisen, sollen typische Anzeichen eines Vampirs haben.

Die Wissenschaft hat entdeckt, daß es eine Krankheit gibt, die (lebende) Menschen dazu bringt, gierig nach Blut zu werden. Die Hämatodipsie läßt diesen Wunsch so stark werden, daß er für die Betroffenen den sexuellen Akt ersetzt. Ein berühmtes Beispiel dafür ist Fritz Haarmann, der »Vampir von Hannover«, dem im 20. Jh. mehrere junge Männer zum Opfer fielen. Vampirismus, das Saugen von Blut, hat von jeher eine starke erotische Komponente und fand so seinen Niederschlag in der Literatur und später in den unzähligen Vampirfilmen, die sich aber besonders häufig an Bram Stokers Dracula orientierten und den Aspekt unterdrückter Wünsche und unerfüllter Sehnsüchte nur streiften. Dracula inspirierte einen seiner Nachfolger auf geradezu groteske Weise. Nicolae Ceaucescu, der rumänische Diktator, verehrte seinen radikalen Vorfahren nicht nur auf geschichtsverfälschende Art. Er nahm die Blutsaugertheorie mehr als wörtlich, wobei sein Motiv, sich durch Zuführen (Infusion) von Babyblut Jugend und Gesundheit zu erhalten, eher von Elisabeth Báthory inspiriert zu sein schien.

Eberhard David Hauber (1695–1765)

Auszug zweyer Schrifften von den Vampyren oder Blut-Saugern in Servien

Aus denen öffentlichen Zeitungen wird manchen noch bekannt seyn, daß in diesem Jahre zu verschiedenen mahlen eine Nachricht von einer Wunder-Geschichte aus Ungarn darinnen vorgekommen, wie nemlich in etlichen Dörffern des Königreichs Servien die Geister einiger verstorbenen Leiber aus den Gräbern wieder hervor gekommen wären, vielen Leuten das Blut ausgesaugt hätten, daß sie daran in kurtzem sterben müssen; wie man beym Ausgraben solcher todten Cörper, dieselben unverweßlich, mit frischem Blute angefüllet, neuen Haaren und Nägeln bewachsen gefunden, und vor dergleichen Blut-Saugern, die in Türckische Sprache *Vampyren* genennet werden, nicht eher Ruhe gehabt, als bis man ihnen durch den Scharffrichter die Köpff abstechen, und sie verbrennen lassen. Hiervon ist vor kurtzem eine doppelte Untersuchung ans Licht getreten, Der erste von 3 Bogen in 8° führet den Titel:

Besondere Nachricht von denen Vampyren, oder so genannten Blut-Saugern, wobey zugleich die Frage: Ob es möglich, daß verstorbene Menschen wiederkommen, denen Lebendigen durch Aussaugung des Bluts den Tod zuwege bringen, und dadurch gantze Dörffer an Menschen und Vieh ruiniren können? gründlich untersucht worden von PLUTONEO, 1732.

Nach geschehener Erzählung aller solcher seltsamen Historien, die von denen so genannten Vampyren berichtet worden, beurtheilt der Autor die gantze Sache auf gut Thomasianisch, und beweiset aus allen Umständen, daß die Leute an einer ansteckenden Kranckheit, welche von der Furcht vergrößert worden, gestorben; daß alles gantz natürlich zugangen; und daß auch die angetroffenen Umstände bey den unschuldig ausgegrabenen Todten nichts besonders, neues, oder widernatürliches sey. Diese Kranckheit komme, nach der Leute gethanen Aussage, in vielen Stücken mit dem so genannten Nacht-Mohr oder Alp überein. Daß aber die dasigen Leute auf solche närrische Einbildungen von Blut-Saugern verfallen, sey kein Wunder, wenn man bedencke, daß unter ihnen die dickste Finsterniß des abergläubischen Pabstthums, und also auch der Hexen- und Gespenster-Glaube im höchsten Grade regiere. Wenn ein vernünftiger Medicus wäre dahin kommen, und sie Sache genau untersuchet hätte, würden die Erzählungen anders ausgefallen seyn. Dergleichen Untersuchung aber sähen die Papisten nicht gerne, weil ihrer Lehre vom Feg-Feuer dadurch Abbruch geschehe, die Leute klug gemacht, und die Meß-Sporteln[1] gemindert würden.

Die zweyte Schrift von dieser Materie geht aus einem andern Fasse, und ist ebenfalls nur 3 Bogen in 8° Ihr Titel heißt: Acten-mässige und umständliche Relation von den Vampyren oder Menschen-Saugern, welche sich in diesem und vorigen Jahren im Königreich Servien hervor gethan; nebst einem Raisonnement darüber, und einem Send-Schreiben eines Officiers des Printz-Alexandrinischen Regiments aus Medvedia in Servien, an einen berühmten Doctorem der Unversität Leipzig, 1732.

Man sollte meynen, der Autor, wer er auch ist, sey ein Papiste. Zum wenigsten ist er ein verwirrter Alchymist, der die gantze Sache vor wahr hält, und deren Erklärung vom laboratorio und Schmeltz-Tiegel herhohlt, die ermit lauter Paracelsischen Einfällen bekräfftiget. Der allgemeine Welt-Geist, welcher bey ihm aus lauter Sympathetischen und Antipathetischen Geistern vermengt ist, darzu noch die Astralischen Geïster kommen, muß hier der gantzen Sache den Ausschlag geben. Denn es sollen Sympathetische Geister seyn, die den Leuten das Blut aussaugen, deren einer den andern an sich ziehet. Man habe recht gethan, daß an die ausgegrabenen Cörper verbrannt, denn dadurch sey den Geistern ihre Wohnung, die sie im Geblüte haben, zerstöhret, und die Geister selbst verjagt worden; anderer dergleichen Geisterreichen Einbildungen zu geschweigen. Der Autor ist überhaupt ein starcker Kenner von Geistern, deren er nicht etwa eine oder die andere Corporalschafft, sondern gantze Regimenter anzuführen weiß. Seine Einfälle kommen eben so heraus, als wenn man sagte: das Schieß-Pulver bestehe aus Antipathetischen Geistern, die durch den allgemeinen Welt-Geist des Feuers in Streit gebracht werden, und sich daher mit einem Knall von einander scheiden; und dergleichen Dinge müssen lauter Philosophische Demonstrationes heißen.

Die nunmehro sattsam bekannte Historie von denen so genannten Vampyren oder Blut-Saugern, welche sich vor einiger Zeit in Ungarn wieder hervor gethan, hat bisher zu vielen Schriften Gelegenheit gegeben, die aber meistens sehr schlecht gerathen sind, und deren man ein paar in diesen Nachrichten von p. 298 bis 301 ihren Würden nach beschrieben findet. Jetzo kommt uns endlich eine zu Gesichte, die wohl vor allen andern den Vorzug behalten wird, und deren Titel lautet: Eines Weimarischen Medici muthmaßliche Gedancken von denen Vampyren oder so genannten Blut-Saugern, welche zuletzt das Gutachten der Königlichen Preußischen Societät der Wissenschafften von den gedachten Vampyren beygefügt ist. Leipzig 1732 in 8° von 5 Bogen.

Anfänglich hat der unbekannte Herr Autoralle solche Fabeln, wodurch man der Welt eingebildet, daß die im Leben der Hexerey ergeben gewesene Todten wieder aufstünden, die Lebendigen tödteten, und zu sich hinunter in die Gräber zögen, aus den berühmtesten Scribenten, die aber meistens im Papistischen Aberglauben ersoffen gewesen, kürtzlich beygebracht, welche insgesamt sehr besonders lauten, und vornehmlich beweisen, daß das Hexen- und Teufels-Reich seinen eigentlichen Sitz im Pabstthum habe. Die Ungarische neue Historie ist endlich die letzte, so er kürtzlich anführet, und weil sie viele vor etwas außerordentliches und übernatürliches halten, widerlegt er noch zum voraus dieser Leute Meynungen, als welche sie in öffentlichen Schrifften kund gemacht: daß nemlich solche Begebenheit kein Göttliches Wunder sey; daß man sie fälschlich des Teufels Würckung zuschreibe; daß sie von erdichteten Mittel-Geistern nicht herkomme; daß die Seelen der verstorbenen Leiber, nach Papistischer Meynung nicht wieder aus der Ewigkeit zurück kommen, und solch Unheil anrichten können; daß die Meynung vom Astralischen Welt-Geiste ein albernes Gedicht sey; daß die Aristotelische Fabel von der dritten Seele oder Sympathetischen Krafft sehr abgeschmackt heraus komme; und daß endlich auch die Meynung einiger Physicorum, als wären diese Leute von gewissen Eydexen, oder Tarantulen gebissen worden, ebenfals nicht einmahl wahrscheinlich sey. Nach gründlicher Widerlegung aller solcher Irrthümer wird erstlich überhaupt gezeiget, daß gedachte Vampyren nur Chimären und Undinger sind, welche die furchtsame und verrückte Phantasie der Rätzen und Heyducken zu ihrer Mama haben; alsdann aber aber gar deutlich erwiesen, daß die Phänomena, welche sich an den entseelten Cörpern geäußert, aus pur lauter natürlichen Sachen entstanden, und daß das Übel, woran die Heyducken gestorben, ein febris maligna und gantz natürliche Kranckheit gewesen. Alle Umstände dieser Geschichte werden hierbey genau untersucht und beurtheilt, so daß ein jeder, der die gesunde Vernunfft mehr als den Aberglauben liebt, demselben wird beyfallen müssen. Auf das nun, was der Autor ausführlich dargethan, gründet sich auch das angehängte Gutachten der Preußischen Societät der Wissenschafften, welches sie an Ihro Königliche Majestät auf ergangenen Befehl, ertheilt hat, als worinnen gezeiget wird, daß das dieser Sache wegen geführte und ihnen communicirte Protocoll sehr unrichtig und verdächtig, auch die gantze Sache bloß natürlichen Ursachen beyzumessen sey.

1. Sportel = Gebühr für Dienstleistungen, Spende, Geschenk

Clemens Brentano (1778–1842)

Du hättest es tun sollen und saugen müssen*

Öffne alle Adern deines weißen Leibes, daß das heiße, schäumende Blut aus tausend wonnigen Springbrunnen spritze, so will ich dich sehen und trinken aus den tausend Quellen trinken, bis ich berauscht bin und deinen Tod mit jauchzender Raserei beweinen kann.

Drum beiß' ich mir die Adern auf und will dir es geben, aber du hättest es tun sollen und saugen müssen. Öffne deine Adern nicht, Gunderödchen, ich will dir sie aufbeißen!

Adolf Bastian (1826–1905)

Der Fremde*

Ein Muschik wird eines Nachts von einem Fremden nach einem Hause geführt, in dem zwei Schlafende ruhen, ein Greis und ein Jüngling. Der Fremde nimmt einen Eimer und stellt ihn neben den Jüngling und klopft ihm auf den Rücken, der sich sofort öffnet, und heraus strömt das rote Blut. Der Fremde füllt den Eimer voll und trinkt ihn aus, dann füllt er einen weiteren Eimer mit dem Blut des Greises, stillt seinen gierigen Durst und sagt dann zum Muschik: »Es will grauen, laßt uns zu meiner Behausung zurückkehren.«

Bram Stoker (1847–1912)

Da war eine wohlberechnete Wollust*

Ich lag ganz ruhig und blinzelte nur unter meinen Lidern hervor, halb in Todesangst, halb in wonniglicher Erwartung. Das schöne Weib kam zu mir und beugte sich über mich; sie ließ sich auf die Knie nieder und sah mir starr in die Augen. Da war eine wohlberechnete Wollust, die anziehend und abstoßend zugleich wirkte. Als sie ihren Nacken beugte, leckte sie sich ihre Lippen wie ein Tier, so daß ich im Licht des Mondes; den Speichel auf ihren Scharlachlippen, ihrer roten Zunge, auf ihren weißen Zähnen glänzen sah. Immer tiefer beugte sie sich herab, streifte meinen Mund und mein Kinn und näherte sich meiner Kehle, an der ich ihren heißen Odem verspürte. Ich hörte saugende Laute, als sie einen Augenblick einhielt und sich Zähne und Lippe leckte.

Viktor von Andrejanoff (1857–1895)

Der Vampir

Es waren einmal zwei Nachbarn, die lange Zeit in bester Freundschaft miteinander gelebt hatten. Aus irgendwelchem nichtigen Grunde aber entzweiten sie sich und wollten nun nichts mehr voneinander wissen. Der eine, welcher ein Quärulant war und immer in allerhand Prozessen steckte, kehrte eines Tages aus der Stadt, wo er einen gerichtlichen Termin gehabt, zurück, trat in seine Stube, fiel hin und war auf der Stelle tot. Da half nun nichts – wer tot ist, bleibt tot – man mußte den Verstorbenen, wie sich's gebührt, bestatten.

Einige Wochen später fuhr der andere Wirt zur Stadt. Auf dem Heimwege, es war schon dunkler Abend, mußte er am Friedhofe vorbei. Gerade als er bei der Pforte vorüber wollte, blieb sein Pferd stehen und ging, trotz aller Schläge und Flüche, nicht von der Stelle. Es erhob sich ein starker Wind und aus einem noch frischen Grabe stieg ein großer weißer Mann mit hohen schwarzen Stiefeln, in der Hand einen mächtigen Dolch. Der sprach zu dem Bauer: »Tritt nur ein und sieh, wie's mir jetzt ergeht, ich bin ja dein gewesener Nachbar. In dieser Nacht mußt du sterben, aber ich will dir zuerst für deine Wohlthaten danken!« Wohl oder übel mußte der Wirt mit dem gespenstischen Manne gehen. Der führte ihn zuerst in ein prächtiges unterirdisches Schloß und bewirtete ihn aufs beste; dann brachte er ihn wieder auf die Oberwelt und in einen nahgelegenen Bauernhof, wo gerade eine Hochzeit gefeiert wurde. Niemand von den Anwesenden aber vermochte die beiden zu sehen. Der Vampir trat von hinten an die Braut heran, biß sie in den Hals und sog ihr alles Blut aus, so daß sie tot zu Boden sank. Die Gäste gerieten in Furcht und Verzweiflung, der Unhold aber zog seinen Begleiter schnell mit sich fort.

»Kann die Braut denn gar nicht mehr lebendig gemacht werden?« fragte der Bauer.

»Gewiß«, erwiderte der Vampir, »aber wer kennt das Mittel? Man muß ihr einen Schnitt in den kleinen Finger der linken Hand machen und von dem heraussickernden Blute drei Tropfen in den Mund träufeln; dann wird sie wieder heil und gesund.«

Sie gingen weiter und kamen in eine Bauernhütte, wo, bei Branntwein und Bier, gerade Kindtaufe gefeiert wurde. Der Vampir trat an die Wiege des Neugebornen, biß das arme Würmchen in den Hals und sog ihm das Blut aus. Die Mutter begann zu weinen und zu jammern, alle Gäste aber gerieten in großen Schrecken.

»Auch dieses Kind kann man auf dieselbe Weise wieder zum Leben erwecken«, sagte der Unhold und führte seinen Begleiter fort. Jetzt kamen sie an ein Haus, wo gerade ein Beerdigungsschmauß stattfand. Der Vampir wollte hineingehen, prallte aber von der Thür zurück, denn auf derselben befand sich die Zeichnung eines zauberischen Fünfecks, welches alle bösen Geister bannen sollte. Jetzt sagte der Wirt: »Laß mich auf einen Augenblick hinein, ich habe großen Hunger!« Der Vampir erlaubte es, unter der Bedingung, daß der Bauer so schnell als möglich wiederkomme. Der aber dachte nicht daran. Einmal in Sicherheit, blieb er, trotz aller Mahnungen des draußen harrenden Unholdes, hinter der schützenden Thür, bis der Hahn krähte. Da verschwand der Vampir, der Bauer aber wurde allen Gästen sichtbar und erzählte denselben, wie's ihm ergangen. Am andern Morgen rief er die Braut und das Kindlein wieder ins Leben zurück. Dann begaben sich alle auf den Friedhof, wo sie das Grab und den Sarg des Vampirs öffneten. Richtig, da lag der Unhold auf dem Gesicht; er hatte wahrscheinlich keine Zeit mehr gehabt, sich auf den Rücken zu kehren. Sie schlugen ihm den Kopf ab, legten diesen zu den Füßen des Leichnams und versahen den Sargdeckel mit dem zauberischen Fünfeck. Seitdem irrte der tote Nachbar nicht mehr als Vampir umher.

Eduard Stucken (1865–1936)

Nur du und die bleichen Schwestern*

Maskenball; Dandys im Frack und Dämchen in grellen Kostümen
Walzen und wirbeln und wogen und sitzen laut lachend beim Sekt.
Fremd steh ich unter Fremden, umtost von der ungestümen
Scheinlustigkeit, die Kümmernis hinter der Maske versteckt.
Süss und schmachtend das Geigenspiel der Zigeunerkapelle;
Salomes, Babys, Beardsleygestalten; – da taucht aus dem Schwarm
Eine Gestalt auf, dunkel und zierlich wie eine Libelle,
Ein hochschlanker Page, und fasst mich unter den Arm.
Zwitterhaft, Mädchen und Knabe; schwarze atlassne Hosen,

Zierdegen, Escarpins und als Schärpe ein rotseidner Schal;
Unter dem Dreimaster blondes Haar und im Haarknoten Rosen;
Unter der Spitzenlarve leuchtend der Mund, ein Fanal.
Frage mich nicht, wer ich bin, spricht mit mir tanzend der Knabe;
(Hold klingt die Stimme und fern, weither wie aus Kinderzeit!)
Frage nicht, wer, mit dir zu tanzen, entstieg dem Grabe;
Fremd sind wir uns, Verblichene; Dust, dem Vergessen geweiht.
Uns sind wir Schattenbilder, schwankend im Hauche des Windes,
Blasse Miniaturen in einem vergilbten Buch.
Zöpfe und kurzen Rock trug ich damals; das Bild eines Kindes
Geistert in deinem Herzen, ist Wonne dir, Bangnis und Fluch.
Fortscheuchen willst du dies Kindergespenst, der Erinnerung
fluchend.
Kannst du die Tote töten? Du weckst sie, indem du sie fliehst.
Jedem halbwüchsigen Mädchen folgt dein Blick wie suchend,
Ob du das Kindergesicht von einstmals nicht wiedersiehst.
Alle tragen wir Masken, des Herzens Scham zu verbergen;
Auch dein Gesicht ist zur Maske erstarrt und scheint ohne Arg.
Frage nicht, wer ich bin; fern bei den sieben Zwergen
Weilt dein totes Schneewittchen in einem gläsernen Sarg.
Wieder, Schattenbild, kamst du nachts, hold grüssend und lachend,
Kamst und blichst und zerrannst, wie die Welle am Ufer zerschäumt.
Traum und Tote und Schwester nannte ich dich erwachend,
Ich, dein Bruder, ein Toter, ein Traum nur, wie du geträumt.
Ja, wir sind verschwistert, – du, die in Luft zerronnen,
Ich, der ich Luft einatme, in der dein Traumkörper schwand.
Wesenlos sind lebende Wesen, Atome und Sonnen,
Wesenlos, schöner jedoch, bist du und dein Totenland.
Prächtiger als eine Elfenbeinharfe mit goldenen Saiten
Ist ja ein Harfenklang, der rot wie aus Wundmalen fliesst.
Schöner als einer schneeigen Lilie Herrlichkeiten
Ist ihrer Seele Blut, das aus dem Kelch sich ergiesst.
Können wir Harfenklang greifen? Können wir Lilienduft fangen?
Wesenlos sind sie und leben wie Mädchen, die ernst und bleich
Kränze winden, mit Goldbällen spielen und Knaben umfangen,

Deine stillen Gefährtinnen, Schwester, im Totenreich.
Leben sie minder als wir? O sag es mir, Traum eines Traumes,
Die du als Knaben mich küsstest, – wo weilt mein einstiges Ich?
Zu Asche verbrannt auf dem Scheiterhaufen der Zeit und des Raumes,
Stirbt jeden Augenblick, was im Augenblick Lebendem glich.
Schwarz, ein Graun, ist das Morgen; schwarz, ein Weh, ist das Gestern;
Trügerisch bunt ist das Heute, ein Irrlicht auf schwarzem Moor.
Nur was nie lebte, lebt; nur du und die bleichen Schwestern,
Ihr schreitet unwandelbar schön, unvergänglich durch Traumes Tor.

Hermann Löns (1866–1944)

Der Vampir

In die weitgeöffneten Fenster meiner altertümlichen Stube drängt sich die warme, feuchte, von Flieder- und Jasminduft versüßte Mainachtluft und ringt in dem breiten Fensterrahmen mit blauen Tabakswolken. Aus dem Weidengebüsche des Goldfischteiches ertönt das lebhafte, wechselreiche Lied des Sumpfrohrsängers und verschlingt sich mit den Jubelgesängen fern schlagender Nachtigallen zu wundersamen Ton-Arabesken. Ab und zu saust ein großer mattgefärbter Abendfalter in das Zimmer, peitscht die Lampenglocke mit den starken Schwingen und huscht wieder hinaus. Die Riesenplatanen im Garten rauschen schläfrig.

Ich lese ein medizinisches Werk, trocken, schmucklos, in kurzen Sätzen geschrieben; ich bin so nüchtern gestimmt und verfolge die trockenen Sätze so genau und ruhig, als ob es Rechnungen wären. Die Phantasie habe ich zu Bette geschickt.

Draußen auf der alten Steintreppe neben dem blühenden Fliederstrauche steht jemand; ein bleiches Gesicht schaut zum Fenster hinein und sieht mich an. Ich blicke nicht hin, aber ich weiß, daß es da ist. Nerventäuschung! Ich habe zu anstrengend gearbeitet in der letzten Zeit.

Das weiße Gesicht tritt mir näher. Jetzt schaut es über meine rechte Schulter in das Buch. Ich drehe den Kopf – natürlich! Nur eine Sinnestäuschung: eine ferne Gaslampe beleuchtet das Spiegelbild einer Fliedertraube in dem zurückgeklappten Fenster. An meiner Schlafzimmertüre, bleich, strenge, bittend, ohne Mienenbewegung steht wieder das schattenhafte Gesicht. Es kommt langsam näher. Jetzt schwebt es zwischen mir und der Lampe. Ich blicke auf – selbstverständlich, nur der Stundenplan, der dort aufgehängt ist.

Meine Sehnerven sind durch allzu anhaltendes Mikroskopieren überreizt ...

Ein halbverwischtes, kreideweißes, starres Gesicht schaut über meine linke Schulter in das Buch. Es ist freilich nur der helle Schimmer des gebleichten Skeletts. Aber mir wird nach und nach der Kopf warm. Wenn ich nicht morgen in das Examen müßte, dann ginge ich sofort zu Bett. Also weiter im Text.

Das weiße Gesicht mit den geisterhaft undeutlichen Zügen taucht aus dem Eichenfußboden auf und schwimmt ohne eine Bewegung näher an mich heran.

Es ist bereits dicht neben meinem Kopfe. Ein kurzer Blick belehrt mich, daß es nur ein zu Boden geflattertes Papier ist. Jetzt heißt es, die Gedanken zusammenzupferchen, denn ich werde immer zerstreuter. Wort für Wort durchmustere ich das Buch.

Zwei klare, helle, ruhig schimmernde Augen erscheinen unter meinem Präpariertische, bohren sich wie mit Enterhaken in mein Gesicht und reißen meine Blicke von dem Buche fort. Wie albern! Zwei Glasschalen werfen den Mondschein zurück. Ich blättere langsam weiter.

Ich schrecke zusammen. Auf dem Rücken empfand ich ein Gefühl, als ob eine kühle, weiche Fingerspitze mir schnell vom Rükken bis zum Kreuz geglitten wäre. Ich fasse nach dem Kreuz – lächerlich! Das Durchsteckknöpfchen hat sich vom Kragen gelöst. Ein weicher, vorsichtiger, kühler Druck eines vollen Armes umschlingt meinen Hals. Nervös sehe ich mich um: Nichts. Ich fasse nach meinem Nacken: das Schlipsband ist in die Höhe gerutscht und hat mich gekitzelt.

Jetzt bin ich am Schlußkapitel. Aufatmend klappe ich das Buch zu. Doch nun will ich etwas Antipyrin einnehmen, sonst erscheint mir am Ende meine eigene Nase noch als Gespenst. Es ist auch Zeit zum Schlafengehen, die Lampe gibt mir das deutlich durch ihr immer unwilligeres Brennen zu verstehen.

Gähnend erhebe ich mich vom Sessel und öffne die Schlafzimmertüre, welche warnend quitscht. –

Da ging sie vor mir her nach Hause zu. Sie erblickte mich und ich grüßte. Fast hätte ich sie angesprochen, so reizend sah sie aus. Sie errötete – ich sah ihre Wangenblumen nicht; ihre Augen leuchteten – mich erwärmten die Strahlen nicht; sie lächelte demütigsüß – der trotzige Wille, allein zu sein, goß roh die aufglimmende Glut in meinem Herzen aus, und kalt ging ich vorbei. Leise und müde hörte ich ihre Schritte hinter mir verhallen. Vier Tage später erzählte mir ein Bekannter, daß sie sich ertränkt habe. Ich ging sofort nach Hause, zog die langen Stiefel an, nahm die kurze Pfeife und den dicken Eichenknüppel und strolchte planlos durch die Heide – mein altes Mittel gegen Gemütsbewegungen. Aber ob im Kiefernwalde oder auf dem gelben Sande, auf brauner Heide oder schwarzem Moor – ich sah immer das bleiche Gesichtchen, den nie geküßten Mund und die traurigen Augen vor mir, hinter mir, neben mir. Ich sah ihre Tränen in schlaflosen Nächten und das bittere Zucken des kleinen Mundes, als sie in den schlammigen Stadtgraben sprang. Ich sah sie vor mir an jenem Abend, ich sprach sie an, ihre Augen strahlten; ich nahm ihre Hand, zitternd schmiegte sie sich an mich; ich küßte sie, ihre Wangen färbte das Morgenrot ungehofften Glückes. Sie blieb mir treu; ich sah ihr Bild im Laube der Bäume, im Wasser der Teiche, in den Fenstern der Häuser, auf den Blättern der Bücher, in der Linse des Mikroskops; hundert kleine Züge ihres Wesens tauchten vor mir auf, die mir alle zugeschrien hatten: »Ich liebe dich! Liebe mich auch! Liebkose mich mit deinen Augen! Berausche mich mit deiner Stimme. Streichle leise mein Haar! Lege deinen Arm um mich! Sag' mir, du liebst mich! Küsse meine Augen, meinen Mund, meine Stirn! Nimm mich hin!«

War ich denn blind?

Endlich nach langen Kämpfen verbannte ich durch angestrengtes Arbeiten das bleiche Bild aus meinen Gedanken. Einen Monat hindurch hatte ich Ruhe vor ihr. Und jetzt ist sie wieder da.

»Du dauerst mich, ruhelose Tote! Sprich, liebes Kind, was willst du? Ich helfe dir gern, wenn ich es vermag!«

Die blassen, traurigen Mienen hellen sich auf; ein Zug unsäglich weicher Hingebung durchflimmert das arme, tote Gesichtchen.

»Hab mich lieb!«

Aber Kind, wie kann ich das; ich lebe und du bist tot.

»Du mußt!«

So? Warum muß ich?

»Du träumst von mir!«

Sie bittet und fleht nicht; ihrer Sache anscheinend ganz sicher, steht sie ruhig, still und unbewegt vor mir.

Mädchen, warum hast du es mir, dem Argwöhnischen und Vielmißhandelten, nicht deutlicher zu verstehen gegeben, daß du mich so sehr lieb gehabt hast?

»Ich bin ein Weib.« –

Langsam, zögernd, unschlüssig entkleide ich mich; matt strecke ich mich in die Kissen; eine warme Hand drückt mir die Augen zu; verworrene Gedanken reichen sich mit bunten Träumen die Hände; bald werde ich schlafen.

Da! Ein eiskalter, bleischwerer Faustschlag auf mein Herz. Der Atem stockt mir, laut und scharf hämmern die schmerzlichen Herztöne. In Todesangst, mit weit aufgerissenen Augen und naßkalter Stirne fahre ich in die Höhe. Ich sehe nichts. Zitternd zünde ich das Licht an.

Am ganzen Körper fliegend, daß die Flaschen in meinen Händen klirren, zähle ich zwanzig Tropfen Digitalistinktur in das Wasserglas, jeden Augenblick Erstickung oder einen Schlaganfall erwartend. Ich trinke die abscheulich schmeckende Mischung hinunter und werde allmählich ruhiger. Bleischwere Müdigkeit stößt meinen Kopf in die Kissen zurück. Schläfrige Gedanken kokettieren mit halberwachten Träumen. Bald schlafe ich.

Da wieder die eiskalte Bleifaust auf meiner Brust, würgendes Herzklopfen, wilder Funkenwirbel vor den Augen, beklemmende

Atemnot in den Lungenflügeln. Noch einmal Todesangst, noch einmal Digitalis, noch einmal Müdigkeit und so weiter.

Es ist eine rabenschwarze und tobende Oktobernacht. Brüllend und heulend gießt der rasende Nordwind das Wasser eimerweise an die ächzenden Fensterscheiben und haut zwischen die Dachpfannen, daß sie klirrend und klingelnd und klappernd in den Kot klatschen.

Jetzt ist sie schon fünf Monate tot. O ich bin müde, todmüde und krank. Mein Rücken ist wie gebrochen, die Augen brennen, die Füße sind eiskalt, die Schläfen hämmern und ein dumpfes Druckgefühl lastet um Kehle und Hinterkopf. Ja, sie ist mir treu, treu, treu bis zu meinem Tode. Im grünen Mai kam sie zum ersten Male zu mir. Unter Herzklopfen war ich eingeschlafen. Da schwebte sie herein zu mir, schob ihren Arm unter meinen Hals und küßte mich erst ganz leise, keusch, schüchtern und zaghaft, dann bittender, dringlicher, heißer. Es war ein schaurig süßer, unheimlichwonniger Liebestraum.

Ich erwachte mit bleiernen Gliedern und aschgrauem Gesichte. Und sie kam immer wieder, Nacht für Nacht. Da half kein Abwehren, kein Sprödetun. Sie bleibt mir treu, treu bis zu meinem Tode. Sie steht an der Kammertür und lächelt.

»Hab mich lieb!«

Mädchen, du tötest mich!

»Dann sind wir immer beieinander.«

Und sie lächelt so süß und winkt so zärtlich. Heute kam sie, morgen ist sie hier und übermorgen wird sie kommen; sie ist mir treu, treu bis zu meinem Tode.

Sie steht an der Kammertür und lächelt.

Und kommst du morgen und übermorgen und immer wieder, dann kann ich dir nicht mehr widerstehen.

Ich gehe dann für immer mit dir!

Werwolf

Werwolf (Stich 17. Jh.)

Man hört' es viel in frühern Tagen,
und oft hat es sich zugetragen,
daß Menschen nahmen Wolfsgestalt
und hausten in dem tiefen Wald.
Der Werwolf ist ein Tier ergrimmt;
wenn ihm die Wut den Sinn benimmt,
dann rast er schlimm, bringt Menschen um
und treibt sich wild im Forst herum.
Marie de France (zweite Hälfte 12. Jh.)

Dies war die Zeit, da der Sage nach die Werwölfe kamen, um im Wasser der Quelle zu baden, kurz bevor sie sich wieder in ihre Menschengestalt zurückverwandelten. In jener Nacht hatte sie keine Werwölfe zu Gesicht bekommen, nur betrunkene Touristen. Aber vielleicht war das ja ein und dasselbe.
*Tess Gerritsen (*1953)*

*Leah Levine (*1961)*

Werwolf, der Friedlose

Unter einem Werwolf versteht man einen Menschen, der sich in einen Wolf verwandelt und in dieser Form auf die Jagd geht. Sein Verhalten ist wild, bestialisch, und ihn dürstet nach Blut und frischem Fleisch. Es gibt verschiedene Möglichkeiten, die Verwandlung zu veranlassen. Auf die schamanische Tradition zurückgehend, entkleidet sich der oder die Willige und streift einen Wolfsgürtel oder ein Wolfshemd (Wolfsfell) über, um dann, möglicherweise unterstützt durch bestimmte Kräuter, das Tier in sich freizulassen. Die Kirche unterstellte, daß Werwölfe Scheinwesen seien, die von Dämonen geschickt wurden. Dies hielt sie aber nicht davon ab, zwischen 1520 und 1630 über 30000 Werwolfsprozesse in Europa zu führen und unzählige Menschen/Wölfe an den Galgen zu bringen – auch als Abwehrzauber gegen weitere Schattenwesen.

Schon im alten Babylonien finden sich Spuren der Werwölfe. Im Gilgamesch-Epos wird von dem assyrischen König Nebukadnezar berichtet, der in ein wildes Tier verwandelt wurde. Der Werwolfglaube war bei den Griechen sehr verbreitet. Angesiedelt wurden sie im hohen Norden, und Herodot berichtet vom Volk der Neuroi, die sich für einige Tage im Jahr in Wölfe verwandelt haben sollen. Der arkadische König Lycaeon wurde von Zeus in einen Wolf verwandelt, indem er ihm Menschenfleisch zu essen gab, weil dieser es gewagt hatte, die Allwissenheit des Göttervaters anzuzweifeln. Eine Legende erzählt, daß auch später noch in einem Heiligtum des Zeus Riten durchgeführt wurden, bei denen ein Knabe geopfert wurde. Sein Fleisch wurde unter das Essen gemischt, und wer davon aß, verwandelte sich in einen Wolf und mußte für neun Jahre als Raubtier durch das Land streifen. Es soll auch einen Teich gegeben haben, in den ein Mann hineinstieg und am anderen Ufer als Wolf wieder auftauchte. Auch hier galt die Verwandlung für neun Jahre, und wenn der Werwolf in dieser Zeit keinen Menschen angefallen oder gar gefressen hatte, konnte die Verwandlung auf gleichem Wege rückgängig gemacht werden. In der Renaissance galt das Treiben der Wolfsleute als absolut gesichert. Besonders in der dunklen Jahreszeit schlichen sie durch die Wälder und scheuten sich nicht, die Bier- und Metvorräte in den Kellern der Bauern heimzusuchen. Die Landbevölkerung ängstigte sich nicht so sehr vor den Werwölfen, wie man annehmen könnte. Man unterstellte ihnen umfassendes Wissen um die Natur, besonders die Kräuter, und suchte sie auf, wenn sie in ihrer menschlichen Form unter ihnen lebten, um Rat und Hilfe zu bekommen. Nicht in allen Traditionen wurden die Menschen nur zu Vollmond zu Wölfen. Je nach Landstrich gab es sehr unterschiedliche Zeitangaben. In einer Quelle heißt es, man könne sich nur in den Vollmondnächten in einen Werwolf verwandeln, in denen Akonit (Eisenkraut) wächst. Interessanterweise verursacht Akonit eine Hautirritation, die das Gefühl von pelziger Haut aufkommen läßt. Seit Anbeginn der Menschheit hat man von Menschen, die sich in Wölfe verwandeln, gehört. Ihre Verwandlung galt als präanimistische Entwicklungsstufe und gehörte in den Bereich der Magie und Religion. In Fell gekleidete Wolfsmänner zogen aus und kämpften mit Hexen und Zauberern um die Fruchtbarkeit der Äcker. Natürlich gab es auch weniger wohlwollende Schamanen bzw. Männer, die einfach das Fell des Wolfes zur Tarnung nutzten und durch die lähmende Angst ihres Gegenübers in der Lage waren, dieses auszurauben oder zu töten.

Neben den Werwölfen machten sogenannte Wolfskinder, oft wild und/oder stark behaart, von sich reden. Lange Zeit vermutete man, sie seien die unheiligen Nachkommen der Werwölfe, bis man feststellte, daß es sich häufig um ausgesetzte, verirrte oder erkrankte Kinder handelte, die von Wölfen angenommen und aufgezogen wurden. Die bekanntesten Wolfskinder sind Romulus und Remus, die von einer Wölfin gesäugt wurden, und der Wolfsjunge Mowgli, der durch das »Dschungelbuch« von Rudyard Kipling weltberühmt wurde.

Sich vor Werwölfen effektiv zu schützen, ist nicht einfach. Amulette sind nur sehr bedingt wirkungsvoll. Die Flucht in ein Roggenfeld kann dagegen hilfreich sein, ebenso wie der Tip, Eisen/Stahl oder Osterholz über die Bestie zu werfen. Eine andere Hilfe kann ein Degen sein, dessen Spitze, auf den Wolf gerichtet, in den Boden gestoßen wird. Töten kann man den Werwolf nur mit reinen Silberkugeln. Aber woran erkennt man einen Werwolf, wenn er gerade in menschlicher Form erscheint? Sich nur auf die Legende der zusammengewachsenen Augenbrauen zu verlassen, kann gefährlich werden. Zumindest für den Betroffenen.

Altfranzösisches Volkslied (ca. 16. Jh.)

Der Werwolf

Es war mal ein Franzose,
Hört zu und schweiget still!
Der eines Bürgers Weibchen
Zur Liebsten haben will.
Sich ihrer Lieb erfreuen,
Das ist, worauf er zielt;
Allein ihm hat die Schlaue
Den schönsten Streich gespielt.
Erfüllt von heißer Liebe
Sprach der Galan zu ihr:
Gewähre doch, ich bitte,
Mein Sehnen endlich mir.
Zwei Jahr hab ich in Treuen
Dir meinen Dienst geweiht
Und nie ein Wort vernommen
Von dir in all der Zeit.

Die kluge Frau erwidert:
Du bist der Liebste mein;
Verkleidet als ein Werwolf
Stell dich heut abend ein.
Es soll an mir nicht fehlen;
Bei dir, Geliebte mein,
Stell ich mich diesen Abend
Als wahrer Werwolf ein.

Die kluge Frau, die schlaue,
Die sagt es ihrem Mann.
Wenn wir ihn kriegen könnten,
Ein Hauptspaß wär es dann.
Drum laß ihn, Frau, nur kommen
Ganz dicht an dich heran;
Ein Werwolf, he, ein Werwolf!
Schreist du ganz laut sodann.

Es stellt sich ein am Abend
Voll Sehnsucht der Galan,
Vollkommen wie ein Werwolf
Geputzt und angetan.
Er sprach: Mein süßes Liebchen,
Gefall ich dir wohl so?
Sie stellt sich ganz erschrocken
Und schreit: Ein Werwolf, ho!

Da kommt ihr Mann gelaufen,
Den Stock in seiner Faust,
Die Nachbarn ruft er alle
Durch sein Geschrei heraus.
Mit derben Peitschenschlägen,
So kräftig jeder kann,
So fallen sie nun alle
Den armen Werwolf an.

Ich fleh euch an um Gnade,
Erbarmen habt mit mir;
Und laßt euch alle sagen,
Wollt jemals lieben ihr,
Laßt euch die Lust vergehen,
Es ist ein übles Ding;
Es möcht euch sonst geschehen
Wie's mir als Werwolf ging.

Der vielförmige Hintzelmann (1704)

Die aus Menschen werdende Wölffe

In Preußen / Liefland und Lithauen / ist eine große Menge und Unzahl solcher Zauberer / welche in der Christ-Nacht an einem gewissen Orte ihre menschliche Gestalt ablegen / und eines Wolffs Gestalt an sich nehmen / da sie dann in den Wildnissen auf den Dörffern / den Bauern in die Häuser fallen / dieselbigen einnehmen / das Bier und Wein in den Kellern aus den Fässern aussauffen / und das Vieh erwürgen / denselbigen Ort aber achten und halten hernachmals die Einwohner für einen Göttlichen und heiligen Ort / daß / wann einem an demselbigen Ort ein Unfall begegnete / und er gleich wie ein Wagen umgestürtzt und auf den Schnee geworffen würde / halten sie es gäntzlich dafür / er würde in demselbigen Jahr sterben / wie sie dann in solchem Aberglauben von langer Zeit her durch die Erfahrung bestätiget worden. Zwischen Lithauen / Samogitia und Churland / ist eine Mauer / welche noch von einem alten zerfallenen Castel ist stehen blieben. Bey derselbigen kommen auf eine gewisse und bestimmte Zeit im Jahre etliche Wölffe zusammen / da sich denn ein jeder versucht / wie behende und hurtig er im springen sey / und welcher über diese Mauer nicht springen kann / wie dann gemeiniglich den feisten begegnet / der wird / von Ihrem Obersten gepeitschet. Endlich sagt man auch für eine gantze Wahrheit / daß unter demselbigen Hauffen / viel große Hansen und fürnehme von Adel sollen gefunden werden. Und solches beweiset und erkläret *Olaus lib. 18 cap. 45.* mit vielen Exempeln und meldet / daß der Hertzog in Preußen / welcher sonsten solcher Zauberey wenig Glauben gegeben / einen solchen Schwartzkünstler habe gefangen gehalten / und denselbigen gezwungen / daß er sich hat müssen in einen Wolff verwandeln / hat ihn auch hernach mit Feuer verbrennen lassen.

Johann Wolfgang von Goethe (1749–1832)

Zigeunerlied

Im Nebelgeriesel, im tiefen Schnee,
Im wilden Wald, in der Winternacht,
Ich hörte der Wölfe Hungergeheul,
Ich' hörte der Eulen Geschrei:
Wille wau wau wau!
Wille wo wo wo!
Wito hu!

Ich schoß einmal eine Katz am Zaun,
Der Anne, der Hex, ihre schwarze, liebe Katz;
Da kamen des Nachts sieben Werwölf zu mir,
Waren sieben, sieben Weiber vom Dorf.
Wille wau wau wau!
Wille wo wo wo!
Wito hu!

Ich kannte sie all, ich kannte sie wohl,
Die Anne, die Ursel, die Käth,
Die Liese, die Barbe, die Ev, die Beth;
Sie heulten im Kreise mich an.
Wille wau wau wau!
Wille wo wo wo!
Wito hu!

Theodor Storm (1817–1888)

Die Geschichte vom Werwolf*

»Der Vater erwachte eines Nachts von dem ängstlichen Geschrei des Jungen, welcher neben seinem Bette schlief. Er nahm ihn zu sich und suchte ihn zu ermuntern, aber das Kind war gar nicht zu beruhigen. – ›Was fehlt dir, Junge?‹ – ›Es war ein großer Wolf da, er war hinter mir, er wollte mich fressen.‹ – ›Du träumst ja, mein Kind!‹ – ›Nein, nein, Papa, es war ein wirklicher Wolf; seine rauhen Haare sind an mein Gesicht gekommen.‹ – Er begrub den Kopf an seines Vaters Brust und wollte nicht wieder in sein Korbbettchen zurück. So schlief er endlich ein. Draußen vom Turme hörte der Doktor nach einiger Zeit eins schlagen.

Im Hause des Arztes lebte eine ältliche Schwester desselben, welche den kleinen Peter ganz besonders in ihr Herz geschlossen hatte. – Es war eigentlich eine Range, der Junge, in einer Abendgesellschaft bei seinen Eltern hatte er uns einmal alle Sardellen von den Butterbröten weggefressen. Aber das tat der Liebe der Tante keinen Eintrag.

Am andern Morgen, als der Doktor aus seinem Schlafzimmer trat, war sie die erste, die ihm begegnete. ›Denke dir, Karl, was mir geträumt hat!‹ – ›Nun?‹ – ›Ich hatte mich in einen Wolf verwandelt und wollte den kleinen Peter fressen; ich trabte auf allen vieren, während der Junge schreiend vor mir herlief.‹ – ›Hu!‹ – Weißt du nicht, wieviel Uhr es gewesen?‹ – ›Es muß nach Mitternacht gewesen sein; genauer kann ich es nicht bestimmen.‹«

»Nun, und weiter, alter Herr?«

»Nichts weiter; damit ist die Geschichte aus.«

»Pfui! Die Tante ist ein Werwolf gewesen!«

Greta Knutson (1899–1983)

Kleine Nachtmusik des Werwolfs

In stürmischen Nächten zogen weißverbrämte Wolken wie schwarze Schwäne nacheinander vor dem Vollmond vorbei.

Im Innenhof des Hauses stand in einer solchen Nacht ein finsterer Mann an einem Fenster und starrte ein Kind an, das gegenüber aus einer fremden Wohnung herausschaute. Das Kind sah den Mann nicht, denn es weinte, weil es allein war; die dunklen Schatten der Wolken wuschen ihm mit ihren sanften Flügeln die Tränen von den Wangen.

Nun rückte der Mann näher, und das Kind, das ihn noch nicht erblickt hatte, erschrak: der Mond erhellte ihn jetzt, seine Bahn fortschreitend, sehr scharf und dehnte am Fußboden seinen Abriß zum nackten, knotigen Baum aus.

Das Kind weinte lauter und kauerte auf dem Teppich nieder; es fürchtete sich vor dem fremden, starrenden Mann. Beide verschwanden in der vorübergehenden Finsternis, bis das kalte Licht wieder erschien und sie in der vorigen Stellung zeigte. Schwarze Nacht und Helle wechselten mehrmals, Mann und Kind blieben in ihrer unerklärlichen Beziehung unbeweglich. Schließlich sprach der Mann, seine Stimme war wie die ferne Klage eines hungrigen Tieres:

»Warum fürchtest du dich? Alle vier Wochen sollst du zu mir kommen, wenn der Vollmond hoch überm Haus steht. Dann lassen sich die Schwäne auf den Baum meines Körpers nieder, ich kann sie nicht anfassen, und sie fliegen wieder fort. Du aber weinst, weil du es schon ahnst, daß du dem Werwolf gehören wirst.«

KAPITEL 4

Schreckliche Naturwelten

Die Unholde in Moor und Heide, in Wald und Wasser

Francisco de Goya (1746–1828):
Die Anbetung des Großen Bocks

Alles ist erfüllt von Göttern und Dämonen!
*Epiktet (*um 55 bis um 135)*

Leicht aufzuritzen ist das Reich der Geister,
sie liegen wartend unter dünner Decke,
und leise hörend stürmen sie herauf.
Friedrich Schiller (1759–1805)

Die Wilde Jagd

Peter Nicolai Arbo (1831–1892): Die Wilde Jagd

Wenn die bösen Träume nicht wären!
Unheimlicher Geister wilde Jagd
Verfolgt mich, bis ich, vom Schlaf erwacht,
Louise Aston (1814–1871)

Signale, Schüsse, Rossegestampf,
der Nebel wird schwarz wie Pulverdampf,
wie wilde Jagd, so fliegt es vorbei –
Theodor Fontane (1819–1898)

Sind ihm ein Schreckensort die Waldeshallen,
und wenn im Mondlicht Herbstesnebel wallen,
hört er die wilde Jagd die Luft durchrasen.
Paul Heyse (1830–1914)

*Leah Levine (*1961)*

Die Wilde Jagd

Aus vielen Kulturen überliefert ist die Wilde Jagd oder das Wilde Heer. Ein Geisterzug, der mit großem Getöse durch den dunklen Nachthimmel zieht und die Menschen zum Fürchten bringt. Sind es Dämonen oder die Seelen der Toten, die da umherziehen? Als die Christianisierung begann, wurden die alten Götter zu Teufeln, und Wotan, der schon immer zu den Verstorbenen enge Kontakte pflegte, war schnell zum bösen Dämon mutiert, der sich der ungetauften Kinder und all derer annahm, denen man den Zutritt zum Himmel verweigert. Wenn man ihm auch nachsagt, seine wilde Horde jage die Mörder, Diebe und Räuber, so war es doch nichts Gutes, was die Wilde Jagd ausmacht. Man fürchtet sie, und jeder, der vorlaut und übermütig sich ihr in den Weg stellt oder sie auch nur heimlich beobachtet, wird bestraft. Entweder regnet es Blut oder Leichenteile, die die Hexe Harpin für das zu erwartende Gelage aus den Gräbern entnommen hat, auf ihn herab, oder er muß seine Verwegenheit mit einer körperlichen Entstellung oder sogar mit seinem Leben bezahlen. Und doch gibt es Berichte über die Wilde Jagd. 432 000 Geister aller Couleur, Tote und Windgeister, die unter Jagdrufen und riesigem Lärm durch die Luft fahren und dabei 24 pechschwarzen Hunden folgen, deren Gebell durch die Nacht hallt. Von Brudemor, einer ähnlichen Gestalt wie Knecht Ruprecht – die strafende, grausam anzuschauende rechte Hand des Nikolaus –, heißt es, er durchpflüge die Nacht mit 10 000 Meeradlern, die in Wirklichkeit aber finstere, schwarze Dämonen seien. Auch die Griechen haben von solch einem Heer berichtet, wobei das ihre von einer Frau, der Göttin Diana angeführt wurde.

Obwohl die Begleiter der Wilden Jagd Geister sind, kommt es immer wieder vor, daß sich Lebende unter den Zug und die anschließende Feier mischen. Wenn sie der Entdeckung entgehen, müssen sie sich am Folgetag einer magischen Reinigung unterziehen, um die Unsterblichkeit ihrer Seele nicht zu riskieren, da es heißt, das Wilde Heer sei unrein.

Hundegebell, Geheul und Jagdrufe gehören ebenso zur Wilden Jagd wie Pferde. Wild, teils kopflos und manchmal nur mit zwei oder drei Beinen stampfen sie durch die mondlose Nacht. In der »Zimmerschen Chronik« (1564–1566) wird von einer »wunderbarlichen Reuterei« dieser Art berichtet. Die Kopflosigkeit von Roß und Reiter – manchmal soll die Jagd von einem feurigen Mann, der einen schwarzen Pferdekopf unter dem Arm trägt, angeführt werden – deutet auf die ziellos vorantreibenden Schatten hin. Immer wieder werden die grausamen Gestalten der Meute erwähnt. Dämonen sollen ihre verborgene, abstoßendste Gestalt wählen, wenn sie mit dem Rudel unterwegs sind, der Grund, warum Beobachter so außerordentlich unerwünscht sind. In den Alpenländern sieht man noch heute die Perchtenumzüge, die gerade diese Grausamkeit durch Masken mit Hörnern, wilder, fellbesetzter Kleidung und lauten Schellen hervorheben. Einst Volksbrauch, sind sie heute zu reiner Touristenattraktion verkommen.

Eine Quelle berichtet von einer »Jagdgesellschaft«, dem Mutesheer, bei dem ein Wagen, so voller Geister, daß man nur einige Köpfe habe ausmachen können, mit einem solchen Höllentempo durch die Luft gefahren sei, daß ganz sicher nur der Teufel selbst hier mit seinem Heer unterwegs gewesen sein könne. Dämonen, Schattenwesen oder unerlöste Seelen bevorzugen die dunkle Jahreszeit. In der Nacht vor Halloween reist das Heer mit dem Erlkönig (Wotan), doch besonders die Rau(c)hnächte sind beliebt beim düsteren Volk. In der Zeit zwischen Weihnachten und dem Jahreswechsel, wenn das Schicksal neu bestimmt wird, ist es leicht für die Toten, wieder einen Blick in die Welt zu werfen, die sie verloren haben. Sie wollen sich nicht lösen, und so verbreiten sie ihren Fluch auf die, die das Leben noch haben und sich ihnen leichtsinnig in den Weg stellen. Möglicherweise waren sie noch nicht vorbereitet auf die göttliche Weltordnung, hatten Schuld auf sich geladen, ohne eine Chance zur Reue, oder ihnen fehlte einfach der Friede im Moment des Todes; was immer es war, ihr Band zur Welt war noch nicht durchtrennt, als sie ihren letzten Atemzug taten. Wie Wölfe haben sie sich gefunden und zusammengeschlossen, um nun gemeinsam zu jagen, und die Menschen unterstellen ihnen, daß sie einen Pakt mit einer magischen Wesenheit geschlossen hätten, die alles andere als wohlwollend sei.

Voltaire (1694–1778)

Wie nützlich all diese Mysterien vor hundert Jahren waren*

Man kann sich nicht vorstellen, wie nützlich all diese Mysterien vor hundert Jahren waren. Der Adel lebte damals auf seinen Schlössern. Die Winterabende waren lang, und ohne diese noblen Zerstreuungen wäre man vor Langeweile gestorben. Es gab kein Schloß, in das nicht an bestimmten Tagen eine Fee gekommen wäre, wie die Fee Melusine das Schloß von Lusignan besuchte. Der wilde Jäger, ein schwarzer, dürrer Mann, jagte mit einem Rudel schwarzer Hunde im Wald von Fontainebleau. Der Teufel drehte dem Marschall Fabert den Hals um. Jedes Dorf hatte seinen Hexenmeister oder seine Hexe; jeder Fürst seinen Astrologen; alle Damen ließen sich ihr Glück vorhersagen; die Besessenen gingen umher; jeder wollte wissen, wer den Teufel gesehen hatte oder wer ihn sehen würde. Und all dies war Gegenstand unerschöpflicher Unterhaltungen, die die Gemüter in Spannung hielten. Heutzutage spielt man geistlos Karten und man hat, als man aufgeklärt wurde, sehr viel verloren.

Michael Denis (1729–1800)

Schutz vor der Wilden Jagd*

Führt einst um Mitternacht die Reise
Dich durch den Wald,
So kreuze dich, und horche leise,
Wenns Hifthorn schallt.
Dann mußt du dich zur Erde werfen.
Nur nicht verzagt!
So wird sie dir nicht schaden därfen
Die wilde Jagd.

Johann Heinrich Voß (1751–1826)

Des Teufels wilde Jagd

Mädchen, singt mit frohem Schall;
Wer nicht singt, den grauet!
Hört den schönen Wiederhall
Dort im Wald' und Erlenthal,
Wo der Hase brauet!

Töchterlein, nimm dich in acht,
Komm mir bald zu Hause!
Sagt die Mutter: in der Nacht
Schwärmt des Teufels wilde Jagd
Mit des Sturms Gesause!

Ein gehörnter schwarzer Mann
Kommt oft hulter pulter!
Guckt mit glühndem Aug' dich an,
Kneipt dich mit der Krall', und dann
Hockt er auf die Schulter!

Mädchen, wandelt früh und spät,
Trotz den klugen Müttern!
Wer auf guten Wegen geht,
Und auf Kreuze sich versteht,
Darf vor Spuk nicht zittern!

Friedrich Theodor Vischer (1807–1887)

Die wilde Jagd*

Seltsame Stimmen singen verhallend
Von alten untergangnen Zeiten –
Rauschet und brauset die wilde Jagd?
Wotan mit seinem Geisterheer? –

Aber in wilden Spukes Mitte
Schiebt sich grausige Geist-Erscheinung,
Tauchend aus des Gewissens Tiefe,
Betrogner Liebe Totenbild. –
Am Rabensteine was jagt vorüber?
Die Rappen schnauben – der eine Reiter
Fragt etwas. »Vorbei!« ist die Antwort,
»Vorbei!« –

Johann Wilhelm Wolf (1817–1855)

Die wilde Jagd

Eines geistlichen Herrn Beischläferin war gestorben. In der Nacht darnach ritt ein Soldat mit seinen Gesellen durch den Wald und waren gar verwundert, eines Weibes Stimme um Hülfe rufen zu hören. Bald nachher sahen sie auch das Weib in eiligem Lauf auf sich zukommen; der eine Soldat stieg vom Pferde und machte mit seinem Schwerte einen Kreis um sich her, und nahm das Weib und zog es in den Kreis. Gleich darauf hörten sie ein gräulich Getöse in der Luft, wie von vielen Jägern und Hunden, und darob zitterte das Weib sehr und erzählte dem Soldaten alles. Der Soldat aber gab sein Pferd einem von seinen Kameraden, nahm des Weibes Haarflechten und schlang diese um seinen linken Arm, während er mit der rechten Hand das Schwert ausgestreckt vor sich hielt.

Als die wilde Jagd nun kam, da sprach das Weib leise zu dem Soldaten: »Ohne mich reiten, ohne mich reiten, sieh, da kommt er.« Der Soldat hielt die Haarflechten mit aller Kraft fest, das Weib aber rang sich los, ließ ihr Haar in seinen Händen und entfloh; und alsbald packte sie der Jäger und warf sie quer über sein Pferd, so daß das Haupt mit den Armen an einer Seite und die Beine an der anderen Seite herunterhingen. Als der Soldat Morgens in die Stadt kam, erzählte er sein Abentheuer und zeigte die Haare an seinem Arm. Die Leute wollten ihm aber nicht glauben, und gingen hin und öffneten den Sarg, und da fanden sie das Weib ohne Haare darin liegen.

Otto Knoop (1853–1931)

Das Irrlicht und die wilde Jagd

Es ist ein allgemeiner Glaube, daß ungeborne und ungetaufte Kinder nicht in den Himmel aufgenommen werden, sondern als Irrlichter so lange wandern müssen, bis sie erlöst werden. Deshalb wurden sie früher nicht mitten auf dem geweihten Kirchhof beerdigt, sondern mußten in einem Winkel an der Kirchhofsmauer eingescharrt werden. Die stille Bestattung ging in der Regel in der Abenddämmerung vor sich. Von der Erlösung eines solchen Irrlichtes wird in Wusseken Folgendes erzählt.

Um seine Familie zu ernähren, ging ein armer Tagelöhner den ganzen Winter hindurch in den Wald, um Holz zu fällen. In einer Nacht schien der Mond gar helle; der Mann erwachte und meinte, es sei schon Morgen. Er hieß deshalb seine Frau aufstehen, daß sie ihm das mitzunehmende Essen fertig mache. Als er sich dem Walde näherte, hörte er plötzlich die wilde Jagd herannahen, und nun merkte er erst, daß er sich noch in der Geisterstunde befinde. An Umkehren war nicht mehr zu denken. Im Nu zeichnete der fromme Mann einen großen Kreis um sich, bekreuzte ihn und sich und stellte sich dann in die Mitte desselben. Nicht lange währte es, da kam ihm ein Kindlein zwischen die Füße gerannt und bat ihn, er solle es doch nicht den ihm nacheilenden wilden Jägern herausgeben, denn wenn sie es in dieser Stunde bekämen, so wäre es auf ewig verloren; liefere er es aber nicht aus, dann sei es erlöst und werde in den Himmel aufgenommen. Dann erzählte es, daß seine Mutter eine Hure sei und es gleich nach der Geburt ersäuft habe. Kaum hatte das Kind geendet, da standen auch schon drei starke, schwarze Jägerhunde mit blitzenden, feuersprühenden Augen hart am Kreise, Mann und Kind eine geraume Weile schweigend anblickend und dann weiter trabend. Gleich darauf erschienen drei Jäger und verlangten die Herausgabe des Kindes, aber trotz aller Drohungen lehnte der Mann das ab. Da nahmen sie zu Versprechungen ihre Zuflucht; einer von den Jägern hielt eine schwere Geldkatze empor und bot sie als Preis für die Auslieferung. Doch umsonst, der Arbeiter blieb allen Verlockungen gegenüber standhaft. Da fiel plötzlich dem Verfolger die Geldkatze aus der Hand und blieb in dem geweihten Kreise liegen. Sofort forderten die Jäger nun entweder das Kind oder die Geldkatze; aber der Tagelöhner antwortete, sie sollten ihr Geld nur selber nehmen, wenn sie es haben wollten, er hätte sie ja gar nicht darum gebeten. Das konnten sie aber nicht, und nachdem sie sich noch eine Weile mit dem Manne herumgezankt hatten, war ihre Zeit aus und sie mußten weichen. Das Kind war gerettet. Nachdem es seinem Beschützer gedankt, bat es ihn, die Augen zu schließen, da es jetzt fort müsse; aber der Mann meinte, da er es gerettet habe, müsse er nun auch sehen, wo es bleibe. Erst nach vielem Drängen entschloß sich der Mann, ihm nur mit einem Auge nachzuschauen. Und siehe, da that sich der Himmel auf, und das Kind ging ein in die Hütten des ewigen Friedens. Der Tagelöhner aber erblindete von dem Glanz der geschauten Herrlichkeit auf dem geöffneten Auge. Froh, ein gutes Werk gethan zu haben, hob er die Geldkatze auf und ging heim. Fortan war er ein reicher Mann und brauchte nicht mehr zum Holzschlagen zu gehen.

Oskar Dähnhardt (1870–1915)

Die wilde Jagd

An einem Ostertage wohnte der König Salomo der Messe bei. Seine Hunde waren an der Kirchtür geblieben. In dem Augenblick, als der Segen erteilt wurde, sprang ein Hase über den Weg, und die Hunde setzten ihm laut bellend nach. Der König ergriff sein Gewehr und verließ die Kirche, um die Hunde einzuholen. Zur Strafe seiner Sünde wurde er verdammt, alle Nächte mit seiner Meute zu jagen, und man hört ihn in stürmischen Nächten, wie er in den Lüften tost.

Oskar Dähnhardt (1870–1915)

Die wilde Jagd II

Die Sagen von der wilden Jagd sind deutschen Ursprungs, wenn sie auch zuweilen an böhmischen Orten erzählt werden. Der wilde Jäger ist der Sturmgott Wuotan. Wenn der Sturm durch die Wipfel der Bäume brauste, so glaubten die alten Deutschen, ihr höchster Gott ziehe mit seinem Gefolge durch die Lüfte oder er jage in den Lüften. Dann warf er sich ehrfürchtig mit dem Gesichte zu Boden und ließ den Gott über sein Haupt hinziehen. Daher noch heute das Gebot, daß man sich beim Herannahen der wilden Jagd zu Boden werfen und dem wilden Jäger nicht nachrufen solle. Da das Gefolge Wuotans aus den Seelen der gefallenen Helden bestand, so ist es ein alter Zug, wenn im Gefolge des wilden Jägers in Böhmen sich die Seelen der Verdammten in Gestalt von glühenden Hühnern befinden oder wenn die wilde Jagd aus den unter Friedrich dem Großen gefallenen Preußen bestehen soll.

Dryade(n) und Baumelfen

Baumgöttin (Ägypten, 18. Dynastie)

O ihr Napäen und Dryaden, die ihr in den dicken Wäldern der Gebirge wohnt – mögen die flüchtigen und wollüstigen Satyrn, die vergeblich gegen euch entbrannt sind, eure süße Ruhe nicht stören.

Miguel de Cervantes Saavedra (1547–1616)

Daß du, des Walds beflügelte Dryade,
in lieblich kühlem Schoß, im Schatten, den das Buchengrün dir spann,
der Freiheit jubeln kannst, der Sommergnade.

John Keats (1795–1821)

»Ja, so ist es!« sagte das kleine Mädchen im Baum.
»Einige nennen mich Fliedermütterchen, andere nennen mich Dryade, aber eigentlich heiße ich Erinnerung; ich bin es, die im Baume sitzt, welcher wächst und wächst, ich kann zurückdenken, ich kann erzählen!

Hans Christian Andersen (1805–1875)

*Leah Levine (*1961)*

Dryaden und Baumelfen

Das Wort Dryaden leitet sich vom griechischen Drys = Baum/Eiche ab und bezeichnet Baumnymphen, deren Aufgabe es ist, sich um den Baum zu kümmern, den sie bewohnen. Sie sind zuständig für das Fruchtwachstum und die Bewässerung, und ihr Leben ist so eng mit ihrem Baum verbunden, daß sie im Falle seines Todes ebenfalls ihr Leben aushauchen. In der indischen Mythologie, in der Baumnymphen genauso präsent sind wie in vielen anderen Kulturen, heißt es, ein Baum könne nur dann erfolgreich wachsen, wenn ein weiblicher Geist seine Wurzeln berühre. Bis ins 20. Jh. lebten die Dryaden oder Eichennymphen als Töchter des Jakob (Benat Yaakov) im Heiligen Land. Die Eichenhaine galten als göttlich, und obwohl massiver Holzmangel herrschte, war es bei härtester Strafe verboten, die Bäume und selbst die abgebrochenen Äste auch nur zu berühren. Die Menschen achteten die Regeln und brachten den Baumgeistern sogar Opfer dar. Gerade die Eiche hat Tradition, galt ihr Laub doch als Ehre für Menschen, die ein Leben gerettet oder großen Ruhm erlangt hatten. Der Göttin Diana geweiht, ist dieser Baum durch ihre Verbindung mit ihren Geliebten, den Waldkönigen, mit magischen Kräften aufgeladen. Den Dryaden sagt man nach, sie können ihre Gestalt wandeln. Mal als Baum, mal in menschlicher Gestalt sorgten sie so für die Legende, daß sich Jungfrauen in Bäume verwandeln können. Dargestellt werden die Nymphen als bildschöne Mädchen, die in grünen oder weißen, leichten Kleidern oft um ihre Bäume herumtanzen.

Etwas anders zeigen sich die Baumelfen, die als Hüter und Pfleger der Natur eine wichtige Aufgabe erfüllen. Ursprünglich freundliche, hilfsbereite handgroße Geister, oft in Kindergestalt und mit feinen Schmetterlingsflügeln ausgestattet, verwandelte das Christentum die Elfen/Elben in gefallene Engel. Ab sofort waren sie die Verursacher von Krankheit und Leid für Natur und Tier. Man unterstellte ihnen, sie würden die Quellen zum Versiegen bringen und den Hexen dienen. Ganze Prozessionen wurden in die Wälder geschickt, um sie »auszutreiben«, und ihr Name wurde nun zum Synonym für Wahnsinn, Stumpfsinn und Hinterlist. Sicher, die Elfen konnten den Menschen schon zusetzen, wenn diese sich gegen die Natur versündigten, und ab und an ging solche eine Strafe schon tödlich aus, aber finstere Dämonen waren sie ganz sicher nie.

Jean Paul (1763–1825)

Der Eichenwald

Fälle meinen heiligen Eichenwald nicht, o Fürst, sagte die Dryade, ich strafe dich hart. Er fällte ihn aber. Nach vielen Jahren mußte er sein Haupt auf den Richtblock hinstrecken, und er sah den Block aufmerksam an und rief: er ist von Eichenholz.

Hans Christian Andersen (1805–1875)

Die Träume der Dryade*

Dort unten wohnt der Frühling, er ist nach Paris gefahren und zur selben Zeit angekommen wie wir. Er ist in Gestalt einer großen, jungen Kastanie gekommen, mit eben ausgeschlagenen, feinen Blättern; wie hat sie sich in Frühlingsschönheit geworfen, lange vor den übrigen Bäumen auf dem Platz! Einer dieser lebendigen Bäume ist ausgeschieden und liegt, mit der Wurzel ausgerissen, der Länge nach auf dem Erdboden. Dort, wo er stand, soll jetzt die frische Kastanie eingepflanzt werden und anwachsen.

Noch hat sie Platz, ist auf dem schweren Wagen, der sie an diesem Morgen vom Lande, mehrere Meilen entfernt, nach Paris brachte, aufgestellt. Dort hatte sie jahrelang dicht neben einer riesigen Eiche gestanden, und darunter saß oft der gute alte Priester, der sich mit lauschenden Kindern unterhielt und ihnen erzählte. Die junge Kastanie hörte mit zu; Dryade, die in ihr wohnte, war ja noch ein Kind. Sie konnte sich noch an die Zeit erinnern, als ihr Baum so klein war, daß er nur über die hohen Gräser und Farne hinaussah. Diese waren jetzt so groß, wie sie werden können, aber der Baum wuchs und wurde jedes Jahr größer. Er trank Luft und Sonnenschein, bekam Tau und Regen und wurde, was notwendig war, von den starken Winden gerüttelt und geschüttelt. Das gehört zu seiner Erziehung.

Die Dryade freute sich des Lebens, sie freute sich am Sonnenschein und am Gesang der Vögel, aber am meisten freute sie sich über die Stimmen der Menschen. Sie verstand deren Reden ebenso gut, wie sie die der Tiere verstand.

Schmetterlinge, Wasserjungfern und Fliegen, alles was fliegen konnte, kamen gerne zu Besuch. Klatschen taten sie alle miteinander: erzählten vom Dorf, den Weingärten, dem Wald, dem alten Schloß mit dem Park, in dem Kanäle und Teiche waren. Dort unten im Wasser wohnten auch Lebewesen, die auf ihre Art unter Wasser von Ort zu Ort fliegen konnten, Wesen mit Wissen und Denkvermögen, aber sie sagten nichts, so klug waren sie.

Die Schwalbe, die ins Wasser getaucht war, erzählte von den hübschen Goldfischen, von den fetten Brassen, den dicken Schleien und den alten, bemoosten Karpfen. Die Schwalbe gab zwar eine sehr gute Beschreibung, meinte jedoch, daß man doch besser selber sehen sollte. Aber wie sollte die Baumelfe jedoch jemals diese Wesen sehen können? Sie mußte sich damit bescheiden, über die herrliche Landschaft zu blicken und die emsige Arbeit der Menschen zu beobachten.

Das war schön, am schönsten war es aber, wenn der alte Priester unter der Eiche stand und von Frankreich erzählte, von den großen Taten der Männer und Frauen, deren Namen durch alle Zeiten voll Bewunderung genannt werden.

Die Dryade hörte von dem Hirtenmädchen Jeanne d'Arc, von Charlotte Corday, sie hörte von uralten Zeiten, von der Zeit Heinrichs IV. und Napoleons I. und ganz bis in die Gegenwart von Tüchtigkeit und Größe. Die Dorfkinder hörten andächtig zu, die Baumelfe nicht weniger. Sie war auch, zusammen mit den anderen, Schulkind. Sie erblickte in den ziehenden Wolken Bild für Bild all das, was sie hatte erzählen hören. Der Wolkenhimmel war ihr Bilderbuch.

Sie fühlte sich so glücklich im schönen Frankreich, hatte aber doch ein Gefühl, als wären die Vögel und alle Tiere, welche fliegen konnten, viel begünstigter als sie. Selbst die Fliege konnte sich umschauen, weit umher, weit über den Gesichtskreis der Dryade hinaus.

Bei den Kindern des Dorfes war ein kleines Mädchen, zerlumpt und arm, aber wunderschön anzusehen; immer sang und lachte es und steckte sich rote Blumen ins schwarze Haar.

»Geh nie nach Paris!« sagte der alte Priester. »Armes Kind! Kommst du je dorthin, so ist das dein Verderben!« Und doch ging sie hin.

Die Dryade dachte oft an sie, denn sie hatten ja beide die gleiche Lust und Sehnsucht nach der großen Stadt.

Im Morgengrauen, als der Mond verblaßte und die Wolken sich rot färbten, kam die Stunde der Erfüllung, die Worte der Verheißung wurden eingelöst.

Da kamen Leute mit Spaten und Stangen; sie gruben rings um die Wurzeln des Baumes tief in die Erde und unter ihnen weg; ein Wagen von Pferden gezogen, fuhr vor. Der Baum mit Wurzeln und dem Erdklumpen, an dem sie sich festkrallten, wurde hochgehoben, mit Schilfmatten umwickelt, wie mit einem warmen Fußsack, und dann auf den Wagen gestellt und festgebunden. Er sollte auf die Reise gehen, nach Paris, in die Stadt aller Städte und dort sollte er wachsen und bleiben. Die Zweige und Blätter des Kastanienbaums erschauerten im ersten Augenblick der Bewegung, die Dryade erschauerte in der Wollust der Vorfreude.

»Von dannen! Von dannen!« klang jeder Pulsschlag. »Von dannen! Von dannen!« tönte es in bebenden, hingehauchten Worten. Die Dryade vergaß vor Aufregung ihrer Heimat Lebewohl zu sagen.

Der Kastanienbaum war auf dem Wagen, er nickte mit seinen Zweigen »Lebt wohl!« oder »Hinweg«, die Dryade wußte es nicht, sie dachte an das wunderbare Neue und dennoch so Bekannte, das sich vor ihr entrollen würde, und träumte davon. Kein Kinderherz in unschuldiger Freude, kein Blut voller Sinnenglut hat je so erfüllt von Vorstellungen wie sie die Reise nach Paris angetreten. »Lebt wohl!« wurde zu einem »Hinweg! Hinweg!«

Die Wagenräder rollten, die Ferne wurde Nähe und wurde zurückgelassen. Die Gegend wechselte, wie die Wolken wechseln; neue Weingärten, Wälder, Dörfer, Landhäuser und Gärten tauchten auf, standen da, rollten vorbei. Der Kastanienbaum bewegte sich vorwärts, und die Baumelfe mit ihm. Lokomotiven brausten eine neben der anderen dicht aneinander vorüber, sie kreuzten ihre Wege und erzählten von Paris, von wo sie kamen und wo die Dryade hinwollte.

Alles ringsum wußte wohin ihr Weg ging. Ihr war, als ob ihr jeder Baum, an dem sie vorbeikam, seine Äste entgegenstreckte und bäte: »Nimm mich mit! Nimm mich mit!« In jedem Baum saß ja auch eine sehnsuchtsvolle Dryade.

Welch ein Wechsel! Welche Geschwindigkeit! Es war, als sprössen die Häuser aus der Erde auf, mehr und mehr, dichter und dichter. Die Schornsteine erhöhten sich, ragten auf, übereinander und nebeneinander an den Dächern aufgestellt. Große Inschriften mit ellenlangen Buchstaben und gemalten Figuren an den Mauern, vom Erdboden bis zum Gesims hinauf, kamen zum Vorschein.

»Wo fängt Paris an, und wann bin ich dort?« fragte die Dryade sich immer wieder. Das Menschengewühl nahm zu, Getümmel und Geschäftigkeit nahmen zu, Wagen folgte auf Wagen, Fußgänger, Reiter, und ringsum Läden neben Läden, Musik, Gesang, Schreien, Reden.

Die Dryade in ihrem Baum war mitten in Paris.

Der große, schwere Wagen hielt auf einem kleinen mit Bäumen bepflanzten Platz, von hohen Häusern umgeben, deren sämtliche Fenster jedes einen Balkon hatte. Die Leute schauten von dort oben auf die junge, frische Kastanie hinab, die angefahren kam und jetzt an Stelle des eingegangenen, ausgegrabenen Baumes, der auf der Erde lag, hier eingepflanzt werden sollte. Die Leute blieben auf dem Platz stehen und sahen lächelnd und mit Freude auf das Frühlingsgrün und die älteren Bäume, die bis jetzt nur Knospen hatten, grüßten mit rauschenden Ästen: Die Dryade spürte, wie ihr Baum vom Wagen gehoben und auf seinen zukünftigen Platz gestellt wurde. Die Wurzeln des Baumes wurden in die Erde gesenkt, frischer Rasen wurde darüber gelegt; blühende Sträucher und Kübel mit Blumen wurden eingepflanzt, genau so wie der Baum und so entstand ein kleiner Garten mitten auf dem Platz. Der eingegangene, ausgegrabene Baum, von der Gasluft, dem Essensdunst und der ganzen, die Pflanzen erstickenden Stadtluft getötet, wurde auf den Wagen gelegt und fortgebracht. Die Menschen schauten zu, Kinder und Alte saßen auf der Bank im Grünen und schauten in die Blätter des Baumes hinauf. Und wir, die wir davon erzählen, standen auf dem Balkon, blickten auf den jungen Frühling hinab, aus der frischen Landluft draußen, und sagten, wie der alte Priester gesagt haben würde: »Arme Dryade!«

»Glückselig bin ich, glückselig!« jubelte die Dryade, »und dennoch, ich kann es immer noch nicht so recht fassen, es nicht aussprechen, was ich empfinde; alles ist, wie ich es mir vorgestellt habe und doch nicht so, wie ich es mir vorgestellt habe!«

Der erste Strahl fiel auf die Dryade. Ihre Gestalt leuchtete in wechselnden Farben wie die Seifenblase, ehe sie platzt, verschwindet und ein Tropfen wird, eine Träne, die auf die Erde fällt und vergeht. Arme Dryade! ein Tautropfen, nur eine Träne, rinnend und versiegend. Die Sonne schien auf die »Fata Morgana« des Marsfeldes, schien auf das große Paris, auf den kleinen Platz mit den Bäumen und dem plätschernden Springbrunnen zwischen den hohen Häusern, wo die Kastanie stand, aber mit hängenden Zweigen und welken Blättern. Der Baum, der noch gestern so lebensfrisch hochaufgerichtet der Frühling selber. Jetzt war er eingegangen, sagte man; die Dryade war fortgegangen, verweht wie die Wolke, niemand weiß wohin.

Auf der Erde lag eine verwelkte, geknickte Kastanienblüte, das Weihwasser der Kirche vermochte sie nicht ins Leben zurückzurufen. Ein menschlicher Fuß zertrat sie schnell im Kies.

Henryk Sienkiewicz (1846–1916)

Dryadenfest*

Vinicius war nicht betrunken wie auf jenem Feste im Palaste des Caesars, an dem Lygia teilgenommen hatte; aber auch ihn blendete und berauschte der Anblick alles dessen, was rings um ihn her vorging; und endlich wurde auch er von der Glut der Leidenschaft entflammt. Er stürzte sich in das Gebüsch und stürmte gleich den anderen vorwärts, um die schönste Dryade zu erhaschen. Alle Augenblicke sprangen immer neue Scharen von Nymphen unter Gesang und Geschrei an ihm vorbei, von Faunen, Satyrn, Senatoren, Rittern und den Klängen der Musik verfolgt.

Friedrich Gundolf (1880–1931)

Das Zwiegespräch

Ariel:

Hier unter diesem baum der flor und beere
Mitsammenträgt macht halt.

Dryade:

Ich bin nicht müd.

Ariel:

Ich bin es beinah.

Dryade:

Ja durch deine flügel …

Ariel:

Und zuviel sehn … Auf immer sanftere hügel
Senkt das durchmessne land sich bis zum meere
Und jede luft die uns hier trifft ist süd.

Dryade:

Wir sind an unserm ziel?

Ariel:

Ich bin im heile.
Bestimme du wie lang und wo ich weile.
Ich flog zu hoch, ich tanzte, und ich fiel
Indeß du fest und treu den fuß gesetzt

Durch stein und kraut und dorn. Du stemmtest wider
Den erdentrotz das maß der menschenglieder,
Und gingst den weg. Du hebst und führst mich jetzt.

Dryade:
So ruh im samtnen rieseln roter flocken.
Ariel:
Mir ist als müsse aus dem stummen grund
Dein fuß die blütenwelt nach oben locken
Und wieder ruhwärts menschensinn und -mund.

Klabund (1890–1928)

Einer Dryade in die Augenbrauen*

Aber ein liebliches Präpositum / Fiel in einen Baumritz / Einer Dryade in die Augenbrauen / Und kitzelte sie aus dem Schlaf / Zierlich trat sie aus dem dunklen Baumstamm ins grelle Licht / Und stand geblendet / Da begannen die Grillen zu zirpen / Die Heuschrecken musikalisch ihre Hinterbeine zu reiben / Und der Jazz des Sommers rauschte auf / Meckernd fielen die Ziegen ein / Die Kuh blökte die Hunde bellten die Gänse schnatterten / In der Ferne Gewittergrollen / Die dumpfe Pauke des Donners / Gott sitzt am Schlagzeug / Yes Sir that's my baby / Da stampfte die entfesselte Dryade den Charleston / Die braunen rötlich überkupferten Haare fielen ihr mähnig über die Stirn / Wie einem Pony.

Tanz stampf tritt den Boden / Tritt die Erde daß sie dir untertan sei / Die Erde dem Weibe / Wie seit Urbeginn / So heute / Zertritt die Butterblumen im Tanz / Was tuts / Zermalme die kleinen roten Käfer im tollsten Takt / Töte die dir aufspielen zum Tanz mit deinen tanzenden Sohlen / Töte Grille und Heupferd / Tanze tanze / Töte töte / Schon springst du mir in den Nacken / Puma / Und tanzest auf meinen Knabenschultern / Yes Sir yes Sir / Den Jazz des Sommers. Genug genug wilde Nymphe.

*Emma Maria Geiger (*1956)*

Das Baumhaus

Daß in jedem Baum eine Baumelfe lebt, wußte niemand in der Familie, als die Eltern entschieden, für die Kinder ein Baumhaus zu bauen. Vater Klaus und Mutter Manuela hatten das schöne Haus mit dem riesigen Garten von dem Witwer Hermann gekauft. Seine Frau Else war gestorben und er vermißte sie so sehr, daß er es kaum ertrug, täglich aus dem Wohnzimmerfenster in ihren schönen Naturgarten zu schauen. Erna wußte alles was im Garten vorging, denn sie lebte in ihm. Schnell verrichtete sie morgens die Hausarbeit, um den Rest des Tages Gemüse, Kräuter und Blumen zu säen, zu pflegen und zu ernten. Im Herbst wurde alles für den Winter konserviert. Die vielen Obstbäume sorgten ebenfalls für einen Wintervorrat. Else hatte die besondere Begabung, mit den Baumelfen, den Dryaden in den Obstbäumen, zu kommunizieren, sprach aber, außer gelegentlich mit ihrem Mann, niemals darüber. Sie war ohnehin selten in der Stadt anzutreffen. So viel Hektik und modernes Leben war nichts für sie. Schon als Kind litt sie an einer Krankheit, die so früh schon ihren Mann Hermann zum Witwer machte. Hermann hatte ein kleines Haus ohne Garten, nur mit einer Terrasse gefunden und trauerte noch so sehr, daß er vergaß bei der Übergabe des verkauften Hauses, von den Dryaden zu erzählen. Wie sollte er auch ahnen, daß das Gemüsefeld zu Rasen gemacht wird, die Blumen nicht mehr so gepflegt werden, wie seine Else es getan hatte und daß ein Baumhaus gebaut werden soll.

Manuela mochte Blumen und gab sich alle Mühe. Zum Anbauen von Gemüse hatte sie keine Zeit, so half ihr Klaus dabei, einen großen Rasen – eine Spielwiese für die beiden Kinder Jan-Luca und Lea-Marie anzulegen. An jedem zweiten Wochenende und in den Ferien kam Jannik, der Sohn von Klaus aus erster Ehe. Jannik kam gerne, denn er liebte Lea-Marie, seine kleine Schwester und seinen Bruder Jan-Luca, den alle immer nur einfach Jan nannten. Seit sein Vater mit seinen Geschwistern und Manuela, an die er sich gewöhnt hatte, in das Haus mit dem riesigen Garten gezogen waren, kam er noch lieber. Er tobte gerne auf dem Rasen und kletterte gerne in den Bäumen. Er ahnte nicht, daß die Dryaden ihn sehr mochten. Sie liebten sein Lachen und freuten sich, daß er damit seine Geschwister ansteckte.

Und weil die Kinder die Bäume so liebten, beschlossen Klaus und Manuela eines Tages, den Kindern ein Baumhaus zu schenken. Klaus freute sich schon auf den Bau und darauf, mit seinen Kindern etwas gemeinsam zu erschaffen. Sie fanden in einem großen Geschäft das entsprechende Zubehör, kauften es und legten es unter den am besten geeigneten Apfelbaum. Als sie drei Tage später mit dem Bau beginnen wollten, war das Päckchen mit den Schrauben verschwunden. Klaus war sich ganz sicher es beim Kauf gesehen zu haben. Wo also waren die Schrauben? Er fuhr nach langem Suchen in das Geschäft und kaufte neue Schrauben. Das war mühsam und langwierig, denn jetzt musste er nach den richtigen Größen suchen. Er hatte vorher alles ausgemessen. So war es also an dem Tag abends zu spät um mit dem Bau zu beginnen. Er legte die Schrauben zu dem Baumaterial unter den Baum. Am Tag darauf, es war ein Sonntag, waren die Schrauben wieder weg. Vor allem Jannik war enttäuscht. Er hatte sich so gefreut. Aber wo waren die Schrauben? Eine Elster? Eine Elster hatte hier noch niemand gesehen. Außerdem klauen Elstern nicht ganze Päckchen mit Schrauben.

Nach langem Suchen fanden sie die Schrauben wieder. Sie fanden alle wieder. Sie waren, wie vom »Osterhasen« versteckt, in den Bäumen zwischen den Ästen. Als hätten die Bäume sie selbst stibitzt und dorthin gelegt.

Ganz nah unter dem Apfelbaum begannen Klaus und die Kinder mit dem Aufbau des kleinen Hauses. Ein bißchen sollte sogar der Baumstamm mit einbezogen werden.

Ein paar Schrauben sollten sogar in den Stamm gedreht werden.

Natürlich wurden sie am ersten Bautag nicht fertig. Erschöpft gingen die Kinder nach dem Essen zu Bett. Jannik wurde von seiner Mutter abgeholt, denn er mußte am Montag zur Schule.

Ausnahmsweise kam Jannik am nächsten Wochenende schon wieder, denn das Baumhaus mußte weiter gebaut werden. So gingen Klaus und seine Kinder, mit Werkzeug bewaffnet, auf das Haus zu und staunten nicht schlecht, als es bei der ersten Berührung zusammenfiel. Alle Schrauben waren herausgedreht und verschwunden. Wieder fanden sie sie in den Bäumen rundherum.

Sie ließen sich nicht entmutigen und bauten alles wieder auf. Diesmal nahm Klaus einen Kleber und machte auf jeden Schraubenkopf einen Klecks davon. Nun wird niemand mehr die Schrauben lösen können.

Er hatte unrecht. Am nächsten Wochenende, Jannik war wieder dabei, waren alle Schrauben wieder entfernt. Diesmal stürzte nichts ein, denn Jan-Luca hatte sofort gesehen, daß die Schrauben fehlten. Natürlich waren die Schrauben wieder in den Bäumen. Als ob es Geister oder so etwas gäbe. Bäume selber können so etwas gewiss nicht. Von Dryaden hatten sie alle noch nie gehört, konnten so also auch nicht auf die Idee kommen, daß eine von ihnen in jedem Baum der Welt lebt. Menschen, bis auf Else, können sie nicht sehen oder hören. Sie bemerken nur manchmal, daß etwas mit Bäumen geschieht, was sie sich nicht erklären können. Hätten Klaus und seine Kinder doch mal Hermann davon erzählt. Er hätte ihnen sicher von seiner Else und den Baumelfen erzählt.

Manuela war sehr sensibel und liebte Bäume. Ihr hatte es nicht gefallen, daß Schrauben den Baumstamm verletzen sollten. Sie hatte mit Klaus darüber diskutiert aber der hatte nur abgewunken. So kam also Manuela auf die Idee, daß vielleicht so etwas wie die Seele der Bäume eine Verletzung zu verhindern versuchte. Die Bäume haben wahrscheinlich verwandte Seelen und helfen sich gegenseitig. Schließlich lebten die Bäume schon sehr viel länger in diesem Garten als sie und ihre Familie.

Sie erzählte Klaus von ihren Gedanken. Diesmal winkte Klaus nicht ab, denn es stimmte ihn nachdenklich. Bäume verletzen? Manuela hatte vielleicht recht. So setzte er sich allabendlich an seinen Schreibtisch und machte Bauzeichnungen. Mit dem vorhandenen Material und ein paar zusätzlichen, dicken Balken ließ sich gut ein freistehendes Baumhaus bauen.

Er und die Kinder benötigten zwei Tage, Manuela sorgte für das Picknick zwischendurch und half bei den schweren Balken. Schon am zweiten Morgen ahnte Klaus, daß Manuela die richtige Idee gehabt hatte.

Viele Jahre später, daß Baumhaus stand immer noch und war inzwischen ganz grau geworden. Kinder spielten nicht mehr darin, sie wohnten auch nicht mehr dort. Manuela und Klaus lebten jetzt alleine. Die Spielwiese war auch nur noch ganz klein. Manuela hatte schon vor langer Zeit wieder Gemüse angebaut. Sie hielt sich jeden Tag für viele Stunden in ihrem geliebten Garten auf und hatte auch längst die Dryaden kennen gelernt. Manchmal sprach sie sogar mit ihnen. Damit ihre Enkel und Urenkel keine Schrauben in Bäume drehen, hat sie ein großes Familientreffen vereinbart. Niemand allerdings ahnt, daß Manuela vor hat, von den Bäumen und ihren Bewohnern zu erzählen.

Frau Holle / Die Drude

Links: *Eugen Johann Georg Klimsch (1839–1896):* Frau Holle
Rechts: *Hans Holbein d. J. (1497–1543):* Die Drude

Sie (Frau Holle) entläßt die Neugeborenen aus ihrem unterirdischen Reich,
in dem sie auch die Seelen der Verstorbenen empfängt.
Burchard I. (um 965–1025)

Wer war die Drude, die im Abendstrahl
Mit Run' und Spruch umwandelte das Tal,
Indes ihr goldnes Haar im Winde wallte?
Annette von Droste-Hülshoff (1797–1848)

Frau Holle wohnt jetzt weiß im Land,
Und schön ich stets ihr Bettuch fand.
Max Dauthendey (1867–1918)

*Leah Levine (*1961)*

Druden und Frau Holle

In Niederdeutschland nennt man Hexen, Hexenmeister und böse Geister Druden oder Trutten, in Niedersachsen bezeichnet man sie als Drus, wobei das sogar ein Name für den Teufel ist. Druden zählen zu den nachtaktiven, meist bösen, weiblichen Geistern, die die Menschen mit Ängsten um den Schlaf bringen oder sie mit Halsschmerzen, Lungenentzündungen oder Herzdruck quälen. Als Anhänger des Gefolges der Göttin Holda zeigen sie sich dagegen als schöne, manchmal sogar freundliche Geister. Besonders in Bayern, Österreich und Siebenbürgen hat sich der Glaube an sie bis heute erhalten. Als Schutz vor den Druden trägt man am besten einen Drudenstein bei sich. Ein runder, geschliffener Stein, der ein natürliches Loch aufweisen muß, um wirksam zu sein. Hebammen zogen in früheren Zeiten Fäden durch das Loch und banden ihn an den Kinderwiegen fest, damit das Neugeborene geschützt war. Auch im Stall half dieses magische Utensil vor Verhexen und Heimsuchung durch Krankheit verursachende Dämonen. Abgeleitet von den Drudenfüßen – Gänse- oder Schwanenfüße –, die man den Geistern nachsagt, hilft ein sogenannter Drudenfuß, ein fünfeckiger Stern, den man heute unter dem Begriff Pentagramm kennt. Als solches gilt es seit Jahrhunderten in fast allen Kulturen als mächtiges Schutzsymbol.

Die Druden bevölkern oft das Wilde Heer der Holla/Holda (Frau Holle / Frau Gode), das, ähnlich wie das Heer von Wotan, besonders in den Rauhnächten durch die Nacht stürmt. Die wilde Jägerin, die mit der Göttin Diana identisch ist, hat viele Namen. Man nennt sie auch Hela, Hulda, Fute oder Waldina. Nach einer mittelalterlichen Überlieferung wohnte sie im Hörselberg und wurde auch »Frau Venus« genannt.

Der Begriff der Druden bzw. Truden geht auf das »Treten, Stoßen« zurück, das Menschen widerfährt, die absichtlich oder versehentlich den Weg der Horde kreuzen. Frau Holle, die durch überlieferte Märchen etwas verklärt wurde, hat die Aufgabe, Neugeborene aus dem unterirdischen Reich in diese Welt zu entlassen und die Seelen der Verstorben zu empfangen. Man sagt, wenn sie ihre Kissen schüttele, schneie es auf der Erde. Dieser Mythos geht darauf zurück, daß Federn u. a. ein Zeichen für die Anwesenheit von Druden sind. Gerade in der Zeit zwischen Weihnachten und Neujahr sind die Geister sehr aktiv und suchen die Nähe der Lebenden. Während Frau Holle die Taten der Menschen abwägt, ihnen in die Seele blickt und dann die Bösen bestraft und die Guten belohnt, werden die Schicksalskarten neu gemischt. Neugierige, die wissen wollen, was die Zukunft ihnen bringt, können jetzt, mit Hilfe der Geister, einen Blick auf das Kommende werfen. Legenden erzählen, daß die Wilde Horde der Holda sogar in die Häuser der Reichen einbricht und dort raubt, um es bei den Armen großzügig zu verteilen. Schutz davor bietet extra bereitgestellte Nahrung und Wein an der Haustür.

In den Alpengebieten macht man die Druden und ihre Königin für das Wetter verantwortlich. Um sich vor Hagelschlag zu schützen, muß man ein (mit magischen Symbolen) verziertes Messer in eine Gewitterwolke werfen. So viel man aber auch tut, es heißt, unter sieben Töchtern gibt es immer eine Drude und unter sieben Söhnen einen Werwolf. Sie sind also ganz nah.

Johannes Praetorius (1630–1680)

Frau Holla zieht vorüber*

Weiter soll es zu Schwartze (welches ein Dorff ist in Thüringen) geschehen seyn auf Weihnachten, daß auch die Frau Holla fürüber gezogen, da der Treue Eckart vorne an im Troppe gewesen und die die begegneten Leute gewarnet hat, damit sie möchten aus dem Wege treten, daß ihnen kein Leid widerfahre. Bey solchem Zuge aber sollen ein paar Knaben desselbigen Dorffs zugesehen haben, welche aus der Schencke Bier geholet und solches nach Hause tragen wollen: Weil aber die Gespenster im vollen Marg gewesen, so waren sie ein wenig abseits gewichen mit ihren Kannen an einer Ecke. Da sollen unterschiedliche Weiber derselben Rotte solche ihre Kannen genommen und draus gleichsam getruncken haben. Darzu doch die Knaben aus Forcht stille geschwiegen, wiewohl sie nicht gewust, wie sie ihnen gethun sollten, wenn sie nach Hause mit leeren Gefässen kommen würden. Endlich soll der Treue Eckhart drauff zu sie gesprochen haben: »Das heisset euch Gott sprechen, daß ihr nichtes geredt habet, sonsten sollten eure Hälse ümmegefrehet worden sein; und nun gehet drauff flugs nach Hause und saget von dieser Geschichte keinem Menschen etwas, so werden eure Kannen immer voll seyn und wird ihnen niemahl an Bier gebrechen oder fehlen.« Solches hatten die Knaben bey 3 Tage in acht genommen. Aber endlich hatten sie es doch aus Vorwitz nicht länger verbergen können, sondern die Sache ihren Eltern erzehlet. Da war es mit dem Cornu copiae ausgewesen, und hatte der Brunnenquell versiegen.

Jacob (1785–1863) und Wilhelm (1786–1859) Grimm

Frau Trude

Es war einmal ein kleines Mädchen, das war eigensinnig und vorwitzig, und wenn ihm seine Eltern etwas sagten, so gehorchte es nicht: wie konnte es dem gut gehen? Eines Tages sagte es zu seinen Eltern »ich habe so viel von der Frau Trude gehört, ich will einmal zu ihr hingehen: die Leute sagen, es sehe so wunderlich bei ihr aus, und erzählen, es seien so seltsame Dinge in ihrem Hause, da bin ich ganz neugierig geworden.« Die Eltern verboten es ihr streng und sagten »die Frau Trude ist eine böse Frau, die gottlose Dinge treibt, und wenn du zu ihr hingehst, so bist du unser Kind nicht mehr.« Aber das Mädchen kehrte sich nicht an das Verbot seiner Eltern und ging doch zu der Frau Trude. Und als es zu ihr kam, fragte die Frau Trude »warum bist du so bleich?« »Ach«, antwortete es und zitterte am Leibe, »ich habe mich so erschrocken über das, was ich gesehen habe.« »Was hast du gesehen?« »Ich sah auf Eurer Stiege einen schwarzen Mann.« »Das war ein Köhler.« »Dann sah ich einen grünen Mann.« »Das war ein Jäger.« »Danach sah ich einen blutroten Mann.« »Das war ein Metzger.« »Ach, Frau Trude, mir grauste, ich sah durchs Fenster und sah Euch nicht, wohl aber den Teufel mit feurigem Kopf.« »Oho«, sagte sie, »so hast du die Hexe in ihrem rechten Schmuck gesehen: ich habe schon lange auf dich gewartet und nach dir verlangt, du sollst mir leuchten.« Da verwandelte sie das Mädchen in einen Holzblock und warf ihn ins Feuer. Und als er in voller Glut war, setzte sie sich daneben, wärmte sich daran und sprach »das leuchtet einmal hell!«

Hermann Harrys (1811–1891)

Die Haulemutter

Auch die Haulemutter (Mutter Holle, Frau Holle, die alte Hel) kommt in den Harzischen Sagen vor.

Einmal des Morgens ganz früh kommt ein Bergmann von seiner Arbeit nach Haus. Da hört er eine weinerliche Stimme, die aus einer Hausthürschwelle herauszukommen scheint. Er tritt näher und sieht ein altes Mütterchen in einer Hausthür sitzen, das thut ganz erbärmlich, daß es ihm recht zu Herzen gegangen ist; denn es ist Winter und recht kalt gewesen. Da fragt er sie: Mütterchen, was fehlt Euch denn? Ach mich friert, ach mich friert, sagt sie klagend, und mich will Keiner ins Haus aufnehmen. Du lieber Gott, sagt der Bergmann, was es doch für unbarmherzige Menschen giebt! Kommt, Altes, geht mit mir und wärmt Euch in meinem Hause. So geht er, die Alte ihm nach, und kommen Beide ins Haus. Da setzt Euch hinter den Ofen und ruht Eure alten Glieder. Der Bergmann aber setzt sich an seinen Tisch, um noch ein wenig zu essen. Er hat also dem Ofen den Rükken zugekehrt und wie er denkt, er will den ersten Bissen an den Mund führen, kommt auf einmal eine lange dürre Hand über seinen Kopf her, und nimmt ihm die Bissen vom Tische weg. Wie der Bergmann sich umsieht, da ragt das alte Weib über den Ofen weg, und hat sich durch die ganze Stube hergestreckt und greift mit der Hand nach seinem Essen und ruft: Ich will auch was haben, ich will auch was haben, ich will Dich auch haben! Da erkennt der Bergmann, daß es die Haulemutter ist, die er ins Haus aufgenommen hat, greift fluchend nach einer Axt und haut damit auf die alte Haulemutter ein. Die macht sich geschwind wieder ganz klein und flieht vor den Schlägen des Bergmanns zu dem geöffneten Hause hinaus.

Adalbert Kuhn (1817–1881) und Wilhelm Schwarz (1821–1899)

Frau Gode

In den Zwölften zieht Fru Gode herum, und schon mancher ist ihr da begegnet. Mal ist auch ein Knecht bei seinen Pferden im Stall, da kömmt Fru Gode, reicht ihm einen Pfahl und sagt, an dem solle er ihr eine Spitze hauen. Erst will er zwar nicht, aber als sie ihm guten Lohn verspricht, tut er's. Als er fertig ist, sagt sie ihm, er solle sich nur die Späne, welche abgefallen seien, auflesen; das tut er, da sind sie am andern Morgen eitel Gold.

Ehedem erzählte man auch viel von Fru Gode, wie sie mit ihren Hunden durch die Luft zöge. So ist sie auch einmal über einen Bauerhof fortgezogen, und als der Bauer vor die Thür hinaustritt, liegt ein kleiner Hund da; den nimmt er mit sich hinein und zieht ihn mit seiner Frau auf. Andern Jahres aber, gerade um dieselbe Zeit, ist der Hund auf einmal fort; an seiner Lagerstätte aber liegt ein großer Klumpen Gold. Das mußte dem Bauer doch wohl so von Fru Gode zugedacht gewesen sein, denn er war bisher nur ein armer Mann und wurde nun auf einmal sehr reich.

Ein Bauer aus Wredenhagen fährt einmal Abends nach Hause, da kömmt Fru Gode angezogen und er steigt vom Wagen und stellt sich zu den Pferden, die ganz scheu wurden. So läßt er sie an sich vorüberziehen, aber wie sie fast vorbei ist, haut er mit seiner Peitsche nach einem von den kleinen Hunden. Das ist ihm aber übel bekommen, denn am andern Tag hat er einen ganz dicken Kopf gehabt, und hat wol vierzehn Tage gelegen, ehe er wieder gesund wurde.

In Zirtow war mal einer, der stimmte, als Fru Gode über sein Haus fortzog, mit ein in das Gejuch, da flog plötzlich zum Fenster ein Bein herein, an dem sogar noch der Strumpf saß, und eine Stimme rief: »heste met jûcht, mütste ôk met frêten!«

Ignaz Vincenz (1825–1892) und Josef Zingerle (1831–1891)

Die Drude

Es war einmal ein steinreicher Herr, und dieser hatte eine absonderliche Magd. Sie ging jede Nacht aus und kam oft erst am frühen Morgen zurück, weil sie eine Drude war und einen großen Trieb in sich fühlte, andere zu drücken. Um dies zu tun, schlich sie in dunkler Nacht in die Schlafzimmer und drückte die Schläfer so, daß sie nicht mehr imstande waren, sich zu bewegen.

Dies nächtliche Ausgehen blieb dem Herrn nicht lange geheim, er ließ die Magd vor sich kommen und fragte sie, warum sie nachts immer fortgehe. Sie solle es nur offen eingestehen, denn eine Lüge würde ihr doch nichts nützen.

Da nahm sich die Magd kein Blatt vor den Mund, gestand alles offen ein und sprach: »Haben Sie Erbarmen mit mir, gnädiger Herr! Ich gehe nicht aus freier Wahl zur Nachtzeit aus, sondern weil ich muß. Denn ich wurde in einer unglücklichen Stunde geboren und bin deshalb eine Drude. Es drängt und treibt mich, etwas Lebendiges zu drücken, und mir kann nicht geholfen werden, bevor ich nicht etwas Lebendiges totdrücken darf.«

Als der Herr dies hörte, hatte er Mitleid mit der aufrichtigen Magd und sprach: »Wenn dir so geholfen werden kann, dann sei getrost. Du sollst geheilt werden. Du kannst mein bestes Pferd, das ich im Stall habe, erdrücken.«

Die Magd war mit dieser Erlaubnis sehr zufrieden und dankte für die Gnade. In der folgenden Nacht ging sie wirklich in den Stall und kam erst morgens wieder zurück. Man fand das Pferd tot im Stall, sie aber war von ihrem Drang erlöst.

Josef Virgil Grohmann (1831–1919)

Frau Holle

Im Egerlande darf man in der St. Thomasnacht nicht spinnen, sonst kommt Frau Holle und straft die Frevler. Ein junges Mädchen hatte aber daran nicht gedacht und ging mit ihrer Spindel an diesem Abende wie gewöhnlich in die Rockenstube. Sie staunte, als sie die Stube leer fand, spann aber doch und meinte, die andern würden schon kommen. Um 9 Uhr aber öffnete sich die Thüre und herein trat Frau Holle mit ihrem Gefolge. Sie war klein und häßlich und war von einer Menge kleiner mißgestalteter Wesen begleitet. Frau Holle sprach zur Magd mit furchtbarer Stimme: Du hast am Thomasabende gesponnen! und gab ihrem Gefolge ein Zeichen; das fiel über die Magd her und peitschte sie so lange mit Ruthen, bis sie ohnmächtig zu Boden sank.

Martin Greif (1839–1911)

Frau Holle

Schneeflocken wirbeln um und um,
im Garten blüht die Weihnachtsblum',
Frau Holle fährt im Land herum –
Schnurre, Rädchen, schnurre!
Der Mond blickt aus dem Wolkengraus,
weist ihr den Weg zu jedem Haus,
dass sie die Flinksten findet aus –
Schnurre, Rädchen, schnurre!
Gewahrt sie wo noch einen Schein,
Frau Holle hält und schaut hinein,
die munter drehn, belohnt sie fein –
Schnurre, Rädchen, schnurre!

Klabautermann

Klabautermann (Buchillustration 1885)

Klabauter, akree.
dat Schipp hett die nödig,
un büst du ni bödig,
denn bliewt wi op See.
Alter Seemanns-Hilferuf

Kiekt nach, ob wi noch nich to Mus sind!
Ji hewt doch gesehn dem Klabautermann?
Gott Lob, dat wi wedder to Hus sind!«
Arno Holz (1863–1929)

Der Klabauter stieß schmauchend drei dicke Wolken in die Luft. »Spring für Tabak, mein Junge, und laß mal einen Tropfen offen. Ihr Menschen seid ein albernes Volk, ich habe keine Lust, meinen guten Verstand mit euch zu teilen.«
Hans Friedrich Blunck (1888–1961)

Leah Levine (1961)*

Klabautermann

Der Kalfater- oder Klabautermann ist ein guter Schiffsgeist, den sich eine Mannschaft nur wünschen kann. Er erledigt nötige Arbeiten, sorgt für guten Wind und beschützt auf seine Art das Schiff. Oft ist er schon mit dem Schiff verbunden, wenn dieses erst gebaut wird, und es heißt, er würde beim Kalfatern (Ausbessern oder Abdichten der Schiffsplanken) helfen. Andere Quellen verbinden ihn sogar noch früher mit dem Schiff. Wenn ein ungetauftes Kind unter einem Baum begraben wird und dieses Holz dann beim Bau des Schiffs Verwendung findet, lebt der Geist des Toten im Schiff weiter. Ähnlich verhält es sich mit der Totenseele eines Verstorbenen, der bei einer Heilungszeremonie im Verbund mit einem Baum sein Leben verlor. Meist agiert der Klabautermann unsichtbar – nur Menschen, die um Mitternacht des 22. Februar geboren sind, können ihn sehen –, aber Seeleute haben berichtet, er sei klein, gedrungen, oft greisenhaft alt, aber manchmal auch von Kindergestalt. Wenn er »seiner« Mannschaft gewogen ist, warnt er sie vor Stürmen, ist er wütend auf sie, treibt er allerlei Schabernack und nervt mit einem wüsten, ausdauernden Klopfen (Klopfgeist). Da er vom Wesen her recht nachtragend ist, kann seine schlechte Stimmung eine ganze Reise lang anhalten. Eine andere Glaubensthese besagt, der Klabautermann würde nur klopfen, wenn das Schiff untergeht, andere behaupten, daß dies geschehe, wenn er sich zeigen würde. Da sein Klopfen aber meist ein Hinweis an den Schiffszimmermann ist, etwas auszubessern, sollte das Klopfen warnend gewertet werden, und Sorgen sollten nur aufkommen, wenn man ihn Hobeln hört. Aus ähnlich fragwürdigen Quellen kommt auch die Verleumdung, ein Klabautermann befinde nur auf Schiffen von Freimaurern oder Teufelsanbetern.

Anders als die heiligen Schutzpatrone Erasmus und Nikolaus, die nur helfen, wenn man sie direkt »anruft«, ist der Klabautermann immer auf dem Schiff. Es gibt nur zwei Gründe, warum er ein Schiff verläßt. Entweder befindet sich an Bord ein Verbrecher oder es wurde ein schweres Verbrechen begangen, oder das Schiff nähert sich Davy Jones Locker – dem Meeresgrund. Es heißt, mit ihm fliehen die Ratten, und manche behaupten, die seien seine Verbündeten.

Um den Klabautermann bei Laune zu halten, bedarf es guter Pflege. Er wünscht sich ein kleines Nahrungsopfer, z. B. ein Schälchen Milch, kredenzt am Tisch des Kapitäns. Mit dem Kapitän verbindet ihn eine besondere Nähe. Zuweilen ist der Klabautermann schon an Land, wenn das Schiff noch auf den Hafen zuläuft. Er erreicht das Haus und rumort unter dem Dach. Die Angehörigen wissen nun, daß die Fahrt gut verlaufen ist und das Schiff den Hafen sicher erreichen wird. Besucht der Klabautermann nicht das Haus des Kapitäns und ist dennoch an Land, übernachtet er gewöhnlich in Pferdeställen.

Soviel Gutes ein Klabautermann für ein Schiff auch bedeuten kann, zuweilen zeigt er auch seine negativen Seiten. Läuft ein Schiff an einem Montag oder Freitag aus, so unterwirft und quält er die gesamte Mannschaft und sorgt für schlechtes Wetter während der ganzen Reise.

Mit dem Schwinden der schönen, alten, vielmastigen Segelschiffe verblaßten auch die Geschichten um den Klabautermann, dessen Leben und Wirken sich nur zwischen Holzplanken, Segeltuchen und Teer entfaltete.

August Kopisch (1700–1853)

Der Klabautermann

Flink auf! Die lustigen Segel gespannt!
Wir fliegen wie Vögel von Strand zu Strand,
Wir tanzen auf Wellen und Klipp' und Riff,
Wir haben das Schiff nach dem Pfiff im Griff,
Wir können, was kein anderer kann:
Wir haben einen Klabautermann.

Der Klabautermann ist ein wackerer Geist,
Der alles im Schiff sich rühren heißt,

Der überall, überall mit uns reist,
Mit dem Schiffskapitän flink trinkt und speist,
Beim Steuermann sitzt er und wacht die Nacht,
Und im obersten Mast, wenn das Wetter kracht.

Ist's Wetter klar, und die Fahrt gelingt,
So nimmt er die Geige und tanzt und springt,
Und alles muß auf dem Deck sich schwingen,
Unzählige selige Lieder singen.
Nicht Sturm, nicht Wurm, ihn ficht nichts an:
Wir haben den wahren Klabautermann.

Hei, klettert er, sei die See auch groß,
Klabautermann läßt kein Takelwerk los,
Er läuft auf den Rahen, wenn alles zerreißt,
Er tut, was der Kapitän ihm heißt.
Und wißt ihr, wie man ihn rufen kann?
Courage heißt der Klabautermann.

Heinrich Heine (1797–1856)

Der Klabotermann

Es geht ein starker Nordostwind, und die Hexen haben wieder viel Unheil im Sinne. Man hegt hier nämlich wunderliche Sagen von Hexen, die den Sturm zu beschwören wissen; wie es denn überhaupt auf allen nordischen Meeren viel Aberglauben gibt. Die Seeleute behaupten, manche Insel stehe unter der geheimen Herrschaft ganz besonderer Hexen, und dem bösen Willen derselben sei es zuzuschreiben, wenn den vorbeifahrenden Schiffen allerlei Widerwärtigkeiten begegnen. Als ich voriges Jahr einige Zeit auf der See lag, erzählte mir der Steuermann unseres Schiffes: die Hexen wären besonders mächtig auf der Insel Wight und suchten jedes Schiff, das bei Tage dort vorbeifahren wolle, bis zur Nachtzeit aufzuhalten, um es alsdann an Klippen oder an die Insel selbst zu treiben. In solchen

Fällen höre man diese Hexen so laut durch die Luft sausen und um das Schiff herumheulen, daß der Klabotermann ihnen nur mit vieler Mühe widerstehen könne.

Als ich nun fragte: wer der Klabotermann sei? antwortete der Erzähler sehr ernsthaft: »Das ist der gute, unsichtbare Schutzpatron der Schiffe, der da verhütet, daß den treuen und ordentlichen Schiffern Unglück begegne, der da überall selbst nachsieht und sowohl für die Ordnung wie für die gute Fahrt sorgt.« Der wackere Steuermann versicherte mit etwas heimlicher Stimme: ich könne ihn selber sehr gut im Schiffsraume hören, wo er die Waren gern noch besser nachstaue, daher das Knarren der Fässer und Kisten, wenn das Meer hoch gehe, daher bisweilen das Dröhnen unserer Balken und Bretter; oft hämmere der Klabotermann auch außen am Schiffe, und das gelte dann dem Zimmermanne, der dadurch gemahnt werde, eine schadhafte Stelle ungesäumt auszubessern; am liebsten aber setze er sich auf das Bramsegel, zum Zeichen, daß guter Wind wehe oder sich nahe. Auf meine Frage: ob man ihn nicht sehen könne? erhielt ich zur Antwort: Nein, man sähe ihn nicht, auch wünsche keiner ihn zu sehen, da er sich nur dann zeige, wenn keine Rettung mehr vorhanden sei. Einen solchen Fall hatte zwar der gute Steuermann noch nicht selbst erlebt, aber von anderen wollte er wissen: den Klabotermann höre man alsdann vom Bramsegel herab mit den Geistern sprechen, die ihm untertan sind; doch wenn der Sturm zu stark und das Scheitern unvermeidlich würde, setze er sich auf das Steuer, zeige sich da zum ersten Mal und verschwinde, indem er das Steuer zerbräche – diejenigen aber, die ihn in diesem furchtbaren Augenblick sähen, fänden unmittelbar darauf den Tod in den Wellen.

Karl Victor Müllenhoff (1818–1884)

Das Klabautermännchen

Auf einem Schiffe, das sich mitten auf der See befand, klingelte der Kapitän dem Schiffsjungen: »Bringe mir eine Flasche Wein und zwei Gläser!« »Zwei Gläser, Kapitän?« fragte verwundert der Junge; »ihr seid ja allein, wie kriegt ihr denn Besuch?« Der Kapitän befahl ihm zu gehn und zu tun, wie er geheißen. Als der Junge nun wieder mit der Flasche und den Gläsern in die Kajüte trat, da saß da der Schiffsgeist bei dem Kapitän und beide sprachen miteinander, der Kapitän schenkte ihm ein und sie tranken zusammen. So lange nämlich ein solcher Schiffsgeist auf dem Schiffe und gut Freund mit der Mannschaft ist, geht das Schiff nicht unter und jede Fahrt gelingt; verläßt er es, so steht es schlimm. Alles, was am Tage auf dem Schiffe zerbrochen ist, zimmert er Nachts wieder zurecht; er heißt darum auch der Klütermann. Er bereitet außerdem manche Arbeit für die Matrosen vor und verrichtet sie gar für sie. Ist er aber in übler Laune, macht er einen greulichen Lärm, wirft mit Brennholz, Rundhölzern und andern Sachen umher, klopft an die Schiffswände, vernichtet manches, hindert die Arbeiter, ja gibt den Matrosen unsichtbar heftige Ohrfeigen. Von diesem Lärmen, meint man, heiße er der Klabautermann.

Ludwig Strackerjan (1825–1881)

Der Klabautermann

Der Klabauter- oder Klabattermann ist ein kleines graues Männchen, kaum zwei Fuß hoch, aber kräftig und gedrungen; er wohnt auf Schiffen. Einer beschreibt ihn so: er ist ein kleiner Kerl, kaum einen Fuß hoch, mit roten Pausbacken und hellen, gutmütigen Augen, ist wie der Matrose mit Piejäcker und Südwester bekleidet und trägt, so oft man ihn sieht, einen hölzernen Hammer in der rechten Hand. Er stellt sich nicht selten schon beim Bau des Schiffes ein, das er bewohnen will, und hilft mit kalfatern; darum nennt man ihn auch den Kalfatermann (Ostfriesland), während andere sagen, seine Heimat habe er eigentlich in den wärmeren Gegenden, und dorther komme er mit den Schiffen herüber. Ist das Schiff auf See, so behütet er dasselbe vor Brand, Strandung und anderen Gefahren und paßt auf die Mannschaft, daß sie ihre Pflicht nicht versäume, indem er dem Lässigen eine Ohrfeige gibt. Dafür muß man ihm aber auch gutes Essen hinsetzen, denn er ist lecker und nimmt am liebsten Speise von des Kapitäns Tische. Seine Anwesenheit merkt man an seinem Klopfen und Poltern, das er wohl einmal eine Zeit lang, aber nie ganz einstellt; wenn dasselbe ganz ausbleibt, so hat er das Schiff verlassen und dies ist ein sicheres Zeichen, daß das Schiff von seiner nächsten Reise nicht zurückkehrt. Er verrichtet des Nachts für die Mannschaft mancherlei Geschäfte. Am meisten hält er sich im Zwischendeck in des Zimmermanns Raume auf, und tut die Arbeit, die eilig ist, und mit welcher der Zimmermann nicht recht fertig werden kann. Wenn man ihn dort klopfen und hämmern hört und sich hinbegibt, um ihn zu beobachten, so sieht man nichts und alle Geräte liegen an ihrer gewöhnlichen Stelle; anderen Morgens aber ist die Arbeit wohl und gut beschafft. Bei stürmischem Wetter steht er oben im Mast und sorgt dafür, daß das Rechte geschehe. So hat schon manchmal eine Mannschaft ein Kommando gehört, die oder jene Segel wegzunehmen, und wenn sie es getan, hat weder einer der Steuerleute, noch der Kapitän selbst das Kommando gegeben; immer aber ist es zur Wohlfahrt des Schiffes dienlich gewesen. – Der Klabautermann pflegt das Schiff zu verlassen, wenn die Mannschaft nichts taugt, ein Verbrecher unter ihr ist, oder ein Verbrechen auf dem Schiffe begangen wird. Einige erzählen auch, daß, wenn der Klabautermann von dem Schiffe gehe, auch alle Ratten dasselbe verließen, denn das seien seine Kameraden. Mitunter kommt auch der Klabautermann in freundlicher Absicht von dem Schiffe an Land in das Haus des Kapitäns oder des Reeders und ist auch wohl noch früher da und rumort auf dem Boden oder im Lagerraum; das ist dann ein Zeichen, daß das Schiff bald glücklich zu Hause anlangen wird.

Hans Leip (1893–1983)

Der Klabautermann

Es gibt junge Mädchen, die nicht gern in Booten segeln, deren Planken aus Eichenholz sind. Sie fürchten sich vor dem Klabautermann. Es könnte sein, daß unter dem Baume, davon das Holz stammt, einst eine Kindesmörderin ihren Säugling vergraben hat. Dann spukt es auf dem Boot. Unversehens rasselt, klirrt, klopft oder poltert es dann manchmal unter Deck. Und manchmal sitzt mit uraltem Kindergesicht ein kleiner Mann in dem grauen oder blauen Anzug eines Waisenkindes auf dem Klüver und raucht eine Tonpfeife. Er ist der Geist des umgebrachten Kindes. Man muß aber den 29. Februar genau Schlag acht Glas Mitternacht bei Vollmond in der Minute der Flutkenterung an der Küste des Meeres geboren sein. Dann kann man ihn sehen. Oft kündigt er Havarie an. Oft will er nur warnen. Gewöhnlich bringt er den Schiffen Glück. Er soll auch gelegentlich eine eigene Flagge im Vortopp hissen, nebelgrau, mit seltsamen Zeichen darauf. Man darf ihm niemals fluchen, selbst nicht, wenn er sich gefallen läßt, das Geheimnis der Seelenwanderung zu seiner Erlösung zu nutzen und, wenn junge Frauen an Bord sind, den Keim zu seiner Neugeburt zu segnen. Das Kind pflegt dann zumeist ein Junge zu sein, der den Drang zur See in sich spürt und das Zeug hat, Admiral oder Seeräuber zu werden.

Der Fliegende Holländer

Willy Stöwer (1864–1931): Der Fliegende Holländer

In der Nacht sah ich mal ein großes Schiff mit ausgespannten blutroten
Segeln vorbeifahren, daß es aussah wie ein dunkler Riese
in einem weiten Scharlachmantel. War das der Fliegende Holländer?
Heinrich Heine (1797–1856)

Muß segeln und segeln in Ewigkeit, vom Himmel dazu verflucht.
Wie oft hat er auf Such' und Spur die Erde schon umkreist,
nie landend, immer segelnd nur, ein ruheloser Geist!
Julius Wolff (1834–1910)

*Leah Levine (*1961)*

Der Fliegende Holländer

Von der Legende des Fliegenden Holländers gibt es unzählige Varianten, die seit dem 18. Jh. immer wieder Stoff für Spekulationen hergaben und viele Autoren inspirierten; der Ursprung lag aber übereinstimmend im 17. Jh. und wurde um Kap Hoorn angesiedelt.

Im Jahre 1641 kommt ein Kapitän (Barend Fokke oder Henrik van der Decken, zwei reale Personen, die in die Legende einflossen) vom Ostindischen Ozean an das Kap der Guten Hoffnung. Seit Wochen schon tobt Sturm, die Mannschaft ist erschöpft, und alle haben Angst, an den Klippen zu zerschellen. Jeder hofft, der Kapitän habe ein Einsehen und werde beidrehen, aber dieser trotzt fluchend den Naturgewalten. Er will das Kap umschiffen, koste es, was es wolle. Sein Steuermann versucht es mit Worten, doch als Antwort dröhnt ihm der Fluch des Kapitäns entgegen: »Soll der Teufel mein Zeuge sein. Lieber segele ich bis zum Jüngsten Tag, als mich dem Sturm zu beugen!«

Der Teufel nahm den Kapitän beim Wort, und auf wundersame Weise veränderte sich das Schiff. Seine Segel wurden blutrot, sein Rumpf pechschwarz, und die Mannschaft schien zu erstarren. Der Kapitän stand mit festem Blick am Ruder und durchpflügte den Sturm. Doch es gelang ihm nie, das Kap zu umfahren. Für immer und ewig war er nun gezwungen, auf den sieben Weltmeeren umherzuirren, ohne je in einem Hafen Anker werfen zu können oder sein Ziel oder die Heimat zu erreichen. In der Folgezeit haben immer mal wieder Schiffe den »Fliegenden Holländer«, wie man das Schiff nun nannte, gekreuzt und sind danach gesunken oder zerschellt. Oft gab es nur einen Überlebenden, der von den Ereignissen berichtete. So soll das Schiff die Fähigkeit gehabt haben, aus dem Nichts aufzutauchen, ein Schiff ohne Schaden regelrecht zu durchfahren, als sei es körperlos, ohne Wind oder sogar gegen den Wind zu segeln, und an Bord habe kein menschliches Wesen gestanden, außer der am Ruder festgezurrten Person des Kapitäns. Manche berichteten, ein Ruderboot habe sich ihnen genähert und Briefe übergeben an die Angehörigen in Amsterdam. Die Daten, die darauf standen, waren über hundert Jahre alt und die Familien teilweise schon ausgestorben. Jedes Schiff, das die Annahme verweigerte, geriet in den nächsten Tagen in einen vernichtenden Sturm. Die aber, die die Legenden kannten, nahmen die Briefe und nagelten sie an den Hauptmast, womit das Unglück abgewendet werden sollte.

Der Fliegende Holländer ist eng mit dem Geisterschiffmythos verbunden, ist er doch selbst eines. Aber es gibt noch viele andere Geisterschiffe, die immer mal wieder an den Küsten oder auf offener See auftauchten. Fast immer galten sie als Vorboten von Unglück, für die, die ihnen begegnen, aber auch für das Land selbst, denn manche kündigten Seuchen und Krieg an – oft genug hatten sie die Krankheit direkt an Bord, was die Entstehung solcher Mythen erklärt. Manche haben, so wird erzählt, menschliche Besatzung, manche sollen von Skeletten gefahren werden (Totenschiffe), und wieder andere sollen direkt unter dem Kommando des Teufels gestanden und die Pest an die Küsten gebracht haben (Höllenschiffe). Allen gemeinsam ist die verdammte oder verfluchte Besatzung, die aus ungerechten Umständen oder durch eigenes Verschulden (unruhige Seelen, die ihren Frieden nicht finden) in die fatale Lage kamen, das Meer nicht mehr verlassen zu können. Vom Fliegenden Holländer wird berichtet, er könne alle sieben oder zehn Jahre für einen Tag an Land gehen, und wenn er eine treue Frau fände, die für ihn beten würde, könnte er am Ende sogar Erlösung erlangen.

Heinrich Heine (1797–1856)

Treu bis in den Tod*

Auf diese Fabel[1] gründete sich das Stück, das ich im Theater zu Amsterdam gesehen. Es sind wieder sieben Jahr verflossen, der arme Holländer ist des endlosen Umherirrens müder als jemals, steigt ans Land, schließt Freundschaft mit einem schottischen Kaufmann, dem er begegnet, verkauft ihm Diamanten zu spottwohlfeilem Preise, und wie er hört, daß sein Kunde eine schöne Tochter besitzt, verlangt er sie zur Gemahlin. Auch dieser Handel wird abgeschlossen. Nun sehen wir das Haus des Schotten, das Mädchen erwartet den Bräutigam zagen Herzens. Sie schaut oft mit Wehmut nach einem großen verwitterten Gemälde, welches in der Stube hängt und einen schönen Mann in spanisch-niederländischer Tracht darstellt; es ist ein altes Erbstück, und nach der Aussage der Großmutter ist es ein getreues Konterfei des Fliegenden Holländers, wie man ihn vor hundert Jahr in Schottland gesehen, zur Zeit König Wilhelms von Oranien. Auch ist mit diesem Gemälde eine überlieferte Warnung verknüpft, daß die Frauen der Familie sich vor dem Originale hüten sollten. Eben deshalb hat das Mädchen von Kind auf sich die Züge des gefährlichen Mannes ins Herz geprägt. Wenn nun der wirkliche Fliegende Holländer leibhaftig hereintritt, erschrickt das Mädchen; aber nicht aus Furcht. Auch jener ist betroffen bei dem Anblick des Porträts. Als man ihm bedeutet, wen es vorstelle, weiß er jedoch jeden Argwohn von sich fernzuhalten; er lacht über den Aberglauben, er spöttelt selber über den Fliegenden Holländer, den Ewigen Juden des Ozeans; jedoch unwillkürlich in einen wehmütigen Ton übergehend, schildert er, wie Mynheer auf der unermeßlichen Wasserwüste die unerhörtesten Leiden erdulden müsse, wie sein Leib nichts anderes sei als ein Sarg von Fleisch, worin seine Seele sich langweilt, wie das Leben ihn von sich stößt und auch der Tod ihn abweist: gleich einer leeren Tonne, die sich die Wellen einander zuwerfen und sich spottend einander zurückwerfen, so werde der arme Holländer zwischen Tod und Leben hin und her geschleudert, keins von beiden wolle ihn behalten; sein Schmerz sei tief wie das Meer, worauf er herumschwimmt, sein Schiff sei ohne Anker und sein Herz ohne Hoffnung.

Ich glaube, dieses waren ungefähr die Worte, womit der Bräutigam schließt. Die Braut betrachtet ihn ernsthaft und wirft manchmal Seitenblicke nach seinem Konterfei. Es ist, als ob sie sein Geheimnis erraten habe, und wenn er nachher fragt: »Katharina, willst du mir treu sein?«, antwortet sie entschlossen: »Treu bis in den Tod.«

1. Die Fabel vom Fliegenden Holländer

Richard Wagner (1813–1883)

Verloren! Ach! Verloren! Ewig verlor'nes Heil!*

Senta:
Nicht mehr! Nicht mehr! Ich darf dich nicht mehr sehn,
nicht an dich denken – hohe Pflicht gebeut's!

Erik:
Welch hohe Pflicht? Ist's höhre nicht, zu halten,
was du mir einst gelobet: ewige Treue?

Senta heftig, wie erschrocken:
Wie? Ew'ge Treue hätt ich dir gelobt?

Erik schmerzlich:
Senta! Oh, Senta! Leugnest du?
Willst jenen Tags du nicht dich mehr entsinnen,
als du zu dir mich riefest in das Tal?
Als, dir des Hochlands Blumen zu gewinnen,
mutvoll ich trug Beschwerden ohne Zahl?
Gedenkst du, wie auf steilem Felsenriffe,
vom Ufer wir den Vater scheiden sahn?
Er zog dahin auf weiß beschwingtem Schiffe,
und meinem Schutz vertraute er dich an.
Als sich dein Arm um meinen Nacken schlang,
gestandest du mir Liebe nicht aufs Neu?
Was bei der Hände Druck mich hehr durchdrang, –
sag, war's nicht die Versich'rung deiner Treu?

Der Holländer, welcher ungesehen den vorigen Auftritt belauscht, bricht hervor. Holländer:
Verloren! Ach! Verloren! Ewig verlor'nes Heil!

Erik:
Was seh ich! Gott!

Holländer:
Senta, leb wohl!

Senta zum Holländer:
Halt ein! Unsel'ger!

Erik zu Senta:
Was beginnst du?
Holländer:
In See! In See! In See für ew'ge Zeiten
Zu Senta:
Um Deine Treue ist's getan! ...
Um deine Treue, um mein Heil!
Leb wohl! Ich will dich nicht verderben!
Erik:
Entsetzlich! Dieser Blick ...!
Senta sich dem Holländer entgegenwerfend:
Halt ein! Von dannen sollst du nimmer fliehn!
Holländer. Er gibt ein gellendes Zeichen auf der Pfeife und ruft der Mannschaft seines Schiffes zu:
Segel auf! Anker los!
Sagt Lebewohl auf Ewigkeit dem Lande!
Senta:
Ha! zweifelst du an meiner Treue?
Unsel'ger, was verblendet dich?
Halt ein! Das Bündnis nicht bereue!
Was ich gelobte, halte ich.
Unsel'ger! Halt ein!
Holländer:
Fort, auf das Meer, treibt's mich aufs neue!
Ich zweifl' an dir! Ich zweifl' an Gott!
Dahin! Dahin ist alle Treue!
Was du gelobtest, war dir Spott!
Dahin! Dahin! Ewig dahin!
Erik:
Was hör ich? Gott! Was muß ich sehn!
Muß ich dem Ohr, muß ich dem Auge traun!
Senta! Willst du zu Grunde gehen?
Zu mir! Du bist in Satans Klaun!
Holländer:
Erfahre das Geschick, vor dem ich dich bewahr:

Verdammt bin ich zum gräßlichsten der Lose,
zehnfacher Tod wär mir erwünschte Lust!
Vom Fluch ein Weib allein kann mich erlösen,
ein Weib, das Treu bis in den Tod mir hält.
Wohl hast du Treue mir gelobt, – doch vor
dem Ewigen noch nicht: – dies rettet dich!
Denn wiss', Unsel'ge! welches das Geschick,
das jene trifft, die mir die Treue brechen:
Ew'ge Verdammnis ist ihr Los!
Zahllose Opfer fielen diesem Spruch durch mich –
du aber sollst gerettet sein! Leb wohl!
Zum Abgang gewendet.
Fahr hin, mein Heil, in Ewigkeit!

Erik in furchtbarer Angst nach dem Hause und dem Schiffe hin rufend:
Zu Hülfe! Rettet! Rettet sie!

Senta den Holländer aufhaltend:
Wohl kenn ich dich! Wohl kenn ich dein Geschick;
ich kannte dich, als ich zuerst dich sah!
Das Ende deiner Qual ist da! Ich bin's,
durch deren Treu dein Heil du finden sollst!

Daland, Mary, die Mädchen vom Hause und die Matrosen vom Schiffe her eilen auf Eriks Hülferuf herbei.

Erik:
Helft ihr! Sie ist verloren!

Daland, Mary und Chor:
Was erblick ich!

Holländer zu Senta:
Du kennst mich nicht, – du ahnst nicht, wer ich bin!
Er deutet auf sein Schiff, dessen blutrote Segel aufgespannt werden und dessen Mannschaft mit Regsamkeit die Abfahrt vorbereitet.
Befrag die Meere aller Zonen, befrag
den Seemann, der den Ozean durchstrich!
Er kennt dies Schiff, den Schrecken aller Frommen:
den Fliegenden Holländer nennt man mich.

Chor der Mannschaft des fliegenden Holländers den Anker lichtend:
Jahohoe! Jahohoe! Hoe! Hoe! Hoe!

Der Holländer gelangt mit Blitzesschnelle an Bord seines Schiffes, welches augenblicklich die Küste verläßt und in See geht. Senta will dem Holländer nacheilen, Daland, Erik und Mary halten sie zurück.

Daland, Erik, Mary und Chor:
Senta! Senta! Senta! Was willst du tun?

Senta reißt sich mit Gewalt los und erreicht in Eile ein in die See hervorragendes Felsenriff, von wo aus sie dem Holländer nachruft:
Preis deinen Engel und sein Gebot!
Hier steh ich – treu dir bis zum Tod!

Sie stürzt sich in das Meer. Sogleich versinkt mit einem fürchterlichen Krachen das Schiff des Holländers; das Meer türmt sich hoch auf und sinkt dann in einem Wirbel zurück. – Der Holländer und Senta, beide in verklärter Gestalt, entsteigen dem Meere; er hält sie umschlungen.

Julius Wolff (1834–1910)

Der Fliegende Holländer

Die Dämmerung bricht leis herein,
Es blinken schon die ersten Sterne,
Da zieht im letzten Tagesschein
Ein Schiff einsam in Meeresferne.
Ein andres steuert ihm entgegen,
Mit allen Segeln fährt's herzu,
Doch ohne Schwanken, ohne Bewegen,
In todesstarrer Ruh.
Dem ersten grade gegenüber
Steht's still, als ob's verankert sei,
Und durch das Sprachrohr tönt's herüber
Mit Schauerlichem Klang: »Dreht bei!«
Die Schiffe halten;
Von alterthümlichem Bau

Ist das mit Segel vollem Entfalten;
Sie schimmern so gespenstisch grau,
Als wären sie aus Nebel gewoben,
Die Toppen umflimmert ein bläulicher Glanz,
Blutlose Gesichter zeigen sich oben
Und grinsen über der Rehling Kranz.
Ein Boot stößt ab, ungerojet[1] gleitet
Es ganz von selbst lautlos heran;
Als ob sein Blick es lenkt und leitet,
Steht darin aufrecht ein einziger Mann.
Der kommt an Bord, begrüßt mit Neigen
Den Kapitän, der in staunendem Schweigen
Empfängt den unheimlichen Gast,
Und spricht wie unter schwerer Last
Das dringende Gesuch inmitten
Der vor im grauenden Mannschaft aus:
»Mynheer van Straten läßt Euch bitten:
Nehmt diese Briefe mit nach Haus!«
Er spricht es halb mit tiefem Flehen,
Halb so gebietend und bestimmt,
Daß der Kap'tän nicht widerstehen
Der Bitte kann und die Briefe nimmt.
Der Fremde dankt mit stummen Nicken
Und kehrt dann ohn ein weitres Wort,
Wie er gekommen, vor aller Blicken
Zurück an seines Schiffes Bord.
Dort steht am Heck eine hohe Gestalt,
Von langen, grauen Haar umwallt,
Die winkt und ruft jetzt, daß es schaurig
Herüber schallt und ach! so traurig:
»Grüßet die Heimat!«

Der Segler schwindet im Nebelduft,
Es weht und windet und saust in der Luft
Die Wolken thürmen sich in der Nacht,

Es beginnt zu stürmen, es blitzt und kracht.
Die Briefe, die an Bord geblieben,
Sie bringen Gefahr und Noth,
Sie sind an Zwei geschrieben,
Die lange, lange todt.
Vom Schiffe nieder geht niemals wieder
Ein Anker zum Grunde, – bald kommt seine Stunde.
Da schlagen zusammen darüber die Wogen,
Oder von Flammen wird's aufgesogen,
An Riffen zerschellen wird's in den Wellen,
Scheitern am Strande, – nie kommt es zu Lande.

Wer ist der Segler, der Unheil bringt,
Deß Ruf wie aus andrer Welt erklingt?
Von allen Schiffern ist er gekannt,
Der fliegende Holländer wird er genannt.
Durch alle Meere sein Weg hin geht,
Solang auf Erden der Wind noch weht.
In Windstille fährt er schnell durch die Fluth,
Im Sturm, als wenn er vor Anker ruht.
Wehe dem Schiffe, das ihn erblickt,
Dem einen Gast er mit Briefen schickt!
Weil er Gott verhöhnt, ist er verdammt
In Ewigkeit zu dem schrecklichen Amt,
Zu segeln, zu segeln ruhelos,
Verderben zu bringen hoffnungslos.
Der den grausigen Fluch sich selber schuf,
Uebers Meer hin schaurig schallet sein Ruf:
»Grüßet die Heimat!«

1. rojen – altes Wort für rudern

Peter Altenberg (1859–1919)

Der Traum vom Fliegenden Holländer*

Wie Senta im »Fliegenden Holländer« sind alle Frauenseelen. Ueber ihren Thüren ist das Bild gemalt des »Fliegenden Holländer's«, dieses organische und unentrinnbare Bedürfnis ihrer romantischen und kindlichen Seelen.

In einen weiten dunklen Mantel gehüllt, wie mit den Weltenschwingen angethan, sehen sie ihn, mit seinen räthselvollen Augen und seinem Schicksale des ewig Wandernden. Einen suchen sie, der ewig sich bewegt und Ruhe sucht im Weibe!

Ueber den weissen Thüren ihrer kindlichen Schlafgemächer hängt dieses Bild, über den braunen Thüren mit Goldleisten ihrer Salons, über den gelben Thüren ihrer Landvillen, über den dunklen Thoren ihres Lebens! Nie öffnet sich die Thüre. Nie erscheint er.

Prince Albert Victor (1864–1892) und Prince George of Wales (1865–1936)

Die Fahrt der HMS »Bacchante« 1879–1882

11. Juli 1881. Um 4 Uhr morgens fuhr der Fliegende Holländer an uns vorüber. Wir sahen – es war in der Nähe von Sidney – ein seltsames rotes Licht, welches ein Schiff gespenstisch beleuchtete. Inmitten dieses Lichtes hoben sich Masten, Rahen und Segel einer etwa 200 Meter entfernten Brigg sehr deutlich ab. Als das Schiff sich näherte, wurde es angerufen. Zugleich wurde dasselbe auch vom Offizier der Wache von der Brücke aus gesehen, ebenso bemerkte es auch der Kadett der Achterdeckswache. Als er aber nach vorn lief, sah er keine Spur mehr eines Schiffes. Das Meer war ruhig und die Nacht hell. Das Schiff sahen insgesamt dreizehn Personen. Auch die »Tourmaline« und die »Kleopatra« gaben am nächsten Morgen Signale und fragten, ob wir auch das merkwürdige rote Licht gesehen hätten. Der Seemann, der den »Fliegenden Holländer« zuerst gemeldet hatte, stürzte heute morgen von der Vorbramstange und war tot. Auch den Admiral ereilte im nächsten Hafen ein Unglück.

Georg Heym (1887–1912)

Der fliegende Holländer

1.

Wie Feuerregen füllt den Ozean
Der schwarze Gram. Die großen Wogen türmt
Der Südwind auf, der in die Segel stürmt,
Die schwarz und riesig flattern im Orkan.

Ein Vogel fliegt voraus. Sein langes Haar
Sträubt von den Winden um das Haupt ihm groß.
Der Wasser Dunkelheit, die meilenlos,
Umarmt er riesig mit dem Schwingenpaar.

Vorbei an China, wo das gelbe Meer
Die Drachendschunken vor den Städten wiegt,
Wo Feuerwerk die Himmel überfliegt
Und Trommeln schlagen um die Tempel her.

Der Regen jagt, der spärlich niedertropft
Auf seinen Mantel, der im Sturme bläht.
Im Mast, der hinter seinem Rücken steht,
Hört er die Totenuhr, die ruhlos klopft.

Die Larve einer toten Ewigkeit
Hat sein Gesicht mit Leere übereist.
Dürr, wie ein Wald, durch den ein Feuer reist.
Wie trüber Staub umflackert es die Zeit.

Die Jahre graben sich der Stirne ein,
Die wie ein alter Baum die Borke trägt.
Sein weißes Haar, das Wintersturmwind fegt,
Steht wie ein Feuer um der Schläfen Stein.

Die Schiffer an den Rudern sind verdorrt,
Als Mumien schlafen sie auf ihrer Bank.
Und ihre Hände sind wie Wurzeln lang
Hereingewachsen in den morschen Bord.

Ihr Schifferzopf wand sich wie ein Barett
Um ihren Kopf herum, der schwankt im Wind.
Und auf den Hälsen, die wie Röhren sind,
Hängt jedem noch ein großes Amulett.

Er ruft sie an, sie hören nimmermehr.
Der Herbst hat Moos in ihrem Ohr gepflanzt,
Das grünlich hängt und in dem Winde tanzt
Um ihre welken Backen hin und her.

2.
Dich grüßt der Dichter, düsteres Phantom,
Den durch die Nacht der Liebe Schatten führt,
Im unterirdisch ungeheuern Dom,
Wo schwarzer Sturm die Kirchenlampe schürt,

Die lautlos flackert, ein zerstörtes Herz,
Von Qual durchlöchert, und die Trauer krankt
Im Tode noch in seinem schwarzen Erz.
An langen Ketten zittert es und schwankt.

Sein roter Schein flammt über Gräber hin.
An dem Altare kniet ein Ministrant,
Zwei Dolche in der offnen Brust. Darin
Noch schwelt und steigt trostloser Liebe Brand.

Durch schwarze Stollen flattert das Gespenst.
Er folgt ihm blind, wo schwarze Schatten fliehn,
Den Mond an seiner Stirn, der trübe glänzt,
Und Stimmen hört er, die vorüberziehn

Im hohlen Grund, der von den Qualen schwillt,
Mit dumpfem Laut. Ein ferner Wasserfall
Pocht an der Wand, und bittre Trauer füllt
Wie ein Orkan der langen Treppen Fall.

Fern kommt ein Zug von Fackeln durch ein Tor,
Ein Sarg, der auf der Träger Schultern bebt
Und langsam durch den langen Korridor
In trauriger Musik vorüberschwebt.

Wer ruht darin? Wer starb? Der matte Ton
Der Flöten wandert durch die Gänge fort.
Ein dunkles Echo ruft er noch, wo schon
Die Stille hockt an dem versunknen Ort.

Das Grau der Mitternacht wird kaum bedeckt
Von einer gelben Kerze, und es saust
Der Wind die Gänge fort, der bellend schreckt
Den Staub der Grüfte auf, der unten haust.

Maßlose Traurigkeit. In Nacht allein
Verirrt der Wandrer durch den hohen Flur,
Wo oben in der dunklen Wölbung Stein
Gestirne fliehn in magischer Figur.

*Emily Drummond (*1961)*

Der Fliegende Holländer

Die Gischt spritzt hoch, der Himmel düster,
verloren in der Wellen Kraft
wie eine Planke schlingert das Schiff,
statt rettendem Strand ein gefährliches Riff.

Verdammt sei der, der uns heut kreuzte,
aus dem Nichts kam er auf einmal hervor
ein finsteres Schiff war wie Geisterhand,
es fuhr durch uns durch, wir waren gebannt.

Der Schreck ließ alle Mannen zittern,
volle Segel und doch kein Mann an den Brassen.
Nur am Ruder lehnte der Kapitän
Für einen Moment war er zu sehn.

Wir dachten, die See spiele uns einen Streich,
doch schon hörten wir die Wanten reißen.
Die Planken bogen sich, wie unter Gewalt
den Männern wurds mit einemmal kalt.

Verloren in öder, wässriger Weite,
kein Land, keine Rettung, kein anderes Schiff.
Gebete sandten wir zum Firmament
der junge Schiffskoch, er schreit und flennt.

So werden wir heute wohl alle sterben,
vorbei ist des Lebens Müh und Plag.
Meine letzte Fahrt wars auf diesen Meeren,
vorbei die Hoffnung zurückzukehren.

Die Sonne erobert den Himmel zurück,
das Meer scheint ganz sanft und ruhig.
Tief unten rammt sich das Spriet in den Sand
ein Schiff mehr versenkt von des Teufels Hand.

KAPITEL 5

Höllische Heerscharen oder Die schwarzen Engel

Schattenwesen in dunklen Himmeln und in tiefen Höllen

Henri-Eugène Delacroix (1845–1930):
Der Aufstand Luzifers und der rebellischen Engel

So hätte ich zu viel Mitleiden mit dem Leser gehabt,
um ihn solange in ängstlichem Zweifel zu lassen, ob wirklich Beelzebub
oder Satan in gehörnter Majestät mit ihrem ganzen höllischen Hofstaat
leibhaftig erscheinen würden oder nicht.
Henry Fielding (1707–1754)

Die tiefste aller Listen des Teufels ist, uns einzureden, daß es ihn nicht gibt.
Charles Baudelaire (1821–1867)

Alle Teufel

Satan, Luzifer und Beelzebub

Louis Pascal Breton: Satan (Holzstich 1863)

Die Macht des Teufels ist dort am größten,
wo man nicht mehr an ihn glaubt.
Aurelius Augustinus (354–430)

Ja, ein Teufel will ich werden, und als Kameraden grüß ich,
Satanas und Belial, Astaroth und Beelzebub.
Heinrich Heine (1797–1856)

Hier zeigt sich mir ein Kopf mit einem Bocksbart
in meisterhafter Ausführung. Ich drehe ihm sofort den Rücken zu.
Es ist Pan in Person, wie ihn die Alten schildern, und wie er sich später
in den Teufel des Mittelalters verwandelt hat.
August Strindberg (1849–1912)

*Leah Levine (*1961)*

Satan, Luzifer und Beelzebub

»Meine Namen sind Legion«

Es hat, seit es Menschen gibt, die an einen Gott glauben, immer neben dem sogenannten Guten auch das Gegengewicht gegeben. Oft gleichberechtigt nebeneinander stehend, aber auch mit der Tendenz, das »Böse/Dunkle« eines Tages vom Guten besiegen zu lassen. Mit Aufkommen des Christentums nahm die Liga der dunklen Götter zahlenmäßig rapide zu, da nun viele heidnische Götter verteufelt, jeder Fruchtbarkeitskult zur reinen Sünde wurde und selbst jahrtausendealte Kulturen regelrecht niedergemacht wurden. Ein gutes Beispiel dafür ist Beelzebub, einst ein Schutzgott der Philister und Hüter ihrer Stadt Ekron. War er ein Bewahrer vor Krankheit und Zerfall, so verwandelte sich sein Bild mit der Zeit in sein Gegenteil. Er wurde zu einem Dämon der Unreinheit. Auch die Juden, die den Gott Baal verdammten, verunglimpften dessen Namen in Beelzebub. Benutzte Jesus die Kraft Beelzebubs noch, um die Teufel auszutreiben (was diesem gar nicht gefiel), so wurde er innerhalb kürzester Zeit selbst zu einem Bewohner der Hölle. Keine anstößige Gestalt war abwegig genug, um sie Beelzebub zuzuordnen, doch besonders die Darstellung als große Stechfliege mit den Symbolen des Todes ist häufig überliefert, heißt sein Name doch in der Übersetzung »Herr der Fliegen«. Später unterstellte man vielen Insekten, die die Ernten bedrohten, sie seien kleine schädliche Dämonen.

Im Mittelalter wurde er zum Herrn der Hexensabbate, wo er die Hingabe aller Menschenfrauen forderte, und vom »Schöpfer und Erhalter aller Dinge« wurde er zum Dämon der Unmäßigkeit und zum Oberbefehlshaber der Hölle. Dämonologen aller Zeit waren sich uneins, ob er nun Satan als höchste Macht in der Unterwelt abgelöst hatte oder ihm nach wie vor unterstellt war. Satan, das Wort bedeutet eigentlich nur »Widersacher«, wurde zum Inbegriff der Rebellion gegen Gott. Unter diesem Aspekt sind Luzifer und Satan eins. Der Anführer der aufrührerischen Engel wurde geschlagen und für immer in den Abgrund der Hölle geworfen. Im Alten Testament kann man lesen, daß Satan einst von Gott die Macht erhielt, böse zu sein und damit die Menschen zu prüfen. Er galt als Ankläger und wurde später zum Versucher und Verführer. Im Christentum hatte er keine »gottgewollte« Aufgabe, er war einfach das Symbol für das absolute Böse, daß den Menschen die Zauberei nahebrachte und sie verdarb.

Luzifer, der Lichtbringer, teilt seinen Namen mit dem Gestirn Venus oder dem Morgenstern. Galt er einst als Sohn der Morgenröte und war die Inspiration für Künstler, Dichter und Musiker – wobei er auch die Schattenseite dieser Künste beeinflußte, konnte er doch auch Eitelkeit, Anmaßung und selbstsüchtige Liebe in die Herzen der Menschen bringen –, so war er doch nicht davor gefeit, eines Tages zum Teufel zu werden. Man nannte ihn zwar den »Herrscher der Welt«, machte ihn zum obersten Richter in der Hölle, aber gleichzeitig verdammte man ihn als Dämon des Stolzes und Verursacher des Sündenfalls. Während die einen seine Tat lobten, den Menschen die individuelle Erkenntnisfähigkeit, die Freiheit und das Selbstbewußtsein gebracht zu haben, verfluchten die anderen ihn, er habe die Menschen der Krankheit, dem Alter und dem Tod ausgeliefert. Für die Gnostiker war er der erstgeborene Sohn Gottes. Eliphas Levi berichtete, daß Luzifer selbst in der Kabbala kein schlechter, verfluchter Engel, sondern ein Engel der Erleuchtung und Erneuerung gewesen sei. Die Anthroposophen setzen ihn Ahriman gleich; er sei ebenso eine geistige Widersachermacht und öffne den menschlichen Astralleib den niederen Begierden.

Luzifer wird von den Magiern für gewöhnlich nicht beschworen, man versichert sich vielmehr nur seiner Unterstützung. Es heißt, er herrsche über die Europäer und die Asiaten und sollte nur an einem Montag bemüht werden.

Wie man sieht, bestehen sehr viele Zusammenhänge zwischen dem Begriff Satan und diversen dunklen Göttern/Dämonen/Engeln. Man könnte hier noch sehr viele Namen nennen, die im Christentum heute ganz einfach unter »Satan« zusammengefaßt werden. Unterschieden werden sie nur von den Dämonologen (Wierus,

Binfeld u.a.), die ihr Äußeres, ihren Rang beschreiben und genau auflisten, welche Gaben sie schenken oder wie man sie zu verehren, anzurufen oder zu beschwören hat.

Christopher Marlowe (1564–1593)

Beelzebub, der Prinz der Hölle*

Lucifer:
Ich bin Lucifer,
Und dies ist mein Gefährte, Prinz der Hölle.
Faust:
O Faust, sie kommen, um dich abzuholen.
Beelzebub:
Wir kommen, dir zu sagen, daß du frevelst.
Lucifer:
Du rufst den Christ an gegen den Kontrakt.
Beelzebub:
Du sollst an Gott nicht denken.
Lucifer:
Denk' an den Teufel.
Beelzebub:
Und an seine Großmutter.
Faust:
Ich will es nimmer wieder mir vergeben,
Ich schwöre, nie gen Himmel mehr zu schaun.
Lucifer:
So zeige dich als unsren treuen Diener,
Und höchlich wolln wir dich dafür belohnen.
Beelzebub:
Faustus, wir sind gekommen aus der Hölle,
Dir hier ein Zeitvertreibchen vorzumachen.
Setz dich, du sollst die sieben Todessünden
In leiblichen Gestalten vor dir sehn.

Faust:
Der Anblick soll so lieblich für mich sein
Wie Eden für den Adam bei der Schöpfung.
Lucifer:
Sprich nicht von Eden, sieh nur nach dem Schauspiel
Geh', Mephostophilis, hol' sie herein.
Die sieben Todsünden treten auf.

John Milton (1608–1674)

Satan, der Gegner Gottes und der Menschen*

Satan, der Gegner Gottes und der Menschen,
Erhebt indessen sich auf raschen Flügeln,
Entflammt von hochaufstrebenden Gedanken,
Und sucht einsamen Flugs der Hölle Pforte;
Bald kreuzt er nach der rechten Hand die Küste,
Bald nach der linken, jetzt mit flachen Schwingen
Die Tiefe streifend, schwingt er sich empor,
Hinauf zum hochgethürmten Flammenbogen,
Wie wenn zur See von ferne man entdeckt
Hoch an den Wolken hängend eine Flotte,
Die mit dem Wind der Nacht- und Tagesgleiche
Gesellig von Bengalen segelt, oder
Von Tidor und Ternate, von woher
Kaufleute theure Specereien holen,
Durch Aethiopien zum Cape fahrend
Und nach dem Nordstern Nachts die Richtung lenkend:
Also erschien von fern des Satans Flug.
Endlich erblickt die Grenzen er der Hölle:
Hoch ragen bis an's fürchterliche Dach
Neunfache Pforten, deren drei von Erz,
Von Eisen drei, und drei von Demantfelsen.

Heinrich Heine (1797–1856)

Der Teufel als Gast*

In der Tat, wenn der Teufel kein Feuergeist wäre, wie könnte er es dann in der Hölle aushalten? Er ist ein Wesen von so kalter Natur, daß er sogar nirgend anders als im Feuer sich behaglich fühlen kann. Über diese kalte Natur des Teufels haben sich alle die armen Frauen beklagt, die mit ihm in nähere Berührung gekommen. Merkwürdig übereinstimmend sind in dieser Hinsicht die Aussagen der Hexen, wie wir sie in den Hexenprozessen aller Lande finden können. Diese Damen, die ihre fleischlichen Verbindungen mit dem Teufel eingestanden, sogar auf der Folter, erzählen immer von der Kälte seiner Umarmungen; eiskalt, klagten sie, waren die Ergüsse dieser teuflischen Zärtlichkeit. Er erschien ihnen gewöhnlich im Gewand eines Höflings, mit einer roten Feder auf dem Kopfe.

Der Teufel ist kalt, selbst als Liebhaber. Aber häßlich ist er nicht; denn er kann ja jede Gestalt annehmen. Nicht selten hat er sich ja auch mit weiblichem Liebreiz bekleidet, um irgendeinen frommen Klosterbruder von seinen Bußübungen abzuhalten oder gar zur sinnlichen Freude zu verlocken. Bei anderen, die er nur schrecken wollte, erschien er in Tiergestalt, er und seine höllischen Gesellen. Besonders wenn er vergnügt ist und viel geschlemmt und gebechert hat, zeigt er sich gern als ein Vieh. Da war ein Edelmann in Sachsen, der hatte seine Freunde eingeladen zu einem Gastmahl. Als nun der Tisch gedeckt, und die Stunde der Mahlzeit gekommen, und alles zugerichtet war, fehlten ihm seine Gäste, die sich einer nach dem anderen entschuldigen ließen. Darob zornig, entfuhren ihm die Worte: »Wenn kein Mensch kommen will, so mag der Teufel bei mir essen mit der ganzen Hölle!«, und er verließ das Haus, um seinen Unmut zu verschmerzen. Mittlerweile kommen in den Hof hereingeritten große und schwarze Reiter und heißen des Edelmanns Knecht seinen Herrn suchen, um ihm anzuzeigen, daß die zuletzt geladenen Gäste angelangt seien. Der Knecht, nach langem Suchen, findet endlich seinen Herrn, kehrt mit diesem zurück, haben aber beide nicht den Mut, ins Haus hineinzugehen. Denn sie hören, wie drinnen das Schlemmen, Schreien und Singen immer toller wird, und endlich sehen sie, wie die besoffenen Teufel in der Gestalt von Bären, Katzen, Böcken, Wölfen und Füchsen ans offene Fenster treten, in den Pfoten die vollen Becher oder die dampfenden Teller, und mit glänzenden Schnauzen und lachenden Zähnen heruntergrüßend.

Theodor Storm (1817–1888)

Teufelsliebe*

Am Kreuzweg weint die verlassene Maid,
Sie weint um verlassene Liebe.
Sie klagt den fliegenden Wolken ihr Leid,
Ruft Himmel und Hölle zu Hilfe.
Da stürmt es heran durch die finstere Nacht,
Die Lüfte rauschen, die Fichte kracht,
Es flattern so krächzend die Raben.
Am Kreuzweg feiert der Böse sein Fest,
Mit Gang und Klang und Reigen;
Die Eule rafft sich vom heimlichen Nest
Und lädt viel' lustige Gäste.
Die stürzen sich jach durch die Lüfte heran,
Geschmückt mit Distel und Drachenzahn,
Und grüßen den harrenden Meister.
Und über die Heide weit und breit
Erschallt es im wilden Getümmel:
»Wer bist du, du schöne, du lustige Maid?
Juchheisa, Walpurgis ist kommen!
Was zauderst du, Hexchen? komm, springe mit ein!
Sollst heute des Meisters Liebste sein,
Du schöne, du lustige Dirne!«
Der Nachtwind peitscht die tolle Schar
Im Kreis um die weinende Dirne;
Da packt sie der Meister am goldenen Haar,

Und schwingt sie im sausenden Reigen;
Und wie die Eule im Zwielicht schreit,
Da hat der Teufel die Dirne gefreit,
Und hat sie nimmer gelassen.

Charles Baudelaire (1821–1867)

Gebet

Preis, Satan, dir und Ruhm in hoher Himmel Pracht,
Wo einstmals du geherrscht und in der Hölle Nacht,
In der besiegt du träumst in schweigendem Palaste!
Gib mir, daß unter der Erkenntnis Baum einst raste
Mein Geist, dir nahgesellt, zur Stunde, da dein Haupt
Gleich neuen Tempels Dach sein reich Gezweig umlaubt!

Anatole France (1844–1924)

Satans Sieg*

Als die fünf Engel die sieben hohen Terrassen erklommen hatten, die vom steilen Ufer des Ganges aufwärts bis zu in Lianen begrabnen Tempeln führen, erreichten sie durch überwucherte Alleen den verwilderten Garten, in dem Trauben ihren Duft verbreiteten und Affen lachten, und fanden in seiner Tiefe ihn, den zu suchen sie gekommen waren. Der Erzengel stützte die Ellbogen auf schwarze, mit Goldflammen bestickte Kissen. Zu seinen Füßen lagen Löwen und Gazellen, zahme Schlangen ringelten sich um die Bäume und wandten ihm ihr Freundesauge zu. Als er der englischen Besucher ansichtig wurde, belud sich sein Gesicht mit Schwermut. Schon als er noch die Stirn mit Weinlaub gekrönt und das Rebenzepter trug und die Menschen belehrte und tröstete, war sein Herz zu vielen Malen von Trauer übervoll gewesen, aber noch niemals seit seinem glorreichen Sturz hatte sein schönes Antlitz so viel Schmerz und Angst ausgedrückt.

Zita sagte, daß die schwarzen Fahnen scharenweise in allen Wüsten dieser Erdkugel versammelt seien; die Befreiung sei bedacht und vorbereitet in den himmlischen Provinzen, wo schon der erste Aufstand aufgegoren sei. Und sie fügte hinzu: »Fürst, deine Armee erwartet dich, komm und führe sie zum Sieg.« »Freunde«, erwiderte der große Erzengel, »ich wußte um den Gegenstand eures Besuches. Körbe mit Früchten und Honigscheiben erwarten euch im Schatten dieses großen Baumes. Bald wird die Sonne in die rosenfarbnen Gewässer des heiligen Stroms herabsteigen. Wenn ihr gegessen habt, werdet ihr angenehm in diesem Garten schlafen, in dem Verstand und Wollust herrschen, seit ich den Geist des alten Demiurgen daraus vertrieben habe. Morgen werde ich euch meine Antwort geben.«

Die Nacht breitete auf den Garten ihre blauen Schleier. Und Satan schlief ein und hatte einen bösen Traum, und in diesem Traum schwebte er hoch über der Erde und sah sie bedeckt mit aufrührerischen Engeln, schön wie die Götter und mit Augen, die Blitze schossen. Und von einem Pol zum andern stieg ein Schrei aus zehntausend Schreien gebildet, zu ihm herauf, mit Hoffnung und Liebe beladen. Und Satan sagte: »Voran! Suchen wir den alten Gegner in seiner Hochburg auf!«

Und er führte die unzählbare Armee der Engel über die himmlischen Ebenen. Und Satan wurde belehrt über das, was sich alsdann in der Himmelsburg zutrug. Als die Nachricht von diesem zweiten Aufstande dorthin gelangte, sagte der Vater zum Sohne:

»Der unversöhnliche Feind erhebt sich aufs neue. Denken wir nach und sehen wir uns in dieser Gefahr für unsere Verteidigung vor, damit wir unsere Hochburg nicht verlieren.« Und der dem Vater wesensgleiche Sohn antwortete: »Wir werden triumphieren in dem Zeichen, das Konstantin den Sieg verliehen hat.«

Die Entrüstung brach aus auf dem Berge des Herrn. Die getreuen Seraphim gelobten zuerst den Aufrührern schreckliche Todesstrafen; dann dachten sie daran, sie zu bekämpfen. Der Zorn, der in allen Herzen brannte, entflammte alle Gesichter. Man zweifelte nicht am Siege, aber man fürchtete Verrat und forderte jetzt schon die ewige Finsternis für Spione und Verbreiter von aufregenden Gerüchten. Man schrie, man sang die alten Hymnen, man jauchzte dem Herrn zu. Man trank die mystischen Weine. Der allzu aufgeblasene Mut war nahe am Sinken, und eine geheime Unruhe nistete sich in der verborgnen Tiefe der Seelen ein. Der Erzengel Michael übernahm den Oberbefehl. Er gab durch seine Ruhe den Geistern Sicherheit. Sein Gesicht, das seine Seele durchleuchtete, drückte Verachtung der Gefahr aus. Auf seinen Befehl durcheilten die im langen Frieden dick gewordenen Vorsteher der Blitze, die Cherubim, mit schwerem Schritt die Wälle des heiligen Berges, ließen den trägen Blick ihrer Kinderaugen über die strahlenden Wolken des Herrn gehen und bemühten sich, die göttlichen Batterien in Stellung zu bringen. Nachdem sie die Verteidigungswerke in Augenschein genommen hatten, schworen sie dem Allerhöchsten, daß alles bereit sei. Dann beriet man über das Verhalten, das einzunehmen sei. Michael war für die Offensive. Dies sei, sagte er, als vollendeter Soldat, die oberste Regel. Man sei entweder Angreifer oder werde angegriffen. Ein Mittelding gebe es nicht.

Übrigens, fügte er hinzu, passe diese angreifende Haltung vorzüglich für das Feuer der Thronen und Herrschaften. Über das weitere konnte man dem tapferen Führer kein Wort entreißen, und dieses Schweigen schien das Zeichen eines Genies, das seiner sicher ist. Gleich als das feindliche Heer gemeldet war, schickte Michael drei Heere unter Führung der Erzengel Uriel, Raphael und Gabriel gegen es aus. Die Fahnen in den Farben des Orients entfalteten sich in den ätherischen Gefilden, und die Blitze rollten auf dem Sternenpflaster. Drei Tage und drei Nächte wußte man auf dem Berge des Herrn nichts über das Schicksal dieser anbetungswürdigen und furchtbaren Armeen. Beim Anbruch des vierten Tages kamen Gerüchte, unbestimmt und verworren. Man erfuhr noch unentschiedene Siege, den Widerspruch von Triumphen. Die glorreichen Taten häuften sich und brachen in wenigen Stunden hin. Man versicherte, daß Raphaels Blitze, auf die Rebellen geschleudert, ganze Schwadronen verzehrt hatten. Gut unterrichtete Leute behaupteten, die von der schamlosen Zita geführten Truppen seien unter den Wirbeln eines Feuersturms begraben worden. Der wilde Istar sollte in den Abgrund gestürzt und Steiß über Kopf so unversehens umgekehrt worden sein, daß die Lästerungen, die sein Mund ausspie, in einem wütenden Furz geendet hätten. Man glaubte mit Vorliebe, daß Satan, mit diamantnen Ketten beladen, aufs neue in den Höllenschlund gebannt sei. Indessen hatten die Führer der drei Armeen überhaupt noch keine Botschaft gesandt. Zu den Siegesnachrichten gesellten sich dumpfe Gerüchte, die an eine unentschiedene Schlacht, einen überstürzten Rückzug glauben ließen. Vermessene Stimmen gaben vor, ein Geist der untersten Klasse, ein Schutzengel, der niedre Arcade, habe das strahlende Heer der drei Erzengel zur Umkehr und in Verwirrung gebracht.

Man erzählte auch von Massenabfällen im nördlichen Himmel, wo die Empörung vor Anbeginn der Zeiten ausgebrochen war, und einige hatten sogar schwarze Wolken gottloser Engel sich dem auf der Erde gebildeten Heere der Rebellen anschließen sehen. Aber die guten Bürger verschlossen diesen widerwärtigen Gerüchten ihr Ohr und klammerten sich an die Siegesberichte, die von Mund zu Munde gingen und sich bestätigten und bestätigten. Die erhabenen Orte klangen von Jubelhymnen wider: die Seraphim feierten Sabaoth, den Gott des Donners, auf Harfe und Psalterion. Die Stimmen der Auserwählten vereinten sich mit denen der Engel zum Preise des Unsichtbaren. Bei dem Gedanken an das Gemetzel, das die Diener des heiligen Zornes angerichtet hatten, stiegen Jubelseufzer vom himmlischen Jerusalem zum Allerhöchsten empor. Aber die Freude der Seligen, im voraus zum höchsten Grade gesteigert, konnte nicht mehr anwachsen, und das Übermaß ihrer Glücklichkeit machte sie ganz und gar empfindungslos.

Die Gesänge hatten noch nicht aufgehört; als die Posten, die auf den Festungsmauern wachten, die ersten Flüchtlinge des göttlichen Heeres meldeten, gerupfte Seraphim, die in verwirrtem Flug ankamen, verunstaltete Cherubim, auf drei Beinen laufend. Mit unerschütterlichem Blick maß Michael, der Kriegerfürst, den Umfang des Verderbens, und sein lichtvoller Verstand durchdrang dessen Ursachen. Die Heere des lebendigen Gottes hatten die Offensive ergriffen, aber durch einen jener unseligen Zufälle, die im Kriege die Pläne der größten Hauptleute umstürzen, hatten die Feinde ebenfalls die Offensive ergriffen, und es war nun die Wirkung davon zu sehen. Kaum hatten sich die Tore der Festung geöffnet, um die glorreichen und verunstalteten Trümmer der drei Heere aufzunehmen, als ein Feuerregen auf den Berg des Herrn niederfiel. Noch war die Armee Satans nicht in Sicht, und die Mauern von Topas, die Kuppeln von Smaragd, die Dächer von Diamant zersprangen unter den Entladungen der Elektrophoren mit furchtbarem Krachen. Die alten Wolken versuchten zu antworten, aber sie donnerten zu kurz, und ihre Blitze verloren sich in den öden Ebenen des Himmels.

Von einem unsichtbaren Feind geschlagen, gaben die getreuen Engel die Festungsmauern preis. Michael begab sich zu seinem Gott und meldete ihm, daß der heilige Berg binnen vierundzwanzig Stunden in der Gewalt der Dämonen sein werde und daß es für Ihn, den Herrn der Welten, das Heil nur mehr in der Flucht gäbe. Die Seraphim bargen die Kleinodien der himmlischen Krone in Koffern. Michael bot der Königin des Himmels seinen Arm, und die göttliche Familie entfloh dem Palast durch einen unterirdischen Gang von Porphyr. Eine Sintflut von Feuer fiel auf die Festung. Der glorreiche Erzengel nahm seine Kampfstellung wieder ein und erklärte, daß er die Festung niemals übergeben werde, und ließ bald die Fahnen des lebendigen Gottes heranbringen. Gleich am Abend zog das Heer des Aufruhrs in die dreimal heilige Stadt ein. Satan führte auf einem Pferde aus Feuer seine Dämonen. Hinter ihm schritten Arcade, Istar und Zita. Der alte Nectaire ritt wie bei den Triumphzügen des Dionysos auf einem Esel vorwärts. Dann flatterten hinter ihnen in der Ferne die schwarzen Fahnen. Die Besatzung legte ihre Waffen vor Satan nieder. Michael stellte sein Flammenschwert dem siegreichen Erzengel zu Füßen.

»Nimm dein Schwert wieder auf, Michael«, sagte Satan, »Luzifer gibt es dir wieder. Trage es zur Verteidigung des Friedens und der Gesetze.«

Alsdann wandte er seine Blicke über die Führer der himmlischen Schlachtreihen und rief mit widerhallender Stimme:

»Erzengel Michael und ihr, Mächte, Thronen und Herrschaften, schwört alle, eurem Gott treu zu sein!«

»Wir schwören es«, antworteten sie mit einer einzigen Stimme. Und Satan sagte:

»Mächte, Thronen und Herrschaften, von allen vergangenen Kriegen will ich mich nur an den unbesieglichen Mut erinnern, den ihr entfaltet habt, und jene Treue, die ihr nach Möglichkeit bewahrt habt und die mir eine Gewähr ist für die Treue, die ihr mir eben geschworen habt.«

Am folgenden Tage ließ Satan im ätherischen Gefilde die schwarzen Banner an die Truppen verteilen, und die geflügelten Soldaten bedeckten sie mit Küssen und tränkten sie mit Tränen.

Und Satan ließ sich zu Gott krönen. Auf den funkelnden Mauern des himmlischen Jerusalems drängten sich Apostel, Hohepriester, Jungfrauen, Märtyrer, Bekenner, das ganze Volk der Auserwählten, das während der Dauer des wilden Kampfes köstliche Ruhe genossen hatte, zusammen und kostete am Krönungsschauspiel unendliche Freude. Die Auserwählten sahen mit Entzücken den Allerhöchsten in die Hölle gestürzt und Satan auf dem Thron des Herrn sitzen. In Übereinstimmung mit dem Willen Gottes, der ihnen den Schmerz untersagt hatte, sangen sie nach alter Weise dem neuen Gebieter Lobgesänge.

Und Satan tauchte in den Raum durchdringende Blicke und betrachtete jene kleine Erd- und Wasserkugel, auf der er einst die Rebe gepflanzt und die ersten tragischen Chöre gebildet hatte. Und er richtete seine Blicke auf jenes Rom, wo der gestürzte *Gott* durch Betrug und Lüge seine Macht gegründet hatte. Indessen regierte damals ein Heiliger dieser Kirche. Satan sah, wie er betete und weinte. Und er sagte zu ihm:

»Ich vertraue dir meine Braut an, behüte sie treu, ich bestätige dein Recht und die Macht, die Lehre der Kirche zu bestimmen, den Gebrauch der Sakramente zu regeln, Gesetze zu machen, um die Reinheit der Sitten aufrecht zu erhalten. Und jeder Gläubige ist verpflichtet, sich dem anzupassen. Meine Kirche ist ewig, und die Pforten der Hölle werden sie nicht überwältigen. Du bist unfehlbar. Nichts ist anders geworden.«

Und der Nachfolger des Apostels fühlte sich von Seligkeit überströmt, er warf sich nieder und antwortete, die Stirn gegen die Fliesen gedrückt:

»Herr, mein Gott, ich erkenne deine Stimme wieder. Du hast deinen Hauch wie Balsam in mein Herz gegossen. Geheiligt werde dein Name. Dein Wille geschehe wie im Himmel, also auch auf Erden. Führe uns nicht in Versuchung, sondern erlöse uns von dem Übel.«

Und Satan behagte sich in diesen Lobpreisungen und Danksagungen, er liebte es, seine Weisheit und seine Macht rühmen zu hören. Er lauschte mit Freuden den Lobgesängen der Cherubim, die seine Wohltaten feierten, und er fand kein Vergnügen daran, Nectaires Flöte zu hören, weil sie die Natur feierte, dem Insekt und dem Grashalm ihren Anteil an Macht und Liebe gewährte und Freude und Freiheit anrief. Satan, der einst bei dem Gedanken, daß der Schmerz auf Erden herrschte, bis tief ins Fleisch erbebt war, fühlte sich jetzt dem Mitleid unzugänglich. Er sah das Leiden und den Tod als glückliche Wirkungen seiner Allmacht und allumfassenden Güte an. Und das Blut der Opfer stieg wie ein angenehmer Weihrauch zu ihm auf. Er verdammte die Intelligenz und haßte die Wißbegier. Er selbst wollte nichts mehr lernen aus Furcht, daß er beim Erwerbe einer neuen Wissenschaft sehen lasse, daß er nicht alle ohne weiteres besaß. Er gefiel sich im Geheimnis, und da er glaubte, von seiner Größe zu verlieren, wenn er verstanden würde, erkünstelte er Unbegreiflichkeit. Sein Hirn verdunkelte ein dicker Nebel von Theologie. Eines Tages kam er auf den Einfall, sich gleich seinem Vorgänger als ein Gott in drei Personen ausrufen zu lassen. Als er sah, daß Arcade während der Proklamation lächelte, verjagte er ihn aus seiner Gegenwart. Seit langem waren Istar und Zita auf die Erde zurückgekehrt. So vergingen die Jahrhunderte wie die Sekunden. Eines Tages tauchte er von seinem hohen Throne seine Blick in die größte Tiefe des Abgrundes und sah Jaldabaoth in der Hölle, in die er ihn gestürzt hatte, nachdem er selbst lange angekettet gewesen war. Jaldabaoth bewahrte in der ewigen Finsternis seinen Stolz. Geschwärzt, gebrochen, schrecklich, erhaben, hob er einen Blick der Verachtung zum Palaste des Himmelskönigs und wandte dann den Kopf. Und der neue Gott, der den Gegner beobachtete, sah über das schmerzliche Antlitz Intelligenz und Güte gehen. Nun betrachtete Jaldabaoth die Erde, sah sie in Übel und Leiden getaucht und nährte in seinem Herzen wohlwollende Gedanken. Plötzlich erhob er sich, und indem er mit seinen unermeßlichen Armen den Äther wie mit einem Doppelruder schlug, brach er auf die Erde vor, um die Menschen zu belehren und zu trösten. Schon brachte sein unermeßlicher Schatten dem unglücklichen Planeten einen Schatten so süß wie eine Liebesnacht.

Satan erwachte, in eiskalten Schweiß gebadet. Nectaire, Istar, Arcade und Zita hielten sich neben ihm. Die bengalischen Finken sangen.

»Gefährten«, sagte der große Erzengel, »nein, erobern wir den Himmel nicht. Es genügt, daß wir es können. Denn Krieg erzeugt wiederum Krieg und Sieg Niederlage. Der besiegte Gott wird Satan, und der siegreiche Satan wird Gott. Möge mir das Geschick dieses furchtbare Los ersparen!

Ich liebe die Hölle, die meinen Genius gebildet hat, und ich liebe die Erde, auf der ich einiges Gute getan habe, falls es möglich ist, in dieser schrecklichen Welt, wo die Wesen nur vom Mord bestehen können, welches zu tun. Jetzt ist, dank uns, der alte Gott seines irdischen Reiches entsetzt, und alles, was auf diesem Erdball denkt, verachtet ihn oder kennt ihn nicht. Aber was nützt es, daß die Menschen Jaldabaoth nicht mehr unterworfen sind, wenn der Geist Jaldabaoths noch in ihnen ist, wenn sie nach seinem Ebenbilde eifersüchtig, gewalttätig, streitsüchtig und habgierig, Feinde der Künste und der Schönheit sind; was nützt es, daß sie der barbarischen Demiurgen verworfen haben, wenn sie nicht auf die Dämonen, ihre Freunde, hören, die alle Wahrheit lehren, auf Dionysos, Apollon und die Musen. Wir aber, wir himmlischen Geister, erhabene Dämonen, wir haben Jaldabaoth, unsern Tyrannen, vernichtet, wenn wir die Unwissenheit und die Furcht in uns vernichtet haben.«

Und Satan wandte sich an den Gärtner: »Nectaire, du hast mit mir gekämpft vor der Geburt der Welt. Wir sind besiegt worden, weil wir nicht verstanden haben, daß der Sieg Geist ist und daß wir Jaldabaoth in uns und nur in uns angreifen und vernichten wollen.«

Joris-Karl Huysmans (1848–1907)

Die Anrufung Satans*

Hier wurde das Meßopfer unterbrochen. Der Priester stieg rückwärts die Stufen herab, kniete auf der letzten nieder und rief mit erregter und scharfer Stimme aus:

»Herr der Ärgernisse, Verteiler der Wohltaten des Verbrechens, Verwalter der wollüstigen Sünden und der großen Laster, Satan, Du bist es, den wir anbeten, logischer Gott, gerechter Gott! überaus bewunderungswürdiger Botschafter falscher Ängste, der Du den Bettelkram unserer Tränen entgegennimmst; der Du die Ehre der Familien rettest durch den Abort fruchtbarer Schöße in das Vergessen wohltätiger Krisen; der Du den Müttern die Hast zur Fehlgeburt eingibst und durch Deine Geburtshilfe den Kindern, die sterben ehe sie leben, die Ängste des Heranwachsens, den Schmerz der Niederlagen ersparst!

Stab und Stütze des verzweifelten Armen, Kraftquell der Besiegten, Du bist es, der sie mit Heuchelei, Undankbarkeit, Hoffart begabst, auf daß sie sich wider die Angriffe der Kinder Gottes verteidigen können, der Reichen!

Herrscher der Verachtung, Buchhalter der Demütigungen, Verzinser alten Hasses, der Du allein befruchtest das Gehirn dessen, den die Ungerechtigkeit zermalmt; der Du ihm vorbereitete Gedanken der Rache eingibst, der sicheren Übeltat; der Du ihn zum Mord aufreizt, der Du ihm die überschäumende Freude vollendeter Gewalttaten schenkst, die schöne Trunkenheit zugefügter Qualen, der Tränen, deren Urheber er ist!

Hoffnung der Mannbaren, Herzensangst geleerter Gebärmütter, Satan, der Du keine unnützen Prüfungen der Lendenkeuschheit forderst, der Du den Wahn des Fasten und der Mittagsruhe nicht lobst; Du allein nimmst die fleischlichen Bittschriften und Nachschriften armer und habgieriger Familien entgegen Du bestimmst die Mutter, ihre Tochter zu verkaufen, ihren Sohn abzutreten; Du allein hilfst der sterilen und widerwärtigen Liebesgier, Beschützer kreischender Neurosen, bleiern Grab der Hysterien, blutig Gefäß der Vergewaltigungen!

Meister, Deine getreuen Diener flehen Dich auf Knien an; Sie erflehen von Dir, ihnen den Jubel jener köstlichen Missetaten zu gewähren, den die Justiz nicht kennt; sie erflehen von Dir, ihnen bei Verhexungen zu helfen, deren ungekannte Spuren die Vernunft des Menschen verrückt; sie erflehen von Dir, sie zu erhören, wenn sie die Folterung all derer begehren, die sie lieben und die ihnen dienen; sie fordern schließlich von Dir Ruhm, Reichtum, Macht, von Dir, dem König der Enterbten, dem Sohn, den der unerbittliche Vater verstieß!«

Kurt Tucholsky (1890–1935)

Satan eröffnet die zwölfhundertachtundachtzigste Walpurgisnacht*

Und dann kam es. Ein Pfiff durchschnitt die Luft, es sauste, ein roter Schein leuchtete auf, eine geborstene Glocke klang, und vier Wölfe heulten lange. Die Hexen zitterten. Das war ER! Der Weibel riß das Kinn an die Binde – es gab ihm doch immer wieder einen Ruck, alle Jahre: es war ein großer Augenblick! Er trat vor.

Da dampfte dunkelrot der ewige, unvergeßliche Wagen, da klang die Glocke, da saß der alte höllische Kutscher auf dem Bock, der die purpurne Leine fest in der Faust hielt. Die Wölfe ließen die langen Zungen hängen und jappten nach Luft. Ihre Flanken flogen. Sie strömten vor Schweiß. Im Fond, hinter dem schwefelgelben Schlage: die Exzellenz.

Der Weibel war stolz auf seinen Herrn, wie alle Jahre. Bei den drei Kreuzen! welch ein Mann! Gar nicht der geschniegelte Spanier, wie ihn sich die Büchermacher abbildeten, die ihn nie gesehen hatten: ein einziger Wille, eine einzige Energie, ein Block von Stahl! Der Unterkiefer schob sich weiter vor, die Backenknochen strebten auseinander, die schrägliegenden Augen funkelten. Der ††† sah den Weibel an.

Sengespeck zog die Luft ein. Er war der älteste Weibel im Regiment – er kannte das Handwerk: jetzt galt's! »Stillgesessen! Die Augen – links!« Und, mit der Hand an der Mütze: »Zehntes Teuflisches Hexenregiment zur Orgie angetreten!«

Der Satanas zuckte mit keinem Muskel. Ein kurzes Kopfnicken – dann stieg er massig und schwer aus. Er war beleibt, aber nicht zu sehr – er meisterte seinen Körper, das sah man. Heute abend trug er die sparsam mit Gold abgesetzte, nachtblaue Uniform des Höchstkommandierenden. Auf dem Kopf saß ihm ein schwerer funkelnder Goldhelm mit getriebener Arbeit. Er klappte den Mund auf, ein riesiges Gebiß wurde sichtbar. »Augen – gerrradee-aus!« bellte seine tiefe, metallene Stimme. Er reckte den rechten Arm in die Höhe – in seiner Faust flatterte die Flamme einer Fackel. (Es war Könnemanns Höllenfackel ›Lux‹, ein altbewährtes Fabrikat.) Vor ihm die Hexengesichter strahlten grünlich, sein Auge fiel auf eine Rothaarige in der zweiten Reihe, die regungslos saß, die Schenkel fest an den Stiel geklemmt, ihre Nasenflügel bebten. Sein Flammenblick überlief sie alle. »Hexen!« sagte er. »Ich freue mich, euch hier begrüßen zu können. Ich hoffe, daß die zwölfhundertachtundachtzigste Walpurgisnacht so verläuft wie alle andern! Das Zehnte Regiment hat eine ruhmreiche Vergangenheit: die Bernsteinhexe hat ihm angehört; Maria Schwandnerin, die Mutter meiner Mutter, unsre allverehrte Großmutter, hat dem Regiment jahrelang vorgestanden! Hexen! Macht's gut heute nacht! Und nun auf zum Blocksberg! Hoi-ho-to-ho!« Und: »Hoi-ho-to-ho!« antwortete ihm der jauchzende Chorus. Der Weibel riß den Schlag auf, die Wölfe zogen an, und das ganze Regiment folgte der Fackel des Führers, durch die Luft, über ein Tal, hinauf, hinab, zum Blocksberg.

Da zeigte sich's, was es mit alter Tradition auf sich hat: da stand das Hexenheer, die Fackel zog einen Strahl durch das Dunkel, und nun gab es kein Halten mehr. Das strudelte und raste durcheinander, scheinbar wirr und wild tobten die Formationen darauflos, kopfüber, kopfunter, rund um den Galgen auf der Kuppe, durch die Wolken, durch die Täler – aber keiner rutschte der Leitung aus.

Cerberus/Kerberos, der Höllenhund

Jacques Callot (1592–1635):
Cerberus, der Höllenhund (Holzschnitt, Ausschnitt aus: Versuchung)

Die müssen durch das Thor, da Plutons Wächter ligt,
der schwartze Cerberus mit seinen dreyen Rachen
und Schlangen umb den Halß, nach dem sie Charons Nachen
hat über See.
Martin Opitz (1597–1639)

Cerberus / ein vihl-köpffigtes / Schlangenhahrigtes terribles Monstrum
oder Unthier / das an hundret Ketten für der Hölle lag.
Arno Holz (1863–1929)

Leah Levine (1961)*

Zerberos, Cerberus, Kerberos, der Hund mit vielen Köpfen

Diese Kreatur, die man auch den »Dämon der Grube« nennt, bezeichnet den Höllenhund, der in der griechischen Mythologie den Eingang zur Unterwelt bewacht. Er ist der Sohn des Typhon und der Echidna und wird häufig mit drei Köpfen dargestellt, manchmal nur mit einem und zuweilen sogar mit fünfzig. Der Name »Bestie mit den hundert Köpfen« hat seine Quelle allerdings in seiner speziellen Erscheinungsform, wenn er seine Mähne mit einer Vielzahl Schlangen schmückt (Centiceps bellua). Wenn auch die Schlangen seines Haarschopfes nicht immer auftauchen, so doch die Schlange, die er als Schweif trägt. Herakles wurde einst von dieser Schlange im Kampf gebissen, als er mit Zerberus rang, um ihn aus dem Hades zu holen und ihn vor Eurystheus zu bringen. Das wilde Tier tobte und spie, und überall wo sein Geifer auf den Boden tropfte, wuchs giftiges Eisenkraut. Grund genug, den Höllenhund schnellstmöglich wieder zum Herrn der Unterwelt zurückzubringen. Zerberus muß aber nicht immer mit Gewalt besiegt werden. Orpheus vermochte ihn mit seinem Gesang zu bezaubern, und Psyche und Aeneas konnten ihn mit Honigkuchen besänftigen. Die gewöhnlichen Besucher wedelt er sogar freudig an, hindert sie aber rigoros, die Unterwelt jemals wieder zu verlassen.

Die Sage erzählt, Zerberus gehe auf die Ägypter zurück, da diese ihre Gräber von Doggen bewachen ließen. In anderen Überlieferungen ist Zerberus ein starker und mächtiger Dämon, der auch auf den Namen Naber(i)us hört. Er erscheint oft mit drei Hundeköpfen oder in Gestalt eines Raben oder schwarzen Kranichs und spricht mit krächzender Stimme. Fein gekleidet, mit einem Säbel bewaffnet, ist er sehr liebenswürdig zu denen, die ihn beschwören. Er ist ein Kenner der schönen Künste, der Rhetorik und in der Lage, Würde und Ehre eines Mannes wiederherzustellen. Neunzehn Legionen von Teufeln oder Geistern sollen auf sein Kommando hören.

Homer (2. Hälfte 8. Jh. v. Chr.)

Der böse, der bissige Wächter*

Auch den Kerberos sah ich mit bissigen Zähnen bewaffnet
Böse rollt er die Augen den Schlund des Hades bewachend
Wagt es einer der Toten an ihm vorbei sich zu schleichen,
So schlägt er die Zähne tief und schmerzhaft ins Fleisch der Entfliehenden
Und schleppt sie zurück unter Qualen,
Der böse, der bissige Wächter.

Vergil (70–19 v. Chr.)

Zerberus lag hier*

Zerberus lag hier, entsetzlich, vorn in der Höhle und dröhnte, bellend mit seinen drei Rachen, grauenhaft weit durch das Dunkel. Aufzüngeln sah die Prophetin bereits den schlangenumzischten Nacken und warf dem Untier zum Einschläfern einen aus starken Zauberkräutern und Honig gemengten Bissen vor.

Dante Alighieri (1265–1321)

Ein Untier, wild und seltsam, Zerberus*

Ein Untier, wild und seltsam, Zerberus,
Bellt, wie ein böser Hund, aus dreien Kehlen
Jedweden an, der dort hinunter muß
Schwarz, feucht der Bart, die Augen rote Höhlen
Mit weitem Bauch, die Hände scharfbeklaut,
Vierteilt, zerkratzt und schindet er die Seelen.
Der große Höllenwurm, der uns ersehen,
Riß auf die Rachen, zeigt uns ihr Gebiß
Und ließ kein Glied am Leibe stille stehen.

Peter Lauremberg (1585–1639)

Ein dreyköpffiger / feuerspeyender Höllen-Hund*

Cerberus, wie die Poeten dichten / ist gewesen ein grausamer / dreyköpffiger / feuerspeyender Höllen-Hund / welchen der tapffere Hercules mit Gewalt aus der Höllen gezogen hat / weil er aber das Licht nicht vertragen konte / hat er für Grimmigkeit dergestalt mit dem Munde geschäumet / daß der Schaum auf die Erde geflossen / und gifftig Kraut aus demselben gewachsen ist. *Strabo, Seneca* und andere / welche die Warheit dieser Fabel meynen herfür zu bringen / geben vor / daß eine schädliche Schlange gewesen sey in der tieffen Höle des Spartanischen Vorgebürges *Tænari,* welche Hercules habe getödtet. *Palæphatus* aber sagt / als Hercules den *Geryonem* überwunden in der Stadt / welche *Tricarenia,* das ist dreyköpffig hieß / und seine Ochsen weggeführet habe / da sey der Heerde gefolget ein sehr grimmiger Hund / *Cerberus* genannt. Als er aber in *Peloponnesum* kommen sey / da ein reicher *Mycœnischer* Mann / *Molossus* geheissen / Lust zum Hunde bekommen / und weil er ihn durch Bitte von *Eurystheo* nicht erlangen konte / habe er mit den Hirten gehandelt / daß sie ihn in der Höle des Berges *Tænari* enthielten / allwo er auch etliche Hündinnen zu ihm gelassen. *Eurystheus* aber habe *Herculi* befohlen / den Hund wieder zu schaffen / welcher denselben endlich in dieser Höle gefunden / von dannen mit Gewalt wieder heraus gerissen / und zum Könige gebracht hat. Andere legen die Fabel aus von dem *Cerbero* des Molosser Königs *Aidonei.* Es ist aber aus der Fabel das Sprichwort entsprungen / *Cerberum ab inferis extrahere,* welches gebrauchet wird / wann eine schwere Sache verrichtet oder erkläret wird.

Justus Friedrich Wilhelm Zachariä (1726–1777)

Cerberus und der Kater*

Charon sah den Schatten des Katers dem Flusse sich nahen.
Weil er wußte, sein Leichnam sey zur Erde bestattet,
Rückt' er den Kahn an's Ufer und nahm den Murner in's Schiff ein.

Rauschend eilte der Kahn von selbst zum Ufer hinüber,
Wo an den Pforten des Orkus der grausame Cerberus wachte,
Als die Katze den Höllenhund sah, der seine drei Rachen
Fürchterlich aufriß und bellte: da fuhr sie erschrocken zurücke,
Krümmte den Buckel und schnaubte, daß selbst der finstere Charon
Seine Runzeln zum Lächeln verzog. Doch setzt' er sie endlich
An das Ufer des Tartarus aus. Sie schlüpfte verstohlen
Bei dem Höllenhunde vorbei, und kam durch die Höhle
Zu den Gestaden des flammenden Phlegetons, welcher lautbrausend
Ueber die schallenden Felsen die feurigen Wogen verfolgte.

Collin de Plancy (1794–1881)

Zerberus oder Cerberus oder Naberus

Der zählt bei uns zu den Dämonen. Wierus reiht ihn unter die Fürsten des höllischen Reiches ein. Er ist stark und mächtig und zeigt sich, wenn er nicht seine drei Hundeköpfe trägt, in Gestalt eines Raben; seine Stimme klingt rauh. Trotzdem legt er Beredsamkeit und Liebenswürdigkeit an den Tag. Er lehrt die Schönen Künste. Neunzehn Legionen gehorchen ihm.

Man sieht, dies ist nicht mehr der Zerberus der Alten, dieser furchterregende Hund und unbestechliche Pförtner der Unterwelt, der wegen der Vielzahl von Schlangen, mit denen seine drei Mähnen geschmückt waren, auch die Bestie mit hundert Köpfen, *centiceps bellua,* genannt wurde. Hesiod gibt ihm fünfzig Hundeköpfe, aber man ist sich im allgemeinen einig, ihm davon nur drei zuzugestehen. Seine Zähne waren schwarz und scharf, und sein Biß verursachte den sofortigen Tod. Man glaubt, daß die Sage von Zerberus auf die Ägypter zurückgeht, die ihre Gräber durch Doggen bewachen ließen. Aber hier haben wir uns hauptsächlich mit dem Dämon Zerberus zu befassen.

Kali oder Durga,
Königin der Dämonen und Mutter der indischen Hölle

Die Göttin Kali (modernes indisches Poster)

Kali, Königin der Dämonen und Sultanin der indischen Hölle.
Sie ist vollkommen schwarz und trägt eine Halskette aus Goldschädeln.
Früher brachte man ihr Menschenopfer dar.
Collin de Plancy (1794–1881)

Ich litt unsägliche Schmerzen, weil mir noch keine Vision
der Mutter vergönnt war ... Ich fürchtete, daß es meinem Schicksal versagt
sei, sie noch in diesem Leben zu erkennen. Ich konnte die Trennung
nicht länger aushalten; das Leben erschien mir unwert.
Ramakrishna (1836–1886)

*Leah Levine (*1961)*

Kali, die Schwarze

Die hinduistische Göttin Kali verkörpert den Aspekt des Todes, der Zerstörung und der Erneuerung. In ihr erscheint Durga, die Muttergöttin des Landes, in ihrer schrecklichsten Form, als Zorn, der ihrer Stirn entsprang und deren Brüllen das Weltall erfüllte. Man bezeichnet Kali auch als die dunkle Seite Parvatis und als eine der Mahavidyas. Kali, ihr Körper ist der Himmel der Nacht, ihre Augen die funkelnden Sterne und ihre Namen sind zahllos.

Kalis Erscheinung mag erschrecken. Ihre Haut ist schwarz oder tiefblau, ihren Hals ziert eine Kette aus Menschenschädeln, und ihren nackten Körper schmückt ein Rock aus abgeschlagenen Armen. In ihren Händen hält sie entweder eine Sichel, ein Schwert, einen Schädel oder eine Blutschale. Je nachdem, ob sie mit dem linken oder rechten Fuß auf der am Boden liegenden Gestalt Shivas steht und in welcher sie ihr Schwert hält, variiert ihre Bedeutung.

Auf Kalis Stirn prangt das »Dritte Auge«, und ihre blaue Zunge ist weit herausgestreckt. Dargestellt wird sie mal mit vier, mal mit zehn Armen. Trotz ihres grausamen Aussehens ist Kali nicht nur für Zerstörung und Gewalt zuständig, sondern gilt auch als Beschützerin der Menschen, wenn sie ihre Wut gegen Dämonen und Ungerechtigkeit richtet. Ihren Schutz suchten auch die Yogis und machten sie zu ihrer persönlichen, befreienden Göttin, die ihnen hilft, ihre Feinde und Schwächen zu besiegen. In den tantrischen Riten singt man Kalis Namen, zelebriert teils blutrünstige Rituale und erhofft sich ihren Schutz.

Ihr Name bringt sie mit der Zeit »Kala« in Verbindung, die Zeit, die ununterbrochen abläuft und im Tode endet. Kalis Sichel ist das Symbol der Ernte, der Schnitterin, und doch ein Werkzeug der Erlösung. Sie schenkt, aber nimmt das Leben auch wieder.

Kali gilt als unabhängig, sie bedarf keines kontinuierlichen Partners, aber zuweilen schenkt sie Shiva ihre Gunst, mit dem sie dann die vollkommene, untrennbare Einheit repräsentiert. Häufig sieht man sie auf ihm tanzen, oder sie hat zumindest einen Fuß auf seinem Körper stehen. Diese Darstellung geht auf einen Mythos zurück, der von Kalis wildem Tanz auf einem Schlachtfeld berichtet. Um sie zu stoppen, warf sich Shiva, wie tot, vor ihre Füße, und als sie ihren Gemahl erkannte, hielt sie inne.

Kalis Verehrung geschieht an vielen Orten, doch ihr bekanntester Tempel ist der Kalighat-Tempel im ehemaligen Kalkutta (Kolkata).

Die Siddha verehren Kali vornehmlich auf Friedhöfen und Verbrennungsstätten und rufen sie bei Neumond in düsteren Ritualen an, um ihren Segen zu erwirken.

Ramprasad (1718–1775)

Oh Kali, Deine schöne Kunst*

Oh Kali, Deine schöne Kunst findet sich an den heiligen Feuern des Todes,
aus diesem Grund, hab ich mein Herz gerade da verloren.
An diesem Ort, wo die Leiber verbrennen,
mögest Du Tanzen in einem fort.
Oh Mutter! Kein anderer Wunsch brennt so in meinem Herzen;
Sieh nur, das Feuer eines Toten ist entfacht;
Oh Mutter! Ich habe die Asche des Toten hier um mich verstreut,
damit du den Weg zu mir findest.
Oh Mutter! Zwinge Shiva, den Eroberer des Todes, unter deine Füße;
Tanze, tanze zum Klang der düsteren Musik.
Er erwartet Dich, mit seinen geschlossenen Augen.

Ramakrishna (1836–1886)

Kali, meine himmlische Mutter

Ist Kali meine himmlische Mutter von schwarzem Aussehen?
Sie erscheint schwarz, weil Sie aus der Distanz gesehen wird;
aber wer mit ihr vertraut ist, wird Sie nicht länger so sehen.
Der Himmel erscheint blau auf die Distanz, aber betrachtest du ihn aus der Nähe,

so wirst du feststellen, daß er gar keine Farbe hat.
Das Wasser des Ozeans erscheint blau auf die Distanz;
aber wenn du dich ihm näherst und ihn berührst,
so wirst du feststellen, daß er farblos ist.

Anonymus

Mythische Darstellung der Göttin Kali

Girlanden aus menschlichen Schädeln sind ihr Kopfschmuck. Kinderleichen sind ihre Ohrgehänge. Die Ellbogen von Toten sind ihre Ohrringe. Perlen aus den Knochen toter Körper bilden ihre Halsketten. Der Schleim aus den Fußknochen von Leichen dient ihr als Schminke. Skelette haben in ihren Händen die Rolle von Spielzeug-Lotos. Ströme von Wein sind die Flüsse, in denen sie ihre abendlichen Reinigungszeremonien verrichtet. Leichenfelder sind ihre Lustgärten. Die Asche der Scheiterhaufen ist ihr Gesichtsschmuck. Rohe Felle stellen ihr Kleid dar. Die Eingeweide von Toten bilden ihren Gürtel. Die Brüste von Toten sind ihr Tanzboden. Sie spielt mit Köpfen von Ziegen wie mit Bällen. Zu ihrem Vergnügen badet sie in Seen von Blut. Die flammenden Feuer der Verbrennungsstätten dienen nachts als ihre Votivlampen. Menschliche Schädel sind das Geschirr, von dem sie ißt. Ihr größtes Vergnügen hat sie dann, wenn auf ihrem Altar Lebewesen aller Art geopfert werden.

Max Dauthendey (1867–1918)

Dalar rächt sich

An diesem Morgen, als die Frau mit dem Kind ins Haus gegangen war, wischte sich Dalar mit der Handfläche den Schweiß von der Stirne, stand auf, schlüpfte mit den Füßen in seine Pantoffel und ging finster in Gedanken fort in das Straßengewühl. Im Geschäftsgetriebe bemerkte niemand bei dem Silberschmied, daß Dalar verschwand. Dalar ging, bis er in eine Gasse vor eine Zeltbude kam.

Vor dem Zeltvorhang saß die rächende Göttin Kali, die Vielarmige, aus Holz geschnitzt. Drinnen im Zelt sind die rächenden Todesgötter der Indier aufgestellt, die bei Prozessionen an Festtagen durch die Straßen getragen werden. Vor dem Zelteingang neben der Göttin steht ein großer Blechkasten als Opferstock. Dalar warf ein Silberstück hinein und wünschte sich einen rächenden Gedanken. Er starrte dabei finster auf die hölzerne schwarze Gestalt der Göttin Kali, die auf einem zitronengelben Tiger sitzt, welchem statt Menschenblut rote Ölfarbe um das Maul gemalt ist. Die vielen schwarzen Arme der Göttin schwingen vergiftete Dolche, vergiftete Säbel und vergiftete Speere; sie hält ein ganzes Arsenal blitzender Waffen in die Luft. Alles Straßenvolk geht grüßend an ihr vorüber, und aller Indier Augen blitzen für eine Sekunde beim Gruß, wie Raketen in der Nacht. Dalar verbeugte sich dreimal und klatschte in die Hände, um die Aufmerksamkeit der schwarzen Göttin zu erwecken. – Daß ihn sein Weib Elida mit Oliman betrogen hatte, wußte er jetzt, denn er sah es deutlich an dem Kind, welches Oliman täglich ähnlicher wurde. Heute hatte er endlich beschlossen, sich an Elida zu rächen.

Dalar trat in die staubige Tempelbude, um sich einen Tod für sein Weib auszusuchen. Lange Reihen hölzerner, rot, gelb und grün gemalter Puppen standen drinnen unter dem grauen Zelttuch auf langen Tischen. Da waren Menschen an Marterpfähle gebunden, mit brennenden Pfeilen gespickt; englische Soldaten, welche vom wütenden Elefantengott zerstampft wurden; die Göttin Kali auf unzähligen Tigergestalten, auf roten und schwarzen Tigern, Feuer und Pest darstellend; der blaue Affengott, der die Menschenaugen irrsinnig macht mit seinen Grimassen und Verrenkungen. Es wurden Menschen von der Rachegöttin zu Tode gepeitscht, der Tiger hielt Verzweifelte in seinen Tatzen und riß ihnen die Gedärme aus der Bauchhöhle. Der gelbe Tigergott hatte grüne Glaskugeln als Augen und echte, heilige, zornige Tigerkrallen. Jede mögliche Folter und jeder schrecklichste Tod hatte sein Bild hier. Um das vergossene Blut zu schildern, war an den plastischen Figurengruppen nicht mit Scharlachfarbe, Purpur und Rötel gespart.

Dalar grübelte. Seine Augen liebkosten die rotgemalten Folterqualen, als stünde er vor den Blumenbeeten in den Gärten des Paradieses. Aber als er die langen Reihen zweimal auf und ab gegangen war und alle Todesschmerzen am eigenen Leibe nachgefühlt hatte, fand er unter allen grausamen Todesarten keinen Tod grausam genug für sein Weib. Nicht den roten Tod, das Feuer, das den Menschen zernagen konnte; nicht den schwarzen Tod, die Pest, mit ihren schwarzen Beulen; nicht den blauen Tod, den Wahnsinn, mit seinen verrenkten Grimassen; nicht den gelben Tod, den Tigerhunger, mit den eigenen Därmen im Maul; den Tod, den Dalar für Elida suchte, fand er nicht unter den dreihundertsechzig Todesarten. Wie von der Göttin gekränkt, wollte Dalar schon die graue Tempelbude verlassen. Da – unter dem Zeltausgang, blieb sein Turban an einem rostigen Nagel hängen, das Turbantuch schlitzte auf, und Dalars ganzer Geldvorrat, den er, wie alle ärmeren Orientalen, stets in den Turban gewickelt trug, rollte in hundert Silbermünzen über Schultern, Rücken und Brust an ihm herab, auf die Erde, der vielarmigen Göttin Kali zu Füßen. Dalar sah und horchte erstaunt auf die klingenden Münzen, als hörte er jedes Silberstück sprechen.

Erleuchtet von einem plötzlichen Gedanken, beugte er sich dreimal tief und ehrfürchtig vor dem Götterbild, verließ dann das Zelt und ließ sein ganzes Geld hinter sich bei der rächenden Göttin liegen.

»Die Göttin Kali hat gesprochen!«

»Den grauen Tod, die Armut wünscht dir die Göttin Kali, Elida!« Und Dalar nickte ernst und zustimmend, dann verschwand er im Straßengewühl. – Tief in der Nacht, als die grellen Tropensternbilder wie Stachelzäune über den Häusern standen, schlich Dalar an seine Haustür und malte mit ein wenig Indigofarbe einen blauen Kreis an den Türpfosten, zum Zeichen, daß einer im Haus gestorben sei. Dann ging der Mann weiter durch die Nacht. Sein Weib würde am nächsten Morgen glauben, er wäre an der Türschwelle umgefallen und von der englischen Nachtpatrouille als pestverdächtig in die Baracken fortgetragen worden. Der Offizier der Patrouille hätte dann, wie gewöhnlich, das blaue Zeichen lakonisch an die Tür gemalt. Dalar wanderte unter den Ketten der schweren Sterne durch die Nacht.

Morgen war der Monatsanfang, an dem die beiden Nähmaschinen des unerbittlichen englischen Fabrikanten bezahlt werden mußten; morgen war der Monatsanfang, an dem die Hauspacht entrichtet werden mußte. Die armseligen feigen Ladengehilfen konnten Elida nichts nützen. Morgen mußte Oliman sich eine andere Stelle suchen, morgen mußte Elida mit ihrem Knaben betteln gehen. Dalar schritt unter dem Steingewichte der Sterne durch die Nacht, und ihm war, als hätte er alle Arme der Göttin Kali am Leibe, so glücklich fühlte er sich. Er rächte sich tief mit allen göttlichen Armen der Rache.

*Leah Levine (*1961)*

Ein Opfer für Kali*

Für meinen Vater erfüllte sich ein Lebenstraum, und er hing begierig an den Lippen des Thug, der ihm die verborgensten Geheimnisse der östlichen Welt offenbarte. Wir erfuhren, daß die Thug niemals Frauen töteten, weil Kali eine Frau ist. Auch Aussätzige, Blinde und Krüppel wurden verschont. Da Kali auch hier als Symbol der Mutter verehrt wurde, kam jeder Mann, der eine Ziege oder eine Kuh vor sich hertrieb, mit dem Leben davon. Alle Handwerker, deren Arbeit Kali heilig war, wie Metallarbeiter, Schmiede, Schuhmacher, Steinmetze und Zimmerleute, konnten unversehrt reisen. Ein Verstoß gegen diese Regeln konnte großes Unglück über die Gruppe bringen. Kalis Rache machte nicht mal vor ihren treuesten Verehrern halt. Sie war die vergöttlichte Konsequenz.

Kali galt als Schöpferin der Schrift. Ihre magischen Buchstaben ritzte sie in die Schädel ihrer Kette, und diese Mantras waren es wiederum, die Schöpfungskraft besaßen.

Mitte des 19. Jahrhunderts hatten die Engländer die Banden der Thug zwar stark zersplittert, aber ganz ausrotten ließen sie sich nie.

Mein Vater hatte also recht gehabt.

Es war schon Morgen, als wir uns endlich zum Schlafen niederlegten. In der Hoffnung, daß mein Vater nun zufrieden sei und wir unsere Rückreise unverzüglich antreten konnten, stand ich wohlgelaunt am Mittag von meinem Lager auf. Aber es sollte alles anders kommen. Unser Gastgeber hatte mit einigen seiner Freunde gesprochen. Sie alle gehörten zum Klan der Thug, und man hatte beschlossen, uns teilhaben zu lassen an einem ihrer Riten.

Schon am frühen Nachmittag brachen wir auf. Meinem Vater ging es vor Begeisterung scheinbar wieder besser, und er schaffte den langen Weg durch die unwegsame Wildnis fast ohne meine Hilfe. Etwas oberhalb einer für uns gut einsehbaren Wegkreuzung schlugen wir ein Lager auf.

Zwei der sieben Männer, mit denen wir unterwegs waren, gingen einige Meter weiter und ließen sich auf dem Weg, der durch die Berge führte, nieder. Sie saßen da, wie Wanderer bei einer Rast. Als die Sonne immer mehr hinter den Bergen versank, sahen wir eine Gruppe Reisender den Weg entlangkommen. Als sie unsere Männer erreicht hatten, verwickelten diese sie in ein Gespräch und luden sie ein, sich ein wenig zu ihnen zu setzen. Jetzt wurde es rege in unserem Lager. Ich sah, wie drei Männer ihre Hüfttücher, ihre Rumals, abnahmen und sie zu einer Schlinge drehten. Leise schlichen sie sich an die Reisenden heran und nutzten die fehlende Aufmerksamkeit, um plötzlich blitzschnell vorzuspringen und sie den Unglücklichen um den Hals zu werfen. Die beiden anderen Thug griffen die Reisenden an deren Füßen und zogen sie so lang auf den Boden, daß Gegenwehr zwecklos war. Jeweils zu zweit erwürgten sie die Reisenden. Sofort liefen wir zu ihnen hinunter und halfen, die Toten von diesem Ort fortzuschaffen. Auf einer geschützten Ebene legten wir die Leiber ab, und was nun folgte, werde ich mein Lebtag nicht vergessen können. Statt daß der Mord an sich das Opfer an Kali gewesen war, so folgte jetzt erst die richtige, die blutige Zeremonie.

Die Thug zerstückelten ihre Opfer und stachen immer wieder mit ihren Messern auf sie ein. Ganz nach dem Vorbild ihrer Göttin. Dann hoben sie mit Hilfe ihrer Spitzäxte ein Grab aus und verscharrten die Toten.

Auf der Grabstätte wurde nun ein Lager aufgeschlagen, und das rituelle Fest, das TUPONI begann.

Entsprechend ihrem Rang scharten sich die Thug um ihren Anführer. Wir saßen am äußersten Rand, hatten aber freie Sicht auf alles, was geschah. Vor dem Anführer lag die geweihte Spitzaxt, ein Stück Silber als Opfer für Kali (war ihr nicht genug geopfert worden?) und etwas Goor (grober Zucker). Der Goor war ein heiliges Zaubermittel.

Der Anführer bohrte nun ein kleines Loch in den Boden und gab, während er Kali mit all seiner Kraft anrief, etwas von dem Goor hinein.

Ich habe die Anrufung nicht ganz verstanden, aber ich entnahm ihr dann doch das Wissen, was Kali ihren Anhängern denn war.

»Om nama Kali ya«

Du bist das Eine, aus dem Alles entsteht.
Die Güte, die die Zeit verschlingt.
Das Meer des Bewußtseins gleicht dem Chaos, das zwischen den Schöpfungen entspringt.

Du bist das Eine, in das Alles versinkt,
wie jede Farbe, die in Schwarz ertrinkt.

Oh Kali, an den Stätten des Todes schlägt mein Herz zu Dir.
Das Blut allen Lebens opfere ich Dir.
Ich türme die Schädel nach Deinem Gebot.
Aus jedem Buchstaben entsteht Leben und Tod.
Nur männliche Opfer will ich Dir geben,
nie könnt ich dem Ursprung das Leben nehmen.

Du bist das Eine und Alles für mich,
an Deinem Schrein verbeuge ich mich.
In einem Meer aus Blut werde ich tanzen,
Deine Wächter lehren den Sinn des Ganzen.
Die Shaktis[1], die Matris[2] und die Dakinis[3],
sie führen zum tiefen Kern des Verstehens
und zeigen den Weg mir zum Ende der Zeit.

Oh Kali, was sehnt sich mein Herz nach der Dunkelheit,
was kann ich, was bin ich zu geben bereit?
Du, die Du das Leben in Nichts verwandelst,
sei der Schoß, der mich umschließt.

1000 Namen hat man Dir gegeben.
In Saravati, Gayatri, Bagala schlägt Dein Leben.

Du bist das Eine und dennoch Zwei.
Grausam im Richten und doch voll Mitleid.
Du weißt, wie sich die Dinge drehn.

Unendlichkeit ist Dir kein Maß,
Du schaffst die Liebe wie den Haß.

Oh Schwarze Mutter, mach mir ein Ende.
Mein Haupt leg ich in Deine Hände.

Om nama Kali ya

Er sprengte etwas Wasser auf das Loch und etwas über die heilige Spitzaxt. Die anderen Thug waren inzwischen in die Anrufung eingefallen, und ein beklemmendes Gefühl machte sich in mir breit.

Jetzt bekam jeder, der an dem gerade verübten Mord beteiligt gewesen war, ein Stück vom Goor. Während der ganzen Zeremonie hatte man mich und meinen Vater scheinbar völlig vergessen. Doch plötzlich erweckten wir wieder die Aufmerksamkeit der Thug. Ich spürte, wie sie über uns sprachen, obwohl ich kein Wort verstand. Mein Vater saß mit leuchtenden Augen neben mir, und der Wissenschaftler in ihm ließ die erlebten Grausamkeiten hinter dem ethnologischen Fund verblassen.

Ich merkte, wie der Anführer der Bande mich und meinen Vater ansah. Seine Augen funkelten in der Dunkelheit, und er war mir mehr als unheimlich. Die Atmosphäre hatte sich aufgeladen, und ich wurde langsam immer nervöser.

Plötzlich erhob sich der Anführer und kam auf uns zu. Er hielt ein Stück des Goor in der Hand und bot es einem von uns an. Ich blickte meinen Vater an und wollte es ihm überlassen, schließlich war es sein Erfolg, aber er wehrte ab und hieß mich mit einem Blick, den Kali geweihten Goor zu mir zu nehmen. Alle starrten mich an, etwas Seltsames ging vor sich. Ich ergriff den Goor und aß ihn.

Ein Schauer durchlief mich. Ich fühlte, wie mein Blut zu rasen begann. Es wurde lauter und lauter, und ich begann zu schreien. Aber die Raserei verflog nicht, ich spürte, ich würde nur Erlösung finden, wenn ich Kali mein Opfer brächte. Andernfalls würde mich dieses kleine Stück Zucker innerlich verbrennen. Ich sah mich um. Alle standen im Kreis um mich herum und riefen nach Kali. Mir war, als sähe ich die Schwarze Frau mit dem Halsband aus Tausenden von Schädeln vor mir tanzen. Sie wog sich in den Hüften und schwang ihren langen Dolch. Sie kam immer näher auf mich zu, und ich wußte plötzlich, sie würde mich töten, wenn ich ihr nicht sofort ein Opfer brächte.

Ich wandt mich nach rechts und sah in die Augen meines Vaters. Mein Anblick mußte ihn erschreckt haben, seine Augen spiegelten pures Entsetzen. Er hatte mich hierhergebracht, es war sein Werk, daß ich hier sterben müßte, wenn ich nicht sofort einen Mord zu Ehren der Großen Kali begehen würde. Ich spürte, wie sich ganz von selbst meine Hände erhoben und sich um den Hals meines geliebten Vaters legten. Das Tosen der Bande stachelte meine Kraft an, und ich drückte zu …

Es dauerte einige Zeit, bis ich wieder zu mir kam. Ich saß auf der kalten Erde, und Tränen schossen aus meinen Augen. Was hatte ich nur getan?

Der Mann, bei dem wir Obdach gefunden hatte, saß neben mir und beruhigte mich. Er erklärte mir, daß es jedem Neuling so gehe, wenn er von dem geweihten Goor aß. Es verändere das Leben jedes Menschen und mache ihn zum Thug. Der Genuß des heiligen Goors ist verbunden mit einem Mord. Es sei Schicksal, und es ist Bestimmung, für Kali zu töten. Jedes rituelle Opfer sei seit Anbeginn der Zeit auserwählt, und es könne seinem Schicksal nicht entgehen. Es ist eine große Ehre, für Kali zu sterben. Ich hoffe, mein Vater wußte, was er tat.

Ich blieb noch einige Monate bei meinen neuen Freunden und kehrte dann nach England zurück. Ich habe zwar in Indien viel verloren, aber einen neuen Glauben gewonnen. Ich liebe Kali, und auch hier halte ich mich an ihre Gesetze, und von Zeit zu Zeit koste ich vom heiligen Goor.

1. Shakti = Jungfrau; 2. Matri = Mutter; 3. Dakini = Totenengel

*Leah Levine (*1961)*

Sara la Kali, die schwarze Göttin der Zigeuner

Gebet an Sara-Kali
Zerstört, zersplittert, für immer zerschlagen,
vernichtetes Leben, nur du kannst das wagen.
In deiner Macht liegt der Same des Neuen,
du würdest nie deine Taten bereuen.
Du bist der Tod und auch das Leben,
du wirst es nehmen, aber auch geben.
Du spendest Licht und Dunkelheit,
die Menschen sind zu Opfern bereit.
Dir zu dienen, dich zu umarmen,
dieses ist des Lebens Sinn.

Ich bin dem europäischen Heidentum viel näher als der christlichen Lehre. Auch ich erscheine in den drei Aspekten, der Jugend, der Reife und des Alters. Ich symbolisiere den Aspekt der Jungfrau, der Mutter und der Greisin. Ich gebäre, nähre und vernichte. Für die Zigeuner ist mein Schoß die Quelle des Lebensflusses, der über ihre Rasse flutet. Ich bin ihre Mutter, ihre Frau, ihre Schwester, ihre Königin, ihre Phuri Dai[1]. Ich bin der Ursprung allen Romani-Blutes. Als Muttergöttin bin ich gleichbedeutend mit der Mutter Erde. Auch sie hat den Rhythmus des Entstehens, Wachsens und Sterbens. Meine Farben sind die Farben des weiblichen Zyklus und der Natur. Weiß, die Reinheit und Unschuld, Rot, das Blut, das die Fruchtbarkeit symbolisiert, und Schwarz, die Farbe des Todes und der Auflösung. Bei der Taufe eines Kindes bringt man immer meinen drei Aspekten ein Opfer. Mein Symbol ist das Dreieck, das Yoni Yantra. Es verbindet die Kraft des Wachstums mit dem Feuer, der Lebensenergie. Die drei Seiten des Dreiecks zeigen auch die Vergangenheit, die Gegenwart und die Zukunft an. So ist es nicht verwunderlich, daß die Zigeunerinnen, die aus Karten lesen, diese häufig in der Form des Dreiecks auflegen. Mein Name Kali bedeutet schön und schwarz. Er verkörpert an sich schon die dunkle Seite der Macht. Doch für manche meiner Kinder werde ich erst dann zum wirklich dunklen Aspekt, wenn ich in der Inkarnation als Bibi erscheine. Erst unter diesem Namen werden die Seiten von Krankheit und Zerstörung hervorgehoben. Als »Tante« (Bibi = Tante) erscheine ich in Form einer alten Greisin und bin in der Lage, alle möglichen Krankheiten hervorzubringen. Besondere Macht habe ich am Anfang eines neuen Monats, besonders wenn dieser mit dem Vollmond zusammenfällt. Wann immer es meine Aufgabe ist, Dinge, Menschen oder Tiere zu vernichten, hülle ich mich in meine blutroten Gewänder. Hier ist Bibi die reine Kali. Das Rot habe ich gewählt, weil es mir ein Symbol, ein Gleichnis ist, für die vernichteten Götter, die ich verschlungen habe. Meine Aufgabe wird es eines Tages sein, meine Augen zu öffnen und die Zerstörung der Welt einzuläuten. Ich muß Platz schaffen, für neue Lebensformen, die gleichwohl, wie die anderen vor ihnen, ihre Chance haben sollen, zu regieren. Wie meine Dakinis tragen auch die Zigeunerinnen Rot, wenn es einen Toten zu beklagen gibt. Wer meine Spur zu verfolgen sucht, wird viele Tore finden, deren Wege zu mir führen. Manchmal erscheine ich als weißgekleidete Frau. Ich sitze für alle Zeiten in meinem Tempel und beobachte meinen Sohn, den Sonnengott.

Ich werde nie mein geheimes Gesicht offenbaren, außer denen, die von meinem Blute sind. All die anderen werden aber lernen, daß all meine Erscheinungsformen immer nur auf mich, *Sara-Kali,* zurückgehen.

1. weibliches Oberhaupt eines Stammes

Medusa/Gorgonen

Anselm Feuerbach (1829–1880): Medusa (Zeichnung 1872)

Medusa (Myth.) eine der drei Gorgonen und die einzige unter ihnen, welche sterblich war. Sie war von großer Schönheit: Neptun, in sie verliebt, umarmte sie in dem Tempel der Minerva, und diese, darüber entrüstet, verwandelte Medusens Haare in Schlangen und gab ihr zugleich die Kraft, alles, was sie anblickte, in Stein zu verwandeln. Perseus tödtete sie endlich und reichte den Kopf derselben der Minerva dar, der auch auf ihrem Schilde, der Aegide, sichtbar ist. Aus dem Blute der erschlagenen Medusa kamen Pegasus und Chrysaor hervor.

Gorgonen (Myth.) drei Töchter des Phorcys und der Ceto, nämlich Stheno, Euryale und Medusa, mit furchtbarem Antlitze, das Haar mit Schlangen umwunden, und mit Schlangen umgürtet: bei ihrem Anblick versteinerte sich sogleich alles. Die beiden ersteren waren unsterblich und behielten ihre Jugend. Nur Medusa war sterblich.

Conversations-Hand-Lexikon (1831)

Leah Levine (1961)*

Medusa, die sterbliche Gorgone

Medusa wurde als die sterbliche Schwester von Stheno und Euryale geboren. Ihre Heimat sollen die Inseln der Hesperiden oder Libyen gewesen sein. Diese drei geflügelten Wesen nannte man die Gorgonen. Ihre Eltern waren Phorkys und Keto, beide im Meer ansässige mythische Gestalten. Über Medusa gibt es verschiedene Legenden, die besonders für ihre Gestalt verantwortlich sein sollen. So heißt es, sie sei eine ehemalige Göttin gewesen; ihr Name bedeutet »die Herrschende«, die sich im Heiligtum der jungfräulichen Athene mit Poseidon vergnügt und damit dieses Heiligtum entweiht habe. Aus Rache habe Athene sie mit schrecklicher Gestalt gestraft; ihre Haut wurde schuppig, ihr Haar wurde zu züngelnden Vipern, ihre Zähne wie die eines Wildschweins, ihre Zunge hing heraus, und statt zarter Worte kam aus ihrem Maul nur ohrenbetäubendes Gebrüll. Ob Poseidon ihr Liebhaber oder ihr Vergewaltiger war, ist nicht detailliert überliefert, aber sie empfing von ihm. In der Stunde ihres Todes gebar Medusa aus ihrem Haupt Pegasus und aus ihrem Rumpf den Krieger Chrysaor. Unabhängig von diesen beiden Nachkommen sollte sie weitere im Tode gebären, denn jeder Tropfen Blut, der aus ihrem abgeschlagenen Haupt zu Boden tropfte, verwandelte sich in eine giftige Schlange Afrikas.

Eine andere Legende erzählt, sie sei eigentlich die Schwester Alexanders des Großen gewesen und dazu verdammt, als Nixe im Wasser zu leben und jedes vorbeifahrende Boot anzuhalten, um zu fragen, ob ihr Bruder noch lebe. Wenn die Antwort negativ ausfiel, soll sie das Boot samt Besatzung in die Tiefe gezogen haben. Die einzig richtige Antwort, die sie gelten ließ, war »Er lebt und herrscht als König«. Auch heute finden sich auf Karten noch Abbildungen der Medusa als Nixe.

Die Gorgonen sollen so erschreckend gewesen sein, daß kein Sterblicher sich ihnen ungestraft nähern konnte. Besonders die sterbliche Medusa hatte die Fähigkeit, jeden Feind durch ihren bloßen Anblick in Stein zu verwandeln, um so ihr Leben zu schützen. Als nun Perseus, der Sohn des Zeus, von Polydektes den Auftrag bekam, das Haupt der Medusa zu beschaffen, nutzte er die Hilfe von

Hermes und Athene, um durch einen spiegelnden Schild die schlafende Gorgone auszumachen, ohne ihr ins Antlitz zu schauen. Da auch die giftigen Schlangen schliefen, war es ein Leichtes, den Mord zu begehen. Doch statt zu Polydektes brachte er das abgeschlagene Haupt aus Dankbarkeit zu Athene, die diese endgültige Vernichtung ihrer Frevlerin nur allzu freudig begrüßte und ihr Haupt fortan auf ihrem Brustschild (Gorgoneion) trug. Die tödlichen Augen wurden im Alltag von den Schlangen verdeckt, doch kam es zum Kampf, sträubten sie sich und verwandelten Athenes Feinde zu Stein.

Noch heute findet sich das Medusenhaupt an Gräbern, Tempeln und Heiligtümern, um wie ein Amulett das Böse abzuwenden.

Hesiod (Wende vom 8. zum 7. Jh. v. Chr.)

Auch die Gorgonen*

Auch die Gorgonen, die jenseits des schönen Okeanos wohnen
Fern, bei der Nacht, wo dem Sänge der Hesperiden sie lauschen,
Stheino, Euryale auch, und Medusa, die Schlimmes erlitten.
Sterblich war die eine, unsterblich und nimmermehr alternd
Waren die andern: es nahte der Schwarzumlockte der einen
Einst auf üppiger Au' in den Tagen des blumigen Lenzes.
Als ihr Perseus das Haupt mit dem Schwerte vom Rumpfe geschnitten. –

Lukianos von Samosata (um 120 bis nach 180)

Andromeda und Perseus
(Auszug)

Ein Triton, Iphianassa, Doris und andere Nereiden.

Der Triton: Ihr Nereiden, der Cetus, das Ungeheuer, das ihr auf die Tochter des Cepheus, Andromeda, losgelassen habt, hat nicht nur dem Mädchen, gegen eure Erwartung, keinen Schaden getan, sondern ist selbst dabei umgekommen.

Eine Nereide: Durch wessen Hand, Triton? Hat ihm etwa Cepheus das Mädchen nur als eine Lockspeise vorgesetzt und ihn aus einem Hinterhalt mit überlegner Macht angefallen und umgebracht?

Triton: Das nicht. Aber ihr erinnert euch doch, Iphianassa, des Perseus noch, des Sohnes der Danae, dem ihr aus Mitleiden das Leben erhieltet, als er mit seiner Mutter von seinem Großvater in einer Kiste auf dem Meer ausgesetzt wurde?

Iphianassa: Recht gut; er muß nun erwachsen und ein schöner tapfrer Jüngling sein.

Triton: Der ist's, der euren Cetus umgebracht hat.

Iphianassa: Und was bewog ihn dazu, Triton? Er hat uns seine Dankbarkeit für das Leben, das wir ihm gerettet, schlecht dadurch bewiesen.

Triton: Ich will euch erzählen, wie es zuging. Dieser Perseus machte eine Reise zu den Gorgonen, welche der König von Seriphos zu bezwingen ihm auferlegt hatte. Als er nun in Libyen, an dem Ort ihres Aufenthaltes, ankam –

Iphianassa: Wie, Triton, allein? oder hatte er noch andere Streitgenossen bei sich? Denn ohne dies hätte er eine gefährliche Reise unternommen!

Triton: Er nahm seinen Weg durch die Luft, und Minerva hatte ihn dazu mit Flügeln versehen. Wie er also anlangte, fand er die Gorgonen, denke ich, schlafend: er hieb also Medusen den Kopf ab und flog mit ihm davon.

Iphianassa: Aber wie war das möglich, da die Gorgonen nicht angesehen werden können, oder wer sie ansieht, nichts anders mehr sehen wird?

Triton: Minerva hielt ihm ihren Schild vor – so hab ich ihn wenigstens die Sache dem Cepheus und der Andromeda in der Folge erzählen gehört –, Minerva also zeigte ihm in ihrem hellpolierten Schilde das Bild der Medusa wie in einem Spiegel; und nun faßte er, die Augen auf das Bild geheftet, die Gorgone mit der linken Hand bei den Haaren, und mit dem Säbel in seiner rechten hieb er ihr den Kopf ab und flog davon, ehe ihre Schwestern erwachten. Wie er nun an der Küste von Äthiopien vorbeiflog, erblickt er Andromeden, an einen weit ins Meer hinausragenden Felsen angeschmiedet, mit aufgelösten Haaren und bis unter den Gürtel nackend. Götter, wie schön fand er sie! Sein erstes Gefühl war Mitleiden mit ihrem Schicksal; er erkundigte sich nach der Ursache ihrer Strafe; aber unvermerkt verwandelte sich sein Mitleiden in Liebe (denn das Mädchen sollte nun einmal erhalten werden!), und er beschloß ihre Rettung. Er machte sich also gefaßt, und wie das Ungeheuer mit offnem Rachen auf Andromeden zufuhr und sie zu verschlingen gedachte, hieb er, von oben herabschwebend, mit dem Säbel in der einen Hand darauf ein, indem er es mit dem Medusenkopf in der andern in Stein verwandelte. Der Cetus starb also auf der Stelle, da der größte Teil seines Körpers, soviel nämlich von ihm die Gorgone gesehen hatte, plötzlich versteinert wurde. Sogleich löste Perseus die Bande der Jungfrau, stützte sie mit seiner Hand, indem sie auf den Spitzen der Füße von dem steilen und schlüpfrigen Felsen herabstieg, wo sie bei jedem Tritt in Gefahr war, auszuglitschen und in die Tiefe hinabzustürzen, und jetzt begeht er mit ihr sein Hochzeitfest und wird sie nächstens nach Argos heimführen: so daß Andromeda, statt des Todes, der ihr zugedacht war, einen Gemahl von nicht gemeinem Schlage gefunden hat.

Conrad Ferdinand Meyer (1825–1898)

Die sterbende Meduse

Ein kurzes Schwert gezückt in nerv'ger Rechten,
Belauert Perseus bang in seinem Schild
Der schlummernden Meduse Spiegelbild,
Das süße Haupt mit müden Schlangenflechten.
Zur Hälfte zeigt der Spiegel längs der Erde
Des jungen Wuchses atmende Gebärde –
»Raub ich das arge Haupt mit raschem Hiebe,
Verderblich der Verderberin genaht?

Wenn nur die blonde Wimper schlummern bliebe!
Der Blick versteint! Gefährlich ist die Tat.
Die Mörderin! Sie schließt vielleicht aus List
Die wachen Augen! Sie, die grausam ist!
Durch weiße Lider schimmert blaues Licht
Und – zischte dort der Kopf der Natter nicht?«

Medusen träumt, daß einen Kranz sie winde,
Der Menschen schöner Liebling der sie war,
Bevor die Stirn der Göttin Angebinde
Verschattet ihr mit wirrem Schlangenhaar.
Mit den Gespielen glaubt sie noch zu wandern

Und spendet ihnen lockenschüttelnd Grüße,
In blühndem Reigen regt sie mit den andern
Die freudehellen, die beschwingten Füße,
Ihr Antlitz hat vergessen, daß es töte,
Es glaubt, es glaubt an die barmherz'ge Lüge
Des Traums. Es lauscht dem Hauch der Hirtenflöte,
Der weichmelodisch zieht durch seine Züge.
Es lächelt still, von schwerem Bann befreit,
In unverlorner erster Lieblichkeit.

Der Mörder tritt an ihre Seite dicht
Und dunkler träumt Medusens Angesicht.

Ihr ist, sie habe Haß empfunden schon,
Vor sich geschaudert, dumpf und bang gelitten.
Die Menschen habe scheu sie erst geflohn,
Dann ihnen nachgestellt mit Meuchlerschritten –
Sie sinnt, was Unheilbares sie gequält,
Daß sie dem eignen Leben feind geworden,
Und andres Leben sich ergötzt zu morden –
Sie sinnt umsonst. Ihr hält's der Traum verhehlt.

Die grause Larve, die sie lang geschreckt,
Ist wie mit einem Purpurtuch bedeckt.
Das Graun ist aufgelöst in Seligkeit,
Begonnen hat der Seele Feierzeit.
Der Dämmer herrscht. Das harte Licht verblich.
Als eine der Erlösten fühlt sie sich.
Sie fürchtet keines Schreckens Wiederkehr,
Sie weiß, die Qualen kommen nimmermehr,
Nein, nimmermehr, und nun ist alles gut!
Sie liegt, den Hals gebogen, auf dem Rasen,
Sie hört die Hirtenflöte wieder blasen
Und lauscht. Sie zuckt. Sie windet sich. Sie ruht.

Paul Heyse (1830–1914)

Die sterbende Meduse
(in Villa Ludovisi)

Dies jungfräuliche Haupt, in des bitteren Todes Umnachtung
Duldend geneigt, die stolz schwellende Braue, der Mund,
Nie von niedrigen Worten entweiht, von stummer Verachtung
Leise gerümpft, noch jetzt, da er das Leben verhaucht –
Wie? ihr nennt sie Meduse? Des Haarschmucks seidene Fülle
Ringelt an Wangen und Hals wirr sich zum Nacken hinab,
Wie von Todesschweiße genetzt, vor Schauder erstarrend,
Doch in Schlangen verkehrt nimmer sich dieses Gelock.
Nie feindselig wird dieses Antlitz blicken, das Leben
Rings versteinernd; es sinkt willig hinab in die Nacht.
Denn hier oben im Lichte, der Brutstatt niedern Gezüchtes,
Wo in üppigem Flor nur das Gemeine gedeiht,
Ach, was hielte die Seele zurück, die edelgeboren
Ihresgleichen umsonst sucht in dem eklen Gewühl?
Fremd durchwallt sie die Pfade des fröhlichen Haufens; sie ist nicht
Wie die andern, sie hat nicht sich zu schmiegen gelernt.
Hoffart schelten sie ihr den ruhigen Adel und Kaltsinn

Ihre Trauer; als Schuld schmähn sie ihr eigenstes Selbst.
Nirgends ein ebenbürtiges Glück im Leben, im Tod nur
Darf sie sich hoheitsvoll ihrer Bestimmung erfreun.
Und die Gedankenlosen, die Lustigen, gehn an der Toten
Unversteinert vorbei, höchstens die Achseln gezuckt:
»Warum wollte sie besser als andere sein? Nun hat sie's
Schlimmer als andere; ihr ist nach Verdienste geschehn.«
Und ihr nennt sie Meduse? O nennt sie die Muse der Tragik,
Und wer seelenverwandt, tröste sich dieses Gesichts!

Gustaf af Geijerstam (1858–1909)

Das Haupt der Medusa*

Wir schwiegen alle eine Weile, und ich sah, daß in Frau S's schönen Augen Tränen blinkten. Sie tauschte einen hastigen Blick mit ihrem Mann, als wollte sie sich überzeugen, ob er ihre momentane Empfindung teilte. Und ich hatte selbst das Gefühl, daß dies Zimmer und die Gesellschaft sich wie durch ein dunkles Glas gesehen abzeichneten, bis ich wieder die Stimme des Poeten hörte, der fortfuhr, ebenso leise und still wie zuvor.

»Aber daß wir soviel Unrecht sehen, so viel Niedrigkeit, daß wir uns jeden Morgen all des Kleinlichen bewußt sind, daß die Welt erfüllt, das nenne ich das Haupt der Medusa. Und jeglicher, der es sah, wurde zu Stein.«

Das Haupt der Medusa?

Wie ein kalter Hauch streifte das Wort durch unsern Sinn, und ich erinnere mich, daß ich sah, wie all diese Gesichter sich aus den Ecken des Zimmers nach vorwärts neigten, gleich Schatten, die Leben suchen und es nicht finden können. Meine Phantasie war von der seltsamen, beinahe kindlichen Art des kleinen Mannes zu sprechen, so erregt, daß ich seinen Worten lauschte, als erwartete ich eine Offenbarung. Und indem er sich umsah, als bereute er es in seiner Schüchternheit, das Wort ergriffen zu haben, fuhr er fort:

»In alten Zeiten erschien einst ein Held, den die Götter zu großen Werken ausersehen hatten. Er sollte auf dem Rücken des edlen Rosses der Phantasie dahinreiten zu dem fernen Schlosse, wo die Feinde des Menschengeschlechtes, die Gorgonen, hausten, und die furchtbarste unter ihnen hieß Medusa. Ihre Züge waren schreckensvoll, und an Stelle des Haares ringelten sich Schlangen um ihr Antlitz. Niemand konnte diesen Zügen begegnen, ohne zu Stein zu erstarren; denn dieses Angesicht war nichts andres als alles Böse, das siegte, alle Hoffnungen, die zermalmt wurden, alle Zweifel, die triumphierten, alle Schurkenstreiche, die glückten, alle Liebe, die mit Treulosigkeit gelohnt ward, alle Sünde, alles Verbrechen, alle Schmach, die frohlockten seit urewigen Zeiten. Perseus hieß der Held, und er war stark genug, seine Augen abzuwenden und nur in seinen spiegelblanken Schild zu blicken, den er dem Ungeheuer entgegenstreckte. Er sah das Böse, doch nicht in seiner ganzen Furchtbarkeit. Da schlug er ihm das Haupt ab, und seither gab es für ihn nicht mehr all dies, das hinderte, erstickte, erstarrte und versteinerte. Nun war ihm keine Tat zu groß, kein Widerstand unüberwindlich. Und nun trug er die Züge der Versteinerung als Siegeszeichen auf seinem Schild.

»Doch jede Zeit hat ihr Medusenhaupt, das ihr entgegenstarrt. Und jeder Mensch hat das seine. Die Plumpen, die Erbärmlichen, die Niedrigen, sie sehnen sich nicht einmal danach, es abzuhauen. Sie sehen ihm mit Ruhe ins Antlitz und tändeln mit seiner Unheimlichkeit. Wir andern haben die Lust verloren, wegzublicken und zuzuschlagen. Aber wir winden uns in Qualen vor seinen starrenden Augen, die von all dem Schrecken sprechen, die das Leben jenen aufspart, die verurteilt sind, zu leiden. Wir starren darauf wie auf unsre eigne Machtlosigkeit und des Bösen Macht. Wir starren darauf, bis wir langsam versteinern, unser Verstand sich verwirrt, unsre Gefühle zu Eis erfrieren und unsre Sinne die Spannkraft einbüßen, die Leben heißt. Es gibt Zeiten, in denen man tiefer als sonst in das hoffnungslose Elend versinkt, alles Schlechte zu sehen und keine Hilfe zu wissen. Und solange niemand jenes Haupt vom Rumpfe trennen kann, sind die Besten unter uns jene, die die Versteinerungen um den Palast der Gorgonen bilden, des Befreiers harrend.«

Baron Samedi

Baron Samedi aus der Familie der Guédé (Haitianische Volkskunst)

Auch der mächtigste Zauberer wäre nicht in der Lage,
seinen Feind zu töten, wenn Baron Samedi nicht zuvor
die Umrisse seines Grabes markiert hat.
Alfred Métraux (1902–1963)

Wo Legba die Zeit war, da ist Guédé (Baron Samedi)
die ewige schwarzgekleidete Gestalt, die ihren Platz an dem zeitlosen
Kreuzeweg hat, an welchen alle Menschen und selbst die Sonne
eines Tages gelangen.
Maya Deren (1917–1961)

Man nennt ihn beispielsweise Baron-Samedi oder Baron-Cimitiére,
und in der Tat ähnelt er mit seinem Zylinderhut, dem schwarzen Anzug,
der Vorliebe für dunkle Brillen einem Beerdigungsunternehmer.
*Pietro Bandini (*1958)*

*Leah Levine (*1961)*

Baron Samedi

»Dormi pà fumé, Baron Samedi! – Schlafe wohlduftend, Baron Samedi!«

Samedi ist die französische Übersetzung von Samstag und zeigt damit, an welchem Tag dieser dunkle Loa (Gott) besonders zu verehren ist. Seinen kulturellen Ursprung hat der Baron in der Voodoo-Religion von Haiti. Voodoo ist eine Mischung aus Katholizismus und den Stammesreligionen der Westafrikaner, die besonders auf Haiti sehr verbreitet ist und noch heute praktiziert wird. Wichtig ist aber, daß gerade Baron Samedi selbst keinen afrikanischen Ursprung hat. Er hat eine ganz enge Beziehung zum Tod und zum Übernatürlichen. Er gilt als der Herrscher der Friedhöfe, und ihm wird besonders an diesem Ort gehuldigt. Ein Kreuz mit Kerzen und violetten Blumen geschmückt zeigt eine Opferstätte des finsteren Gottes. Das laute Aufeinanderschlagen von Steinen ruft ihn herbei, und man braucht schon etwas Mut, um sich dem Baron zu stellen. Wenn er nicht gerade in unsichtbarer Form auftritt, kommt er im schwarzen Anzug, einem Zylinder, einer dunklen Sonnenbrille und raucht eine Zigarre. Auffällig, besonders im Kontrast zur schwarzen Hautfarbe, ist sein langer, weißer Bart und seine nasale Stimme. Aber auch in Form eines Skeletts kann man ihn antreffen.

Wer ohne die Erlaubnis des Baron Samedi ein Grab öffnet, zieht sich seinen unerbitterlichen Zorn zu, und es ist immer klüger, ihn vorab um Erlaubnis zu bitten. Mit ein paar Opfergaben – Obst, Münzen, Speisen und Rum – läßt er sich meist besänftigen. Ganz besonders haben es ihm Akazienblätter angetan. Wenn er seine Erlaubnis gibt, steht dem Entnehmen von Leichenteilen für schwarze Magie, Zauber, Talismane und Amulette nichts mehr im Wege.

In fast allen Voodoo-Ritualen wird dem Loa zumindest eine Opfergabe offeriert, selbst wenn das Ritual nicht direkt mit dem Tod zu tun hat. Wie viele Loa ist auch Baron Samedi verheiratet. Seine Gemahlin ist Maman Brigitte. Eine seiner mystischen Aufgaben ist es, den toten Seelen den Weg zu weisen. Dazu steht er an einer Wegkreuzung, an der die Toten vorbeimüssen, um nach Guinee, der Unterwelt zu kommen. Baron Samedi hat aber auch eine sexualmagische Seite. Häufig wird er dann mit einem phallischen Symbol dargestellt und schwelgt in Orgien, Tabak und Rum. Als Gott der Sexualität und Wiedergeburt kommt ihm spezielle Begeisterung entgegen.

*Leah Levine (*1961)*

Guédé

Der Totengott des Voodoo. Über ihn, Baron Samedi, gibt es die meisten Geschichten zu erzählen. Manchmal nennt man ihn auch Baron Cimitiere, was deutlich auf seinen Lieblingsort, den Friedhof hinweist. Er ist eine unheimliche, mysteriöse Erscheinung, die immer mit Zylinder, schwarzem Anzug und dunkler Brille auftritt. Sein Spott und Zynismus sind sprichwörtlich. Jeder wird zu seinem Opfer. Er wird nicht oft zu einer Zeremonie eingeladen, erscheint aber aus eigenen Stücken, wenn ihm danach ist. Im Voodoo ist der Tod nicht so angstbehaftet wie in unserer Kultur. Er wird immer im gleichen Atemzug mit der Geburt gesehen. Deshalb repräsentiert Gèdè auch als Totengott die Fleischeslust. Ohne Fortpflanzung kein Tod, ohne Tod keine Fortpflanzung. Sein Symbol ist das gleichschenklige Kreuz, die horizontale Welt für die menschlichen Bereiche, die vertikale Achse für die Verbindung mit den Geistern der Unterwelt. Aber auch die Totenschaufel und der Phallus sind klassische Kennzeichen seiner Persönlichkeit. Guédé wird angerufen, wenn man Kontakt zu den Verstorbenen sucht.

Alfred Métraux (1902–1963)

Baron Samedi und die Familie der Guédé*

Die Aufmachung der Guédé entspricht der Zwielichtigkeit ihres Wesens. Einerseits sind sie erschreckend, andererseits einfach lächerlich. Sie tragen Zylinder, Melonen oder mit Krepp geschmückte

Strohhüte. Sie schlüpfen in alte Gehröcke oder abgetragene Fracks. Damit wollen sie den Leichenträgern oder öffentlichen Persönlichkeiten in großem Trauerflor gleichen. Zuweilen ergänzen sie diesen Anzug durch einen Kragen und gestärkte Manschetten. Die Guédé tragen auch Trauergewänder und schwarze oder violette Schleier. Brillengläser, mit Vorliebe schwarze, sind für sie ein unersetzliches Accessoire. Und wenn man sie nicht den Besessenen zur Verfügung stellt, holen sie sich die Gläser von den Nasen der Zuschauer. Ihre Brillenleidenschaft geht so weit, daß manche Guédé mehrere Brillenpaare übereinander tragen. Die Guédé verkleiden sich auch als Leichnam. Man steckt ihnen Watte in Mund und Nasenlöcher und bindet ihnen eine Kinnbinde aus weißem Tuch um das Gesicht. In dieser Aufmachung tanzen sie und stoßen dabei hin und wieder ein Todesröcheln aus.

Baron-Samedi (Baron Samstag), Baron-la-Croix (Baron-vom-Kreuz), Baron-Cimetiere (Baron-Friedhof), Guédé-nibo und Madame Brigitte sind die bekanntesten Vertreter dieser schrecklichen Familie. Die »Barone« bilden eine Art von Triade, die so eng verbunden ist, daß man nicht weiß, ob es sich um verschiedene Gottheiten oder um drei Ansichten ein und derselben Gottheit handelt. Die volkstümliche Phantasie verleiht Baron-Samedi das Aussehen eines Beerdigungsunternehmers. Sein Emblem besteht aus einem schwarzen Kreuz über einem falschen Grabmal, das mit einem Zylinder und einem schwarzen Gewand verkleidet ist. Die Werkzeuge des Totengräbers (Schaufel, Picke und Hacke) sind die Attribute des Baron-Cimetiere; man kennt ihn daher auch unter den Bezeichnungen Trois-pelles (Drei-Schaufeln), Trois-piquois (Drei-Picken) und Trois-houes (Drei-Hacken). Die Gefäße, in denen die Opfergaben für diesen Loa niedergelegt werden, sind schwarz angemalt und mit einem Totenschädel und gekreuzten Gebeinen geschmückt.

*Michael Obert (*1966)*

Baron Samedi ist gekommen!*

Der Bokor[1] wäscht sich die Hände mit Rum und zündet sie über einer Kerze an. Blaue Flammen züngeln bis zu seinen Ellbogen. Leute drängen herein, darunter eine Mambo, eine Voodoo-Priesterin, die Rum auf den Boden tröpfelt und eine Rassel schüttelt. Frauen klatschen in die Hände und singen. Trommeln schlagen, rasen, und die Dunkelheit im Tempel verdichtet sich, spannt sich, droht zu zerreißen wie eine schwarze Folie. Dann stößt der Bokor einen Schrei aus, einen häßlichen, gutturalen Schrei, der einen zurückweichen läßt. Er schnellt in einer unerklärlichen Bewegung in den Stand, keift, zittert, reißt die Augen weit auf und rollt sie nach hinten – weiße Kugeln, umgarnt von blutroten Äderchen. »Baron Samedi!«, ruft die Mambo. »Baron Samedi ist gekommen!«

Der Totengott, der jetzt im Körper des Bokor steckt, wird weiß gepudert. Er ächzt, stöhnt, fragt mit einer Fistelstimme, warum er gerufen wurde. Die Mambo sagt es ihm. Baron Samedi bäumt sich auf und brüllt. Tektek reibt an Erzulis Ring wie Aladin an der Wunderlampe. »707 Gourde!«, sagt Baron Samedi plötzlich, und die Forderung nach Geld lässt die Spannung ins Absurde kippen. Doch außer dem Fremden scheint das niemand so zu sehen. Das Surreale ist hier ganz normal. »Sehr teuer«, entgegnet Tektek mutig. »300?« Und dann einigt er sich mit dem Totengott auf 107 Gourde.

Es ist Nacht geworden. Die Nacht der lebenden Toten? Die Mambo geht voran und träufelt Rum auf den Pfad. Baron Samedi folgt ihr, gepudert, die Hüften schwingend, zischelnd – tsts – tststs –, dahinter die Frauen, Tektek und der weiße Fremde. Erschrockene Kinder stieben auseinander wie aufgeschreckte Fliegen. »Ich, ich …«, stammelt Tektek. »Diese Dinge … sie machen mir Angst.«

In einem verlassenen Gehöft wird das schwere Vorhängeschloss eines Bretterverschlags geöffnet. Die Tür springt auf. Drinnen kauern zwei in Lumpen gekleidete Gestalten am Boden. Keine halb verwesten Glieder, keine Reißzähne. Zwei Männer aus der Nachbarschaft, die sich für einen Mummenschanz hergeben? Ein Hokuspokus für den Fremden? Doch dann erhebt sich einer von ihnen. Seine Handgelenke sind vernarbt, seine Augen starr zu Boden gerichtet. Eine kreisrunde Wunde klafft in seiner Brust. Tektek weicht einen Schritt zurück, und sein Ringfinger schlägt aus wie die Nadel eines Strahlendetektors. Der Rubin glüht und funkelt. »Ti-Jean«, sagt der Mann in näselndem Tonfall. Er steht steif da und reibt sich unentwegt die Schultern. »Ti-Jean, heiße Ti-Jean.«

Der Bokor verzerrt sein Gesicht zu einer grausigen Maske und schlägt um sich.

Ti-Jean und sein Bruder seien Denunzianten gewesen, findet Tektek heraus. Sie hätten Nachbarn und Verwandte bei der Polizei angeschwärzt. Ein Bokor wurde beauftragt. Kurz darauf hätten sie Fieber bekommen, ihre Bäuche seien angeschwollen. Zwei Tage später seien sie gestorben und begraben worden. »Ti-Jean, heiße Ti-Jean«, sagt der Mann immerzu. Sein Bruder hockt am Boden und klappert mit den Zähnen. »Jeder im Ort hat die Zombies als die Denunzianten wiedererkannt«, flüstert Tektek. »Sie haben ihr Schicksal verdient. Öffne ihre Gräber, und du wirst sie verlassen finden.«

Darf man ihnen Fragen stellen? Baron Samedi schreit wütend auf, verzerrt sein Gesicht zu einer grausigen Grimasse, schlägt mit dem Stock um sich. Er stößt alle hinaus. Auf dem kleinen Vorplatz knallt eine Peitsche; dann sackt der Körper des Bokor zusammen. Der Totengott hat ihn verlassen. Medine ist wieder Medine. Sie setzen ihn auf eine Baumwurzel. Er ist benommen, erschöpft sagt, er könne sich an nichts erinnern.

1. Bokor – Voodoo-Priester

*Andrea Tormentare (*1969)*

Eine unvergessliche Nacht

Es schien alles wie verhext. Erst hatte es kein Taxi und keinen Bus vom Flughafen zum Hotel gegeben, dann waren Teile des Gepäcks verschwunden und, als wenn das noch nicht reichen würde, um mir den ersten Urlaubstag zu vermiesen, regnete es seit Stunden wie aus

Eimern. Ich hatte einen kurzen Rundgang um das Hotel gemacht, das mir die nächsten zwei Wochen als Zuhause dienen sollte. Alles in allem recht eindrucksvoll, wenn man bedachte, daß ich mich ziemlich im Landesinneren einquartiert hatte und nicht dort, wo Touristen die Strände bevölkerten. Da ich nicht nach Haiti gekommen war, um Urlaub zu machen, sondern vorhatte, die örtlichen Kulturen, besonders die Voodoo-Magie zu erleben, war ich dort, wo das Leben von den Einheimischen bestimmt war, besser aufgehoben, als da, wo Voodoo für Touristen aufgearbeitet, entschärft und somit völlig verfälscht wurde. Ich wußte, daß es schwierig werden würde, die richtigen Kontakte zu bekommen, denn als Europäerin kann man nicht einfach ins Land reisen und erwarten, daß man auf die Frage, wo es denn authentische Voodoo-Zeremonien gäbe, eine ehrliche Antwort bekäme. Zu oft waren die Menschen hier wegen ihres Glaubens angegriffen worden und es hieß, sie hätten auch einfach keine Lust, Fremden Einblicke in ihre Religion zu gewähren. Ich beschloß, mich auf meine Intuition zu verlassen und auf das Glück zu vertrauen, zur richtigen Zeit den richtigen Ansprechpartner zu finden.

Es konnte nicht schaden, um die Hilfe der Götter zu bitten und so griff ich mir eine Flasche Rum, Kekse, etwas Tabak und ein paar andere Utensilien, die mich seit Jahren bei meinen Ritualen begleiteten. Als es ruhig in der Anlage wurde, ging ich hinaus und wollte mir einen guten Platz für die ungestörte Durchführung meines Rituals suchen. Zu meinem Leidwesen traf ich überall, wo ich hin ging auf Leute, die zusammensaßen, sich unterhielten oder Musik hörten. Ich zog also immer weiter und erreichte schließlich den Ortsrand. Eine Mauer versperrte mir den Weg, bot mir aber einige Meter weiter einen Durchgang. Sofort erkannte ich, daß ich einen Friedhof betreten hatte. Gerade wollte ich mich umdrehen, als mir eine innere Stimme sagte, es gäbe keinen perfekteren Ort für mein Vorhaben. Ich schritt an einer Vielzahl Gräber vorbei und kam an eine Art Kreuzweg, die diesen düsteren Ort in vier Quadranten teilte. Ein Brunnen stand genau in der Mitte. Auf einer Bank davor saß ein Mann, der blind zu sein schien, da er, trotz der Dunkelheit eine Sonnenbrille trug und wohl noch nicht gemerkt hatte, daß es längst

Nacht geworden war. Zu meinem Erstaunen sprach er mich an. Er fragte mich mit resoluter, aber freundlicher Stimme, was mich um diese Uhrzeit an solch einen Ort verschlüge und ob ich denn keine Angst vor den Geistern der Nacht hätte? Er schien also doch genau zu wissen, was die Stunde geschlagen hatte und vermutlich irrte ich mich auch in Bezug auf seine Blindheit, denn sein »Blick« ging genau in meine Richtung. Erst stutzte ich etwas, dann aber entschied ich mich dafür, ihm die Wahrheit zu sagen. Vielleicht könnte er mir sogar weiterhelfen. Seiner Aufforderung, näher zu kommen und mich neben ihm niederzulassen folgte ich etwas zögerlich, doch sah ich dabei, daß der Mann sehr groß und stattlich gebaut war. Da er tiefschwarze Kleidung trug – wenn das Dämmerlicht mich nicht täuschte, war es sogar ein Frack – und sein Kopf mit einem Zylinder geschmückt war, ging ich davon aus, daß er wohl auf dem Friedhof arbeiten würde. Möglicherweise war er ein Sargträger, denn für einen Totengräber war er zu sauber und einfach zu feierlich gekleidet. Sein Gesicht war so blaß, daß es in der Dunkelheit fast etwas leuchtete. Für die Gegend hier war das untypisch, die Einheimischen waren alle eher von dunkler Hautfarbe. Die Neugier hatte mich gepackt und ließ mich alle Zurückhaltung und Vorsicht vergessen. Eine ganze Menge Fragen sprudelten aus mir heraus. Ich wollte wissen, ob es im Ort einen Voodoo-Priester gäbe, ob er je von Voodoo-Zeremonien in der Nähe gehört habe und ob es stimme, daß diese Götter nach Blutopfern lechzen würden? Einen Augenblick lang sah er mir stumm in die Augen, dann fuhr er mich richtig schroff an, was ich mir einbilden würde, ihn so mit Fragen zu bombardieren. Sein offensichtlicher Stimmungswechsel machte mir Angst, denn mit einem Mal war er richtig grob. Ich bat ihn um Entschuldigung und wollte aufstehen, als er plötzlich nach meiner Hand griff und ein ganz scheußliches Lachen ausstieß. Unvermittelt fragte er, ob ich Rum dabei hätte. Wenn ich schon so neugierig wäre, könnte er mir ja helfen, die Götter gnädig zu stimmen, bot er mir an. Noch immer etwas verunsichert nickte ich und obwohl mein Verstand Einwände hatte, siegte mein Verlangen nach neuen Erfahrungen und so stimmte ich zu. Ich füllte einen Becher mit Rum, legte die Kekse auf eine improvisierte Unterlage aus Blättern und drapierte etwas Tabak dazu, um so eine kleine Opferstätte zu errichten. Mir blieb fast das Herz stehen, als ich sah, daß dieser Mann den Becher einfach leerte und sogar von den Keksen aß. Ob er noch bei Verstand sei, fuhr ich ihn an. Das seien schließlich Opfergaben für die Götter und nicht um seine Bedürfnisse. zu befriedigen. Sofort füllte ich alles wieder auf und war wirklich entsetzt, als er dabei schon wieder nur höhnisch lachte. Er verstand offensichtlich doch weniger von Voodoo-Ritualen, als ich angenommen hatte oder nahm das Ganze einfach nicht ernst.

Plötzlich zog er aus irgendeiner verborgenen Tasche einen langen, weißen Knochen, der ganz eindeutig einmal zu einem Menschen gehört hatte und legte ihn über die Kekse. Mein Entsetzen nahm kein Ende. Plünderte dieser Kerl des Nachts die Gräber? Auf meinen Kommentar, daß die Götter so etwas bestimmt nicht gern sähen, meinte er nur sarkastisch, der Baron wäre bestimmt nachsichtig. Na, wenn er sich da mal nicht irrte. Seine Dreistigkeit machte mir Sorgen. Womöglich würde ich nichts als den Zorn der Götter ernten, weil ich mich auf die Zusammenarbeit mit diesem seltsamen Kerl eingelassen hatte. Als ich nun begann eine Anrufung, die ich mir schon zurechtgelegt hatte, zu rezitieren, rastete mein Gefährte geradezu aus. Völlig affektiert schritt er um den Stein mit den Opfergaben herum, zündete sich eine Zigarre an und machte zu allem Überfluß noch obszöne Gesten. Mir wurde angst und bange, so mußte das Ritual mit Sicherheit scheitern, wenn es nicht sogar in einer Katastrophe enden würde.

Meine praktischen Erfahrungen mit Voodoo-Gottheiten waren gering und ich war sicher, die Wut dieser Götter würde mich ewig verfolgen. Noch einmal versuchte ich, meinen Begleiter zur Mäßigung seiner Blasphemien zu überreden, aber außer Lachen und einer plötzlichen Attacke bekam ich keine Resonanz. Ohne die Möglichkeit ihm ausweichen zu können, stürzte er sich plötzlich auf mich und drückte meinen Körper zu Boden. Meine Angst wurde mit einem Mal ganz irdisch. Wie hatte ich nur so dumm sein können? Ehe ich mich versah, spürte ich, wie dieser Mann sich von mir nahm, was ich ihm freiwillig nie gegeben hätte. Sein Atem stank nach Tabakrauch und Rum, den er sogar während seiner schändlichen Tat noch zu sich nahm. Einen Augenblick lang schloß ich verzweifelt die Augen, doch als ich sie wieder öffnete, spielte mir das inzwischen aufgegangene Mondlicht einen Streich. Dieser Kerl sah mit seiner weißen Gesichtshaut plötzlich wie der leibhaftige Tod aus bzw. wie ein Skelett. Ich zwinkerte mit den Augen und die Sicht war wieder normal.

An Flucht war nicht zu denken, der Mann war zu stark. Als alles vorbei war, stand ich zitternd auf und wischte mir die Erde aus den Kleidern. Mit aller Gewalt kämpfte ich gegen die Tränen und den Drang laut los zu schreien. Ich wußte nicht, was ich tun sollte. Sicher könnte ich direkt zur Polizei gehen, aber wer würde mir schon glauben? Ich hatte ja selbst Schuld, wenn ich in einem fremden Land mitten in der Nacht allein auf einen Friedhof ginge. Ich war sicher, ich würde keine Unterstützung und Hilfe finden. Also drehte ich mich um und wollte nur noch fortlaufen, als diese Bestie mich noch einmal anrief. »Du hast den Knochen vergessen. Geh sorgfältig damit um, sonst beleidigst du den Guédé Baron Samedi. Solch mächtigen Zauber gibt er nicht zu jeder Zeit heraus.« Diese Worte nun gerade aus seinem Mund waren ja wohl der endgültige Hohn. Ich griff den Knochen, ohne darüber nachzudenken und machte mich davon.

Am nächsten Tag, als mir die Nacht zuvor wie ein böser Traum erschien und nur der Knochen auf dem Tisch mich davon überzeugte, die Schrecken erlebt zu haben, fragte ich an der Rezeption, ob man mir bei meinen Recherchen über die Voodoo-Magie weiterhelfen könne? Während des Gesprächs kam die Rede auf den Friedhof und ich meinte, diesen Ort würde ich niemals mehr betreten. Die Rezeptionistin sah mich verwirrt an. Der Friedhof sei doch gar nicht mehr zugänglich, die Tore wären vor Jahren zugemauert worden, als es bei einer Zeremonie zu einem blutigen Zwischenfall gekommen war. Eine junge Priesterin, so erzählte sie, hatte sich dem Totengott Baron Samedi verweigert, als dieser von ihrem Körper Besitz ergreifen, sie »reiten« wollte und er hätte diese Beleidigung auf brutalste Weise beantwortet.

KAPITEL 6

Die Schatten Gottes

Dämonische Menschen

Albrecht Dürer (1471–1528):
Ritter, Tod und Teufel

Am furchtbarsten aber erscheint dies Dämonische,
wenn es in irgendeinem Menschen überwiegend hervortritt.
Während meines Lebensganges habe ich mehrere teils in meiner Nähe,
teils in der Ferne beobachten können. Es sind nicht immer die
vorzüglichsten Menschen, weder an Geist noch an Talenten,
selten durch Herzensgüte sich empfehlend; aber eine ungeheure Kraft
geht von ihnen aus, und sie üben eine unglaubliche Gewalt
über alle Geschöpfe, ja sogar über die Elemente, und wer kann sagen,
wie weit sich eine solche Wirkung erstrecken wird?
Johann Wolfgang von Goethe (1749–1832)

Kain,
der Inbegriff alles Schlechten

Kain erschlägt seinen Bruder Abel
(Holzschnitt aus der Lübecker Bibel 1494)

Als Kain die Folgen sah des Bruderhasses, da erbleichte er,
der Boden wollte ihn nicht tragen, er entglitt seinen Füßen.
Flüchtig ging er über die Erde.
Bettine von Arnim (1785–1859)

Niemand darf den Kain töten! So sprach der Herr.
Aber Kain darf sich selbst töten! So spricht in mir eine Stimme!
Und Kain wird's tun!
Friedrich Hebbel (1813–1863)

Kain schlug den Abel. Der Mord ist älter als der Tod. Weg da!
Was heißt der Tod! wie sieht er aus! ich kenne viel nächtigere Schatten.
Henry von Heiseler (1875–1928)

*Leah Levine (*1961)*

Kain

Kain war laut Überlieferung der erstgeborene Sohn Evas. Über die Vaterschaft Adams ist man sich nicht einig. Einige Quellen behaupten, Kain sei von der Schlange gezeugt und somit ein Sohn des Bösen. Anders als sein Bruder Abel, der ein nomadischer Viehzüchter war, lebte Kain vom Ackerbau und war seßhaft. Eines Tages, als beide Brüder Gott ein Dankopfer darbrachten, nahm Gott nur das Opfer des Abel an und verschmähte das von Kain, was diesen so in Wut versetzte, daß er seinen Bruder erschlug. Gott hatte ihn davor gewarnt, verbannte ihn nun und gebot, daß niemand – außer Kain selbst – ihn töten dürfe. Dazu brannte er ihm ein Zeichen – das berühmte »Kainsmal« – auf die Stirn, auf daß jeder ihn sofort erkennen könne. Kain zog fort, gründete eine Familie und mit einem seiner Söhne die Stadt Henoch.

Der erste Mord der Geschichte fand angeblich in einem Roggenfeld statt, und noch heute heißt es, der Roggen keime rot, um an diese Sünde zu erinnern. Auch ist überliefert, daß die Juden angeblich jahrelang ihrem Gott nur Tieropfer dargebracht hätten, aus Angst, jedes andere Opfer würde Gott erzürnen und abgelehnt werden.

Kain galt nach seiner Tat als »Mann im Mond«. Mythen erzählen, Gott habe ihn dorthin verbannt, aber es ist wahrscheinlicher, daß ihm der Mond-Tag zugeordnet wurde, weil er seine Tat an diesem Tag begangen haben soll und man ihm nachsagte, er habe den Sabbat nicht geheiligt. Ebenso möglich ist ein Zusammenhang mit der Verehrung der Großen Göttin, die durch den Mond symbolisiert wird.

Die Sündentat Kains gilt als »horizontales« Vergehen, da es im Gegensatz zu den Vergehen der Menschen direkt gegen Gott (vertikales Vergehen) innerhalb der menschlichen Gruppe stattfand. Es ist interessant, daß Moses seinen Gefolgsleuten ebenfalls einen Brudermord gegen jeden befahl, der nicht seine Treue zu Gott bekräftigte. Dreitausend Menschen sollen diesem Aufruf zum Opfer gefallen sein.

Theologen haben aber Kain zum Halbteufel gemacht, weil sein Mord schwerer wog. Er wurde zum klassischen Symbol des Bösen und steht auch heute noch für die abscheulichste Sünde der Menschheit.

In der Normandie nennt der Volksmund die Wilde Jagd, die dort während der Rauhnächte die Gegend unsicher macht, »La chasse Cain« und deutet damit auf die Verwerflichkeit dieser Geisterhorde hin.

Im 2. und 3. Jh. gründete sich eine gnostische Sekte, die Kainiten, über die nur sehr wenig bekannt geworden ist. Sie sollen Kain, Judas und die Sodomiten verehrt haben und sich in sexualmagischen Riten ergangen haben. Außerdem erzählt man sich, daß alle Unholde der Welt von ihnen abstammen.

Peter Lauremberg (1585–1639)

Von Cain / und dessen Tod

Was massen Cain / der erstgebohrne Sohn Adams / seinen Bruder Abel erwürget / und also der Kirche des Satans den Grund geleget habe / lesen wir *Gen. 4. Comestor* nennet dieses Cains Weib *Calmanam,* eine Tochter Adams. Wiewohl ihn nun Gott selbst gezeichnet hatte / so ist er doch allezeit furchtsam gewesen / und hatte zu seiner Sicherheit eine Stadt gebauet / und selbe nach seinem Sohne *Hanochiam* genennet. *Berolus* sagt / daß sie am Berge Libano; andere / daß sie in Babylonia oder in dem äussersten Lande *Indiæ Campaja* sey gelegen gewesen. *Philo* sagt / daß er sieben Städte erbauet habe: Und *Augustinus* gedencket einer *Cainon,* von Cain selbst also genannt. *Zonaras* und *Cedrenus* melden / daß er durch die Straffe nichts desto besser worden sey / sondern sich den Wollüsten ergeben / sein Hauß mit Raub und Mord erfüllet / und die Seinigen zu allerley Boßheit verführet habe / biß daß er endlich durch Einfallen seines Hauses erdrucket sey. Im *Fasciculo temporum* aber wird erzehlet / daß Lamech / einer von den Nachkömmlingen Cains / als seine Augen dunckel / und er von einem Knaben zu jagen geführet worden / seinen Groß-Vatter Cain unversehens erschossen habe: Dann der Knabe habe ihn im Busche ersehen / vor ein Wild gehalten / und dem Lamech gezeiget: Als aber Lamech den Fehler erkannt / habe er den Knaben mit allzuvielen Schlägen gleichfalls getödtet / und daher die Rede zu seinen Weibern geführet / welche beschrieben wird *Gen. 4. V. 23 und 24.*

Matthäus Hammer (1600–1665)

Das Leben Cains*

Adams erstgebohrner Sohn war Cain / bald folgete seine Schwester Calmana / hernacher im 30. Jahr Adams / ist Abel und seine Schwester Delbora erzeuget worden: Als diese zweene Brüder ihre Opffer verrichtet: Abel von Schafen / Cain aber von Korngarben / und darüber in einen grossen Streit geriethen / also daß Cain den Abel ermordete / must Cain hierüber flüchtig werden / und als er im Alter gantz erblindet / ein Knab ihn führen müssen / und sich zu Mittag in eine Standen geleget / der Ruh zu pflegen / ist er von deß Lamechs seinen Nachkommen / vor ein Wild angesehen / und also durch Gottes Verhängnüß erschossen worden.

Odilo Schreger (1697–1774)

Einige Fragen zu Kain*

Der erste geborne Mensch.

Dieser war *Kain,* welchen Adam und Eva im zweyten Weltjahre, nach 9 Monaten, als sie aus dem Paradiese verstoßen waren, gezeuget haben.

Das erste geborne Weibsbild.

Dieses war *Kainana,* welche zugleich mit dem Kain aus Eva gebohren worden; und diese wurde nachgehends des Kains Eheweib.

Erster Hirt, und erster Ackerbauer.

Abel, ein Sohn des Adam, war der erste Hirt, welcher die Schafe weydete; *Kain* aber war der erste Ackerbauer.

Der zweyte geborne Mensch.

Dieser war *Abel.* Kain der ältere Sohn des Adams, war boshaft, Abel aber fromm; als nun beyde ihre Opfer Gott verrichteten, wurde Abel von Gott angesehen, Kain aber nicht; darum schlug Kain den Abel, seinen Bruder, aus Neid zu todt, im Weltjahre 130. Und dieses war der erste Tod in der Welt; da hat dann Adam gesehen die Wirkung der Sünde. Das Blut des Abels schrie um Rache zu Gott, und Kain mußte zitternd und elend herum schweben, bis er endlich in dem Walde, von *Lamech,* der ihn für ein Thier ansah, mit einem Pfeile erschossen worden.

Erste Stadt in der Welt.

Die war *Enoch;* diese hat Kain nach begangenem Brudermord im Weltjahre 140 erbauet, und nach seines Sohnes Namen Enoch genennet.

Erster Krieg in der Welt.

Den ersten Krieg haben angefangen die gottlosen Kainiter im Weltjahre 462. Sie liefen herum wie das rasende Vieh, und warfen Alles, was ihnen unter die Hand kam, über einen Haufen.

Maler Müller (1749–1825)

Der Fluch des Kain*

Mit weggewandtem Blick und faltiger Stirne spricht der Mörder: »Was geht's mich an? Hab' ich's etwa getan? Meint ihr etwa, ich sollt' um ihn trauern, he? Disteln auf sein Herz! Er hat mich stets gehaßt. Und ihr, was starrt ihr auf mich, als wollt ihr sagen: du hast ihn erschlagen!«

Adam: Mein Sohn!

Kain: Sohn, Sohn! Wollt', ich wär's nie gewesen. Daß ihr mich mit euren Flüchen niederschmeißen könnt, darum bin ich euer Sohn. An der Gurgel mich anfassen, niederreißen möchtet ihr mich gerne; mir's Knie aufs Herz setzen, rufen: Bekenn', du hast's getan, hast's getan!

Adam: Kain, Kain!

Kain: Und wenn ich denn bekenne? Fluch! Ich hab's getan! Ja, ich hab's getan, hab' ihn erschlagen mit dieser Keule. Sieh!

Adam: Grauen und Verderben! Du?

Kain: Kommt mir nicht! Schuld seid ihr an allem. Gelt, immer gekost und geleckt den Knaben, das habt ihr. Da war nichts als er; hintanstehen mußt ich mit meinen Kindern. Überall, Tag und

Nachts und allezeit, habt ihr für ihn gebetet. Der Heuchler! All' meinen Segen stahl er mir, und ich war immer der Verworfene und der euer Liebster. Küßt ihn nun, so lang ihr wollt. Aber eure Gesichter will ich von nun an nicht mehr sehen. Heimgehen will ich und mein Weib und meine Kinder holen, in die wildeste Wildnis ziehen und euch und diese verfluchte Gegend auf ewig meiden. Verderben und Elend über euch!

So fluchte der erste Mörder Kain seinen Eltern. Dicke Tropfen der Verzweiflung sprangen aus seinem Auge, als er floh. Adam springt auf, streckt die Faust nach ihm, aber zitternd fällt er zurück. Die Kraft verläßt sein schwankendes Knie; sinkend schlägt er mit seiner Stirn an den Felsen und schreit.

Friedrich Leopold Graf zu Stolberg (1750–1819)

Kain am Ufer des Meers

Wehe, wehe mir! Wohin
Treibt mich mein geschlagner Sinn?
Gottes Ströme brausen her!
Abels Blut! es ist das Meer!

Bis zur Erde letztem Rand
Hat die Rache mich gebannt!
Wo kein Jammer noch geklagt,
Hat mich Abels Blut gejagt!

Wehe mir! des Bruders Blut
Donnert in der wilden Flut!
In des Felsenufers Schall!
In der Grotten Widerhall!

Wie den Stein das Meer umfleußt,
So umströmen meinen Geist

Seelenangst und Qual und Wut,
Gottes Schrecken! Abels Blut!

Öffnet, Wogen, euren Schlund,
Ach! der Muttererde Mund
Trank sein Blut, da ich ihn schlug,
Und vernahm des Rächers Fluch!

Öffnet, Wogen, euren Schlund,
Und enthüllet euren Grund!
Ach umsonst! Die Rache wacht
Auch im Schoß der alten Nacht!

In der tiefsten Tiefe Graun
Würd' ich Abels Schatten schaun!
Würd' ihn schauen, ob ich flöh'
Auf des höchsten Berges Höh!

Würde dieses Leibes Staub
Aller Wirbelstürme Raub,
O so schaute Kain doch
Gottes Feuereifer noch!

Ohne Maß und ohne Zahl
Wütet meiner Seele Qual,
Ohne Grenzen ferner Zeit,
Währt in alle Ewigkeit!

Denn mich traf des Rächers Fluch,
Da ich meinen Bruder schlug!
Wehe! wehe! wehe mir!
Abels Schatten folget mir!

Anna Katharina Emmerick (1774–1824)

Und zeugen ein verworfenes Geschlecht*

Ich sah die Nachkommen Kains immer gottloser und sinnlicher werden, und die Weiber ganz besonders, und sah, daß auch hier, wie im Paradies, der Teufel immer besonders hinter den Weibern her war. »Und du wirst den Samen des Weibes in die Fersen stechen!« sagte Gott zur Schlange.

Ich sah, daß die Nachkommen Kains an diesem Bergrücken immer mehr hinanzogen und daß die gefallenen Engel solche Frauen in Besitz nahmen und ganz regierten und daß sie voll äußerlicher Anmut und Kunst wurden.

Solche Weiber nun verführten wieder andere Männer, und sie gebaren dann wunderbare Kinder, die sehr groß wurden und allerlei Künste und Gaben hatten. Solche Kinder vermischten sich wieder mit vom Teufel besessenen Menschen und erzeugten noch wunderbarere Menschen, und so entstand auf diesem Gebirg und weit umher ein ganz greuliches Geschlecht, und es vermischten sich wieder von den Kindern der Vorfahren Noahs mit ihnen, von den Kindern des Seth, und gerieten auch mit ihrer Fortpflanzung in diese schreckliche Lasterwelt.

Bettine von Arnim (1785–1859)

Der Dämon über Kain*

Dämon: »Die Bibel sagt, der Neid sei es gewesen des *Kain,* daß die Opferflamme des *Abel* aufstieg zum Himmel, weil seine am Boden hinleckte, und doch war's nur die Flamme seines Zorns, die niederschlug vor dem friedeatmenden Abel, der die seine zum Himmel ließ wallen. – Kains Stirne war des Fluches Zeichen aufgeprägt, und das Blut des Abel ward lebendig in ihm und jagte ihn flüchtig über die Erde, und in den Geschlechtern der Erstgebornen schleppt es im Gefühl der Rache sich ihnen nach. – Und in der Flucht vor sich selbst und in Gefangenheit der Reue, die sie trennt und fesselt, sind

Fürsten und Völker stetig geworden gegen einander. – Und immer noch schlägt der Kain den Abel tot, weil er sich rächen will am eignen strafenden Gewissen. – Hastig möcht er zwar vorübereilen, aber er schaudert vor dem Gemordeten, vor dem Ruf der Natur: *»Kain! Kain! du Erstgeborner, sieh deinen Bruder hier!«* – Mit abgewandtem Blick ruft er: »Soll ich etwa trauern um ihn, der mich stets gehaßt? – Wollt ihr mit euerm Fluch mich niederwerfen? – An der Gurgel will ich euch fassen und das Knie aufs Herz euch setzen. Verderben und Elend über euch!« – So fluchte damals der erste Mörder seinen Ahnen! – so flucht heute noch der Herrscher dem Volk, aus dem er hervorging. – Und wie Adam springt das Volk auf und streckt die Faust nach ihm und stürzt zitternd zurück und fällt nieder mit der Stirn am harten Fels und schreiet Weh!«

Ludwig Eichrodt (1827–1892)

Mythus vom ersten Bruder Liederlich

Unweit von dem Paradies,
Wo sich Adam niederließ,
Hat's auch Eva unternommen
Und ist zwofach niederkommen.

Höflich riefen alle Leut:
Welche große Aehnlichkeit!
Der ist ganz der alte Adam,
Und der Blonde ganz die Madam!

Und von diesem Zwillingspaar
Hieß der Jüngre Abel zwar,
Weil er brav versprach zu werden
Unter Schaf- und sonst so Heerden.

Kain ward zu seiner Schand
Gleich der Rothkopf zubenannt,

Denn an seiner Stirne mächtig
Trug ein Mal er sehr verdächtig.

Das verursacht stillen Gram,
Adam, als er wahr es nahm,
Und ihm schwante wenig Gutes,
Von dem Setzling seines Blutes.

Aber Eva, seine Frau,
Nahm es nicht so sehr genau,
Ließ den Knab im Wald sich tummeln
Bei den Käfern und den Hummeln.

Langsam wurden Beide groß,
Und der Kain sittenlos.
Aber schüchtern auf den Nabel
Sah sich stets der sanfte Abel.

Als die Hosen und der Wams
Waren nun verwachsen ganz,
Schickt der Adam, dieser Sünder,
An die Arbeit seine Kinder.

Abel dünkte sich ein Graf,
Als er hüten durft' die Schaf'!
Kain schätzte sich ein König,
Als er jägdeln durft' ein wenig.

Nach vollbrachtem Tagewerk,
Haben sie sich dann gestärkt,
Und behaglich in Pantoffeln
Aßen sie zu Nacht Kartoffeln.

Als die Mahlzeit war zu End',
Wuschen sie die langen Händ',

Haben sich die Pfeif' gestopfet
Und ein Thier am Berg geopfert.

Während in den Himmel hoch,
Abels Opfer rauchte, kroch
Kain's Rauch hinab zur Höllen,
Das verdroß den Waidgesellen.

Darum eines Abends spat
Grübelt er auf Uebelthat;
Als der Abel goß den Lattich,
Stellt sich Kain hin wo's schattig.

Seht, er richtet seine Flint'
Auf das Bruderherz geschwind,
Ernst, besorg ich, will er machen,
Kain, was seyn das für Sachen!

Hoffentlich drückt er nicht los!
Nein, das ist gewissenlos!
Das ist nicht blos unvorsichtig,
Das ist schändlich, niederzichtig!!

Adam, als er wahr es nahm,
Stößt ihm auf der alte Gram,
Stürzt herbei mit seiner Gattin
Und versetzt: o Gott, es hat ihn!

Hilfe, liebe Nachbarsleut!
Was ist unserm Abel heut?
Solches kann ich nicht kapiren,
Weiß ihn Keiner zu kuriren?

Immer steht noch Alles dumm
Um den armen Abel 'rum,

Plötzlich fängt man an zu wissen,
Daß ein Sterbfall eingerissen.

Kain spürt der Reue Fluch
Ueber dieser Treue Bruch,
Und das belfernde Gewissen
Hätt ihn beinah todtgebissen.

Adam aber kommt und sagt:
Hab ich es doch gleich gedacht!
Thut das Haar ihm rückwärts streichen
Und entblößt des Kains Zeichen.

Kain wie die Pestilenz
Flieht erschreckt die Landesgrenz,
Um sich auswärts unter Beben,
In den Ehstand zu begeben.

Weiter sagt die Weltgeschicht',
Kain wurde liederlich,
Und sein Samen schwerlich feiner,
Die Freischärler und Zigeuner.

Judas Ischarioth,

der Erzschelm und Vater des Verrats

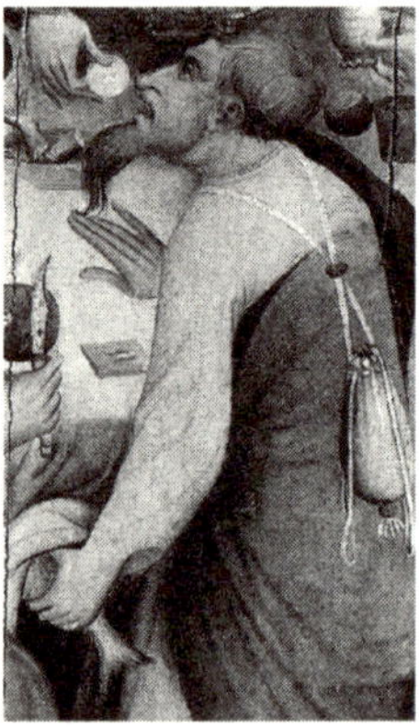

Conrad von Soest: Judas Ischarioth
(Ausschnitt aus dem Wildunger Altar, 15. Jh.)

Man weiß allgemein, daß unter zwölf Aposteln in der Schaar des Herrn
nur Judas ein Verräther war. Wie kann deßwegen tadeln man den Rest,
der schuldlos blieb?
Geoffrey Chaucer (um 1343–1400)

Unn wenn d'Verräther Judas zu unsern Zeiten leben /
u. solchen Christum verkauffen solte / wehr ich gewiß /
er würde an 30 Silberlingen nit gnug haben.
Johannes Praetorius (1630–1680)

Judas starb den dummsten Tod – schäme dich, Ischariot!
Magst du zappeln! Unsereiner schwimmt mit Würde stets
als reiner Goldfisch durch das Blut so rot!
Gottfried Keller (1819–1890)

Leah Levine (1961)*

Judas Ischarioth

(gest. um 30 n. Chr.)

Judas war einer der zwölf Jünger des Jesus von Nazareth. Anders als die übrigen stammte er nicht aus Galiläa, sondern war Sohn einer streng jüdischen Familie aus Karioth in Judäa. Seit er zu dem Kreis um Jesus gestoßen war, fühlte er sich wohl häufig als Außenseiter, hielt Jesus aber über lange Zeit die Treue, auch wenn er über dessen Verstöße gegen jüdisches Brauchtum zuweilen verstimmt war. Sein Beiname könnte auf seinen Geburtsort hinweisen, aber es gibt auch die Theorie, er sei Mitglied der Sikarier (Dolchträger) gewesen, einer Art Guerillagruppe, die Attentate auf Römer und deren Handlanger verübten.

Zu seiner späteren Verdammung würde eine Meuchelmörderphase in seiner Vita sehr gut passen.

Judas war es, laut den Evangelisten Markus und Matthäus, der Jesus verraten hat und somit den Lauf bis zu dessen Hinrichtung am Kreuz zu verantworten hat. Da er für diese Tat auch noch Geld genommen haben soll, fehlte nicht viel, um ihn zu einem niederen, bösartigen und durch und durch verwerflichen Charakter, wie ihn ja auch schon der Evangelist Johannes dargestellt hat, zu machen. Noch heute sind Begriffe wie Judaslohn, Judaskuß oder Judas als Symbole für Verrat im Volksmund weit verbreitet.

In der christlichen Welt hat sich über die Jahrtausende ein enormer Haß erhalten, der in Riten und Brauchtum bis in die heutige Zeit spürbar ist. Immer wieder aufs neue wird sein mutmaßliches Verbrechen symbolisch bestraft. Einzig die Judasfeuer, die man vor Ostern entzündet, sind voller positiver Magie. So sollen sie vor Hagelschlag, Feuer, Schadenszauber und vielem mehr schützen und auch noch für eine gute Ernte sorgen. Die Bäume aber, von denen man annimmt, Judas habe sich an einem solchen erhängt, tragen den gleichen Fluch wie er selbst – man weiß nur nicht genau, ob es nun eine Weide oder ein Holunderbaum war. Für Christen kein Problem, gleich beiden Bäumen Übles nachzusagen.

In den Paulusbriefen wird Judas nicht erwähnt, aber in den vier Evangelien findet man seinen Namen, zumindest bis zu seinem Verrat – Auslieferung wäre eigentlich die richtige Bezeichnung. Matthäus berichtet von Selbstmord durch Erhängen, Markus beschreibt nur nüchtern seine Tat, und Lukas unterstellt Judas eine enge Verbindung zum Teufel, mit dem er sich eingelassen haben soll und so zum Dieb, Betrüger, ja zur Personifikation des Bösen geworden ist.

Je tiefer man in die Geheimnisse um Judas vordringt, um so deutlicher wird, daß dieser Mann zum Sündenbock wurde. Keiner kann sich davon freisprechen, eine Sünde zu begehen, und jeder ist froh, wenn die Aufmerksamkeit einen anderen trifft. Zumindest wirkt es befremdlich, wenn, kaum das Jesus am Kreuz hängt, keiner seiner Jünger mehr in seiner Nähe weilt und auch sein designierter Stellvertreter Petrus ihn dreimal verleugnet. Haben sie ihn alle verlassen?

Was immer auch das Motiv für Judas war, seinen Freund und Rabbi Jesus zu verraten, Geldgier, Rache oder unerfüllte Hoffnungen – hatte er doch erhofft, Jesus würde zum Befreier des jüdischen Volkes und die Römer vertreiben –, möglich ist, daß er die Folgen seiner Tat völlig falsch eingeschätzt hat. Sonst hätte er keinen Grund gehabt, sich das Leben zu nehmen und bis heute dafür zu sorgen, daß z. B. in Deutschland kein Kind den Namen Judas tragen darf, weil dieser noch immer als verächtlich bewertet wird. Inzwischen wandelt sich aufgrund neuer Forschungsergebnisse das Bild des Judas. So gilt er inzwischen als »Schatzmeister« der zwölf (darauf weist auch die Szene mit dem »Nardenöl« hin – s. C. F. Meyer) und als einziger, der den wahren Auftrag Jesu kannte und ihn vollenden half. Er soll auch heimlich umgebracht und dieser Mord nur als »Selbstmord« dargestellt worden sein.

Peter Lauremberg (1585–1639)

Legenda vom Verräther Judas / wer er gewesen

Indem bißher etwas gedacht von Verrätherey / will ich gleichfalls hinbey setzen eine Legenda / wer der Ertzverräther Judas sey gewesen.

Jacobus de Voragine in den Lombardischen Historien / und *Pelbartus* in seiner Postill / so er *Pomerium* nennet / geben vom Juda für / daß seine Mutter habe *Cyborea* geheissen / die habe einen Traum gehabt / sie würde einen Sohn gebähren / welcher eine Ursach würde seyn des gantzen Jüdischen Volckes Unterganges. Das habe sie ihrem Mann Simoni vermeldet. Wie nun der Sohn gebohren worden / haben sie ihn nicht umbringen wollen / sondern in einem Korbe ins Meer geleget / welches ihn in die Insul Scharioth zu Lande getrieben / dannenhero er auch den Zunahmen bekommen. Denselben hat die Königin desselbigen Landes lassen heraus heben / und weil sie nicht Kinder gehabt / sich gestellet / als wäre sie schwanger / und habe endlich das Kind herfürgebracht / als hätte sie es gebohren.

Bald darnach habe Gott der Königin einen rechten Erben bescheret. Als sie nun beyde mit einander auffgewachsen / da habe der Fündling dem rechten Sohn alle Schande angeleget / darum es die Königin eröffnet / daß er ein Fündling wäre. Darüber soll Judas den Erben heimlich erwürget haben / und davon gelauffen seyn. Er sey aber gen Jerusalem gekommen / und habe sich an Pilati Hoff begeben / der habe auff eine Zeit in einem Garten schön Obst gesehen / derselbe Garten sey des Judä Vaters gewesen / welches aber weder er noch Pilatus gewust. Da soll Judas hinein gestiegen seyn / und wie der Vater darzu kommen / soll er sich über ihn gemacht / und ihn mit einem Stein zu tode geschlagen haben / sey davon gesprungen / daß es niemand innen geworden / er aber habe Pilato die Aepffel gebracht / mit Vermeldung / wie es ihm gegangen sey. Pilatus habe ihm den Garten alsobald eigenthümlich einreimen lassen / habe ihm darzu die *Cyboream* zum Weibe gegeben / daß er also seine eigene Mutter unwissend zum Weibe genommen. Auff eine Zeit habe die Mutter hefftig geseufftzet. Als sie nun Judas gefraget / was ihr sey / habe sie gesaget: Sie sey ein unselig Weib / weil sie einen Sohn gebohren / durch welchen das gantze Jüdische Volck ins Verderben kommen solte / welchen sie ins Meer in ein Kästlein gesetzet. So habe sie auch ihren Mann todt gefunden / und habe nun / durch Pilatum gezwungen / ihn nehmen müssen. Da soll Judas vernommen haben / daß er derselbige Fündling gewesen / hätte seinen Vater erschlagen / und die Mutter zum Weibe genommen. Darum habe er sich zu Christo gefunden / und von ihm Vergebung seiner Sünden begehret:

Aber wie die andern Legenden meistentheils grobe Lügen seyn: Also ists auch mit dieser. Ist zum Theil genommen aus Mosis Historia / zum theil aber aus der Historien des *Oedipi,* welchen sein Vater *Lajus* hat hinweg legen lassen / weil das *Oraculum* vermeldet / er solt ihn mit der Zeit umbringen / so aber endlich wiederkommen / habe den Vater erwürget / und die Mutter *Jocastam* zum Weibe genommen / biß er endlich mit ihnen ein schröcklich Ende genommen. Die Evangelische Historia sagt davon nichts / sondern meldet diß von ihm / daß er von Christo sey zum Apostel-Amt beruffen worden. Ist aber ein Mameluck worden.

1. Es ist nicht so bald anzunehmen / was die Leute schreiben.
2. Wer Böses thut / bekommet einen bösen Nahmen.

Abraham a Sancta Clara (1644–1709)

Judas, der verfluchte und verzweiflete Gesell, aus Anleitung des bösen Feinds erhenkt sich selbst.

Nachdem nun allen göttlichen Gnaden und Erleuchtungen in dem iscariotischen Herzen der völlige Paß versperret worden, und in besagtem Böswicht nit ein Tropfen Blut mehr zu finden war, der da von einem redlichen und ehrlichen Menschen herrührete, also hat er ohne viel Verweilung den Strick, mit dem er die Kleider aufgegürtet hat, ganz rasend herabgelöst, solchen an seinen diebischen Hals gelegt, den nächsten Baum, welcher gleichsam von Natur zu einem bequemlichen Galgen also erwachsen, mit absonderlicher Hülf des bösen Feinds hinauf geklettert, daselbst mit dem Strang sein eigener Henker worden, auch solang mit den Füßen gezapplet, den Leib hin und her geschwungen, bis solcher in der Mitte voneinander zersprungen, und nachmals die verdammte Seel samt dem stinkenden Ingeweid das elende Losament verlassen, und zum Teufel in die unterste Höll gefahren.

Beda bezeugt, daß solcher unglückseliger Baum auf den heutigen Tag zur ewigen Gedächtnuß dieses verzweifleten Böswichts noch stehe, und immerzu grüne und nachwachse. Solcher Baum soll, nach Aussag Andreä Zoni, ein wilder Feigenbaum seyn. Zu Koromandel in dem orientalischen Indien wird ein Baum nit viel ungleich Blätter halber, dem Feigenbaum gesehen, welcher eine Frucht trägt wie ein Beutel, wann solche zur Zeitung kommt, so wird sie auch hohl, und findet man darin drei und dreißig breite weiße Körner, fast schier so groß als ein Funfzehner, weil solche Frucht nun in allem dem Judas-Beutel so eigentlich gleichet, also wird auch besagter Baum der Judas-Baum genannt. Andere Lehrer, wie Oekumenins, Theophilaktus, Pappias, und noch mehrere, beschreiben den elenden Untergang des Judä Iscarioths anderst, und wollen es behaupten, als wäre der Böswicht zur größeren Schand, und mehrern Unheil noch länger beim Leben geblieben, auch endlich an der Wassersucht verreckt, auf einen seiner Gründe, und weil ein Wagen über ihn gangen, sey die viehische Wampe voneinander zerschnellt, und also das Ingeweid samt allem Wust heraus geschüttelt worden. Glaubwürdiger aber scheint zu seyn die Beschreibung des Evangelisten Matthäi, welcher gar deutlich bezeugt, daß sich Judas mit dem Strick selbst erdroßlet habe.

Heinrich Heine (1797–1856)

Jeder Reiche ist ein Judas Ischariot*

Viel weicher, fast venezianisch koloriert, ist das Gemälde von einem Unbekannten, das daneben hängt und worin der freundlichste Farbenschmelz von einem durchbebenden Schmerze gar seltsam gedämpft wird. Es stellt dar, wie Maria ein Pfund Salbe nahm, von ungefälschter köstlicher Narde, und damit die Füße Jesu salbte und sie mit ihren Haaren trocknete. Christus sitzt da, im Kreise seiner Jünger, ein schöner, geistreicher Gott, menschlich wehmütig fühlt er eine schaurige Pietät gegen seinen eignen Leib, der bald soviel dulden wird und dem die salbende Ehre, die man den Gestorbenen erweist, schon jetzt gebührt und schon jetzt widerfährt; er lächelt gerührt hinab auf das kniende Weib, das, getrieben von ahnender Liebesangst, jene barmherzige Tat verrichtet, eine Tat, die nie vergessen wird, solange es leidende Menschen gibt, und die zur Erquickung aller leidenden Menschen durch die Jahrtausende duftet. Außer dem Jünger, der am Herzen Christi lag und der auch diese Tat verzeichnet hat, scheint keiner von den Aposteln ihre Bedeutung zu fühlen, und der mit dem roten Barte scheint sogar, wie in der Schrift steht, die verdrießliche Bemerkung zu machen: »Warum ist diese Salbe nicht verkauft um dreihundert Groschen und den Armen gegeben?« Dieser ökonomische Apostel ist eben derjenige, der den Beutel führt, die Gewohnheit der Geldgeschäfte hat ihn abgestumpft gegen alle uneigennützigen Nardendüfte der Liebe, er möchte Groschen dafür einwechseln zu einem nützlichen Zweck, und eben er, der Groschenwechsler, er war es, der den Heiland verriet – um dreißig Silberlinge. So hat das Evangelium auch symbolisch, in der Geschichte des Bankiers unter den Aposteln, die unheimliche Verführungsmacht, die im Geldsacke lauert, offenbart und vor der Treulosigkeit der Geldgeschäftsleute gewarnt. Jeder Reiche ist ein Judas Ischariot.

Conrad Ferdinand Meyer (1825–1898)

Die Narde

Die brave Marthe tat, was sie vermocht',
Sie rupfte, spickte, briet und sott und kocht',
Sie schob dem Herrn die braunsten Kuchen zu,
Und: »Diesen«, sagt' sie, »Herr, versuche du!«

Maria nahte, die den schlanken Krug,
Gefüllt mit einer seltnen Narde, trug.
Sie neigt' das Knie, den Krug. Die Narde floß.
Sie neigt' das Herz, das strömend sich ergoß.

In der beseelten Hand Mariens ruht'
Der edle Fuß. Drauf quoll der Narde Flut.
Ihn abzutrocknen, löste sie des Haars
Geschlungnen Knoten. Blond und seiden war's.

Ein spitz Geflüster regte sich am Tisch,
Wie der getretnen Viper scharf Gezisch:
»Das duftet! Tausend oder mehr Denar
Verduften mit! Ich wollt, wir hätten's bar!

Bei Levi legten wir's auf Zins geschwind
Und draus erzögen wir ein Waisenkind« –
»Still«, sagt' der Göttliche, »laß unentweiht,
Judas! Wer liebt, verschwendet allezeit.«

Henryk Sienkiewicz (1846–1916)

Was ist das für ein Verräter?

Chilon fragte nun plötzlich: »Urban, weißt du, wer Judas war?«

»Ich weiß, ich weiß! aber er hat sich erhängt!« rief der Arbeiter.

In seiner Stimme lag etwas wie Bedauern, daß der Verräter sich selbst sein Urteil gesprochen hatte und ihm daher nicht mehr in die Hände fallen konnte.

Chilon fuhr fort: »Wenn er sich nun aber nicht erhängt hätte und ihm einer der Christen zu Lande oder zu Wasser begegnete, müßte dieser dann nicht die Marter, das Blut, den Tod des Erlösers an ihm rächen?«

»Wer würde dies nicht tun, ehrwürdiger Vater!«

»Friede sei mit dir, du treuer Diener des Lammes. Ja! wir dürfen die Kränkungen, die uns selbst zugefügt werden, verzeihen; wer aber hat das Recht, die Kränkungen, die gegen Gott verübt werden, zu verzeihen? Wie die Schlange eine Schlange erzeugt, wie Sünde aus Sünde und Verrat aus Verrat entsteht, so ist aus Judas' giftigem Samen ein anderer Verräter entsprossen, und wie jener den Heiland an die

Juden und römischen Kriegsknechte verriet, so will dieser, der unter uns weilt, Christi Schafe den Wölfen überliefern, und wenn niemand dem Verrate vorbeugt, wenn niemand beizeiten der Schlange den Kopf zertritt, so droht uns allen der Untergang, und mit uns wird auch zugleich die Verehrung des Lammes ausgerottet.«

Der Arbeiter sah ihn mit furchtbarem Entsetzen an, als glaube er nicht recht zu hören; der Grieche aber verbarg seinen Kopf unter einem Zipfel seines Mantels und sprach mit einer wie aus den Tiefen der Erde heraufTönenden Stimme: »Wehe euch, ihr Diener des wahren Gottes, wehe euch, ihr Christen und Christinnen!«

Wieder trat Schweigen ein; wieder hörte man nur das Klappern der Mühlen, den dumpfen Gesang der Mühlknechte und das Rauschen des Flusses.

»Vater«, fragte endlich der Arbeiter, »was ist das für ein Verräter?«

Chilon erhob sein Haupt. Was das für ein Verräter sei? Ein Sohn des Judas, ein Sohn seines giftigen Samens, der vorgebe, Christ zu sein, und in die Bethäuser gehe, nur um die Brüder beim Caesar zu verklagen, daß sie den Caesar nicht als Gott verehrten, daß sie die Brunnen vergifteten, Kinder schlachteten und die Stadt zerstören wollten, daß kein Stein auf dem anderen bleibe. In einigen Tagen würden die Prätorianer den Befehl erhalten, Greise, Frauen und Kinder einzukerkern und hinzurichten, genau so, wie sie die Sklaven des Pedanius Secundus zum Tode führten. Und all dies habe jener zweite Judas getan. Wenn aber niemand den ersten Judas bestraft, wenn niemand Rache an ihm genommen und Christus in der Stunde der Marter beschützt habe, wer werde diesen bestrafen, wer die Schlange zertreten, bevor der Caesar auf ihr Zischen gehört habe, wer werde ihn aus dem Wege räumen, wer werde die Brüder und den Glauben an Christus vor dem Untergange retten?

Georg Heym (1887–1912)

Judas

Die Locke der Qual springt über der Stirne
Drin wispern Winde, und viele Stimmen
Die wie Wasser vorüberschwimmen.

Doch er rennet bei Ihm gleich einem Hunde
Und er picket die Worte hervor in dem Kote.
Und er wieget sie schwer. Sie werden tote.

Ach, der Herr ging über die Felder weiß
Sanft hinab am schwebenden Abendtag
Und die Ähren sangen zum Preis,
Seine Füße waren wie Fliegen klein,
In goldener Himmel gelbem Schein.

Vlad Tepes, genannt Graf Dracula,
der »Pfähler« aus den Karpaten

Vlad Tepes (Porträt 16. Jh.)

Es ist aber wahrscheinlich, daß aufgrund der gefürchteten Grausamkeit des jüngeren Vlad, das Wort Dracula mehr die Bedeutung »Sohn des Teufels« annahm. Nicht ohne einen gewissen Hintersinn ist es – denkt man an die stark erotische Ausstrahlung mit der Stoker seinen Dracula ausstattete – daß im rumänischen das phonetisch ähnlich klingende Wort Dragula der Geliebte bedeutet. Teufel und Geliebter, beide Gestalten sind in Dracula enthalten und verleihen ihm Schrecken und Faszination.

*Norbert Borrmann (*1953)*

In einem historischen Verbrecheralbum würde Dracula wegen der Zahl seiner Opfer und der Raffinesse seiner Grausamkeiten Cesare Borgia, Katharina di Medice und Jack the Ripper den ersten Rang streitig machen.

*Raymond T. McNally (1931–2002) und Radu Florescu (*1925)*

*Leah Levine (*1961)*

Vlad Tepes
(1431–1476)

»… pfählen lehrten sie mich … gepfählt wurden sie.«

Vermutlich in Sighioara (Transsilvanien) wurde Vlad mit dem späteren Beinamen Tepes (der »Pfähler«) als Sohn von Vlad II. Dracul geboren. Sein Vater war Mitglied des Drachenordens, eines Ordens, der sich gegründet hatte, um gegen die Osmanen vorzugehen. So kam auch Vlad III. zu dem Beinamen Dracula(e) (= Sohn des Drachen), mit dem er, dank des irischen Autors Bram Stoker (1847–1912), der diesen Namen seinem Helden in dem berühmten Vampirroman gab, unsterblich wurde. Im Kindesalter übergab Vlad II. zwei seiner Söhne den Türken als Geiseln, um sein eigenes Leben zu retten und das Land zu schützen. In dieser Zeit wurde der junge Fürst mit Gewalt, Grausamkeit und der Leidenschaft des Sultans und türkischer Wärter für attraktive Knaben konfrontiert.

Nach dem Aufstand der Bojaren im eigenen Land, bei dem sein Vater ermordet und seine älteren Brüder lebendig begraben wurde, konnte Vlad die Türkei verlassen. Er erkämpfte sich den Thron zurück und begann in seiner kurzen Herrschaft, mit unvorstellbarer Grausamkeit und Rachedurst das Land mit Hilfe der Bevölkerung, die loyal und zuverlässig zu ihm stand, von den Aufständischen zu säubern. Als erste Amtshandlung tötete er 500 Bojaren, die er für den Tod seines Vaters verantwortlich machte. Zigtausend Menschen, besonders angreifende Türken, fielen seiner Wut in der Folgezeit zum Opfer, wurden gefoltert und auf Lanzen gespießt. Seine Leidenschaft, abgerundete und gut geölte Pfähle durch den Mund oder After in seine Feinde einzuführen und sich an ihrem langsamen Tod zu ergötzen, brachte ihm den Beinamen »der Pfähler« ein. Ganze Ortschaften wurden von ihm auf diese Weise entvölkert, und er machte auch keinen Unterschied zwischen Männern und Frauen. Selbst Kinder steckten in seinem Lanzenwald.

Vlad schaffte die Armut ab, indem er alle Bettler, Verkrüppelten und Waisen zu einem Essen einlud und dann die Halle in Brand setzen ließ. Wann immer er jemanden auch nur verdächtigte, er oder sie würde Kritik an seinem Vorgehen üben, war diese Person des Todes. Es heißt, er habe es genossen, seine Mahlzeiten auf den »Schlachtfeldern« seiner Mordlust einzunehmen, und habe sein Brot in das Blut der Sterbenden getunkt.

Es gibt viele Erzählungen und Berichte über seine Grausamkeiten, nicht alle sind beweisbar, nicht alle entsprechen der Wahrheit, aber ein freundlicher, einfühlsamer Herrscher war Vlad Dracula ganz sicher nicht. Drac, was in seiner Sprache auch mit Teufel übersetzt wurde, ließ gerade die orthodoxen Kirchenmänner in ihm den Antichristen sehen, und als er aus politischen Gründen später sogar zum römisch-katholischen Glauben übertrat, entzogen sie ihm alle kirchlichen Würden und verdammten dadurch seine Seele zu ewiger Ruhelosigkeit.

Vlad war zweimal verheiratet und hatte viele Mätressen, dennoch ist überliefert, daß er Frauen verachtete und ihnen gegenüber genauso bestialisch vorging wie gegen alle anderen. Er soll Witwen die Geschlechtsorgane verstümmelt, alleinstehenden Frauen die Brüste zerfetzt und manche Mutter gezwungen haben, ihr eigenes Fleisch und Blut zu essen. Unruhen und Verrat des Adels brachten Vlad für zwölf Jahre in ungarische Gefangenschaft, doch nach seiner Freilassung konnte er den Thron der Walachei besteigen. Der Preis für die Freilassung war die Hochzeit mit der Tochter des Königs und die Konversion. Bei all seiner Grausamkeit schaffte er es, Ehrlichkeit und Ordnung in seinem Land zu festigen und die Liebe seines Volkes zu gewinnen. In Rumänien hat er noch heute den Status eines Nationalhelden und Befreiers von den Usurpatoren, und ihm war es, wie keinem zweiten, gelungen, das Volk in seiner Gesamtheit seinen politischen Zielen zu verpflichten. Er konnte am Brunnen auf einem beliebigen Marktplatz einen goldenen Kelch aufstellen, ohne daß auch nur einer den Versuch machte, diesen zu stehlen. Schon mit 45 Jahren war das turbulente Leben des Fürsten vorbei. Er wurde bei einem Überfall der Türken getötet und enthauptet. Sein in

Honig eingelegter Kopf wurde dem Sultan übersandt und dann aufgespießt zur Schau gestellt. Dieser Akt der Enthauptung macht die Gerüchte um den »Vampir« Vlad Dracula eigentlich zunichte, aber sein Leben war so von Blut und Gewalt geprägt, daß er wahrlich als Vorbild für einen Blutsauger dienen konnte. Neue Nahrung für Legenden gab es, als im letzten Jahrhundert sein Grab geöffnet wurde und dort keine Leiche bzw. nur Tierknochen gefunden wurden.

Nikolaus Modrussa (15. Jh.)

Beschreibung von Vlad Tepes*

Er war nicht sehr groß, aber untersetzt und muskulös. Sein Auftreten wirkte kalt und hatte etwas erschreckendes an sich. Er hatte eine Adlernase, geblähte Nasenflügel, ein rötliches, mageres Gesicht, in dem die sehr langen Wimpern große, weit offene, grüne Augen umschatteten; schwarze buschige Brauen gaben ihnen einen drohenden Ausdruck. Er trug einen Schnurrbart. Breit ausladende Schläfe ließen seinen Kopf noch wuchtiger erscheinen. Ein Stiernacken verband seinen Kopf, von dem schwarze gekräuselte Locken hingen, mit seinem breitschultrigen Körper.

Johann Christian von Engel (1770–1814)

Der Verrat des Hamza*

Mehmed hatte dem Beg von Vidin, Hamza, befohlen, den Vlad durch List oder Gewalt in seine Hände zu liefern. Dies wollte Hamza im Einverständnis mit dem griechischen Sekretär bewirken. Der Sekretär ließ sich von Vlad auf der Rückreise das Geleit geben, und meldete dem Hamza die Zeit der Abreise und den Ort des Zusammentreffens. Der Überfall gelang, allein Vlad setzte sich nicht nur zur Gegenwehr, sondern focht auch so glücklich, daß Hamza fliehen mußte. Er ward ergriffen und mit allen gefangenen Türken zuerst der Hände und Füße durch Abhauen beraubt, dann auf den

Pfahl gezogen, doch mit dem Unterschied, daß Hamza auf den höchsten gezogen ward. Dies geschah auch mit darum, daß sich seine Leute daran spiegeln sollten: so sollte es ihnen ergehen, wenn sie ihrem Herrscher nicht treu bleiben wollten.

Heinrich August Pierer (1794–1850)

Die Kunst des Pfählens*

Sie besteht darin, daß der Verurteilte auf einem in den Boden gerammten Stück Holz aufgespießt wird. Um diese Strafe zu vollziehen, legt man den Verurteilten auf den Bauch, bindet seine Hände auf dem Rücken fest und befestigt seine Beine so, daß sie weit gespreizt sind, um ihn an irgendwelchen Bewegungen, die den Henker in der Ausübung seiner Tätigkeit stören würden zu hindern, legt man ihm einen Packsattel auf den Rücken, auf den sich einer der Gehilfen des Henkers; setzt. Nachdem die Öffnung, durch die der Pfahl gehen soll, hinlänglich eingeölt ist, nimmt der Henker diesen in beide Hände und stößt ihn so tief er kann in den Anus des Verurteilten. Dann treibt er ihn mit Hilfe eines Hammers 50 bis 60 Zentimeter hinein. Hernach wird der Pfahl aufgerichtet und in die Erde gerammt. Der Delinquent bleibt nun sich selbst überlassen. Er hat nichts, an dem er sich anhalten könnte und wird von der Schwere seines Gewichts zu Boden gezogen, so daß der Pfahl immer tiefer in ihn eindringt, bis er schließlich entweder aus der Schulter, oder aus der Brust oder auch aus dem Magen wieder heraustritt. Der Tod, der die schrecklichen Leiden dieses Unglücklichen beenden soll, läßt sich Zeit. Man hat Verurteilte gekannt, die bis zu drei Tagen in dieser schrecklichen Lage lebend zubrachten. Die Geschwindigkeit, mit der der Tod eintritt, ist verschieden und hängt von der Konstitution des Opfers wie von der Richtung des Pfahls ab. Tatsächlich hat man, in einem unglaublichen Raffinement von Grausamkeit, dafür gesorgt, daß die Spitze des Pfahls nicht ganz scharf, sondern ein wenig abgerundet ist. Dadurch wird vermieden, daß der Pfahl die Organe, die in seinem Weg liegen, durchbohrt und so einen raschen Tod herbeiführt. Die Organe werden nicht durchstoßen, sondern nur aus ihrer natürlichen Lage gedrängt. So wurden stark blutende Verletzungen vermieden und der Tod hinausgezögert, während die Schmerzen durch die Zusammenpressung der Nerven unbeschreiblich waren. Natürlich beeinflußte die Richtung des Pfahls die Dauer des Leidens. Denn es ist ganz offensichtlich, daß, wenn der Pfahl seinen Weg nicht die Längsachse des Körpers entlang nahm, sondern ein wenig schief eindrang, nicht die Schulter oder die Brust durchbohrt wurde, sondern vielmehr der Magen. Weil der Pfahl in diesem Fall, nicht in die Brust eindringt und die dort befindlichen lebenswichtigen Organe verletzt, verlängert sich natürlich das qualvolle Leiden des Verurteilten lange.

Bram Stoker (1847–1912)

Ankunft beim Grafen*

Alles, was mir übrig blieb, war, geduldig bis zum Anbruch des Tages zu warten. Als ich mich eben dazu entschlossen gelangt hatte, hörte ich schwere Schritte hinter dem Tor und durch die Ritzen sah ich ein Lirot sich langsam nähern. Dann hörte ich das Rasseln von Ketten und das dröhnende Zurückschieben massiver Türriegel. Laut kreischend drehte sich ein Schlüssel in dem scheinbar selten benutzten Schlüsselloch, und das große Tor ging auf. Vor mir stand ein hochgewachsener älterer Mann, glatt rasiert bis auf einen langen weißen Schnurrbart und vom Kopf bis Fuß schwarz gekleidet; kein heller Fleck war an ihm zu sehen. Er hielt eine altertümliche silberne Lampe in der Hand, auf der ohne Zylinder oder Schirm eine Flamme brannte. Diese warf lange, zitternde Schatten in der Zugluft des offenen Tores. Der Mann lud mich mit einer verbindlichen Geste seiner Rechten ein, näher zu treten und sagte in vorzüglichem Englisch, wenn auch mit einem fremdartigen Akzent:

»Willkommen hier in meinem Haus! Treten Sie frank und frei ein.«

Er machte keinerlei Bewegung, mir entgegenzukommen, sondern stand starr wie eine Statue, als hätte ihn sein Willkommengruß in Stein verwandelt. In dem Augenblick aber, da ich die Schwelle überschritten hatte, trat er rasch auf mich zu, ergriff meine Hand und drückte sie dermaßen, daß ich zusammenzuckte; dabei war die Hand so kalt wie Eis, mehr die eines Toten als eines Lebenden. Dann sagte er erneut:

»Willkommen in meinem Hause. Kommen Sie frei herein. Gehen Sie gesund wieder und lassen Sie etwas von der Freude zurück, die Sie mit hereingebracht haben!« Die Stärke seines Händedrucks erinnerte mich an den eisernen Griff des Kutschers, dessen Gesicht ich ja nicht gesehen hatte, daß ich einen Moment glaubte, er und der Mann, mit dem ich gerade sprach, wären ein und dieselbe Person; ich fragte also vorsichtig:

»Graf Dracula?«

Er verbeugte sich höflich und erwiderte:

»Ich bin Dracula und begrüße Sie, Herr Harker, in meinem Hause. Kommen Sie herein, Sie bedürfen des Essens und der Ruhe, die Nachtluft ist doch ziemlich kühl.« Während er so sprach, stellte er die Lampe auf eine kleine Konsole an der Wand und nahm mein Gepäck; er hatte es hereingetragen, noch ehe ich ihn daran hindern konnte. Ich erhob Einspruch, aber er meinte entschieden:

»Bitte, Sie sind mein Gast. Es ist schon spät und meine Diener sind nicht mehr verfügbar. Lassen Sie also mich für Ihre Bequemlichkeit sorgen.«

*H. C. Artmann (*1921)*

Zu Gast beim Grafen*

Ich stamme, sagt der graf mit feinem lächeln, aus einer sehr alten familie. Dabei schlägt er, als sei's ihm etwas warm, den violetten frackumhang auf. Moder, denkt Edwarda erschaudernd, und Johann Bancroft kann sich nicht entsinnen, jemals ein derart fiebriges rot gesehen zu haben, das seidenfutter in Draculas paletot scheint zu glühen.

Vor den hohen fenstern bewegen sich fledermäuse im traum, ihre flügel zucken in regelmäßigen abständen wie sinistre spielzeuge, aufgezogen von einem monsterkind.

Sie wundern sich wahrscheinlich über den leicht salzigen geschmack des cafes, sagt der graf zu Edwarda: Tja, das ist so sitte hierzulande!

Dies schwarzgebundene buch ist das gefürchtete Nekrnomikon des wahnsinnigen Abu al-Hazred, Carmillas neue mutter! Also wird Dracula vater seiner eigenen verruchten großmutter. Um das unheilige gebrodel roter retorten fliegt, gleich goldbesprengtem weihrauch, feines blondhaar. Ein duft nach moder und frischem sperma durchflutet das labor. Aus den gekachelten wänden lösen sich rosen und scheußliche skorpione. Der graf zertritt jene und schnuppert an diesen …

Carmilla erhebt sich nackt aus dem sarkophag, ihr fleisch ist noch etwas bleich, die spitzen ihrer brüste sind mit entweihten nadeln durchbohrt …

Gestatten sie, daß ich ihnen meine nichte Carmilla vorstelle, sagt der graf zu seinen englischen gästen. Über die große treppe der kerzenerleuchteten ahnenhalle schreitet Carmilla herab. Ihr blondes haar liegt in einer strengen frisur, sie trägt ein schokoladengraues abendkleid, moderduft umfließt sie wie ein seltenes parfum, man weiß nicht: ist es wirklich moder oder eine seltene ausländische droge.

Meine nichte hat das letzte jahr über in St. Petersburg gelebt, will aber nun, aus gesundheitsrücksichten, den winter im heimatlichen Transsylvanien zubringen …

Maksiminiu serviert schweren roten tokajer. Sie wundern sich, sagt der graf zu Edwarda, aber dieser leicht salzige geschmack ist hierzulande sitte.

*Leah Levine (*1961)*

Vlad Tepes – der Phönix vom Balkan

Ich blickte zur Tür, um den Grund des Verstummens zu erfahren, und erblickte, gleich allen anderen, einen Mann von stattlicher Statur, der sich mit grimmigen Augen umschaute, als suche er jemanden. Ich war beeindruckt, die Ausstrahlung dieses Mannes hatte etwas, was meine Aufmerksamkeit auf sich zog. Er war nicht sonderlich groß, etwas untersetzt, sehr muskulös, und er füllte mit seinen breiten Schultern fast den gesamten Türrahmen aus. Sein Gesicht war eher mager und von leicht rötlicher Färbung, was an den kalten Temperaturen liegen konnte, und doch hatte es etwas Erschreckendes. Am auffälligsten waren seine kalten, harten, grünen Augen, die von einem dichten, langen Wimpernkranz umgeben waren. Seine schwarzen, buschigen Augenbrauen verstärkten den Eindruck, daß etwas Bedrohliches von ihm ausging. Er trug einen auffälligen Schnurrbart und langes gewelltes Haar. Was mich aber mehr davon überzeugte, daß es sich bei ihm um einen Mann von aristokratischer Abstammung handelte, war seine alles dominierende Adlernase, deren Nasenflügel aufgeregt flatterten. Er schien über irgendetwas verärgert zu sein, denn er gab seinen Begleitern mit lauter aggressiver Stimme Befehle, die diese veranlaßten, mit eingezogenen Schultern die Schankstube zu verlassen.

Es konnte sich nur um den Sohn Vlad des Zweiten handeln. Vlad der Dritte oder auch Vlad Tepes, der Pfähler, wie er offen genannt wurde. Ich hatte sogar in Deutschland schon von ihm und seiner brutalen, aber wirksamen Methode, Politik zu treiben, gehört. Er galt als äußerst erfolgreicher Kriegsherr, dessen Willkür und Gnadenlosigkeit aber auch viele negative Meinungen erzeugte. Er war von seinen Feinden, gleichwie von seinen eigenen Landsleuten, gefürchtet und geehrt.

Schon am ersten Abend dieser kalten Winternacht in Kronstadt, wo wir alle auf den Empfang beim König von Ungarn warteten, fiel mir auf, wie gewandt und gebildet Vlad war. Er sprach mehrere Sprachen und kannte sich auffallend gut mit der Geschichte und Politik der verschiedensten Länder aus. Normalerweise waren die

Woiwoden der Gegend nicht viel gebildeter als die Bojaren und niemals aus ihrem Land, außer bei den zahlreichen Kriegszügen, herausgekommen. Aber Vlad war viel gereist. Er erzählte mir, daß er 1431 in Schäßburg in Transsilvanien geboren wurde. Als engster Vertrauter seines Vaters verbrachte er mehr Zeit mit ihm als mit seinen Brüdern Mircea und Radu. Er begleitete seinen Vater überallhin und lernte sehr viel von ihm.

Seine schlimmste Zeit begann, als sein Vater ihn 1442 mit seinem Bruder Radu als Geisel bei den Türken lassen mußte, um den Frieden zu sichern. Die Jahre am türkischen Hof waren zwar lehrreich, aber er hatte, ganz anders als sein Bruder, einen ständigen Haß auf alle Muslime. Als er hörte, daß 1447 sein Vater grausam ermordet worden sei, begann er sich innerlich zurückzuziehen und Pläne zu schmieden, wie er diesen Tod rächen könnte. Als dann auch noch die Nachricht kam, daß die Bojaren seines eigenen Landes seinen Bruder gezwungen hatten, sein eigenes Grab zu schaufeln, um ihn im Anschluß daran bestialisch zu ermorden, hatten sich Haß und Rachsucht in Vlads Seele verfestigt. 1448 kehrte Vlad mit dem Einverständnis der Hohen Pforte in die Walachei zurück und bestieg den Thron als rechtmäßiger Erbe seines Vaters.

Während Vlad mir all dies an jenem denkwürdigen Abend erzählte und wir einen Krug nach dem anderen leerten, merkte ich, daß er all die Dinge noch einmal erlebte. Sein Gesicht verzog sich vor Schmerz, und die Lust der Rache spiegelte sich in seinen Augen.

An einem kalten Dezemberabend im Jahre 1476 wurde Vlad Tepes durch Verrat hinterrücks ermordet. Die Welt hatte einen harten, aber gerechten Herrscher verloren. Ein Mann, der sein Volk liebte, aber dessen Liebe sich nur auf ungewöhnliche Art zeigen konnte.

Elisabeth Báthory,

die »Blutgräfin« und Heroine des Grauens

Elisabeth Báthory (Reproduktion, Original 1870)

Sade wußte nichts von der Existenz Elisabeth Báthorys, doch hätten ihre Greueltaten ihn zweifellos in die schlimmste Begeisterung versetzt.

George Bataille (1897–1962)

Isabella von Bayern hatte Sade entzückt, aber Elisabeth Báthory hätte ihm vermutlich ein tierisches Geheul entlockt.

George Bataille (1897–1962)

Dies … ist eine Textsammlung … über die Tigerin in Menschengestalt, die Hyäne von Csejte, la comtesse sanglante Elisbeth Báthory, the World Champion Lady Vampire of all Time.

*Hans Farin (*1953)*

*Leah Levine (*1961)*

Elisabeth Báthory

(1560–1614)

Die Tigerin in Menschengestalt, die Hyäne von Csejte

»Fragt nicht, wie sie starben. Begrabt sie nur!«

Elisabeth wurde als Tochter von George und Anna Báthory, einer alteingesessenen und hochadligen ungarischen Familie geboren. Ihre Familie hat viele wichtige, machtvolle politische und religiöse Positionen bekleidet, zeichnete sich aber auch durch Exzesse aller Art aus. Teufelsverehrung, Wahnsinn, Krankheit (Epilepsie), Süchte und sexuelle Abartigkeiten waren auffallend stark vertreten, und die heranwachsende Elisabeth soll in jungen Jahren von ihrem Onkel in satanische Riten eingeweiht worden sein, denen sie auch später voller Interesse nachging. Ihre Erziehung war ihrem Stande entsprechend, doch ließ man ihr recht viele Freiräume, so daß sie z. B. oft in Männerkleidung herumlief und später bei ihrer Hochzeit, die schon stattfand, als sie erst 15 Jahre alt war, ihren Familiennamen behielt. Graf Franz Nadasdy, ihr Ehemann, mußte sie oft allein lassen, er kämpfte gegen die Türken, und so suchte Elisabeth nach Zeitvertreib. Entgegen der Norm war sie sehr intelligent, sprach mehrere Sprachen und interessierte sich für vieles, besonders für ausschweifenden und leidenschaftlichen Sex. Später galt ihr (fast) einziges Augenmerk nur noch dem Ersinnen von neuen, noch schmerzhafteren Quälereien, eine Leidenschaft, die sie sogar mit ihrem Mann teilte. Es heißt, sie habe sich bis zu sechsmal am Tag umgezogen und viel Zeit darauf verwendet, ihre Schönheit zu pflegen. Als sie eines Tages eine ungeschickte Dienerin schlug und von deren Blut bespritzt wurde, stellte sie fest, daß dieses Blut ihre Haut heller und weicher machte, und der Gedanke, ihrer Schönheit durch Blut zu neuer Blüte zu verhelfen, setzte sich in ihren Vorstellungen fest. Turoczi, der über die Báthory berichtete, warf ihr vor, sie habe sich dem Teufel geöffnet, als sie ihrem Mann zuliebe ihren katholischen Glauben aufgegeben habe, und dieser Teufel sei es gewesen, der ihr das Trugbild der Verjüngung durch Blut eingeflößt habe. Wie auch immer, in ihr wuchs der Wunsch, ihrer Haut den neuen kostbaren Pflegestoff zuzuführen, und so weihte sie zwei ältere Frauen aus ihrem Umfeld ein, die von dieser Zeit an dafür sorgten, daß immer genug Jungfrauen zur Hand waren, die man grausam quälen und blutig morden konnte. Erst griff man auf namenlose Bauernmädchen, später sogar auf Mädchen des niederen Adels zurück, womit aber die Gefahr der Entdeckung rapide anstieg, denn deren Eltern ließen sich nicht einfach abwimmeln, wenn sie ihre Töchter vermißten. Da sich Elisabeth und ihre gewalttätigen Helfer zu sicher wähnten, machten sie sich mit der Entsorgung ihrer Opfer nicht viel Mühe und wurden am Ende auf frischer Tat ertappt und durch die noch herumliegenden Leichen überführt. Auch wenn der Adel zu jener Zeit relativen Schutz vor Strafverfolgung hatte und ein Menschenleben, zumindest das eines einfachen Dienst- oder Bauernmädchens, nicht viel galt, führte die Masse und Brutalität der hingeschlachteten Mädchen zu lebenslanger Haft der Gräfin. Damit hatte sie mehr Glück als ihr männliches Gegenstück Gilles de Rais, den man für seine Morde trotz seines Standes hinrichtete. Elisabeth wurde nach ihrer Verurteilung auf ihrer Burg Csetje in ein kleines Zimmer mit dünnen Schlitzen, die gerade mal ein Tablett durchließen, bis zu ihrem Tode eingemauert, ihre Komplizen sofort hingerichtet bzw. verbrannt. Es ist nie ganz ermittelt worden, wie viele junge Mädchen der blutrünstigen Gräfin zum Opfer fielen, ihre eigenen Tagebuchaufzeichnungen sprechen von über 600 armen Seelen, die zerschnitten, zerschlagen, verbrannt und zerbissen worden sind. Die Folterwerkzeuge der Gräfin klingen wie aus einem Handbuch des Marquis de Sade. Peitschen, Schürhaken, Flammen, Reißzangen und – die besondere Vorliebe der Gräfin – Nadeln aller Art, die sie den Opfern ins Gesicht, den Hals und die Brüste stach. Alles, was das Blut zum Fließen brachte, war geeignet. Auf zwei ihrer Burgen hatte die Gräfin jeweils eine »Eiserne Jungfrau«, die die Mädchen zerschnitten und ihr Blut in Auffanggefäße leitete. Es ist nicht bewiesen, daß Elisabeth das Blut auch getrunken hat – das Trinken von Jungfrauenblut galt im Mittelalter als heilsam –, aber sie soll ihre Opfer gebissen und Fleisch und Haut aus dem Körper gerissen haben. Diese sado-sexuelle Neigung brachte sie in den Verdacht, ein Werwolf oder Vampir zu sein, denn in osteuropäischen Ländern war der Glaube verbreitet, wer Menschenfleisch esse, werde nach dem Tod ein solches Schattenwesen werden. Elisabeth Báthory, die man auch die Blutgräfin nannte, war für den Autor Bram Stoker inspirierend, und so schuf er aus ihrer und der Vita von Vlad Tepes seinen berühmten Vampirroman »Dracula«. Auch die Blutbäder, die sie genommen haben soll, sind nicht wirklich bewiesen; es gibt Quellen, die darauf hinweisen, daß sie das Blut auch für ihre alchemistischen und satanischen Riten verwendet habe und nicht nur für ihren Schönheitswahn.

Jacob (1785–1863) und Wilhelm (1786–1859) Grimm

Eine schöne und vornehme Frau in Ungarn*

Nach einem Wiener Fliegenden Blatt (1815)

Eine schöne und vornehme Frau in Ungarn schlägt ihr Kammermädchen ins Gesicht, so daß es blutet und ein Tropfen Blut auf ihre Wange kommt. Sie wischt sie ab, meint aber, die von dem Blut berührte Stelle sey viel schöner geworden. Da denkt sie: »wenn ich mich blos mit Menschenblut waschen könnte! es müßte aber warm und von einem jungen Mädchen gekommen seyn.« Sie entdeckt sich einer alten Frau und sie sperren das Mädchen in einen Keller, binden es und nehmen ihm jedesmal durch Nadelstiche so viel Blut ab, als sie zum Waschen brauchen; bis es nach einem Monat verschmachtet. Die Frau dünkt sich jetzt schöner, als je und will das bewährte Mittel nicht mehr entbehren.

Da es damals Sitte war, daß edle Frauen arme Mädchen zu sich nahmen, erzogen und versorgten, so wählt sie solcher viele aus, martert nach und nach acht und zwanzig todt und wäscht sich mit ihrem Blut, bis endlich die Greuel an den Tag kommen und sie mit der Alten lebendig auf öffentlichem Markt verbrannt wird.

(Nach einem Wiener Fliegenden Blatt: Geschichte und Bestrafung einer Mörderin durch deren boshafte Anschläge acht und zwanzig junge Mädchen in Ungarn einen schaudervollen Martertod sterben mußten. Am Schluß wird bemerkt, daß es im 17. Jahrhundert sich zugetragen. Der Aberglauben mag wohl zur wirklichen That geleitet haben).

Johann Nepomuk Vogl (1802–1866)

Die Burgfrau zu Cseitha

Was schallt im tiefen Keller zu *Cseitha* in der Nacht
Für herzzerschneidend Schreien, wenn Niemand droben wacht?
Was tönt für kläglich Wimmern alldort bei kargem Schein
Hinein durch all die Gänge an's taube Felsgestein?

Der Keller dort im Schlosse verhüllt ein blut'ges Grau'n –
Da ist der Schrecken größter allnächtlich zu erschau'n.
Dort steht ein Eisenkessel gefügt gar fest und gut.
Der wird zur Nacht gefüllet mit warmem Jungfernblut.

D'rin badet sich die Schloßfrau auf ihres Zwergen Rath,
Die Jugend fest zu halten, die dem Verblühen nah't,
Dort wäscht die welken Glieder das tiegerhafte Weib
Und taucht in's Blut der Opfer den sündenvollen Leib.

Schon hat den Gräu'l verübet die Schlimme manch' ein Jahr,
Doch sieh' da – immer bleicher nur ward ihr dunkles Haar,
Und Furche zog an Furche sich ihr um's Angesicht,
»Noch ist's des Blut's zu wenig!« voll Grimm die Schloßfrau spricht.

Da lockt ein neues Opfer, wie ihr noch keines fiel
Den Durst der bösen Schloßfrau, für die der Mord ein Spiel,
Es ist das schönste Mädchen, das je das Land gesehen,
Es gleicht der Rosenknospe in Morgenwindes Wehen.

Die Schloßfrau sah's vom Erker lustwandeln einst im Thal
Und war beinah' geblendet von solcher Schönheit Strahl
Noch sah so rosig blühen sie nie ein Wangenpaar,
Noch sah so schwarz und üppig sie nie ein Frauenhaar.

»*Auf Fitzko!* treuer Scherge, schaff' mir die Dirne gleich,
Ihr rothes Blut, ich zahl' es mit rothem Gold dir reich,
Das Röslein soll mir geben von seiner Wangen Glut,
Was weiß so dumme Dirne wozu der Schimmer gut!«

Da eilt mit den Gesellen der list'ge Zwerg gar sacht
Hinunter zu der Hütte, umhüllt von dunkler Nacht,
Und lugt' hinein wo *Erni* auf schlechtem Pfühl geschmiegt
Im süßen Schlummer lächelt, von Engeln eingewiegt.

Er lugt hinein und lauschet, da dünkt's ihn an der Zeit,
Und leise tippt an's Fenster der Zwerg, und weckt die Maid,
Sie wähnt es sey ihr *Janosch* und springt vom Pfühl mit Hast,
Den Nacken zu umstricken dem heißersehnten Gast.

Schon eilet sie zur Thüre heraus mit flücht'gern Fuß
Da bringen ihr die Schergen gar unverhofften Gruß
Ein Tuch erstickt ihr Schreien und macht ihr Auge blind,
So geht's hinauf zum Schloße als trüge sie der Wind.

Schon steht sie vor der Herrin zu *Cseitha* bleich und bang',
Die blickt auf ihre Reitze voll innern Hohn's gar lang'
Dann herrschet sie dem Zwerge: »Thu' so wie dir gesagt!«
Und fort zum Mordgewölbe schleppt dieser hin die Magd. –

Sagt an, wer ist der bleiche, der rastlos wilde Mann
Der so das Thal durchraset, was hat man ihm gethan?
Das ist der arme *Janosch,* der seine *Erni* sucht
Und ihren Name rufet und ihrem Räuber flucht.

Er irrt und sucht und irret durch Heide, Moor und Wald
Gepeitscht von Angst und Wahnsinn, verwildert von Gestalt,
Er klimmt hinauf zum Schloße, er klettert um's Gestein
Die *Erni* muß er finden, sollt's in der Hölle seyn.

Da weicht mit eins der Boden, da stürzt er gäh' hinab.
Umhüllt von Stein und Moder steht er in grausem Grab,
Doch Himmel was nur sträubet empor mit eins sein Haar
Was macht ihn so erbeben, was wird er wohl gewahr.

Zu höchst bis an die Decke, umhüllt vom blut'gen Grau'n
Muß er voll Frauenleichen dort ein Gewölbe schaun,
Mit bleichen kalten Wangen, die Glieder weiß wie Schnee,
Liegt Magd auf Magd geschobert hinan bis zu der Höh'.

Da dunkelt's ihm vor'm Auge, da eilt er, unbewußt
Was er beginnt, von hinnen, die Hölle in der Brust,
Fort über Feld und Anger, die dicht'sten Wälder durch
Bis er vor *Thurzó* stehet im Schlosse zu *Preßburg.*

Erbleichend hört den Wirren der edle Palatin
Doch muß er seinen Worten enträthseln erst den Sinn,
Und mit den Richtern sitzet er allsogleich im Rath,
Denn noch zur Stund' enthüllen will er die nächt'ge That.

Und eh' der Zeiger rücket ein Viertheil auf der Uhr
Da schnauben schon die Rosse hin über Haid und Flur,
Voraus des *Janosch* Hufe wie Donner wild erschallen,
Nachbraus't der edle *Thurzó* im Flug mit den Vasallen.

Schon ist das Schloß ereilet, besetzet Wall und Thurm,
Schon bricht hinab zum Keller die Schar im wilden Sturm –
Hilf Gott – da sitzt die Schloßfrau im Kessel voll von Blut
Und badet sich die Glieder im frechen Übermuth.

Zur Seiten ihr zwei Weiber, vom Alter schon gebückt,
Aus deren bösen Augen nur böse Mordlust blickt,
Das Eine hält die Leuchte, die sprüht in dunkler Glut,
Das And're hält ein Zuber, d'rin blinkt gar grause Fluth.

Nicht fern' von diesen beiden, ein Beil in seiner Hand
Steht *Fitzko* dort als Scherge, hinab zur Erd' gewandt,
Vor seinen Füßen aber, entblößt – o welch ein Grau'n!
laßt mich mit Nacht bedecken, was dort noch zu erschau'n.

Der *Janosch* stürzt zur Erd' dahin, der Sinne baar,
Und wie zu Stein verwandelt steht *Thurzó* und die Schaar,
Ihr Aug' nur starrt voll Schrecken ob dem, was sie gefunden –
Doch schon sind die Verruchten bewältigt und gebunden.

»Ha, blut'ges Ungeheuer!« ruft jetzt der *Thurzó* aus,
Das Aug' von Wuth erglühend, das Herz erfüllt mit Graus,
»Du, gleich dem grimmen Tiger an Grausamkeit und Trug,
Entsetzlichstes der Weiber, das je die Erde trug!«

»Nicht ward der Mensch geboren der gleiches noch gethan
Wie schwer er auch gefrevelt, wie schuldvoll seine Bahn,
Und keiner soll es wagen, dem lächelt Gottes Huld,
Die Strafe auszusprechen für so entmenschte Schuld.

»Die That soll seyn versparret dem Richterstuhl des Herrn
Doch du sollst ihn erwarten von Luft und Sonne fern,
Lebendig sollst du modern bei Leich' und Moderduft
Bis dich zum Strafgerichte des Ew'gen Stimme ruft.«

So spricht der edle *Thurzó* und flieht den grausen Ort,
Da klingt's von Hammerstreichen, da hallt es fort und fort,
Da füget Stein an Stein sich zur Mauer fest und breit,
Der Welt dort zu verbergen das Scheusal seiner Zeit.

Und eh' die Sonne wieder versank im Wald und Moor,
Drei Feuersäulen wirbeln zum Himmel hoch empor,
Um diese lag in Gluten zerstreut ein schwarz Gebein,
Der Zwerg und seine Helfer, auf heißem Felsgestein.

Noch siehst du dort am Berge die Trümmer, hie und da
Bedeckend jene Räume, wo solch ein Gräuel geschah,
Doch ist die Nacht des Wahnes, des finster'n Trugs Gewalt,
Nunmehr dem Licht gewichen, das segensreich erstrahlt.

Leopold von Sacher-Masoch (1836–1895)

Das Ende der Blutgräfin*

Kurz vor Mitternacht wurde Emerich von einer der beiden Hexen, welche der Gräfin dienten, geweckt.

»Was soll es?« fragte er schlaftrunken.

»Ein Sprichwort sagt, im Schlafe naht das Glück«, kicherte die Alte, »komm mein schönes Püppchen, ich soll Dich zur Gräfin führen.«

»Zur Gräfin?«

»Frage nicht lange, folge mir.«

Er kleidete sich rasch an, sie nahm ihn hierauf hastig bei der Hand und führte ihn durch Gänge, dann eine Treppe hinab, immerfort in tiefer Finsterniß. Jetzt blieb sie stehen, ein Lichtschimmer fiel vor Emerichs Füße, die Alte öffnete eine Thüre und der junge Edelmann stand in einem mit asiatischem Luxus eingerichteten Gemach, dessen Mitte ein Bassin aus schwarzem Marmor einnahm. Die Alte hatte die Thüre hinter ihm gesperrt und führte ihn jetzt zu einem Vorhange, den sie mit einem abscheulichen Grinsen zurückschlug.

Emerich stieß einen Schrei aus. Auf einem türkischen Ruhebett lag die Gräfin, das schönste Weib der Erde, mit aufgelöstem Haare in einem großen, dunklen Pelz und grüßte ihn mit einem Lächeln, das ihm sein nahes Glück verhieß. Er sank vor ihr nieder und sie legte die Arme sanft um seinen Nacken.

»Heute noch sollst Du Deine Hochzeit feiern«, sagte sie von Liebe und Güte strahlend, »vorher sollst Du aber den Schleier des Geheimnisses lüften, das mich umgibt, Du hast ein Recht darauf erworben durch Deine Liebe, Deine Treue. Ich bin mehr als noch einmal so alt wie Du, mein Geliebter, und doch so jung wie Du.«

»Erkläre mir dieses Räthsel!« flehte er.

»Du weißt, daß ich Vergnügen daran finde, grausam zu sein«, sagte sie, »es war zur Zeit, als meine Jugend und mit ihr meine Schönheit zu schwinden begann, als ich einen aufrührerischen Bauer enthaupten ließ und dabei stand, als sein Haupt unter dem Beile fiel, sein Blut spritzte über meine Hände. Nach kurzer Zeit machte ich die seltsame Entdeckung, daß die Falten, welche dieselben bedeckt hatten, verschwunden waren. Arwa, meine alte Amme hier, schrieb es dem warmen Menschenblute zu und als wieder ein Verbrecher dem Tode verfallen war, ließ ich sein Blut in diese Wanne hier fließen und badete mich in demselben. Einen Monat später war ich vollkommen verjüngt. Seitdem habe ich mich in jeder Vollmondnacht in Menschenblut gebadet.«

»Die Mädchen, die Dir dienten, sind also in der That von Dir getödtet worden«, schrie Emerich entsetzt auf.

»Allerdings, um mir ewige Jugend und Schönheit zu verleihen«, sagte die Gräfin kalt.

»Und Du willst auch heute …« murmelte er von tiefem Grauen erfaßt. »Auch heute in Menschenblut baden, gewiß«, fügte sie hinzu.

»Und wo ist das unglückliche Opfer, dessen Blut …«

»Das Blut, in dem ich baden werde«, sagte das schöne teuflische Weib mit einem höhnischen Lächeln, das den Unglücklichen zu ihren Füßen erstarren machte, »das Blut ist in Deinen Adern.«

»Bist Du wahnsinnig?« schrie Emerich auf.

»Du warst es, als Du Dich in meine Hände gabst«, rief sie, sich aufrichtend, »ich kenne kein Erbarmen, Du wußtest es, nun bist Du mein, und niemand rettet Dich vor mir. Du wolltest lieber sterben, als ohne mich leben. Dein Wunsch soll erfüllt werden und zwar auf der Stelle.«

Sie winkte. Vermummte traten aus einer geheimen Thür, ergriffen Emerich, der sich vergebens wehrte und banden ihm Hände und Füße. Ipolkar, der grausame Günstling dieses grauenhaften Weibes, stand daneben und betrachtete seinen dem Tode geweihten Nebenbuhler mit einem Blicke voll Spott und Mordlust. Dann drückte er an einer verborgenen Feder. Mit seltsamem Rasseln ging die Wand auf und ein schönes Weib, aus spiegelhellem Eisen kunstvoll gebildet, wurde sichtbar.

»Das ist die Braut, die ich Dir zugedacht«, rief die Gräfin mit einem diabolischen Gelächter.

»Erbarmen«, flehte Emerich von Todesangst erfaßt, »Erbarmen.«

»Ich will mein Bad, Ipolkar«, gebot die Gräfin, ohne sich um die Todesangst des schönen Knaben weiter zu kümmern, »beeile Dich.«

Ipolkar faßte den Unglücklichen mit seiner übermenschlichen Kraft, hob ihn auf und legte ihn in die Arme des eisernen Weibes, welche ihn ergriffen und festhielten, dann trat er auf einen Knopf, der im Boden saß und die todte Schöne begann ihr furchtbares Werk. Tausend Klingen drangen ihr aus Brust und Armen, Leib und Füßen und zerfleischten Emerich, der unter dem Hohnlachen der Gräfin und Ipolkars sein Blut in rothen Strömen dahinfließen sah und langsam, in den entsetzlichsten Qualen, stöhnend und weinend seinen Geist aufgab.

Schon füllte sich die Wanne mit seinem Blut, die Gräfin badete mit Behagen ihre bloßen Füße in demselben und war im Begriff, den Pelz, der sie umhüllte, abzuwerfen und in die warme rothe Flut hinab zu steigen, da wurde heftig an die Thüre gepocht.

»Wer ist da?« fragte Ipolkar betroffen.

»Im Namen des Königs, öffnet!« lautete die Antwort.

»Verrath! flieht!« schrie Ipolkar; die Gräfin suchte durch die geheime Thür zu entfliehen, fiel aber dort Koloman und seinen Leuten in die Hände, während zugleich die Thür unter den Beilen der Panduren zusammenbrach und der Palatin, von Soldaten gefolgt, in das Badezimmer eindrang.

Mit schweren Ketten beladen, harrten die Gräfin, Ipolkar und ihre Helfershelferinnen, Sarah und Arwa, in den Kerkern des Schlosses, in dem sie ihre Unthaten begangen, des strengsten Gerichtes.

Vierzehn adelige Richter, unter dem Vorsitz des Palatins, sprachen das Urtheil, nachdem die schönen Glieder der Gräfin auf derselben Folter, an der sie sich so oft und so grausam belustigt hatte, mehr als einmal verrenkt worden waren, um ihr ein vollständiges

Geständniß zu erpressen. Es lautete auf ewiges Gefängniß in einem unterirdischen Kerker des Schlosses Csejte, in den niemals ein Lichtstrahl, niemals der Ton einer menschlichen Stimme drang. Der Aufenthalt in dieser kalten, feuchten, nur von Ratten und Würmern belebten Einsamkeit, auf einem halbverfaulten Strohlager angeschmiedet, war für die lebenslustige, an Pracht und Behagen gewöhnte Frau weit entsetzlicher als der Tod …

Ipolkar wurde im Schloßhofe enthauptet, die beiden Hexen – wie sie das Volk nannte – erlitten den Tod auf dem Scheiterhaufen. Die Gräfin, einst die schönste und angesehenste Frau Ungarns, brachte drei volle Jahre in ihrer grauenvollen Nacht zu, dann erlöste sie der Tod. Sie starb den 21. August 1614.

*Barbara Büchner (*1950)*

Das Bild der Blutgräfin*

Tina platzte herein wie gewöhnlich, ohne sich mit Höflichkeiten aufzuhalten, und im nächsten Augenblick klatschte sie in die Hände und kreischte auf: »Ich werd' verrückt! Wieso malst du die Blutgräfin?«

»Wieso mal ich wen?« Erin spürte, wie ihre Knie zitterten, als wäre sie aus großer Höhe heruntergesprungen. Etwas durchfuhr sie wie ein Windstoß, der durch ihren Kopf pfiff. »Na klar ist sie das«, fuhr Tina fort. »Ich kenn das Bild. Hab ich mal in einem Horror-Magazin gesehen. Sie hieß Erszebeth Bathory, und sie war eine ungarische Gräfin im 16. Jahrhundert. Menschenskind, weißt du, was die gemacht hat? Sechshundertzehn Dienstmädchen hat sie erstmal vernascht und dann so *peu à peu* abgeschlachtet und in ihrem Blut gebadet, um immer jung und schön zu bleiben.« Erin starrte sie ungläubig an. Ihr Blick glitt zu dem Bild hinüber, das süß und verhalten in sich hineinlächelte. »Das gibt's doch nicht.«

»Ja, das haben die damals auch gedacht«, plapperte Tina, während sie eifrig nach ihren Zigaretten kramte. »Deshalb konnte sie's ja so lang treiben. Aber irgendwann haben sie sie doch drangekriegt, und König Matthias ließ sie in ihrem Schlafzimmer einmauern. Dreieinhalb Jahre hat sie noch so gelebt, im Finstern und völlig allein, bevor sie starb.«

Der Nachtfalter auf Erins Schulter ließ ein leises Seufzen hören. Sie blickte das Gemälde an. Es lächelte unverwandt vor sich hin …

Erin tauchte den Pinsel in die schwarze Farbe, holte aus und kleckste voll auf das liebliche Gesicht. »He, bist du beknackt?« rief Tina. »Das war das erste gute Bild, das du gemalt hast. Es sah beinahe lebendig aus. Ich bin richtig erschrocken, als ich es sah.«

Erin gab keine Antwort. Sie fror. Sie sah sich im Geist an ihrem Tisch sitzen und den Brief der fremden Frau beantworten: Ich bedaure, Ihren Auftrag ablehnen zu müssen, da ich zur Zeit mit Arbeit überhäuft bin …

»Wolltest du eigentlich was Bestimmtes von mir?« fragte Tina, die sich ungeniert an der Hausbar zu schaffen machte. »Wie?« Erin schreckte hoch. »Nein. Nein, überhaupt nichts Bestimmtes … nur ein bißchen Gesellschaft. Ich fühle mich einsam.«

Ich war auch einsam, flüsterte der Nachtfalter an ihrem Ohr. *Ich starb in der Abenddämmerung, von allen verlassen.*

Dann flog er fort.

Baba Yaga,
die dunkle Frau des Herbstes

Die Baba Jaga reitet auf einem Schwein
(Russischer Volksbilderbogen, Holzschnitt 1796)

In dem Märchen »Wassilissa, die Wunderschöne«
erscheint die Gestalt der Baba Yaga in ihrer Ambivalenz.
Einerseits ist sie bedrohend und vernichtend, doch der Heldin gegenüber
zeigt sie sich trotz des Schreckens, den sie verbreitet, hilfreich.
Sigrid Früh (1935)*

Die Baba Jaga liegt auf dem Ofen,
ihre Nase ist in die Decke eingewachsen, der Rotz läuft über die Schwelle,
die Titten hängen über einem Haken, und sie wetzt die Zähne.
Ulf Diederichs (1937)*

*Leah Levine (*1961)*

Baba Yaga

Aus dem ostslawischen Raum ist eine dunkle Frau bekannt, die in unseren Breitengraden sicher als Hexe bezeichnet würde. Baba ist erst einmal nur die Bezeichnung für eine ältere oder verheiratete Frau, und Yaga könnte sich vom polnischen Namen Jadwiga ableiten oder aber von Aga, einer schamanistischen Priesterin der Religion des Tengrismus. Der Ursprung dieser Frau ist vom Nebel der Geschichte verschleiert, aber es ist zu vermuten, daß sich hinter dem finsteren Kinderschreck eine uralte Göttin verbirgt, die einst für die Einweihungszeremonien junger Frauen verantwortlich war und durch das Christentum dämonisiert wurde. In den Märchen, die man sich erzählt, blitzen solche Rituale immer wieder kurz auf, und man sieht, daß die Baba Yaga nicht nur böse und strafend, sondern auch motivierend und belohnend tätig ist. Man weiß, daß sie die drei Reiter beherrscht, die den Morgen, den Mittag und die Nacht ankündigen. So gesehen, gehorcht ihr der Sonnenlauf und zeigt, welch außerordentliche Macht in den Händen dieser Frau bzw. Göttin liegt. In der Tradition der dreifachen Göttin repräsentiert sie den Teil der »Alten«, die für Tod und Wiedergeburt zuständig ist. In manchen Legenden hat Baba Yaga zwei Schwestern, die die beiden anderen Aspekte – Jungfrau und Mutter – verkörpern. Stirbt eine von ihnen durch Feuer oder Schwert, so können ihre Schwestern sie mit dem »Wasser des Todes und des Lebens« wieder aus dem Totenreich zurückholen. Baba Yaga gilt in dieser Tradition als die »Hüterin der Wasser«.

Anders als die europäische Märchenhexe, die in einem Lebkuchenhaus wohnt, wohnt Baba Yaga in einem türlosen Haus aus Menschenknochen, und ihr Zaun besteht aus aufgespießten Schädeln. Alles Überreste ihrer Mahlzeiten, denn sie gilt als gefürchtete Menschenfresserin. Ihr Anwesen selbst ruht auf einem Hahnenfuß oder Hühnerbein und ist in der Lage, sich auch samt Haus zu bewegen.

Die Baba Yaga selbst kann, wie man es Hexen häufig unterstellt, natürlich fliegen. Sie tut es aber nicht auf einem Besen, sondern in einem Stoßmörser. Den Besen benutzt sie nur, um ihre Spuren zu verwischen. Hühnerbeine und Besen deuten klar auf slawische Totenriten, und so wird der Aspekt der Totengöttin noch einmal deutlich.

Eine Quelle berichtet, bei Baba Yaga handele es sich um eine ungarische, ursprünglich sehr freundliche Fee, die den Menschen half, Kontakt zur Anderswelt aufzunehmen und die Magie der Frauen zu erlernen. Andernorts wird sie zu den Waldgeistern gezählt oder gilt als Anführerin einer Wilden Jagd, die besonders in den Raubnächten mit lautem Getöse durch die Dunkelheit zieht und die Menschen das Fürchten lehrt.

Als Waldfrau hat sie zwar ein auffallend schönes und junges Äußeres, ist aber ganz besonders gefährlich. Häufiger ist sie dagegen als alte, teilweise entstellte, leicht verrückte Frau beschrieben, denen ihre Einsamkeit zugesetzt haben soll und die durch ihre Magie jeden Bezug zur alltäglichen Welt verloren hat. Man sagt, Baba Yaga könne ihr Haus nicht verlassen, was aber im Widerspruch zu ihren »Ausflügen« steht. Einleuchtender wäre es, ihr ein Verbot, den Boden zu betreten, nachzusagen. Das würde den Mörser ebenso erklären wie ihre Angewohnheit, einem Menschen, den sie zu fangen oder zu fressen wünscht, auf den Rücken zu springen und ihn so zu Tode zu hetzen. Man sagt, sie »reite« ihn in die Totenwelt.

Aleksandr Nikolaevič Afanas'ev (1826–1871)

Die Abrechnung mit Baba Jaga*

Da blieb die Kaufmannstochter bei ihnen, die Ritter ehrten und liebten sie wie eine leibliche Schwester. Zuweilen gingen sie auf die Jagd und dann blieb die Schwester allein zu Hause. Sie versah die Wirtschaft, kochte das Essen und wusch die Wäsche. Da kam einmal Baba Jaga mit dem Knochenbein zu der Hütte herein und sog dem schönen Mädchen die Brust aus. So oft die Ritter auf der Jagd waren, kam Baba Jaga wieder. Über kurz oder lang war die schöne Kaufmannstochter mager und kränkelte. Der Blinde sah es nicht, aber Katoma merkte, daß etwas nicht in Ordnung wäre. Er sagte es seinem Gefährten und beide fragten die Schwester nach der Ursache. Baba Jaga hatte ihr aber streng verboten etwas zu erzählen. Sie fürchtete sich deshalb lange, ihnen ihren Kummer anzuvertrauen. Endlich überredeten sie die Brüder dennoch und sie erzählte alles.

»Jedesmal, wenn ihr auf die Jagd geht, erscheint in der Hütte ein uraltes Weib. Sie hat ein böses Gesicht und lange graue Haare. Sie läßt sich von mir den Kopf absuchen und saugt meine weiße Brust aus.«

»Ah«, sagte der Blinde, »das ist Baba Jaga, warte nur, mit der muß man auf ihre eigene Art umgehen! Morgen jagen wir nicht. Wir wollen versuchen sie zu Hause anzutreffen und zu fangen.«

Am Morgen des nächsten Tages gingen die beiden nicht auf die Jagd.

»Kriech unter die Bank«, sagte der Blinde zu Katoma, »und sitz still. Ich gehe auf den Hof und warte unter dem Fenster. Du Schwesterchen setz dich hierher. Kommt Baba Jaga, so flicht, während du ihr den Kopf absuchst, vorsichtig einen Teil ihrer Haare und hänge den Zopf dann zum Fenster hinaus. Ich werde sie bei ihren grauen Zotteln packen.«

Wie gesagt, so getan. Der Blinde packte Baba Jaga bei ihrem grauen Zopfe und schrie:

»He, Katoma, steig hervor und halte das böse Weib, bis ich in die Hütte komme.«

Baba Jaga hörte das, wollte den Kopf heben und aufspringen, aber das ging nicht, sie riß und zerrte, doch das nützte alles nichts. Katoma kam unter der Bank hervorgekrochen und wälzte sich auf sie wie ein steinerner Berg. Er würgte sie, daß ihr Hören und Sehen verging. Der Blinde sprang zur Hütte herein und sagte:

»Wir müssen einen großen Scheiterhaufen machen, die Alte verbrennen und ihre Asche in alle Winde verstreuen.«

Baba Jaga begann zu flehen:

»Väterchen, Täubchen, vergebt mir … was ihr wollt, tue ich für euch!«

»Gut, alte Hexe«, sagten die Ritter, »zeige uns den Brunnen mit heilendem und belebendem Wasser.«

»Schlagt mich nur nicht, dann zeige ich ihn euch gleich.«

Jetzt stieg Katoma auf des Blinden Rücken und dieser nahm Baba Jaga an den Zöpfen. So führte sie die beiden in den dichtesten Wald bis zu einem Brunnen und sagte:

»Hier ist heilendes, belebendes Wasser.«

»Gib acht, Katoma, mach keinen Fehler, betrügt sie uns diesmal, können wir es unser Leben lang nicht mehr gutmachen.«

Katoma brach von einem Baume ein grünes Zweiglein und warf es in den Brunnen. Das Ästchen war noch nicht bis zum Wasser gefallen, da loderte es schon in Flammen auf.

»Ah, du wolltest schon wieder betrügen!«

Die Ritter trafen Anstalt, Baba Jaga in den Feuerbrunnen zu werfen, doch sie flehte noch mehr wie vorher und schwur einen großen Eid, sie wolle nicht mehr betrügen.

»Wahr und wahrhaftig, ich zeige euch gutes Wasser!«

Die Ritter waren bereit, es noch einmal zu probieren und Baba Jaga führte sie zu einem anderen Brunnen. Katoma brach ein dürres Zweiglein von einem Baume und warf es in den Brunnen. Das Ästchen war noch nicht bis zum Wasser gefallen, als es Schößlinge trieb, grünte und blühte.

»Dieses Wasser ist gut«, sagte Katoma. Der Blinde wusch seine Augen und wurde sofort sehend. Er ließ den Krüppel in das Wasser hinab und gleich wuchsen ihm Beine. Da freuten sich beide sehr und sprachen untereinander:

»Da wir gesund sind, werden wir alles wieder erlangen, was unser war, nur müssen wir zuerst mit Baba Jaga abrechnen. Wenn wir ihr jetzt verzeihen, werden wir nichts Gutes davon haben, denn ihr ganzes Leben lang sinnt sie dann Böses wider uns.«

Sie kehrten zum Feuerbrunnen zurück und warfen Baba Jaga hinein. Da verbrannte sie.

August Arthur von Löwis of Menar (1881–1930)

Baba Jaga hilft Ivan-Zarevitsch*

Ivan-Zarevitsch aber schaute auf sein Weib und wunderte sich, wie aus dem grünen Frosch ein so wunderschönes Mädchen geworden war, daß man die Augen nicht mehr abwenden konnte! Da befahl er, ein Roß vorzuführen, und eilte nach Hause, um nachzuschauen, von wo sie das alles her habe. Er kam an, ging in das Zimmer, in dem sie schlief, und fand dort die Froschhaut liegen. Im Kamin war Feuer; er warf die Haut hinein, und nichts als Rauch stieg in die Höhe. Dann kehrte er wieder zum Zaren zurück und kam noch zurecht zum Abendschmaus. Noch lange vergnügten sie sich dort, und erst als der Morgen graute, fuhren sie auseinander. Auch Ivan-Zarevitsch fuhr mit seiner Frau heim. Und als sie nach Hause kamen, ging sie in ihr Zimmer, schaute umher, aber die Froschhaut war nicht mehr da. Sie suchte und suchte und fragte schließlich: »Ivan-Zarevitsch, hast du nicht mein Kleid gesehen?« – »Welches denn?« – »Meine Haut«, sagte sie, »ich hab sie hier abgeworfen.« – »Und ich hab sie verbrannt!« sagte Ivan-Zarevitsch. »Ach, was hast du mir angetan, Ivan-Zarevitsch? Hättest du sie nicht angerührt, wäre ich ewig die Deine geblieben, jetzt aber müssen wir uns trennen, vielleicht für immer.« Sie weinte und weinte, mit blutigen Tränen weinte sie und sprach sodann: »Leb wohl! Such mich im dreißigsten Zarenreich, im dreißigsten fremden Reich bei der Baba-Jaga, dem Knochenbein.« Sie schwang ihre Händchen in die Höh und verwandelte sich in einen Kuckuck; das Fenster war geöffnet, und sie flog hinaus.

Lange grämte sich Ivan-Zarevitsch um sein Weib, lange weinte er bitterlich; er fragte alle Leute, was er machen solle, aber niemand konnte ihm raten. Da nahm er seinen silbernen Bogen, füllte einen Sack mit Brot, hängte sich die Kürbisflasche über die Schultern und ging auf die Suche. Er wanderte und wanderte und begegnete einem Alten; der war so weiß wie Milch und fragte den Zarensohn: »Guten Tag, Ivan Zarevitsch! Wohin führt dich dein Weg?« »Ich gehe, wohin die Augen schauen, meine Frau zu suchen: sie ist irgendwo im dreißigsten Zarenreich, im dreißigsten fremden Reich bei der Baba-Jaga, dem Knochenbein. So geh ich und weiß nicht wohin. Wißt Ihr nicht, Alterchen, wo sie lebt?« – »Warum soll ich es nicht wissen? Gewiß weiß ich's.« – »Sagt es auch mir, Alterchen, seid so gut!« – »Ach, wozu soll ich dir's sagen, mein Sohn: es ist ja gleich, ob ich's tu oder nicht, du bringst ja doch nichts zustande.« – »Einerlei, ob ich's vollbring oder nicht, sagt mir's nur, ich werde mein Lebtag für Euch beten.« – »Na, wenn du's so notwendig wissen mußt, dann nimm hier das Knäuel, und roll es vor dir her, und wohin es läuft, dahin geh ihm nach, so kommst du geradewegs zur Baba-Jaga, dem Knochenbein.« Ivan-Zarevitsch dankte dem Alten für das Knäuel und ließ es laufen: das Knäuel rollte dahin, und er ging ihm nach. Und er kam in einen so dichten Wald, daß es dunkel ward ringsum. Da begegnete ihm ein Bär. Er legte einen kupfernen Pfeil auf den silbernen Bogen und wollte schießen. Aber der Bär sprach zu ihm: »Ivan-Zarevitsch, töte mich nicht, ich werde dir noch von großem Nutzen sein!« Er verschonte ihn und tötete ihn nicht. Und ebenso geschah es mit einem Falken, auch den tötete er nicht.

Und er wanderte und wanderte; das Knäuel rollte vor ihm her, und er ging ihm nach, und so kam er schließlich an das blaue Meer. Da sah er am Ufer auf dem Trockenen einen Hecht, den Scharfzahn, liegen, der war in der Sonne an Todes Enden. Er wollte ihn aufheben und verspeisen, aber der Hecht bat ihn: »Ivan-Zarevitsch, iß mich nicht, wirf mich lieber in das Meer, ich werde dir noch von großem Nutzen sein!« Da warf er ihn ins Meer und ging weiter. Und endlich gelangte er in das dreißigste Zarenreich, in das dreißigste fremde Reich. Da stand ein Hüttchen auf einem Hühnerfüßchen, mit Rohrstäben gestützt, sonst wär es zusammengefallen. Er trat in das Hüttchen, und dort lag auf dem Ofen die Baba-Jaga, das Knochenbein. Ihre Füße hingen bis zur Ofenpritsche hinunter, den Kopf aber hatte sie an den Rauchfang gelehnt. »Willkommen, Ivan-Zarevitsch! Bist du mit Willen oder wider Willen hierher gekommen?« – »Mit Willen und auch wider Willen«, sagte er. »Versteckst du dich vor jemand oder suchst du jemand?« – »Ich verstecke mich gar nicht, Mütterchen, sondern ich suche meine liebe Frau, den grünen Frosch.« – »Ich weiß, ich weiß!« sagte die Baba-Jaga, »sie sucht mir die Läuse ab vom Kopf, wenn sie zu Gast kommt.« – »Wo ist sie denn, Mütterchen, sagt mir's!« – »Sie dient bei meinem Brüderchen als Tagelöhnerin.« Da bat er sie flehentlich, ihm zu sagen, wo ihr Bruder wohne. Sie antwortete: »Dort im Meer ist eine Insel, auf der steht seine Hütte. Aber sieh dich vor, daß dir kein Unglück zustößt! Sobald du deine Frau erblickst, pack sie rasch und flieh mit ihr, aber schau dich nicht um.« Er dankte der Baba-Jaga und wanderte von dannen.

Er ging und ging und gelangte ans Meer; er schaute und sah nur das endlose Meer, aber wo die Insel sein mochte, das wußte Gott weiß wer. Er ging am Meer entlang, ließ den Kopf hängen und grämte sich. Da schwamm der Hecht empor und fragte: »Ivan-Zarevitsch, warum grämst du dich?« – »So und so steht's«, antwortete er, »auf dem Meer ist eine Insel, und ich kann auf keine Art hinüber.« – »Sei nicht traurig!« sagte der Hecht. Und dann schlug er mit dem Schwanz aufs Wasser, und eine Brücke entstand, wie sie auch der Zar nicht hatte: die Pfähle waren aus Silber, die Geländer aus Gold, der Boden aber war mit Glas gedeckt; gingst du darauf, so war dir's wie auf einem Spiegel! Ivan-Zarevitsch ging nun über die Brücke und gelangte auf die Insel. Dort aber stand ein Wald, der war so dicht, daß man nicht durchgehen, noch sich durchzwängen konnte, und dunkel war's, ganz dunkel. Ivan-Zarevitsch wanderte am Wald entlang und weinte und weinte. Auch war ihm das Brot ausgegangen, und er hatte nichts zu essen. Er setzte sich in den Sand, grämte sich und dachte: »Nun bin ich verloren!« Plötzlich lief ein Hase an ihm vorbei; der Falke stieß auf ihn herab und tötete ihn; Ivan-Zarevitsch nahm den Hasen, zog ihm das Fell ab, rieb Feuer aus zwei Hölzern, briet den Hasen am Spieß und aß ihn auf. Und als er satt war, fing er an zu überlegen, wie er in den Palast gelangen könnte. Und wieder ging er am Walde entlang, doch der Wald war wirklich so dicht, daß man nicht eindringen konnte. Plötzlich aber kam ihm der Bär entgegen. »Willkommen, Ivan-Zarevitsch! Warum läufst du hier herum?« – »Ich will in den Palast hinein, aber es geht nicht wegen des Waldes.« – »Ich werde dir helfen.« Und er fing an die Eichen zu brechen und schleuderte Stämme zur Seite, die ein Mann nicht umfassen konnte! So arbeitete er lange und ward müde; dann ging er hin und trank Wasser und fing wieder an, die Bäume zu brechen. Und schon hatte er einen schmalen Pfad gelichtet! Wieder ging er hin, um Wasser zu trinken, und brach sich dann weiter durch. Er machte bis zum Palast einen Pfad, den ging Ivan-Zarevitsch.

Und als er dahinschritt, kam er mitten im Walde in ein liebliches Tal, und in dem Tal stand ein Palast aus Glas. Er ging in den Palast hinein, öffnete eine eiserne Tür: niemand war zu sehen; er öffnete eine andere, die von Silber war: auch dort war niemand; als er aber die dritte von Gold öffnete, da saß hinter der goldenen Tür seine Frau, zählte Flachsgarne und war so vergrämt, daß schon der Anblick schrecklich war. Als sie aber Ivan-Zarevitsch erblickte, fiel sie ihm um den Hals: »Du mein blaues Täubchen, wie hab ich mich nach dir gesehnt! Eine kurze Weile noch, nicht viel später, so hättest du mich vielleicht nie mehr wiedergesehen!« Und sie weinte vor Freude! Er aber wußte nicht: war er auf dieser Welt oder auf jener? Sie umarmten sich und küßten sich herzlich. Dann verwandelte sie sich wieder in einen Kuckuck, nahm Ivan-Zarevitsch unter die Flügel und flog davon. Und als sie in sein Zarenreich kamen, verwandelte sie sich wieder in menschliche Gestalt und sprach: »Es war mein Vater, der mich verwünscht hat und dem Drachen gab auf drei Jahre Dienst; jetzt aber hab ich meine Strafe schon abgebüßt.« Sie kamen heim und lebten fortan glücklich miteinander und lobten Gott, der ihnen geholfen hatte.

*Leah Levine (*1961)*

Baba Yaga, die alte Frau des Herbstes

Es war einmal, vor langer, langer Zeit, da lebte in den russischen Wäldern eine alte Frau. Sie lebte nicht allein im Wald, sondern einige hundert Bäume weiter, in südlicher Richtung, lebte Kikimora. Kikimora war noch viel älter als Baba, die alte Frau, und sie bewachte seit Menschengedenken das Moor. Manchmal half sie Wanderern, sich nicht im Moor zu verirren, ein anderes Mal lenkte sie ihre

Schritte genau zu den gefährlichen Stellen. Kikimora war gefürchtet, weil sie so unberechenbar war, und man nannte sie nur die Moorhexe. Die Eltern warnten ihre Kinder vor ihr, und manch Reisendem legte man nahe, nicht nach Anbruch der Dunkelheit die Reise durch Wald und Moor fortzusetzen. Kikimora verstand sich meist sehr gut mit Baba, aber manchmal nagte die Schlange des Neids doch gefährlich an dieser Freundschaft. Im Gegensatz zu Kikimora hatte Baba einen sehr guten Ruf, und die Menschen der umliegenden Dörfer kamen oft zu ihr, um ihren Rat zu erfragen. Baba kannte sich gut aus mit Kräutern und Wurzeln, sie wußte bei jeder Krankheit die richtige Hilfe und bei jedem seelischen Leid den passenden Zauber. Wenn die Erntezeit nahte, kamen die Bauern zu ihr und brachten die letzten Ähren, damit sie sie segnete und das Wachstum für das nächste Jahr gesichert sei. Es hieß, wer diese gesegneten Ähren esse, werde im kommenden Jahr ein Kind zur Welt bringen oder großen Reichtum erfahren. Die Menschen nannten sie oft die Gute Fee des Waldes, und Baba gefiel diese Anerkennung. Sie sah den Unterschied, den es machte, geliebt oder gefürchtet zu werden. Ihr brachten die in Not Geratenen Speisen, warme Decken und Feuerholz.

Kikimora mußte sich um alles selbst kümmern, und manches Mal hatte sie es wirklich sehr schwer. Gerade die besonders kalten Winter waren eine Qual für Kikimora. Sie lud sich dann oft bei Baba ein und versuchte so, etwas von den Geschenken zu nutzen. Wenn die Menschen Kikimora bei Baba sitzen sahen, drehten sie oft wieder um. Sie wollten nicht, daß diese etwas von ihren Sorgen mitbekäme und sich darüber womöglich lustig machte.

Baba wußte von diesem Problem, aber nicht, wie es zu lösen sei. Sie wollte nicht unhöflich zu Kikimora sein, da sie ihr auch nicht ganz vertraute. Kikimora konnte recht grausam sein, und diesen Zorn wollte Baba nicht auf sich ziehen. Sie erinnerte sich nur zu gut, wie gemein Kikimora im letzten Winter zum Waldschrat gewesen war. Der Waldschrat lebte, wie die beiden Frauen, allein im Wald, aber sehr zurückgezogen. Er suchte keine Gesellschaft und wollte auch mit den Menschen aus der Umgebung nichts zu tun haben. Er vertraute niemandem außer seinen Ziegen, von denen er einige gegen die Einsamkeit hielt. Der Waldschrat war weder gut noch böse, seine einzige Aufgabe war es, den Wald in Ordnung zu halten, und das tat er vortrefflich. Er beseitigte verendetes Wild und achtete darauf, daß die jungen Baumtriebe genügend Licht zum Wachsen hatten.

Im letzten Winter nun besuchte Kikimora den Waldschrat, als das Knurren ihres Magens sie des Nachts am Einschlafen hinderte, und wollte ihn um eine seiner Ziegen bitten, damit der größte Hunger gestillt sei. Der Waldschrat erhörte ihre Bitte aber nicht. Seine Ziegen seien nicht zum Essen, sie seien seine Freunde, und die werde er nicht verraten.

Kikimora flehte ihn an, aber er ließ sich nicht erweichen. Als Kikimora merkte, daß sie ohne etwas zu essen den Rückweg antreten mußte, verwandelte sich ihre Freundlichkeit in Zorn, und sie drohte dem Waldschrat, daß er seine Herzlosigkeit noch bitter bereuen werde. In der darauffolgenden Nacht begab sie sich erneut zur Wohnstatt des Waldschrats und fing ein furchtbares Heulen an. Die Ziegen dachten wohl, ein Rudel Wölfe würde sich nähern, und gerieten in Panik. Sie stoben aus ihrem Verschlag und suchten Schutz zwischen den Bäumen. Kikimora nutzte die Verwirrung und fing die Ziegen eine nach der anderen ein. Sie trieb sie aufs Moor zu und beobachtete kaltblütig, wie sie darin hilflos versanken. Der Hunger war vergessen, nur die Rache zählte für sie.

Am nächsten Tag erschien der Waldschrat völlig aufgelöst bei Baba und schilderte ihr sein Leid. Er hatte fest geschlafen und von all den Vorfällen der letzten Nacht nichts mitbekommen. Er weinte und schrie. Seine Verzweiflung über den Verlust der Ziegen war erschütternd anzusehen. Baba schaute in ihre Schüssel mit dem Wasser des Mondes, um ein Zeichen zu bekommen. Nach einigen Augenblicken erschien das schemenhafte Gesicht der Kikimora auf der Wasseroberfläche. Als Baba dem Waldschrat ihre Erkenntnis mitteilte, erinnerte sich dieser an die Drohung. Ja, Kikimora mußte die Ziegen entführt und getötet haben. Doch was sollte er tun? Er konnte es ihr nicht beweisen und hatte auch viel zu viel Angst, sich der Hexe noch einmal zu stellen. Tief bedrückt und voll von Trauer zog er sich in seine Bäume zurück. Baba tat er leid, aber sie wußte sich auch keinen Rat, wie sie ihn aufmuntern konnte. Um Mitternacht ging sie an das Ufer des kleinen Baches und wirkte einen Zauber, der Kikimora bestrafen sollte. Sie nahm eine Tasche aus Ziegenfell und füllte sie mit neun Weizen- und neun Maiskörnern, dazu gab sie neun Seidenfäden in der Farbe der Rache. Schließlich legte sie noch eine Silbermünze dazu und verschloß den Beutel. Mit einem Haselnußstab zog sie einen Kreis und beschwor die Kraft Tartars, des Geistes des Wassers. Sie bat ihn um Bestrafung von Kikimora und daß der Gerechtigkeit Genüge getan werde. Nach getaner Arbeit machte sie sich auf den Heimweg und schaute sich nicht einmal um, um die Kraft des Zaubers nicht zu schwächen.

Für den Waldschrat hatte sie die Lösung erst im folgenden Frühjahr. Ein junges Ehepaar, dem seit Jahren der Nachwuchs ausblieb, hatte sie um Rat und Hilfe gebeten. Baba verabreichte der Frau ein geheimes Kraut und einen Trank aus Silberdistel. Schon sechs Wochen später erschien die nun schwangere Frau erneut bei ihr, um sich für die Wunderwirkung zu bedanken. Sie schenkte Baba zum Dank ein Ziegenpärchen. Dieses Ziegenpärchen brachte Baba nun zum Waldschrat, und dieser war vor Freude so aus dem Häuschen, daß er wie wild herumtanzte. Baba freute sich mit ihm und dachte, damit sei der Waldfriede wiederhergestellt. Baba hatte Kikimora gegenüber nie erwähnt, daß sie um die Umstände der verlorenen Ziegen wußte. Sie hätte es nicht beweisen können und wollte auch kein Zerwürfnis mit dieser rachsüchtigen Frau. Baba hatte ein Geheimnis, und sie wußte, wenn Kikimora davon erführe, würde diese es bei sich bietender Gelegenheit zum Schaden aller verraten. Es galt also, so unauffällig wie möglich zu sein und den Kontakt zu Kikimora zu halten, um immer zu wissen, was diese so trieb.

Baba galt zwar als die Hüterin des Wachstums, aber wie alles in der Welt hatte auch diese Medaille zwei Seiten. Als Gott ihr die Kraft der Heilung und des Gedeihens verliehen hatte, verlieh er ihr auch die Gabe der Zerstörung und des Todes. Sosehr es Baba widerstrebte, so war es doch ihre Pflicht, so manchen Menschen vom Leben in den Tod zu befördern. Jedes Jahr in der Nacht zum 6. Januar mußte sie sich aufmachen und mit den Seelen der Verstorbenen des Vorjahres durch die Gegend reisen, um diese in das Reich der Toten zu geleiten. Sie wußte, daß die Menschen die Wilde Jagd, wie sie sie nannten, die mit ohrenbetäubendem Lärm und gräßlichem Heulen durch Wald und Dörfer fegte, fürchteten. Hätten sie gewußt, daß Baba dahintersteckte, hätten sie sie lieber gesteinigt, als sie weiterhin um ihren Rat zu fragen. So verheimlichte Baba ihr Tun viele Jahre lang und niemand wußte von ihrem Doppelleben.

Es war wieder so eine Nacht, in der sich Baba auf ihren Leichenzug vorbereitete. Sie hatte gerade ihre eiserne Maske aufgesetzt, als die Tür aufgerissen wurde und der Waldschrat hereinstürzte. Hier nutzte nun keine Verkleidung, er hatte sie erkannt und wich entsetzt zurück. Bevor Baba ihn aufhalten und fragen konnte, was er denn wolle, war er im Dunkel der Bäume verschwunden. Ihm hinterherzueilen blieb keine Zeit, und so machte sie sich auf ihren beschwerlichen Weg. Mit wildem Getöse erhob sie sich in die Luft und flog durch den Wald, die Seelen zu suchen und zu führen. Sie hoffte, daß der Waldschrat das Geheimnis bewahren würde und zu niemandem ein Wort über das Gesehene verlöre.

Das hätte er auch sicher getan, wäre nicht eines Tages Kikimora wieder bei ihm aufgetaucht. Mit scheinheiliger Freundlichkeit erkundigte sie sich nach seinem Befinden und vergaß auch nicht, die hübschen Ziegen über Gebühr zu loben. Dem Waldschrat schwante nichts Gutes. So freundlich kannte er Kikimora gar nicht. Es dauerte nicht lange, da rückte sie auch mit der Sprache heraus. Sie beklagte sich aufs heftigste über die Ungerechtigkeit der Menschen. Sie war verbittert, daß Baba solches Ansehen genoß und sie selbst so verteufelt wurde. Auch sie habe ein Anrecht auf gute Behandlung und Geschenke, sonst werde sie in Zukunft jeden im Moor sterben lassen.

Sie fragte den Waldschrat, ob er nicht auch unzufrieden mit der Lage sei. Dieser verneinte, weil es ihn ja auch gar nicht betraf. Kikimora redete sich immer mehr in Wut und meinte, es müsse doch etwas geben, womit man Baba von ihrem hohen Roß stürzen könnte. Mit der Zeit hatte ihr vormals freundlicher Ton wieder die gewohnte Bösartigkeit angenommen, und sie drohte, wenn der Waldschrat ihr nicht helfen würde, etwas gegen Babas Erfolg zu unternehmen, würden die Zicklein für seine Sturheit bezahlen müssen.

In Angst, erneut seine liebsten Freunde zu verlieren, verriet der Waldschrat Kikimora Babas Geheimnis, daß diese die Anführerin der Wilden Jagd sei. Kikimora lachte auf, das sei es, besser könne es gar nicht kommen. Wenn die Menschen erführen, wer hinter den Toten stünde, würden sie Baba fallenlassen und alle zu ihr kommen und sie verehren. Freudig verließ sie den Waldschrat, ohne die Ziegen, und ging geradewegs in das nächste Dorf. Dort war gerade Markttag, und so konnte die furchtbare Kunde in Windeseile verbreitet werden. Man stelle sich das Entsetzen der Menschen vor, als sie hörten, daß ihre Vertraute, ihre geschätzte Hilfe in der Not es war, die verantwortlich zeichnete für die vielen verstorbenen Kinder und nahen Verwandten. Keiner vermochte die Natürlichkeit der Situation zu erfassen, daß da, wo Leben entsteht, der Tod nicht fern weilt, daß da, wo Licht ist, auch der Schatten residiert.

Im Gegenteil, endlich hatten die, die schon die ganze Zeit das Treiben der Baba beobachtet und verdammt hatten, ihre Bestätigung. Es brauchte nicht viele Worte des Priesters in der Kirche, um Baba den Ruf einer bösen Hexe einzubringen. Die Menschen waren einfache Leute, und sie ließen sich schnell beeinflussen.

Baba merkte bald, daß niemand mehr zu ihr kam. Als sie eines Tages im Wald Holz sammelte, traf sie auf ein kleines Mädchen, das sich ängstlich vor ihr zu verstecken suchte. Baba fand sie hinter einem Baum und fragte, was denn los sei, warum sie so verängstigt sei. Das Mädchen begann zu weinen und brachte stotternd hervor, daß ihre Mutter sie vor der Hexe Baba gewarnt habe. Sie sei die Mutter des Todes und würde den Menschen das Elend bringen. Baba war erstaunt und fragte weiter, wer denn solche Dinge zu behaupten wage. Das kleine Mädchen erzählte von der Moorhexe und ihren Anschuldigungen. Baba schenkte dem Mädchen eine Handvoll süßer Beeren und wollte sich gerade zum Gehen wenden, als sie sah, daß das Kind die Beeren fortwarf und zum Dorf zurücklief.

Voller Traurigkeit ging Baba nach Hause. Sie berief ihr Wasserorakel und erkannte den ganzen Umfang von Kikimoras Beschuldigungen. Sie konnte sehen, daß das Vertrauen der Menschen zu ihr gebrochen war und man sie als böses Weib verfluchte. Baba verlor ihre sonst so milde Natur und plante, Kikimora zur Rede zu stellen. Aber sie wollte vorbereitet sein. Aus dem Hufeisen einer Stute schmiedete sie sich ein Messer, aus dem rechten Horn ihres schwarzen Bockes schnitzte sie dafür einen Griff. Als der Mond abnahm, legte sie das Messer in einen Kelch mit Wasser, so daß sich der verdunkelte Mond darin spiegelte. Sie wartete, bis der Mond aus seinem Schatten wieder hervortrat, und sprach die heiligen Worte, die das Messer mit magischer Kraft aufluden und es dem Geist des Mondes weihten.

Nachdem die Kustura, das heilige Messer, hergestellt war, machte sie sich auf den Weg zu Kikimora. Kikimora wirkte fast so, als hätte sie Baba erwartet. Ihre Worte waren voll von Hohn, und sie fragte Baba, ob sie vielleicht jetzt Rat bei ihr suche. Kikimora trieb ihren Spott zu weit, und plötzlich, ohne es selbst zu erwarten, stieß Baba ihr die Kustura in die Brust. Beide Frauen waren überrascht. Kikimora errang als erste die Fassung zurück und merkte, daß sie sterben würde. So einfach wollte sie es Baba nicht machen. Mit der letzten Kraft ihres dahinschwindenden Lebens formten ihre Lippen die Worte eines uralten Fluches. Mit ihrem letzten Atemzug sollte all das Böse, das Kikimora in sich hatte, auf Baba übergehen. Und die Menschen sollten sie erkennen und fürchten, wie sie sie gefürchtet hatten! Damit endete das Leben der Moorhexe.

Baba saß lange da und versuchte zu verstehen, was geschehen war. Sie spürte eine unbekannte Kraft in ihrem Inneren sich ausbreiten, und diese Kraft war bösartig.

Baba eilte zurück zu ihrem Haus und wollte einen guten Zauber auf sich legen, aber all die Dinge, die sie dafür benötigte, waren fort. Sie ergriff die Schale mit dem Mondwasser, aber sie war trüb und formte keine Bilder mehr. Je mehr Zeit verstrich, um so stärker wurde die böse Kraft. Baba rannte durch den Wald und suchte den Waldschrat. Als sie an seinem Haus ankam, hörte sie die Ziegen furchtsam schreien. Der Waldschrat trat aus seinem Haus und erstarrte. Er schien Baba gar nicht zu erkennen. Er drehte sich um und verschwand wieder hinter der Tür. Sie solle verschwinden, rief er, er sei ein rechtschaffener Mann und wolle nichts mit Teufelsgesindel zu tun haben. Baba konnte sich sein Verhalten nicht erklären und lief weiter zum Bach. Als sie sich über das Wasser beugte, begann sie zu verstehen. Ihr Äußeres hatte sich auf erschreckende Weise verändert. Sie sah zum Fürchten aus.

Auf schnellstem Weg rannte sie zu ihrem Haus zurück, aber auch dies hatte sich verwandelt. Statt ihrer gemütlichen Hütte stand da ein Haus auf einem Hühnerbein. Düster und von erschreckendem Format. Einem Wanderer, der just in diesem Moment aus dem Wald trat, blieb das Herz stehen. Der Schreck hatte ihm den Tod gebracht. Baba war verzweifelt. Aber die Zweifel hielten nicht lange. Babas einst so gutmütiges Wesen verschwand mehr und mehr. Sie glich sich ihrem äußeren Erscheinungsbild auch in ihrem Innern an. Der arme Wanderer, den der Tod so unvorbereitet getroffen hatte, war schon einige Zeit tot, als Baba seinen inzwischen vom Fleisch befreiten Schädel sprechen hörte. Er rief sie und erzählte ihr, daß er fortan ihr Ratgeber sei. Wann immer Baba nun ein Orakel brauchte, so fragte sie den Schädel, und er antwortete ihr mit großer Genauigkeit.

Er riet ihr, sich noch mehr Schädel und Knochen zu besorgen, um daraus einen Zaun zu bauen. Dieser Zaun war ein Schutzkreis, der sie vor allen Nachstellungen bewahrte und die Menschen fernhielt. Um an die Knochen und Schädel zu kommen, hatte Baba begonnen, sich auf die Wanderer und Kinder zu stürzen, die leichtsinnig im Wald spielten. Diese negative Seite der Menschenfresserei war ein klares Erbe der Kikimora.

Nur wenige hatten den Mut, sie aufzusuchen. Doch wenn es einer wagte, dann wies sie ihm nicht gleich die Tür. Ihre Zauber hatten sich verändert, aber den Mutigen gab sie gern. Sie konnte mit der Kraft der Knochen heilen und mit Hilfe der Schädel das Schicksal vorhersagen. Wer ihren Worten zuhörte, der konnte eine Menge von ihr lernen.

Seit ihrer Verwandlung bestimmte sie den Tag. Am frühen Morgen hieß sie einen weißen Reiter durch den Wald reiten, der die Natur zum Erwachen brachte. Zur Mittagszeit schickte sie den roten Reiter hinaus, den höchsten Stand der Sonne zu verkünden. Wenn es genug war, schickte sie den schwarzen Reiter, der die Ankunft der Nacht und das Ende des Tagewerks bekanntmachte. Wer diese Reiter beobachtete, begriff viel über den Kreis des Lebens. Sie zeigten den Lauf der Sonne ebenso wie den des menschlichen Lebens. Baba Yaga, wie die Menschen sie nun furchtsam nannten, war nicht durch und durch böse geworden, sie verkörperte nur eine andere Weisheit.

In dunklen Nächten erhob sie sich nun in einem großen Kessel in die Luft, um ihre Aufgaben zu erfüllen. Ein feuriger Besen half ihr, ihre Spuren zu verwischen. Wenn sie so unterwegs war, verschlossen die Menschen ihre Häuser, die Erde stöhnte, der Wind pfiff und die Waldtiere heulten. All die, die Baba einst verraten hatten, bekamen ihr grausames Wesen zu spüren, den ehrlichen Menschen aber half sie weiter in der Not. So auch der kleinen Wassilissa, die eines Morgens, als sie von ihrem nächtlichen Flug zurückkam, vor ihrer Hütte stand. Die Kleine war von ihrer Stiefmutter und deren leiblichen Töchtern geschickt worden, um Feuer zu holen. Baba Yaga erkannte sofort, daß das nicht der wahre Grund war. Sie kannte die Familie und wußte, daß die Stiefmutter die Abwesenheit des Vaters nutzte, um Wassilissa loszuwerden. Wassilissa war der Liebling des Vaters, da sie das einzige war, was ihm als Erinnerung an seine geliebte erste Frau geblieben war. Die Stiefmutter und die Stiefschwestern haßten sie dafür, und Baba Yaga erschien ihnen ein guter Weg, die Kleine in das sichere Verderben zu schicken.

Baba Yaga stellte Wassilissa viele Aufgaben, die sie allein eigentlich nicht hätte bewältigen können. Da diese aber den Segen ihrer Mutter in Form eines sprechenden und helfenden Püppchens hatte, wurden alle Aufgaben zufriedenstellend erledigt. Als Baba Yaga dieses brave Kind satt hatte und merkte, daß das Böse in ihr stärker wurde und der Wunsch zu töten immer drängender, gab sie Wassilissa einen Totenschädel mit leuchtenden Augen. Wassilissa sollte mit diesem Schädel nach Hause gehen, er würde dann das Feuer neu entzünden. Stolz nahm Wassilissa den Schädel und machte sich auf den beschwerlichen Rückweg. Der Schädel erhellte ihren Weg und unterhielt sie dabei auch noch, indem er ihr lustige Geschichten erzählte. Im elterlichen Haus angekommen, brach bei der Stieffamilie das Entsetzen aus. Niemand hatte erwartet, Wassilissa je wiederzusehen. Der Schädel aber verlor jetzt seine Heiterkeit und verwandelte sich in ein strafendes Werkzeug. Das gleißende Leuchten seiner Augen suchte die Stiefmutter und die Schwestern und verbrannte sie bis zur Unkenntlichkeit. Baba Yaga war mit sich zufrieden und freute sich auf die wiedergewonnene Einsamkeit in ihrem Haus.

Epilog

*Leah Levine (*1961)*

Zu Gast bei Heather

Heather: Meine sehr verehrten Damen und Herren, ich möchte Sie ganz herzlich zu einer neuen Ausgabe von »Aus dem Schatten ins Licht« begrüßen. Wie immer haben wir keine Mühen und Gefahren gescheut, um Ihnen die Bewohner der Schattenwelt ein wenig näherzubringen. Unsere Transformer-Reporter haben es auf sich genommen, in die Anderswelt zu reisen, um Ihnen, dank neuester 3-D-Technik, präzise Abbilder ihrer Gesprächspartner hier ins Studio zu projizieren und so eine, für Sie verständliche und augenschonende, Talkrunde zusammengestellt. Ich möchte meine Gäste ganz herzlich willkommen heißen und sie bitten, sich kurz vorzustellen.

Sphinx: Wer nicht weiß, wer ich wohl bin,
dem fehlt jedweder historische Sinn.
Ich bin Eins aus vielen Teilen,
gekommen, um hier zu verweilen.
Katz und Frau, Tier und Wurm,
saß ich einst auf einem Turm.

Medusa: Ja, und bist bei der ersten Gelegenheit völlig unsinnigerweise vom selbigen gestürzt. Meiner Treu, was haben wir gelacht, als wir davon hörten. Meine Schlangen haben sich so verknotet, daß ich sieben Tage brauchte, um wieder vor die Tür zu gehen. Wie kann jemand, der sich rühmt, ein Initiator zu sein, weil er die Menschen mit Rätseln prüft, so schnell an sich selbst zweifeln? War doch klar, daß irgendwann mal einer die Antwort weiß, auf eine solche Situation ist man vorbereitet, hat man Reserverätsel und mordet sich nicht theatralisch dahin. Lächerlich, ich und meine Schwestern wissen bis heute nicht, warum man dir noch steinerne Denkmäler setzt. Wir, besonders ich, hätten die viel mehr verdient.

Weiße Frau: Ach ja, damit jeder, der sie anblickt, zu Stein wird oder den Verstand verliert? Mistress Medusa, ich denke, Ihr habt genug Unheil angerichtet. Ihr habt doch Künstler verzaubert, damit sie euch zeichnen und Ihr somit immer in Erinnerung bleibt. Ihr solltet nachsichtiger mit der Sphinx sein, sie hatte es auch nicht immer leicht.

Satan: So viel fadenscheiniges Mitgefühl kann ja wirklich nur von Ihnen kommen. Sie waren aufgefordert, sich vorzustellen, und nicht, hier Partei für labile Bewohner der Anderswelt zu ergreifen. Aber das dient bestimmt nur dazu, von sich abzulenken. Na los, bekennen Sie Farbe, sagen Sie den Leuten, wer Sie sind und warum Sie meinen, Sie sollten in der Geschichte überdauern.

Weiße Frau: Ähem, also …

Satan: Bei meinen Heeren der Hölle, hat es Ihnen die Sprache verschlagen? Soll ich helfen? Sie sind weiß, wow, richtig unschuldig, ach nein, Sie tragen diese Farbe ja, weil Sie trauern. Das ich nicht lache, erst die eigenen Kinder töten und dann die leidende Mutter spielen. Nehmen Sie sich mal ein Beispiel an der Gräfin Elisabeth, die ja heute leider nicht eingeladen wurde, weil die Moderatorin noch so jung aussieht und Lizzi auf blutrünstige Gedanken bringen könnte. Ha, das war 'ne Frau so ganz nach meinem Geschmack, aber Sie, »White Lady«, sind einfach nur ein gazeartiges Schloßgespenst, mit dem man heute nicht mal mehr Kinder erschrecken kann.

Judas: Lord Satan, ich muß doch bitten. Sie sind zu hart zu der Weißen Frau. Sie ist auch nur mißverstanden worden. Genau wie ich. Mir wirft man vor, ich hätte Jesus verraten, dabei habe ich lediglich die Geschichte in Gang gehalten. Wer hat denn alles getan, damit der Gute zum Märtyrer werden konnte? Ich habe mein Leben und meinen guten Namen gegeben, habe wirklich an ihn geglaubt und war auch noch da, als alle anderen Jünger hasenfüßig auf und davon liefen. Und wie hat es mir die Geschichte gedankt? Verdammt, verschmäht und erniedrigt hat man mich.

Mich hingerichtet und es als Selbstmord deklariert. Toll, hätte ich das alles vorher geahnt, ich hätte mich bestimmt nicht mit 30 Silberlingen abspeisen lassen.

Satan: Judas, guter Freund. Ich wußte schon immer, warum ich Euch so mag. Ihr solltet mein Ratgeber werden, denn allzu oft meinen die Menschen, mich übers Ohr hauen zu können. Der Teufel, so sagen sie, halte sich immer buchstabengetreu an seine Verträge, und nicht nur einer dieser Nichtsnutze hat mich schon kräftig ausgetrickst.

Wechselbalg: Hihi, ausgetrickst. Klasse. Ich mag das. Meine Eltern und ihre Verwandtschaft sind da ganz groß drin. Wir lassen uns nicht betrügen, wir betrügen selbst und haben schon ganz viele Menschenkinder geraubt. Ich und meine Geschwister haben immer mächtig viel Spaß, wenn wir unsere »Eltern« in den Wahnsinn treiben. Wir machen Musik, daß ihnen die Ohren klingeln, und wenn sie sich endlich an uns und unser scheußliches Aussehen gewöhnt haben, dann kratzen wir die Kurve. Hach, ist das dann ein Geheul. Herrlich. Menschen leiden immer so schön, wenn jemand stirbt.

Baron Samedi: Ja, das hast du recht, Kleiner. Aber manche Menschen kommen auch ganz gut damit zurecht und wissen den Tod zu nutzen. Ich bin ja »berufsbedingt« fast immer auf Friedhöfen unterwegs, und ihr glaubt nicht, um was mich die Menschen alles angehen. Leichenteile für ihre Zauber, Segen für ihre Liebschaften. Es gibt nichts, was ihnen fremd ist, und ich profitiere davon. Erst gestern hat man mir drei Hühner und zwei Flaschen Rum hingestellt, nur damit ich der Nachbarin ein wenig beim Sterben nachhelfe. Wer sagt, die Menschen seien grundgütig, sollte mal Urlaub bei mir auf Haiti machen und er wird eines besseren belehrt.

Fliegender Holländer: Das versuche ich seit Jahrhunderten, Baron Samedi, aber ich komme nicht in den Hafen. Könnt Ihr da nicht mal etwas nachhelfen? Am Rum soll es nicht scheitern, ich gebe Euch vier Fässer, wenn Ihr möglich macht, daß ich, wenigstens mal für ein paar Tage, die Segel streichen kann. Ich bin es so leid, ständig gegen den Wind zu kreuzen, nur damit unfähige Kapitäne ihre Mannschaft das Fürchten lehren und sie zur Arbeit treiben können. Wenn sie wenigstens meine Post befördern würden, aber selbst das kriegen sie nicht hin. Nageln sie an den Mast, und keiner kann wegen der Löcher noch was lesen. Inzwischen laß ich die Kähne meist absaufen, nachdem ich ihnen begegnet bin, sie bringen mir ja doch keine Vorteile, und von der üblen Nachrede wird mein Ruf ja nicht besser.

Baron Samedi: Kein Problem, Holländer, wenn Deine 100 Jahre gerade mal wieder um sind, wirfst Du einfach Anker und dann werden wir mit etwas Voodoo die Zeit anhalten. Du wirst schon zu Deinen Urlaubstagen kommen, und schöne Frauen kann ich Dir dann auch bieten, vorausgesetzt, Du tötest sie nicht gleich, nachdem sie Dir gefällig geworden sind. Auf Mehrarbeit habe ich wirklich keine Lust.

Heather: Meine Herren, meine Damen, leider ist unsere Sendezeit schon wieder am Ende. Nicht alle sind zu Wort gekommen, aber das holen wir schon in der nächsten Sendung nach. Wer mehr über unsere illustren Freunde aus der Anderswelt wissen möchte, dem sei das neue Buch »Schattenwesen und Dämonen« ans Herz gelegt, da werden sie alle Gäste und noch viele mehr wiedertreffen und ihren spannenden Geschichten lauschen können. Einen schönen Abend, und passen sie auf, daß sie keinen unserer Freunde in ihr Haus einladen. Selten werden sie sie wieder los.

Quellenverzeichnis

Abraham a Sancta Clara, eigtl. Johann Ulrich Megerle (1644–1709), deutscher Prediger und Schriftsteller

›Judas, der verfluchte und verzweifelte Gesell, aus Anleitung des bösen Feinds erhenkt sich selbst‹. Aus: ders., Judas der Ertzschelm, für ehrliche Leuth. Oder: Eigentlicher Entwurff und Lebensbeschreibung des Iscariotischen Bößwicht. In: Sämtliche Werke. Passau, Lindau 1835–1847.

Abraham von Worms (1362–1460), hebräischer Autor

›Die Berufung von Astaroth und seinen Unterfürsten‹*. Aus: Des Juden Abraham von Worms Buch der wahren Praktik in der uralten göttlichen Magie und in erstaunlichen Dingen, wie sie durch die heilige Kabbala und durch Elohym mitgeteilt worden samt der Geister- und Wunder-Herrschaft, welche Moses in der Wüste aus dem feurigen Busch erlernet, alle Verborgenheiten der Kabbala umfassend. Aus einer hebräischen Pergament-Handschrift von 1387 im XVII. Jahrhundert verdeutscht und wortgetreu herausgegeben. Köln 1725.

Aleksandr Nikolaevič Afanas'ev (1826–1871), russischer Herausgeber und Märchenforscher

›Die Abrechnung mit Baba Jaga‹*. Aus: ders., Russische Volksmärchen. Übers. von Anna Meyer. Wien 1906.

Heinrich Agrippa von Nettesheim, eigtl. Heinrich Cornelius (1486–1535)

›Azazel, welcher ist der Herr des Fleisch und Blutes‹*. Aus: ders., Ungewißheit und Eitelkeit aller Künste und Wissenschaften – auch wie selbige dem menschlichen Geschlecht mehr schädlich als nutzlich sind (De incertitudine et vanitate scientarum et artium et de excellentia verbi dei). Antwerpen 1530. Übers. von Fritz Mauthner (1849–1923), Bearbeitung einer anonymen Übersetzung, die 1713 in Köln erschien.

Prince Albert Victor (1864–1892) und *Prince George of Wales* (1865–1936), Enkel der Queen Victoria von Großbritannien

›Die Fahrt der HMS »Bacchante« 1879–1882‹. Aus: dies., The cruise of Her Majesty's Ship »Bacchante« 1879–1882. London 1886. Übersetzt von Glare Raben Saunter, © by KulturGut Alte Schmiede GmbH.

Dante Alighieri (1265–1321), italienischer Dichter

›Ein Untier, wild und seltsam, Zerberus‹*. Aus: ders., Die Göttliche Komödie. Band 1: Die Hölle. Übers. von Karl Streckfuß (1778–1844). Halle 1824–1826.

Peter Altenberg, eigtl. Richard Engländer (1859–1919), österreichischer Schriftsteller

›Der Traum vom Fliegenden Holländer‹*. Aus: ders., Was der Tag mir zuträgt. Berlin 1901.

Hans Christian Andersen (1805–1875), dänischer Märchenerzähler

›Die Träume der Dryade‹*, ›»Ja, so ist es!« sagte das kleine Mädchen im Baum‹. Aus: ders., Märchen. Übers. von G. F. von Jensen. Braunschweig 1839.

Viktor von Andrejanoff (1857–1895), lettischer Dichter, Schriftsteller und Journalist

›Der Vampir‹. Aus: ders., Lettische Märchen. Leipzig 1896.

Bettine von Arnim, eigtl. Elisabeth Catharina Ludovica Magdalene von Arnim, geb. Brentano (1785–1859), deutsche Schriftstellerin

›Als Kain die Folgen sah‹, ›Der Dämon über Kain‹*. Aus: dies., Gespräche mit Dämonen. Des Königsbuches zweiter Band. Berlin 1852.

Hans Carl Artmann (*1921), österreichischer Schriftsteller

›Zu Gast beim Grafen‹*. Aus: ders., Drakula Drakula – Ein transsylvanisches Abenteuer. Berlin 1966. © Abdruck mit freundlicher Genehmigung des Thomas Sessler Verlages GmbH Wien.

Louise (Franziska) Aston (1814–1871), deutsche Schriftstellerin

›Wenn die bösen Träume nicht wären!‹. Aus: dies., Wilde Rosen. Berlin 1846.

Aurelius Augustinus (354–430), Heiliger und abendländischer Kirchenvater

›Die Macht des Teufels ist dort am größten‹. Aus: ders., Bekenntnisse. Hrsg. von K. v. Raumer. Stuttgart 1876.

Pietro Bandini, d. i. Andreas Gößling (*1958), deutscher Autor

›Man nennt ihn beispielsweise Baron-Samedi‹. Aus: ders., Voodoo. München 1999.

Adolf Bastian (1826–1905), deutscher Ethnologe

›Der Fremde‹*. Aus: ders., Der Mensch in der Geschichte, Bd. II: Psychologie und Mythologie. Leipzig 1860.

Georges Bataille (1897–1962), französischer Schriftsteller
›Isabella von Bayern hatte Sade entzückt‹, ›Sade wußte nichts von der Existenz Elisabeth Barthorys‹. Aus: ders., Gilles de Rais – Leben und Prozeß eines Kindermörders. Hamburg 1989.

Charles Baudelaire (1821–1867), französischer Dichter
›Die tiefste aller Listen des Teufels‹, ›Gebet‹. Aus: ders., Die Blumen des Bösen. Übers. von Wolf von Kalckreuth (1887–1906). Leipzig 1907.

Eduard von Bauernfeld (1802–1890), österreichischer Schriftsteller
›Plagt Sie der Teufel?‹. Aus: ders., Großjährig (Drama). Erstdruck als Manuskript. Wien 1849.

Ludwig Bechstein (1801–1860), deutscher Bibliothekar und Schriftsteller
›Das Alp als Flaumfeder‹. Aus: ders., Deutsches Sagenbuch. Leipzig 1853.

Michel Beheim (1416–1474), deutscher Lieder- und Chronikdichter, Meistersinger
›Es war sein Lust und gab ihm Mut‹. Aus: ders., Von einem wutrich der hies Trakle waida von der Walachei. In: Hans Gille, Die Historischen und Politischen Gedichte Michel Beheims. Berlin 1910.

Maria Christiane Benning (1923–1957), deutsche Autorin
›Eines Tages sagte Merlin zu ihm‹. Aus: dies., König Artus und Merlin (Celtica IV). Stuttgart 1980.

Hans Friedrich Blunck (1888–1961), deutscher Schriftsteller
›Der Klabauter stieß schmauchend‹. Aus: ders., Von Geistern unter und über der Erde. Märchen. Jena 1935.

Heinrich Christian Boie (1744–1806), deutscher Dichter
›Der Irrwisch‹. Aus: Musenalmanach auf das Jahr 1774. Göttingen 1774.

Norbert Borrmann (*1953), deutscher Schriftsteller und Kunsthistoriker
›Der Vampir verkörpert vieles‹, ›Es ist aber wahrscheinlich‹. Aus: ders., Vampirismus oder die Sehnsucht nach Unsterblichkeit. München 1998.

Johann Jacob Bräuner (1647–1737), deutscher Mediziner und Schriftsteller
›Vom Alp-Drücken‹, ›Von unterschiedenen Wunder-Thieren‹. Aus: ders., Physicalisch und Historisch Erörterte Curiositaeten; Oder: Entlarvter Teufflischer Aberglaube von Wechselbälgen / Wehr-Wölffen / Fliegenden Drachen / Galgen-Männlein / Diebs-Daumen / Hexen-Tantz / Holung auf dem Bock / Irrwischen / Spiritu Familiari / Festmachung / Wütenden Heer / Lösel-Nächten / Alpdrücken / Nessel-Knüpfen / Hexen-Buhl-

schafft mit dem Teuffel / Crystallen-Schauern / Wahrsagungen und andern dergleichen [...] in 50. curiosen Materien fürgestellet. Frankfurth am Mayn 1737.

Burchard I. (um 965–1025), Bischof von Worms

›Sie (Frau Holle) entläßt die Neugeborenen‹. Aus: ders. (zusammen mit Abt Olbert von Gembloux), Decretum. Zitiert nach: Harald Braem, Frau Holle – die große Wettermacherin. In: Marina Grünewald (Hrsg.), Schamaninnen. Neuwied 1999.

Sebastian Brant (1457–1521), deutscher Schriftsteller und Publizist

›Der Teufel Asmodeus fand‹. Aus: ders., Das Narrenschiff. Tübingen 1986.

Clemens (Wenzeslaus) Brentano (1778–1842), deutscher Dichter

›Du hättest es tun sollen und saugen müssen‹*. Aus: ders., An Karoline von Günderrode (1780–1806). Zitiert nach: Ludwig Geiger (1848–1919), Karoline von Günderrode und ihre Freunde. Leipzig 1895.

Waleri Jakowlewitsch Brjussow (1873–1924), russisch-sowjetischer Schriftsteller und Symbolist

›Das Wesen der Dämonen und ihre Kraft‹. Aus: ders., Der feurige Engel. Übers. von Reinhold von Walter. München 1910.

Barbara Büchner (* 1950)

›Das Bild der Blutgräfin‹*. Aus: dies., Blut und Rosen. In: Blut und Rosen – Erotische Schauergeschichten. © Charon-Verlag Grimme KG Hamburg 1996.

Michail (Afanasjewitsch) Bulgakov (1891–1940), russischer Schriftsteller

›»Komm, Behemoth, gib den Roman mal her«‹. Aus: ders., Der Meister und Margarita. Übers. von Thomas Reschke. © 1994 Luchterhand Literatur Verlag, München, in der Verlagsgruppe Random House GmbH

George Gordon Lord Byron, eigtl. George Gordon Noel, 6th Baron Byron (1788–1824), englischer Dichter

›Vielleicht auch wie im Moor ein Irrwisch‹. Aus: ders., Don Juan. Übers. von Otto Gildemeister (1823–1902). In: Sämtliche Werke. München 1977.

Miguel de Cervantes Saavedra (1547–1616), spanischer Dichter

›O ihr Napäen und Dryaden‹. Aus: ders., Der sinnreiche Junker Don Quixote von la Mancha. Anonyme Übers. mit einer Einleitung von Heinrich Heine. Stuttgart 1837/38.

Geoffrey Chaucer (um 1343–1400), mittelenglischer Dichter
›Man weiß allgemein‹. Aus: ders., Canterbury-Erzählungen. Übers. von Adolf von Düring. Straßburg 1886.

Peter O. Chotjewitz (*1934), deutscher Schriftsteller
›Ich begehre mich selbst, einen Toten‹*. Aus: ders., Der Ghoul von der Via del'Oca. In. Der gewöhnliche Schrecken. Hrsg. von Peter Handke (*1942). Salzburg 1969.

Samuel Taylor Coleridge (1772–1834), englischer Dichter
›Die Nachtmahr ist's, die Totenbraut‹. Aus: ders., Der alte Matrose. Übers. von Ferdinand Freiligrath (1810–1876). München 1925.

Jacques Auguste Simon Collin Plancy, gen. Collin de Plancy (1794–1881), französischer Schriftsteller und Dämonologe
›Ahriman, bei den alten Persern Fürst der Unterwelt‹, ›Asmodee, der Dämon der Zerstörung‹, ›Astaroth, mächtiger Großfürst in den Höllen‹, ›Behemoth, Kellermeister und Obermundschenk der Unterwelt‹*, ›Kali, Königin der Dämonen‹, ›Zerberus oder Cerberus oder Naberus‹. Aus: ders., Dictionnaire Infernal – Höllisches Wörterbuch. o. O. 1818.

Conversations-Hand-Lexikon (1831)
›Gorgonen‹, ›Medusa‹. Aus: Conversations-Hand-Lexikon. Ein Hülfswörterbuch für diejenigen, welche über die beim Lesen sowohl, als in mündlichen Unterhaltungen vorkommenden, mannigfachen Gegenständen näher unterrichtet seyn wollen. Reutlingen 1831.

Thomas Crofton Croker (1798–1854), irischer Märchensammler
›Leprechan, der irische Wechselbalg‹*. Aus: ders., Irische Elfenmärchen. Übers. von den Brüdern Grimm. Leipzig 1826.

Oskar Dähnhardt (1870–1915), deutscher Philologe und Erzählforscher
›Die wilde Jagd‹, ›Und nannte es Lilith‹*. Aus: ders., Natursagen. Eine Sammlung naturdeutender Sagen, Märchen, Fabeln und Legenden. Band I: Sagen zum alten Testament. Leipzig, Berlin 1907–1912 (Nachdruck Hildesheim 1983).

Max(imilian Albert) Dauthendey (1867–1918), deutscher Schriftsteller
›Frau Holle wohnt jetzt weiß im Land‹. Aus: ders., Bänkelsang vom Balzer auf der Balz. München 1904.
›Dalar rächt sich‹. Aus: ders., Lingam. München 1909.

(Johann Nepomuk Cosmas) Michael Denis, gen. Sined der Barde (1729–1800), österreichischer Schriftsteller und Bibliograph
›Im Gasthof' ist der Alp zu scheuen‹*, ›Schutz vor der Wilden Jagd‹*. Aus: ders., Mutterlehren an einen reisenden Handwerksbursch. In: Lieder Sineds. 2. Auflage. Wien 1782.

Maya Deren (1917–1961), russisch-amerikanische Filmemacherin und Autorin
›Wo Legba die Zeit war‹. Aus: dies., Der Tanz des Himmels mit der Erde. Die Götter des haitianischen Vaudou. Wien 1992.

Ulf Diederichs (*1937), deutscher Verleger und Autor
›Die Baba Jaga liegt auf dem Ofen‹. Aus: ders., Who's who im Märchen. München 1995.

Felix Dörmann (1819–1895), österreichischer Schriftsteller
›Astaroth‹, ›Tubal und Lilith‹. Aus: ders., Sensationen. Gedichte. Wien 1892.

Annette von Droste-Hülshoff, eigtl. Anna Elisabeth von Droste zu Hülshoff (1797–1848), deutsche Dichterin
›Und blendend steigt das Irrlicht draus empor‹. Aus: dies., Am vierten Sonntag nach hl. 3 Könige. In: Geistliches Jahr in Liedern auf alle Sonn- und Festtage. Stuttgart, Tübingen 1851.
›Das Irrlicht zündet seinen Schein*‹. Aus: dies., Der Heidemann. In: Gedichte. Stuttgart 1844.
›Wer heut draußen wandelt‹. Aus: dies., Der Loup Garou. In: Volksglauben in den Pyrenäen. In: Kölnische Zeitung (Köln) 16. 4.–22. 4. 1844.
›Wer war die Drude, die im Abendstrahl‹. Aus: Gedichte von Annette Freiin von Droste-Hülshoff. Stuttgart, Tübingen 1844.

Emily (*1961), englisch-deutsche Piratologin und Schriftstellerin
›Der Fliegende Holländer‹ © by KulturGut Alte Schmiede GmbH Wahlsburg.

Joseph (Freiherr) von Eichendorff (1788–1857), deutscher Dichter
›Und fragt ein Irrlicht, wer wir sind?‹. Aus: ders., Lustige Musikanten. In: Gedichte. Ausgabe letzter Hand: Joseph Freiherr von Eichendorff. Werke. Erster Theil. Gedichte. Mit dem Bildnis des Dichters. Berlin 1841.

Ludwig Eichrodt (1827–1892), deutscher Schriftsteller
›Mythus vom ersten Bruder Liederlich‹. Aus: ders., Lyrische Karrikaturen. Karlsruhe 1869.

Anna Katharina Emmerick (1774–1824), deutsche Mystikerin
›Und zeugen ein verworfenes Geschlecht‹. Aus: dies., Das arme Leben unseres Herrn Jesu Christ. Nach den Gesichten der gottseligen Anna Katharina Emmerick. Auswahl aus den Tagebüchern des Clemens Brentano (1778–1842). Hrsg. von T. Rody. o. O. 1954.

Johann Christian von Engel (1770–1814), österreichischer Historiker
›Der Verrat des Hamza‹*. Aus: ders., Geschichte der Moldau und der Walachei. Halle 1804.

Epiktet (* um 55 bis um 135), griechischer Philosoph
›Alles ist erfüllt von Göttern und Dämonen!‹. Aus: ders., Wege zum glückseligen Leben. Übers. von W. Capelle. Zürich 1948.

Hans Farin (*1953), deutscher Autor
›Dies … ist eine Textsammlung‹. Aus: ders., Heroine des Grauens. Wirken und Leben der Elisabeth Báthory. München 1989.

Henry Fielding (1707–1754), englischer Dichter
›So hätte ich zu viel Mitleiden mit dem Leser gehabt‹. Aus: ders., Tom Jones. Die Geschichte eines Findelkindes. Übers. von H. Höckendorf. Berlin 1976.

Theodor Fontane (1819–1898), deutscher Dichter
›Signale, Schüsse, Rossegestampf‹, ›Wangeline von Burgsdorf oder Die weiße Frau‹. Aus: ders., Gedichte. Berlin 1898.

Anatole France, eigtl. Jacques-Anatole Thibault (1844–1924), französischer Schriftsteller und Kulturkritiker
›Satans Sieg‹*. Aus: ders., Aufruhr der Engel. Übers. von R. Leonhard. München 1917.

Erasmus Francisci, eigtl. Erasmus von Finx (1627–1694), deutscher Polyhistor
›Das verführische Irr-Licht‹, ›Von dem Alp / oder von der Nachtmähr‹*, ›Was die Herren Ebræer / von der Schlangen Azazel / fabuliren‹. Aus: ders., Der Höllische Proteus, oder Tausendkünstige Versteller. Nürnberg 1690.

(Hermann) Ferdinand Freiligrath (1810–1876), deutscher Lyriker und Übersetzer
›Die weiße Frau‹, ›Ich bin der allgemeine Alp‹. Aus: ders., Ein Glaubensbekenntnis. Mainz 1844.

August Freudenthal (1858–1896), norddeutscher Schriftsteller
›Irrlicht‹. Aus: Timur Schlender (Hrsg.), Das Moor in Mythen, Märchen und Erzählungen. München 1987.

Sigrid Früh (*1935), deutsche Germanistin und Volkskundlerin
›In dem Märchen »Wassilissa, die Wunderschöne«‹. Aus: dies., Märchen von Hexen und weisen Frauen. Frankfurt/M. 1986.

Emmanuel Geibel (1852–1815), deutscher Dichter
›Doch was unausgesprochen‹. Aus: ders., Neue Gedichte. In: Werke. Hrsg. von Wolfgang Stammler (1886–1965). Leipzig, Wien 1918.

Emma Maria Geiger (*1956), deutsche Autorin
›Das Baumhaus‹ © by KulturGut Alte Schmiede GmbH Wahlsburg.

Christian Fürchtegott Gellert (1715–1769), deutscher Dichter
›Irrlicht oder Irrwisch?‹*. Aus: ders., Fabeln und Erzählungen. Leipzig 1748.

Gustaf af Geijerstam (1858–1909), schwedischer Dichter
›Das Haupt der Medusa‹*. Aus: ders., Gesammelte Romane. Übers. von Th. Krüger. Berlin 1910.

Tess Gerritsen (*1953), amerikanische Schriftstellerin
›Azazel und die Wächter‹, ›Wer ist denn Lilith?‹* Aus: dies., Blutmale. Übers. von Andreas Jäger. © 2007 Limes Verlag, München, in der Verlagsgruppe Random House GmbH

Johann Wolfgang von Goethe (1749–1832), deutscher Dichter
›Du bist recht appetitlich oben anzuschauen‹, ›Wer ist denn das?‹, ›So fangen sie von vorne wieder an‹, ›Und führe her Asmodi, den Getreuen‹*. Aus: ders., Faust. Der Tragödie erster Teil und Der Tragödie zweiter Teil. Tübingen 1808 und 1812.
›Zigeunerlied‹. Aus: ders., Gedichte. Stuttgart, Tübingen 1827.
›Am furchtbarsten aber erscheint dies Dämonische‹. Aus: ders., Dichtung und Wahrheit. In: Werke. Stuttgart, Tübingen 1832.

Yvan Goll, eigtl. Isaac Lang (1891–1950), deutsch-französischer Schriftsteller
›Lilith, die Nächtliche, die kindermordende Dämonin‹. Aus: Der

Triumphwagen des Antimons (nach Basilius Valentinus). o. O. 1945.

Johann Christoph Gottsched (1700–1766), deutscher Dichter

›Ein Irrlicht später Nacht‹. Aus: ders., Poetische Sendschreiben. In: Gedichte. Leipzig 1751.

Christian Dietrich Grabbe (1801–1836), deutscher Dichter

›Heinrich der Löwe und die Weiße Frau‹*. Aus: ders., Die Hohenstaufen: Kaiser Heinrich der Sechste. Frankfurt/M. 1830.

Martin Greif (1839–1911), deutscher Liederdichter und Schriftsteller

›Frau Holle‹. Aus: ders., Lyrische und epische Dichtungen. Leipzig 1909.

Franz (Seraphicus) Grillparzer (1791–1872), österreichischer Dichter

›Incubus‹. Aus: ders., Gedichte. In: Sämtliche Werke. München 1960.

Jacob (1785–1863) und *Wilhelm* (1786–1859) *Grimm,* deutsche Sprach- und Literaturwissenschaftler

›Eine schöne und vornehme Frau in Ungarn‹*. Aus: Hartmann von Aue, Der arme Heinrich (Anhang). Aus der Straßburgischen und Vatikanischen Handschrift herausgegeben und erklärt durch die Brüder Grimm. Berlin 1815.

›Das Märchen vom Wechselbalg‹, ›Frau Trude‹. Aus: Brüder Grimm, Kinder- und Hausmärchen, Bd. 1–2. Hrsg. von Friedrich von der Leyen (1873–1966). Jena 1912.

Josef Virgil Grohmann (1831–1919), deutscher Sagensammler und -herausgeber.

›Die wilde Jagd‹, ›Frau Holle‹, ›Sind daher lüsterne Wald- und Feldgeister‹. Aus: ders., Sagen-Buch von Böhmen und Mähren. Band 1: Sagen aus Böhmen. Prag 1863.

Anastasius Grün, eigtl. Anton Alexander Graf von Auersperg (1808–1876), österreichischer Schriftsteller und Politiker

›Ahriman und Ormusd‹*. Aus: ders., Schutt (Gedichte). Leipzig 1835.

Friedrich (Leopold) Gundolf, eigtl. F. L. Gundelfinger (1880–1931), deutscher Literaturwissenschaftler

›Das Zwiegespräch‹. Aus: ders., Shakespeare in deutscher Sprache. Berlin 1920.

Philipp Hafner (1735–1764), österreichischer Schriftsteller

›Wer ist ein Wechselbalg?‹. Aus: ders., Der Furchtsame. Wien 1764.

Laurence Haloche (*1966), französische Schriftstellerin

›Da deine Seele in Aufruhr ist‹. Aus: dies., Der Mund. Übers. von Barbara Reitz und Eliane Hagedorn. München 1997.

Matthäus Hammer (1600–1665), deutscher Schriftsteller

›Das Leben Cains‹*. Aus: ders., Rosetum Historiarum (Historischer Rosengarten). Zwickau 1654.

Joseph von Hammer-Purgstall (1774–1856), deutscher Orientalist

›Sein Name ist Behemoth‹. Aus: ders., Rosenöl, Sagen und Kunden des Morgenlandes. Stuttgart, Tübingen 1813.

Hermann Harrys (1811–1891), deutscher Märchen- und Sagensammler

›Die Haulemutter‹. Aus: ders., Volkssagen, Märchen und Legenden Niedersachsens. 1. Abtheilung; 2. Abtheilung: Der Harz. 2. Aufl. Celle 1862.

Georg Philipp Harsdörffer (1607–1658), deutscher Schriftsteller

›Incubi und Succubi‹*. Aus: ders., Der Grosse Schauplatz Lust- und Lehrreicher Geschichte 2 Bde, Frankfurt/M., Hamburg 1664 (Nachdruck Hildesheim, New York 1978).

Eberhard David Hauber (1695–1765), deutscher Theologe und Geograph

›Auszug zweyer Schrifften von den Vampyren oder Blut-Saugern in Servien‹ (Nieder-Sächsische Nachrichten A. 1732. 34 Stück, p. 299–301). Aus: ders., Bibliotheca, Acta et Scripta Magica. Gründliche Nachrichten, Auszüge und Urtheile von solchen Büchern und Handlungen, welche die Macht des Teufels in leiblichen Dingen betreffen. Lemgo 1738–44.

(Christian) Friedrich Hebbel (1813–1863), deutscher Dichter

›Niemand darf den Kain töten!‹. Aus: ders., Judith. Hamburg 1841.

Heinrich Heine (1797–1856), deutscher Dichter

›Die Nachtigall sang: »O schöne Sphinx!«‹*. Aus: ders., Buch der Lieder. Hamburg 1827.

›Der Klabotermann‹. Aus: ders., Die Nordsee. Dritte Abteilung. In: Werke, Bd. 2. Frankfurt/M. 1968.

›Ja, ein Teufel will ich werden‹, ›Sündenmutter, glatte Schlange!‹. Aus: ders., Vitzliputzli. In: Romanzero. Hamburg 1851.

›Der Wechselbalg‹. Aus: ders., Zeitgedichte. In: Werke. Frankfurt/M. 1968.

›Der Dämon, welcher erschien‹. Aus: ders., Erläuterungen zu Der Doktor Faust. Hamburg 1851.

›In der Nacht sah ich mal ein großes Schiff‹, ›Treu bis in den Tod‹*. Aus:

ders., Aus den Memoiren des Herren von Schnabelewopski. In: Der Salon, Bd. 1. Hamburg 1834.

›Jeder Reiche ist ein Judas Ischariot‹*. Aus: ders., Die Stadt Lucca. In: Reisebilder IV. Teil. Hamburg 1830.

›Der Teufel als Gast‹*. Aus: ders., Elementargeister. In: Der Salon II. München 1968–76.

Henry (August Kaspar) von Heiseler (1875–1928), deutscher Schriftsteller und Übersetzer

›Kain schlug den Abel‹. Aus: ders., Die Kinder Godunófs. In: H. von Heiseler, Aus dem Nachlaß. Chemnitz 1929.

Buch Henoch (3.–2. Jh. v. Chr.)

›Asasel lehrte die Menschen‹. Aus: Emil Kautzsch (1841–1910), Die Apokryphen und Pseudoepigraphen zum Alten Testament. Hildesheim, New York 1975.

Johann Gottfried Herder (1744–1803), deutscher Theologe, Philosoph und Schriftsteller

›Lilis und Eva‹. Aus: ders., Sämtliche Werke. Hrsg. von Bernhard Suphan (1845–1911). Berlin 1877–1913.

›Ormuzd, das gute Lichtwesen‹. Aus: ders., Ideen zur Philosophie der Geschichte der Menschheit. Herders Werke. Bd. 30. Stuttgart 1820.

Hesiod (Wende vom 8. zum 7. Jh. v. Chr.), griechischer Dichter

›Auch die Gorgonen‹*. Aus: ders., Theogonie. Übers. von R. Peppmüller. Halle 1896.

Georg Heym (1887–1912), deutscher Schriftsteller

›Der fliegende Holländer‹. Aus: ders., Der ewige Tag (Gedichte). Leipzig 1911.

›Judas‹. Aus: ders., Umbra vitae (Gedichte). Leipzig 1912.

Paul Heyse (1830–1914), deutscher Dichter

›Die sterbende Meduse (in Villa Ludovisi)‹, ›Sind ihm ein Schreckensort die Waldeshallen‹. Aus: ders., Gesammelte Werke. Hrsg. von E. Petzet. Stuttgart, Berlin 1921.

Der vielförmige Hintzelmann (1704)

›Die aus Menschen werdende Wölffe‹. Aus: Der vielförmige Hintzelmann / oder Umbständliche und merckwürdige Erzehlung von einem Geist / So sich auf dem Hause Hudemühlen / und hernach zu Eystrup im

Lande Lüneburg unter vielfältigen Gestalten und verwunderlicher Veränderung / durch Zulassung Göttlicher Providentz sehen lassen / und sich bald freundlich und familiair, bald schädlich und gefährlich erwiesen / Aus bißhero noch niemals gedruckten Nachrichten colligirt / und ihrer Curiosität halber zum Druck befördert / und mit unterschiedlichen Historien von Erscheinungen und Gespenstern vermehret / und durch Kupfer vorgestellet. Leipzig 1704.

Ludwig Christoph Heinrich Hölty (1748–1776), deutscher Dichter

›Verbannten manchen bösen Alp‹*. Aus: ders., Töffel und Käthe. In: Almanach der deutschen Musen auf das Jahr 1773. Leipzig 1773.

Ernst Theodor Amadeus Hoffmann (1776–1822), deutscher Dichter

›Die Geburt eines Wechselbalges‹*, ›Die Ghoul‹*, Aus: ders., Die Serapionsbrüder. Berlin 1819–1821.

Hugo von Hofmannsthal (1874–1929), österreichischer Dichter

›Mariquita dämonisch bis zum Hexenhaften‹. Aus: ders., Andreas. Fragmente. Berlin 1932.

Arno Holz (1863–1929), deutscher Dichter

›Cerberus / ein vihl-köpffigtes‹. Aus: ders., Dafnis. München 1904.

›Kiekt nach, ob wi noch nich to Mus sind!‹, ›Und Nacht und Licht, Ormudz und Ahriman‹*. Aus: ders., Buch der Zeit. 2. erweiterte Ausgabe. Berlin 1892.

Homer (2. Hälfte 8. Jh. v. Chr.), griechischer Dichter

›Der böse, der bissige Wächter‹*. Aus: Odyssee. In: Homers Werke. Übers. von Johann Jakob Bodmer (1698–1783). Zürich 1778.

Joris-Karl Huysmans, eigtl. Georges Charles H. (1848–1907), französischer Schriftsteller

›Die Anrufung Satans‹*. Aus: ders., Tief unten. Übers. von V. H. Pfannkuche. Potsdam 1921.

Henrik Ibsen (1828–1906) norwegischer Dichter

›Peer Gynt begegnet der Sphinx‹*. Aus: ders., Peer Gynt. In: Sämtliche Werke. Band 4. Übers. von Christian Morgenstern (1871–1914). Berlin 1901.

Karl (Leberecht) Immermann (1796–1840), deutscher Jurist und Schriftsteller

›Gott bewahre uns alle vor dem Abgrunde‹. Aus: ders., Münchhausen. Düsseldorf 1838/39.

Heinrich Institoris, eigtl. Heinrich Kramer (1430–1505), deutscher Inquisitor und Dominikaner-Prior, und Jakob Sprenger (1435–1495), deutscher Inquisitor und Dominikaner-Prior
›Der eigentliche Dämon der Hurerei‹. Aus: dies., Malleus Maleficarum (Der Hexenhammer). Übers. von J. W. R. Schmidt. Berlin 1906.

Jean Paul, eigtl. Johann Paul Friedrich Richter (1763–1825), deutscher Dichter
›Der Eichenwald‹. Aus: ders., Dr. Katzenbergers Badereise. Heidelberg 1809.

Dietrich Jecklin (1833–1891), schweizerischer Privatgelehrter mit historischen Interessen
›Die boshafte weiße Frau‹. Aus: ders. / C. Decurtins, Volksthümliches aus Graubünden. Chur 1916.

Franz Kafka (1863–1924), österreichischer Dichter
›»Ja«, sagte er, »ich bin es, der alte«‹. Aus: ders., Gesammelte Werke. Hrsg. von Max Brod (1884–1968). Frankfurt/M. 1951.

John Keats (1795–1821), englischer Dichter
›Daß du, des Walds beflügelte Dryade‹. Aus: ders., Ode an eine Nachtigall. In: Gedichte (Auswahl). Übers. von Gisela Etzel. Leipzig 1910.

Adelbert von Keller (1812–1883), deutscher Romanist und Germanist
›Der Müller und sein Wechselbalg‹. Aus: ders., Der Müller mit dem Kinde. In: Erzählungen aus altdeutschen Handschriften. Stuttgart 1855.

Gottfried Keller (1819–1890), schweizerischer Dichter
›Judas starb den dummsten Tod‹. Aus: ders., Gedichte. In: Sämtliche Werke. Bern 1936.

Friederike Kempner (1836–1904), deutsche Schriftstellerin
›Tiefe Nacht und lange Schatten‹. Aus: dies., Gedichte. Berlin 1903.

Justinus (Andreas Christian) Kerner (1786–1862), deutscher Musiker, Mediziner und Dichter
›Die fliegende Todesbötin schau'‹. Aus: ders., Klecksographien. Stuttgart 1890.

Otto Knoop (1853–1931), deutscher Sagensammler und Erzählforscher
›Das Irrlicht und die wilde Jagd‹. Aus: ders., Volkssagen, Erzählungen, Aberglauben, Gebräuche und Märchen aus dem östlichen Hinterpommern. Posen 1885.

Greta Knutson (1899–1983), schwedische Malerin und Schriftstellerin
›Kleine Nachtmusik des Werwolfs‹. Aus: dies., Bestien. Übers. von der Autorin. Berlin 1980.

Rayog Hollo Kolczas (1918–1974), ungarisch-englischer Erzähler
›Der Erbe‹. Originalmanuskript aus dem unveröffentlichten Nachlaß. Übers. von Glare Raven Saunter © by KulturGut Alte Schmiede GmbH.

August Kopisch (1700–1853), deutscher Dichter
›Der Klabautermann‹. Aus: ders., Gesammelte Werke. Hrsg. von K. Bötticher. Berlin 1856.

Franz Felix Adalbert Kuhn (1812–1881), deutscher Germanist, Sprachwissenschaftler und Sammler von Volkserzählungen, und *Wilhelm Schwartz* (1821–1899), deutscher Gymnasiallehrer
›Frau Gode‹. Aus: dies., Norddeutsche Sagen, Märchen und Gebräuche aus Mecklenburg, Pommern, der Mark, Sachsen, Thüringen, Braunschweig, Hannover, Oldenburg und Westfalen. Leipzig 1848.

Peter Lauremberg (1585–1639), deutscher Schriftsteller und Naturforscher
›Ein dreyköpffiger / feuerspeyender Höllen-Hund‹*, ›Legenda vom Verräther Judas / wer er gewesen‹, ›Von Cain / und dessen Tod‹. Aus: ders., Neue und vermehrte ACERRA PHILOLOGICA (Sieben Hundert Außerlesene, Nützliche / lustige und denckwürdige Historien und Discursen. Aus den berühmtesten Griechischen und Lateinischen Scribenten zusammen getragen. Darinnen zu finden Die meisten Gedichte der Poeten / von Göttern und Göttinnen, die fürnehmsten Geschichte der alten Römer und Griechen, etliche gebräuchliche Sprichwörter / unterschiedliche natürliche Dinge. Allen Liebhabern der Historien zur Ergetzung / insonderheit der studierenden Jugend zu mercklicher Ubung und Wissenschafft beförderlich. Mit Sr. Königl. Maj. und Churf. Durchl. zu Sachsen allergnädigsten PRIVILEGIO). Leipzig 1717.

Hans Leip (1893–1983), deutscher Schriftsteller
›Der Klabautermann‹. Mündlich überlieferte Sage. Aufgeschrieben von Hans Leip. In: Hans Leip (Hrsg.). Das Meer. München 1957.

Alain-René Lesage (1668–1747), französischer Schriftsteller und Jurist
›Asmodeus stellt sich vor‹*, ›So müßt Ihr wohl Leviathan, Belphegor oder

Astaroth sein‹. Aus: ders., Der hinkende Teufel. Übers. von Levin Schükking (1814–1883). 2 Bde. Hildenburghausen 1865.

Gotthold Ephraim Lessing (1729–1781), deutscher Dichter und Philosoph

›Es ist ein Wechselbalg‹. Aus: ders., Der Freigeist. In: Schriften. Berlin 1755.

Eliphas Levi, d. i. Alphonse Louis Constant (1810–1875), französischer Expriester, sozialistischer Agitator, berühmter Okkultist und magischer Schriftsteller

›Die Anrufung Astatroths‹*. Aus: ders., Der Schlüssel zu den großen Mysterien. Wien, Leipzig, München-Planegg 1928.

Leah Levine (*1961), deutsche Magierin und Autorin

›Ahriman, der König der Finsternis und Quell des Bösen‹, ›Asmodeus, der Dämon der Zerstörung‹, ›Astaroth, Großfürst in den Höllen‹, ›Azazel‹, ›Baba Yaga‹, ›Baba Yaga, die alte Frau des Herbstes‹, ›Baron Samedi‹, ›Behemoth‹, ›Der fliegende Holländer‹, ›Die schwarzen Engel‹, ›Der/Die Sphinx‹, ›Die Weiße Frau‹, ›Die Wilde Jagd‹, ›Druckgeister: Alp und Nachtmahre‹, ›Druden und Frau Holle‹, ›Dryaden und Baumelfen‹, ›Elisabeth Bathory‹, ›Ghoule‹, ›Incubus und Succubus‹, ›Irrwisch/Irrlicht‹, ›Judas Ischariot‹, ›Kain‹, ›Kali, die Schwarze‹, ›Klabautermann‹, ›Lilith, die Nächtliche, die Nachteule‹, ›Medusa, die sterbliche Gorgone‹, ›Satan, Luzifer und Beelzebub‹, ›Vampire‹, ›Vlad Tepes‹, ›Wechselbalg‹, ›Werwolf, der Friedlose‹, ›Zerberos, Cerberus, Kerberos, der Hund mit vielen Köpfen‹ © by KulturGut Alte Schmiede GmbH Wahlsburg.

›Ein Opfer für Kali‹*. Aus: dies., Kali oder die Suche nach Antwort aus dem Schattenreich. In: Marina Grünwald (Hrsg.): Dunkle Göttinnen. Bibliothek der Anderswelt. Neuwied o. J. © by KulturGut Alte Schmiede GmbH Wahlsburg.

›Sara la Kali, die schwarze Göttin der Zigeuner‹. In: Marina Grünewald (Hrsg.), Schwestern der Großen Göttin. Bibliothek der Anderswelt. Neuwied 2000 © by KulturGut Alte Schmiede GmbH Wahlsburg.

›Vlad Tepes – der Phönix vom Balkan‹ (gekürzt). In: Marina Grünwald (Hrsg.), Dunkle Götter. Bibliothek der Anderswelt. Neuwied o. J. © by KulturGut Alte Schmiede GmbH Wahlsburg.

›Guédé‹. Aus: dies., Magic Trips – Leahs magische Praxis. Freiburg/Breisgau 2000 © by KulturGut Alte Schmiede GmbH Wahlsburg.

Hermann Löns (1866–1914), deutscher Schriftsteller (»Heidedichter«)
›Der Vampir‹. Aus: ders., Sämtliche Werke. Hrsg. von F. Capelle. Leipzig 1923.

August Arthur von Löwis of Menar (1881–1930), russisch-baltischer Märchen- und Sagenforscher
›Baba Jaga hilft Ivan-Zarevitsch‹*. Aus: ders., Russische Volksmärchen. Jena 1921.

Howard Phillips Lovecraft (1890–1937), amerikanischer phantastischer Erzähler
›Der Ghoul‹*, ›Die Lektion‹*. Aus: ders., Pickmans Modell. In: Cthulhu. Geistergeschichten. Übers. von Hans Carl Artmann (*1921). © Suhrkamp Verlag, Frankfurt/M. 1972.

Lukianos von Samosata (um 120 bis nach 180), griechischer Sophist und Satyriker
›Andromeda und Perseus‹ (Auszug). Aus: ders., Meergöttergespräche. Übers. von Christoph Martin Wieland (1733–1813). Leipzig 1788–89.

Marie de France (zweite Hälfte 12. Jh.), französische Dichterin
›Man hört' es viel in frühern Tagen‹. Aus: dies., Bisclavret. In: Poetische Erzählungen nach altbretonischen Liebes-Sagen. Übers. von Wilhelm Hertz. Stuttgart 1862.

Christopher Marlowe (1564–1593), englischer Dichter
›Beelzebub, der Prinz der Hölle‹*. Aus: ders., Doktor Faust. Übers. von Adolf Böttger (1815–1870). Leipzig 1857.

Karl May (1842–1912), deutscher Schriftsteller
›Ahriman Mirza‹. Aus: ders., Im Reich des Silbernen Löwen. In: Karl Mays gesammelte Reiserzählungen. Freiburg/Breisgau 1892–1910.

Raymond T. McNally (1931–2002), amerikanischer Historiker und Autor, und *Radu Florescu* (*1925), rumänischer Wissenschaftler
›Im Zusammenhang mit dem Schwinden religiöser Überzeugungen‹. Aus: dies., Auf Draculas Spuren. Die Geschichte des Fürsten und der Vampire. Berlin, Frankfurt/M. 1966.

Alfred Métraux (1902–1963), französischer Ethnologe
›Auch der mächtigste Zauberer‹, ›Baron Samedi und die Familie der

Guédé‹*. Aus: ders., Voodoo in Haiti. Übers. von Isotta Meyer. S. 125 f.
© Merlin, Gifkendorf 1994.

Conrad Ferdinand Meyer (1825–1898), schweizerischer Dichter
›Die Narde‹, ›Die sterbende Meduse‹. Aus: ders., Gedichte. Fünfte Auflage. Leipzig 1892.

John Milton (1608–1674), englischer Dichter
›Astaroth – Astarte‹*, ›Der »Erste Bannerträger« der Höllenarmeen‹*, ›Der Thiere größtes, Behemoth‹, ›Satan, der Gegner Gottes und der Menschen‹*. Aus: ders., Das verlorene Paradies. Übers. von Adolf Böttger (1815–1870). Leipzig 1879.

Nikolaus Modrussa (15. Jh.), päpstlicher Legat in Ungarn
›Beschreibung von Vlad Tepes‹*. Zitiert nach: Norbert Borrmann, Vampirismus oder die Sehnsucht nach Unsterblichkeit. München 1998.

Christian Morgenstern (1871–1914), deutscher Schriftsteller, Kritiker und Übersetzer
›Hingegen tief im finstern Wald‹. Aus: ders., Galgenlieder. Berlin 1914.

Karl Victor Müllenhoff (1818–1884), deutscher Germanist
›Das Klabautermännchen‹. Aus: ders., Sagen, Märchen und Lieder der Herzogthümer Schleswig, Holstein und Lauenburg. Kiel 1845.

Friedrich Müller, gen. Maler Müller (1749–1825), deutscher Dichter und Maler
›Der Fluch des Kain‹*. Aus: ders., Kain. In: Werke in drei Bänden. Heidelberg 1811.

Franz (Leopold) Neumann (1900–1954), deutscher Politikwissenschaftler
›… ein Chaos, eine Herrschaft der Gesetzlosigkeit‹. Aus: ders., Behemoth. Struktur und Praxis des Nationalsozialismus 1933–1944. Frankfurt/M. 1977.

Charles Nodier (1780–1844), französischer Schriftsteller
›Jedermann weiß‹, ›Mit seiner grausigen Liebe‹. Aus: ders., Mélanges de littérature et de critique. Paris 1820.

Novalis, eigtl. Georg Philipp Friedrich Freiherr von Hardenberg (1772–1801), deutscher Dichter
›Ich mußte recht über eure Thürhüterin lachen‹*. Aus: ders., Heinrich von Ofterdingen. Fragment. Entstanden 1799–1800. In: Schriften. Berlin 1802.

Michael Obert (*1966), deutscher Reisejournalist und Photograph
›Baron Samedi ist gekommen!‹. Aus: ders., Der Puppenmeister. In: DIE ZEIT vom 22. 5. 2003, Nr. 22.

Charles Olson (1910–1970), amerikanischer Lyriker und Kritiker
›Wenn die toten von uns zehren, sind es die toten in uns …‹. Aus: ders., Gedichte. Übers. von K. Reichert. Frankfurt/M. 1965.

Martin Opitz (1597–1639), deutscher und neulateinischer Dichter
›Die müssen durch das Thor‹. Aus: ders., Gesammelte Werke. Stuttgart 1978.

Oskar (Leopold Hermann) Panizza (1853–1921), deutscher Mediziner und Schriftsteller
›Ein Incubus, oder der Teufel selbst‹. Aus: ders., Ein scandalöser Fall. In: Visionen. Erzählungen und Skizzen. Leipzig 1893.

James Patterson (*1949), amerikanischer Schriftsteller
›Horrorgeschichten und -spiele‹. Aus: ders., Sonne, Mond und Sterne. Übers. von Edda Petri. Bergisch Gladbach 2000.

Johann Nikolaus Pfitzer (1634–1674), deutscher Schriftsteller
›Diese verzauberte Helena‹. Aus: ders., Das ärgerliche Leben und schreckliche Ende deß Ertz-Schwartzkünstlers Johannis Fausti. Das Werk basiert auf Georg Rudolphs Widmanns Volksbuch von 1599. Nürnberg 1674.

Heinrich August Pierer (1794–1850), deutscher Verleger und Militär
›Die Kunst des Pfählens‹. Aus: Pierers Universallexikon. 4. Auflage. Altenburg 1857–1865.

David Pirie (*1963), britischer Filmpublizist
›Im Zusammenhang mit dem Schwinden religiöser Überzeugungen‹. Aus: ders., Vampir Filmkult. Internationale Geschichte des Vampirfilms vom Stummfilm bis zum modernen Sex-Vampir. Gütersloh 1977.

August von Platen, eigtl. Karl August Georg Maximilian Graf von Platen-Hallermünde (1796–1835), deutscher Dichter
›Ahriman sogar, der dunkle‹*. Aus: ders., Licht. In: Gedichte. Stuttgart, Tübingen 1828.

Platon (427–347 v. Chr.), griechischer Philosoph
›In der Mitte zwischen der Gottheit und der Menschheit‹. Aus: ders., Das Gastmahl. Übers. von Franz Susemihl (1826–1901). Stuttgart 1855.

Plinius der Ältere, d. i. Gaius Plinius Secundus (23/24 bis 79 n. Chr.), römischer Historiker und Schriftsteller

›Vor den Pyramiden liegt der Sphinx‹. Aus: ders., Historia naturalis – Natürlicher History Fünff Bücher. Übers. von Heinrich Eppendorf (1496–1551). Straßburg 1543.

Edgar Allan Poe (1809–1849), amerikanischer Dichter

›Die Sphinx‹ (gekürzt). Aus: ders., Gesammelte Schriften. Übers. von Hedwig Lachmann (1865–1918). Augsburg 1989.

Johannes Praetorius, eigtl. Hans Schulze (1630–1680), deutscher Polyhistor

›Unn wenn d'Verräther Judas zu unsern Zeiten leben‹. Aus: ders., Anthropodemus plutonicus. Das ist eine neue Weltbeschreibung. Magdeburg 1666/67.

›Frau Holla zieht vorüber‹*. Aus: ders., Saturnalia propositio. Leipzig 1663.

Wilhelm Raabe (1831–1910), deutscher Dichter

›Dort vor dem Tor lag eine Sphinx‹. Aus: ders., Die Akten des Vogelsangs. In: Deutsche Roman-Zeitung, 33. Jg., Nr. 1–6. Berlin 1896.

François Rabelais (1494–1553), französischer Dichter

›Asmodeus oder Krellhinz‹*. Aus: ders., Gargantua und Pantagruel. Übers. von Gottlob Regis (1791–1854). Leipzig 1832–1841.

Paramhansa Ramakrishna, eigtl. Gadadhar Chattopadhyaya (1836–1886), hinduistischer Mystiker und Heiliger

›Ich litt unsägliche Schmerzen‹. Zitiert nach: Barbara G. Walker, Das geheime Wissen der Frauen. Frankfurt/M. 1993.

›Kali, meine himmlische Mutter‹. Aus dem Manuskript übers. von Leah Levine © KulturGut Alte Schmiede GmbH Wahlsburg.

Ramprasad (1718–1775), bengalischer Sänger und Liedermacher

›Oh Kali, Deine schöne Kunst‹. Aus: ders., Grace and Mercy in Her Wild Hair: Selected Poems to the Mother Goddess. Übers. von Leah Levine, © by KulturGut Alte Schmiede GmbH Wahlsburg.

Rainer Maria Rilke (1875–1926), deutscher Dichter

›Der erhabene Sphinx‹. Aus: ders., Duineser Elegien. Leipzig 1923.

Arthur (Jean Nicolas) Rimbaud (1854–1891), französischer Dichter

›Ich, der ich bebte hörte stöhnend‹. Aus: ders., Das trunkene Schiff.

Übers. von Bertram Kircher, © KulturGut Alte Schmiede GmbH Wahlsburg.

Adeline Rittershaus (-Bjarnason) (1867–1924), deutsche Skandinavistin und Erzählforscherin

›Nun eilt sie zur Wiege, um den Wechselbalg‹. Aus: dies., Die neuisländischen Volksmärchen. Ein Beitrag zur vergleichenden Märchenforschung. Halle 1902.

Leopold Ritter von Sacher-Masoch (1836–1895), österreichischer Schriftsteller

›Das Ende der Blutgräfin‹*. Aus: ders., Ewige Jugend. Novelle. 1611. In: ders., Liebesgeschichten aus verschiedenen Jahrhunderten. Leipzig 1874.

Glare Raven Saunter (*1941), deutsch-englischer Mythenforscher

›Die Lehrmeister der Zauberkunst‹. Freie Nachdichtung einer alten hebräischen Legende. © by KulturGut Alte Schmiede GmbH Wahlsburg.

Adolf Friedrich Graf von Schack (1815–1894), deutscher Schriftsteller und Kunstsammler

›Auf die Klinke sah ich im Dämmergrau‹, ›Nachtdüstre Dämonen umklammerten kalt‹. Aus: ders., Lotosblätter. Gedichte. Stuttgart 1883.

Friedrich Schiller (1759–1805), deutscher Dichter

›Leicht aufzuritzen ist das Reich der Geister‹. Aus: Die Jungfrau von Orleans. In: Dramen Bd. 1. Tübingen, Stuttgart 1950.

August Wilhelm Schlegel (1763–1839), deutscher Dichter

›Sie sind feindselige Wesen‹. Aus: Ion. In: Neueste deutsche Schaubühne. Augsburg 1804.

Johann Georg Schmidt (1660–1722), deutscher Schriftsteller

›Ein Weib / das Abends zu Bette gehet / die soll ihren Stuhl / darauf sie gesessen / von der Stelle rücken / sonst drückt sie der Alp oder Nacht-Mar‹. Aus: ders., Die gestriegelte Rocken-Philosophie. Oder Aufrichtige Untersuchung derer Von vielen Super-klugen Weibern hochgehaltenen Aberglauben. Allen denen nützlich zu lesen / die entweder schon ehemals von ein und andern Aberglauben betrogen worden sind, oder noch betrogen werden können; An das Licht gestellet von dem, der einem jedweden die Wahrheit Ins Gesicht saget. 2 Bände. Chemnitz 1718 (Bd. 1) / 1722 (Bd. 2).

Sophie (1921–1943) und *Hans* (1918–1943) *Scholl*, deutsche Widerstandskämpfer und Studenten

›Überall und zu allen Zeiten haben die Dämonen‹. Aus: Briefe und Aufzeichnungen. Frankfurt/M. 1989.

Odilo Schreger (1697–1774), deutscher Schriftsteller

›Einige Fragen zu Kain‹*. Aus: ders., Lustiger und nützlicher Zeitvertreiber. Augsburg 1802.

Henryk Sienkiewicz (1846–1916), polnischer Erzähler und Journalist

›Dryadenfest‹*, ›Was ist das für ein Verräter?‹. Aus: ders., Quo vadis. Übers. von J. Bolinski. Lindau 1896.

Karl (Joseph) Simrock (1802–1876), deutscher Volkskundler, Germanist und Schriftsteller

›Asmodi, der langweilige alte Gesell‹*. Aus: ders., Doctor Johannes Faust (Puppenspiel). Frankfurt/M. 1846.

Adalbert Stifter (1805–1868), österreichischer Dichter, Maler und Schulrat

›Das Irrlicht‹. Aus: ders., Die Mappe meines Urgroßvaters. In: Wiener Zeitschrift für Kunst, Literatur, Theater und Mode 1841, Nr. 88–93 und 151–156 sowie 1842, Nr. 43–50.

Bram Stoker, eigtl. Abraham S. (1847–1912), irischer Schriftsteller

›Ankunft beim Grafen‹*, ›Da war eine wohlberechnete Wollust‹*. Aus: ders., Dracula. London 1978. Übers. von Glare Raven Saunter, © by KulturGut Alte Schmiede GmbH Wahlsburg.

Friedrich Leopold Graf zu Stolberg (1750–1819), deutscher Dichter

›Kain am Ufer des Meers‹. Aus: Lauenburger Musenalmanach 1776.

Theodor Storm (1817–1888), deutscher Dichter

›Die Geschichte vom Werwolf‹*. Aus: ders., Am Kamin. In: Viktoria. Berlin, Februar 1862.

›Teufelsliebe‹*. Aus: ders., Gedichte. Kiel 1852.

(Peter Friedrich) Ludwig Strackerjan (1825–1881), norddeutscher Jurist, Politiker und kulturhistorischer Schriftsteller

›Der Klabautermann‹. Aus: ders., Aberglaube und Sagen aus dem Herzogtum Oldenburg 1–2. Oldenburg 1909.

August Strindberg (1849–1912), schwedischer Dichter

›Hier zeigt sich mir ein Kopf mit einem Bocksbart‹. Aus: ders., Inferno. Übers. von Christian Morgenstern (1871–1914). Berlin 1898.

Eduard Stucken (1865–1936), deutscher Schriftsteller
›Nur du und die bleichen Schwestern‹*. Aus: ders., Romanzen und Elegien. Berlin 1911.

Erzählungen aus 1001 Nacht (Alf laila wa-laila)
›König Ghul‹*. Aus: 1001 Nacht. Übers. von Gustav Weil (1808–1889). Stuttgart, Pforzheim 1838–1841.
Ludwig Tieck (1773–1853), deutscher Dichter, Philologe und Übersetzer
›O vieldeutiges Rätsel unsers Lebens!‹. Aus: ders., Der junge Tischlermeister. Berlin 1836.
Andrea Tormentare (*1969)
›Eine unvergessliche Nacht‹. Aus: dies., Die Geschichte(n) der Eve. © 2008 by KulturGut Alte Schmiede GmbH Wahlsburg.
Kurt Tucholsky (1890–1935), deutscher Schriftsteller
›Satan eröffnet die zwölfhundertachtundachtzigste Walpurgisnacht‹*. Aus: ders., Walpurgisnacht. In: Die Schaubühne 4 vom 24. 1. 1918.

Vergil (Publius Vergilius Maro) (70 v. Chr. bis 19 v. Chr.), römischer Dichter
›Zerberus lag hier‹*. Aus: ders., Aeneide. Übers. von Johann Heinrich Voss (1751–1826). Leipzig 1887.
Friedrich Theodor Vischer (1807–1887), deutscher Schriftsteller
›Die wilde Jagd‹*. Aus: ders., Faust. Der Tragödie dritter Teil. Erstdruck unter dem Pseudonym Deutobold Symbolizetti Allegoriowitsch Mystifizinsky. Tübingen 1862.
Johann Nepomuk Vogl (1802–1866), österreichischer Schriftsteller
›Die Burgfrau zu Cseitha‹. Aus: ders., Der Ministrel. Wien 1836.
Altfranzösisches Volkslied (ca. 16. Jh.)
›Der Werwolf‹. Aus: Alte französische Volkslieder. Übers. und hrsg. von Karl Bartsch (1832–1888). Heidelberg 1882.
Voltaire, eigtl. François Marie Arouet (1694–1778), französischer Schriftsteller und Philosoph
›Wie nützlich all diese Mysterien vor hundert Jahren waren*‹. Aus: Handbuch der Vernunft, Gedanken. Übers. von L. Wiedner. Zürich 1945.
Johann Heinrich Voß (1751–1826), deutscher Philologe, Übersetzer und Lyriker

›Des Teufels wilde Jagd‹. Aus: ders., Das Milchmädchen (1781). In: Sämtliche Gedichte. Königsberg 1802.

Richard Wagner (1813–1883), deutscher Dichter und Komponist
›Verloren! Ach! Verloren! Ewig verlor'nes Heil!‹*. Aus: ders., Der Fliegende Holländer. In: Gesammelte Werke und Dichtungen. Leipzig 1871–1883.

Johann Weyer, lat. Wierus (1515–1588), deutscher Arzt und Schriftsteller
›Siehe da den Behemoth‹. Aus: ders., Pseudomonarchia daemonum. Basel 1577.

Oscar Wilde, eigtl. Oscar Fingal O'Flahertie Wills Wilde (1854–1900), irisch-englischer Dichter
›Jahrtausende voll müdem Leid‹. Aus: ders., Die Sphinx. In freier Nachdichtung von Walter Dormann. Wien, Leipzig 1905.

Johann Wilhelm Wolf (1817–1855), deutscher Märchensammler und Herausgeber
›Die wilde Jagd‹. Aus: ders., Niederländische Sagen. Leipzig 1843.

Julius Wolff (1834–1910), deutscher Schriftsteller
›Der Fliegende Holländer‹, ›Muß segeln und segeln in Ewigkeit‹. Aus: ders., Der Fliegende Holländer. Eine Seemannssage. Berlin 1892.

Justus Friedrich Wilhelm Zachariä (1726–1777), deutscher Schriftsteller, Übersetzer und Herausgeber
›Cerberus und der Kater‹*. Aus: ders., Murner in der Hölle. Rostock 1757.

Ignaz Vincenz Zingerle (1825–1892), österreichischer Literaturwissenschaftler und Schriftsteller, und *Josef Zingerle* (1831–1891), österreichischer Theologe und Märchensammler
›Die Drude‹. Aus: dies., Kinder und Hausmärchen, gesammelt durch die Brüder Zingerle. Innsbruck 1852. Nachdruck u. d. Titel: Kinder- und Hausmärchen aus Tirol. Hildesheim, New York 1974.

Nikolaus Graf von Zinzendorf (1700–1760), deutscher evangelischer Theologe und Liederdichter
›Das Vater Unser‹. Aus: ders., Zugaben 1–4 zum Herrnhuter Gesangbuch. Herrenhut 1743.

Danksagung

Dies ist ein Buch aus dem KulturGut Alte Schmiede. Wir – der Verlag, das KulturGut und der Herausgeber – danken allen, die an der Entstehung dieses Buches mitgewirkt haben. Vor allem allen Rechteinhaber/inne/n für die freundliche Überlassung der Rechte. Leider war es nicht in allen Fällen möglich, diese festzustellen oder zu erreichen. Der Verlag verpflichtet sich, rechtmäßige Ansprüche nach den üblichen Honorarsätzen zu vergüten. Unser besonderer Dank aber gilt der Niedersächsischen Staats- und Universitätsbibliothek in Göttingen für die uneingeschränkte Hilfe bei der Beschaffung und Überlassung wertvollen Quellenmaterials.